"十三五"江苏省高等学校重点教材（编号：2016-1-084）

普通高等学校公共体育"互联网+"新形态教材

大学体育与健康教程

（第二版）

主编 李 仪 傅 建

高等教育出版社·北京

内容提要

本书在第一版的基础上，围绕着近些年来党和国家对大学生体质健康颁布的一系列文件精神，以《普通高等学校体育课程教学指导纲要》为依据，对教材进行优化整合，体现了近几年来大学体育的最新教学与研究成果。全书图文并茂、内容丰富，共分为20章内容，既涵盖了大学生必须掌握的体育基础理论知识，也包括大学体育教学中涉及的基础实践内容。具体包括：大学体育概述、职业与健康、体育与身心健康、大学生自我健康管理、中国与奥林匹克运动、篮球运动、排球运动、足球运动、乒乓球运动、网球运动、羽毛球运动、武术运动、女子防身术、游泳、健美操与形体训练、健美运动、跆拳道、棒垒球运动、休闲体育、特殊人群的体育锻炼等。教材还充分体现了“互联网+”时代的转型升级，书中关联了丰富的二维码链接资源，通过二维码链接动作技能示范视频，激发学生自主学习的积极性和主动性，体现了较好的时代性、创新性和知识性。本书可作为普通高校的公共体育课教材，也可作为大学生科学健身的指导书。

图书在版编目（CIP）数据

大学体育与健康教程 / 李仪，傅建主编. -- 2版. -- 北京 : 高等教育出版社，2018.8（2024.8重印）
ISBN 978-7-04-050156-8

Ⅰ. ①大… Ⅱ. ①李… ②傅… Ⅲ. ①体育-高等学校-教材②健康教育-高等学校-教材 Ⅳ. ①G807.4

中国版本图书馆CIP数据核字(2018)第163827号

大学体育与健康教程（第二版）
Daxue Tiyu yu Jiankang Jiaocheng

策划编辑 范 峰　责任编辑 廖倩雯　封面设计 张 楠　版式设计 范晓红
责任校对 李大鹏　责任印制 刘弘远

出版发行 高等教育出版社
社 址 北京市西城区德外大街4号
邮政编码 100120
印 刷 北京宏伟双华印刷有限公司
开 本 787mm×1092mm 1/16
印 张 26.75
字 数 610千字
购书热线 010-58581118
咨询电话 400-810-0598

网 址 http://www.hep.edu.cn
http://www.hep.com.cn
网上订购 http://www.hepmall.com.cn
http://www.hepmall.com
http://www.hepmall.cn
版 次 2012年12月第1版
2018年 8 月第2版
印 次 2024年 8 月第10次印刷
定 价 48.20元

物 料 号 50156-00

编 委 会

前言

2007 年 5 月，中共中央、国务院印发了《关于加强青少年体育增强青少年体质的意见》（中发〔2007〕7 号），要求各级政府站在全面落实科学发展观的高度，以对国家、民族未来高度负责的精神，把加强学校体育作为实施素质教育的重要突破口，真正把学校体育工作作为教育工作的一件大事来抓。为贯彻“中央七号”文件精神，江苏省委省政府非常重视，于 2008 年印发了《关于切实加强青少年体育增强青少年体质的意见》（苏发〔2008〕3 号），文件中明确要求高校要从课程设置、师资队伍、教材等方面入手加强公共体育课程建设，树立“以学生为本、育人为先”的育人理念，根据学生的不同特点和类型选择教材，提高课堂教学质量，切实增强学生体质。

2016 年 10 月，《大学体育与健康教程》获批江苏省重点教材建设立项。为进一步适应高校公共体育改革发展的新形势，编写组经过几年的实践与摸索，将教学实践和效果进行总结提炼，在第一版教材的基础上，以《普通高等学校体育课程教学指导纲要》为依据，对教材进行优化整合，丰富章节内容和内涵，体现了近几年来大学体育的最新教学与研究成果。

此次修订，主要体现了以下几方面的特点：彰显“健康中国”的理念、“健康第一”及“终身体育”的思想，充分发挥教材的育人功能；强调教材的实用性与针对性，以学生为本，与大学生的日常学习生活和未来生活相结合，使学生学有所用、学能所用；注重时代性和思想性，与《国家学生体质健康标准》紧密结合，致力于提高学生体质健康水平，使大学生养成提高身体素质、掌握运动技能、养成良好锻炼行为的习惯；融入创新性，与现代信息技术的发展紧密融合，探索“互联网 +”背景下教材的转型升级，书中关联了丰富的二维码链接资源，通过二维码链接动作技能示范视频，激发学生自主学习的积极性和主动性。

参与本教材编写的人员有：丁智超、仲冰冰、刘成、刘春、刘海燕、江甦、毕波、朱晓霞、朱凤书、李仪、李峥、虞谦、郝晓帆、吴军、张新、张承媛、陈进华、陆海燕、周秀军、郑琦、郭太玮、赵锋、赵纲、聂军、徐军、徐元玉、徐开飞、傅建、倪志荣、谢静月、翟芳，全书最后由李仪统稿。

本书在修订编写过程中，得到了潘绍伟教授、颜军教授、范峰社长的大力的支持和帮助，高等教育出版社廖倩雯、郭恒编辑也为本教材的修订出版付出了辛勤的劳动，扬州大学体育学院袁健老师、周子奕、李雅、刘海洋、左成梁、张敏敏、史咏美、朱静静同学参与了教学视频的拍摄工作。在此，对所有关心、支持、帮助本书成稿、审定、修订、出版作出贡献的单位与个人致以诚挚的谢意。

在本教材的编写和修订过程中，我们参考和引用了众多书籍、资料，从中吸取到了大量有益的思想、理论与方法，在此向有关作者致以真诚的感谢。

由于编写人员学术水平有限以及时间仓促，书中不妥之处和错误在所难免，恳切希望广大读者批评指正。

编　者

2018 年 5 月于瘦西湖畔

目录

第一章 大学体育概述

学习目标

1. 了解大学体育的使命与目标。
2. 通过学习逐渐形成健康向上的体育观。
3. 学会现代社会生活方式病的预防。
4. 懂得如何欣赏体育。
5. 学会策划小型体育比赛。

第一节 大学体育的使命与目标

一、大学体育的使命

（一）大学体育是大学教育的重要组成部分

体育是什么？许多体育理论界学者认为，体育就是以增强体质为主要目的的身体教育，它是教育的一个重要组成部分。缺少基本体育素养，没有健全身体的人，就不能称为全面发展的人，学会认知、做事、共处与生存，同样需要体育作为基本手段。

>>> 知识窗

名师大家谈大学体育

北京大学第一任校长严复曾谈到："盖生民之大要三，而强弱存亡莫不视此：一曰血气体力之强，二曰聪明智虑之强，三曰德行仁义之强"，"今者论一国之富强之效，而以其民众手足体力为之甚"。

前北京大学校长蔡元培先生强调："健全之精神必宿在健全之身体"，"大学生注意体育为各国通例"，"凡道德为修己为本，而修己为道，又以体育为本。"

被誉为清华大学"永远的校长"梅贻琦先生认为："须知体育之目标，不但是造就几个跑多快、跳得多高、臂腿多粗的选手，不但是要得若干银盾、锦标，除此之外，也可以说在此之上，还有发展全人格的一个目标。""清华大学课程体系中重要的一部分是体育"。

前浙江大学校长竺可桢："课余之暇，每日能一二小时体育，不但可强健体魄，对于智育及德育亦有善良之影响。""智育故宜重，而体育尤不可忽"。"体育课对浙大学生不是无足轻重，体育课缺课、超过限额或考试不及格者必须补修，否则即使其他学分修满也不能毕业。”“吾人提倡运动，非以运动本身为目的，而是使读书做事之能效加多”，“以运动为一种方法，借此方法完成良好之性格、道德与学问。”

大学体育在大学教育中地位是由大学教育的目标所确定的，大学是国家培养各级各类专门人才的场所，大学教育的过程实际上就是培养合格专门人才的过程。大学教育培养德、智、体、美全面发展的，有理想、有道德、有文化、守纪律的合格人才，应具有高度的政治觉悟和良好的自学能力、研究能力、社交能力和健康的身体、健全的体魄等几个基本条件，其中健康的身体、健全的体魄是其他几个方面发展的基础和前提。体质健康状况对一个人的情绪、智力、个性等都具有重要的影响，强健的体魄是大学生在将来的工作中有所作为的重要保证。

（二）大学体育与大学生

1. 当代大学生的人格特征

（1）有较强的批判性：随着社会经济技术水平的突飞猛进，社会对人才的需求也越来越高。大学生正处于不成熟向成熟的发展阶段，新观念与旧思想矛盾冲突必然会对其产生较大的影响。大学生在学习和接触社会的过程中，会逐步建立自身的价值标准，对外界事物予以评定和判断，力图用新观念去化解旧思想带给他们的冲击，从而处理好大学生与外界相联系的各种关系。

（2）以自我为中心成为主流：今天的大学生普遍具有强烈的自尊、自立和自强的意识，遇到各类问题主要依照其自身的标准去判断和处理，这也培养了大学生的相对独立精神。因此，在大学生的学习生活及社会生活方面，特别是在处理人与人及人与社会的关系上，易形成以自我为中心的思考和行为方式，强化其作为社会个体在新的社会环境中的独立性。

（3）过于张扬的个性和强烈的表现欲：当代年轻人由于受家庭环境及社会环境的影响，普遍比较自我，再加上大学这个活跃而又开放的环境，更易助长大学生张扬的个性和表现欲。

2. 大学体育教育的独特作用

（1）大学体育有利于改善学生的心理状态：健全的人格往往需要具备良好的心理素质。当代大学生的心理压力不仅来自学业方面，而且还承受着越来越残酷的就业压力。这些巨大的心理压力直接影响着大学生的学习状态和学习效果，并阻碍其发展。体育活动则是解决这类问题的有效方法，它可以消除紧张情绪，缓解心理压力。大学生的日常生活往往是宿舍→教学楼→图书馆三点一线，单一的生活状态往往会给学生带来一种无形的压力，也加重了学生的心理负担。体育活动可以为学生营造一个轻松愉快的学习环境，调节繁重的学业，改善心理感受。

（2）有利于完善大学生的体质状况，保持与增进健康：人的体魄、体能与健康是生活、学习和工作的前提与基础。随着我国城市化进程的迅猛发展和生活方式的急剧变化以及生活方式的影响，当代大学生的运动明显不足。2011 年第六次全国学生体质健康报告显示：大学生身体素质继续呈缓慢下降趋势，这种状况令人担忧。大学体育通过丰富多彩的体育课与课外体育活动和健康教育等，切实承担起塑造大学生强健的体魄、提高体能与健康水平的职责。

（3）大学体育有利于培养学生的团队精神和协作能力：大学生健全人格的一项核心内容，就是团队精神和协作能力。现代大学生中，独生子女的比率很高。由于家庭和社会环境的影响，使得大学生往往比较自我，个性比较强。一些在校学习成绩优秀的大学毕业生往往由于个性较强、不愿意与他人合作、缺乏团队协作精神而制约了个人的发展。大学体育在培养团队协作精神方面具有独特的优势。大部分体育运动项目和体育游戏均为集体项目，为了赢得比赛，学生必须组成团队，齐心协力，并肩作战。通过比赛和体育活动也自然而然加强了学生的团队意识，最终演变成为一种团队精神和协作行为。另外，在体育比赛中，各成员之间必须有良好的沟通，这样才能协同配合，形成合力，争取最后的胜利，因此，体育比赛的过程也是一个提高学生组织协调能力和团队交流能力的过程。

（4）大学体育有利于提高学生的审美意识：大学生健全人格还有一项重要内容就是培养正确的审美意识。首先，体育运动本身的特质决定了大学生们在进行体育运动的同时，会激起他们对活力的热爱与向往，进而培养他们追寻美的意识。其次，体育教育可以提升大学生欣赏美、鉴赏美的能力。在目前体育竞技环境日益成熟的情形下，各类体育赛事已进入大众的娱乐生活。通过观赏各类赛事，可令人体会美的感受，加深对运动历史、运动规则、运动本质等多方面的了解，可以拓宽知识面，丰富体育文化生活，从欣赏运动之美的角度去获得更多美的体验，进而提高鉴赏美的能力。

（5）大学体育有利于培养健康向上的体育精神：体育精神是指体育运动中所蕴含的对人的发展具有启迪和影响作用的有价值的思想作风和意识。体育讲求健康人生，体育精神就是追求人的健康、健美的发展从而最大限度地激发人的潜能以争取精神世界健康的心理状态，这种执着的追求常表现为勇气、耐力、意志力等。体育作为一种社会交往活动，是社会的一个缩影，有利于发展学生的社会认知；自尊、自爱、自强不息是体育精神的重要内涵，有利于培养学生积极的参与意识、自主精神和独立人格；体育运动是在严格规则约束下进行的健康文明的活动，对于培养人的是非感和正义感具有积极作用；体育运动倡导公平竞争，它让参与者领悟到要靠真才实学，靠真正实力，靠智慧技巧，靠人格精神去战胜对手、取得胜利，有利于大学生形成健康的价值观和人生观。运动场上的胜利，来自坚强的意志和艰苦的训练，大学生通过参与体育活动可以养成吃苦耐劳、不怕困难、不怕失败等意志品质。

（6）有利于创设良好的大学文化环境：创设宽松、民主、生动、活泼的大学体育教育环境，形成激励学生自主创新、积极向上的良好氛围，从而促进大学生健康生命观、和谐生活观和正确道德观的养成。

>>> 知识窗

对体育精神的诠释

在体育运动和竞赛中体育精神的内在和外在表达可以呈现为不同的方面，如在奥运申办口号中的不同诠释。

2008 年在北京举办的第 29 届奥林匹克运动会的口号是“同一个世界，同一个梦想”（One World One Dream），口号的深层含义是：让世界上每一个国家，甚至是每一位公民都团结起来，把我们共同生活的地球村建设得更美好，只有全人类心怀同一个梦想，向着同一个方向迈进，才能实现人类共有的美好愿景。2012年伦敦奥运会的口号"激励一代人"（Inspire a generation），体现了伦敦申办奥运会时对世界的承诺。

体育比赛不仅仅是竞争、博弈，而更多的是团结、宽容、文明，这些奥运口号就是体育精神的睿智之所在。

二、大学体育的目标

（一）身体健康目标

根据大学生的年龄特征以及将来工作与生活的需要，选择适宜的体育活动，进一步塑造健美的体形和良好的身体姿势；测试和评价体质健康状况，掌握有效提高体能和机能的知识与方法；能合理地选择人体需要的营养食品；养成良好的行为习惯，形成合理健康的生活方式。

（二）运动参与目标

积极参加各项体育活动，形成自觉进行体育锻炼的习惯，具有终身体育意识；能够编制可行的体育锻炼计划；具有一定的体育文化素养与欣赏体育比赛的能力。

（三）运动技能目标

在中学体育的基础上，熟练掌握2~3项体育与健身运动的基本方法与技能；掌握科学锻炼身体的理论与方法，能科学地进行体育锻炼，提高自己的运动能力；掌握常见的运动创伤的处置方法。

（四）心理健康目标

根据自己的能力设置体育学习目标；通过体育活动改善心理状况，形成积极向上的生活态度；运用适宜的方法调节自己的情绪；在体育运动中体验运动的乐趣和成功的喜悦；培养勇敢、顽强、刚毅、果断的意志品质。

（五）社会适应目标

在体育活动过程中表现出良好的体育道德和协作精神；正确处理体育运动中竞争与协作的关系，培养团队意识，提高社会交往与团结协作的能力。

三、大学体育的组织形式

实现大学体育目的的主要途径是体育课堂教学、课外体育锻炼、课余体育竞赛、课余体育运动训练和校外与野外体育活动。应使体育课堂教学与课外、校外体育活动有机结合，学校与社会紧密联系，互相促进、共同发展。

（一）体育课

体育课是大学课程体系的重要组成部分，是实现大学体育目的与目标的重要组织形式，是保证全体学生学习与掌握体育与健康的知识技能、达到增进健康、增强体质和提高体育素养目标的中心环节；体育教学是寓促进身心和谐发展、个性培养、科学知识教育、生活与体育技能教育于一体的教育过程。课程形式主要有体育选项课、体育选修课、体育保健康复课等类型。

（二）课外体育锻炼

课外体育锻炼是指体育课程以外的，为了达到锻炼身心、休闲娱乐，丰富课余文化生活的目的，在课前、课间、课后进行的，学生个人、自发小群体、学生体协、学校组织和俱乐部等的内容丰富、形式多样、组织灵活的面向全体学生的体育活动。

（三）课余体育竞赛

课余体育竞赛是在课余时间进行的，有两个或两个以上的个人或团体，依据一定的规则和比赛规程进行的竞赛活动。体育竞赛是推动大学群体活动开展、丰富课余文化生活、提高运动训练水平的重要杠杆。大学的体育竞赛包括：校内体育竞赛，即校内各系科、各年级、各班级等之间进行的各种小型多样、丰富多彩，并有广泛群众性的竞赛活动以及全校性的综合性或单项竞赛活动。校际体育运动竞赛，即学校组织少数运动员代表学校参加的学校与学校，或学校以上组织的各级各类体育运动竞赛。

（四）课余运动训练

课余运动训练是指在课余时间对部分体育基础较好，有一定体育运动天赋的学生进行系统的训练。大学的课余运动训练具有两重性：一是作为竞技体育的组成部分，培养竞技体育人才，为提高我国的竞技体育运动水平做出贡献；二是学校群众性体育的组成部分，培养群众性体育的骨干，推动群体活动的开展。

第二节 现代社会与体育

一、现代社会生活方式的特征

（一）生活方式

生活方式是指社会生活中人为满足生存和发展需要而进行活动的总体模式，是人们在某种价值观念指导下，各种生活活动的形式，包括人们的物质生活、精神生活、政治生活和社会生活等。

>>> **知识窗**

饮食、睡眠与感冒

1. 饮食不当。经常嗜食咸者会影响唾液分泌，使口腔内深菌酶的含量相应减少。同时，食盐中的钠具有较高的渗透性，对口腔和咽部上皮细胞的防御能力有抑制作用，使体内干扰素等抗病因子的产生受到影响，感冒病毒等病原微生物会乘虚而入。

2. 睡眠不足。中医认为，感冒发病机制主要是因人体营、卫两气不协调所致，而充足睡眠可以协调两气，减少感冒的发生。

生活方式的构成要素包括：一是行为习惯，这是生活方式的重要组成部分，也是生活方式的外部体现，行为习惯对居民的健康水平和体质状况有深刻影响；二是生活时间，生活时间的结构和支配方式是影响生活方式的前提条件；三是生活节奏，生活节奏的快慢与生活方式的特征息息相关；四是生活空间，生活空间的范围与生活方式的种类和质量存在很大的关联；五是生活消费，生活消费水平和结构影响着生活方式的水平和质量。

影响生活方式的因素总体上包括生产方式、社会制度、自然地理环境、经济发展水平、文化传统等，如在不同的地理气候条件下生活的人们在衣、食、住、行的方式上都会有所不同。草原游牧民族人们吃的食物主要是牛羊肉，海边渔民的饮食则以鱼虾为主；因纽特人以狗橇为交通工具，中国江南水乡则以船代步。

（二）现代社会生活方式的特点

现代科学技术深刻地改变着人们的生产生活方式。现代社会生活方式具有以下特点：

1. “世界化”

奈斯比特在他的著作中曾这样描述生活方式世界化的发展趋势：“今天，随着世界经济的繁荣和全球通信、旅游事业的发展，欧洲、北美和环太平洋地区正以空前的频率进行着交流。在发展中国家的城市中心，现代生活的文化主体随处可见。在大阪、马德里和西雅图，人们兴致勃勃地买卖着食品、音乐磁带和时装，一种新的全球生活方式在此盛行。贸易、旅游和电视，为这种生活方式的全球化提供了条件，而且这种世界化、全球化的新生活方式正以光的速度在整个世界普及，并辐射到世界的每一个角落。”进入 21 世纪，人们吃着同样的食品，穿着同样的时装，在世界各地欣赏着同一场体育比赛，吸取着“无国界”的相同信息，玩着一种相同场景、相同规则的游戏，不同肤色的人在世界各地游来游去，尽情享受生活带给人们的愉悦。现代社会正变得世界化，在交往中相互影响，每个民族生活方式中的精华部分都会被世界各国所吸收，成为一种“世界化”的生活方式。同时，在世界各国出售的相同产品和交换的信息，又培养着人们相同的兴趣、爱好和行为方式特征，现代社会生活方式正朝着“世界化”的方向发展。

2. 寻求物质与精神生活的平衡

托夫勒在《第三次浪潮》中指出：“在人们的物质生活条件有了极大提高以后，人们对精神需求提出了客观要求，这促使社会把为交换而生产和为使用而生产在经济中安排得不偏不倚，较为平衡。人们开始听到日益强烈的呼声，要求有一个‘平衡的’生活方式。”21 世纪的生活方式将寻求一种在本质上更能使物质生活与精神生活共处的更为和谐、更加平衡的生活方式。这种“平衡”的生活方式来源于人类自身对过去物质生活过分追求的反思。对这种新的“平衡”的追求，不完全是简单观念化的结果，更体现了人类社会生产力发展的客观要求。

3. 追寻健康是现代社会生活观的核心

研究表明，人类的基本身体素质正在退化，人在成长过程中时刻会因健康问题而受到阻碍，一些恶性疾病在现代人身上成为多发病，如脑瘤、败血病、艾滋病等时常夺取人的生命。这些也引起了人类自身的高度重视和反思，人们开始重新审定生活价值观中首要追寻的目标。越来越多的人在生活目标的多向选择中，都把健康摆在了更重要的位置。积极、健康、向上的生活内容将成为今后人们生活方式的发展方向。

4. 环保型生活理念逐步确立

环境保护是人类社会发展所面临的最为严峻的问题。面对“人类的生存困境”和人与自然关系的失衡，摆在人类面前的是，要么与自然同归于尽，要么调整和转变现代的生活理念，唤起人们自身的理性态度，绿色、环保、生态逐渐成为未来发展的主题。

近年来，许多人在生活方式上更强调科学性，更加注重消费质量，尽力消除对环境有害的生活方式，减少污染，杜绝破坏生态环境的活动。21世纪，人类在生活方式上将逐步摒弃高消耗、铺张浪费的生活态度，倡导节俭型、生态型的生活方式。随着时代的发展，国际社会也将制定出更多要求人类大家庭成员普遍遵守的公约、规范和道德要求。而科学技术发展，也为人类保护环境提供了技术上的支持，太阳能、风能、地能、电能和气能等再生性能源也将得到更为广泛的应用。

>>> 知识窗

现代人面临第三次污染时期

国家卫生、建设和环保等部门曾进行过一次室内装饰材料抽查，结果发现，具有毒气污染的材料占68%，这些装饰材料会挥发出300多种挥发性的有机化合物，如甲醛、三氯乙烯、苯、二甲苯等，人体一旦吸入，将会引发呼吸道、消化管、神经内科、视力、视觉、高血压等30多种疾病。而且，这些有害气体在室内的释放期也比较长。日本横滨国立大学的一项研究表明，即使在竣工10年后的建筑物室内空气中，甲醛含量也可高出室外6倍。另外，地下土壤和石材、地砖、瓷砖等建筑物材料中会散发出一种无色无味的天然放射性气体——氡，对人体危害也很大。据美国国家环保署调查，美国每年有1.4万人的死亡与氡污染有关。

现在，国际上一些室内环境专家已把室内空气污染列入对公众健康危害最大的5种环境因素之一，并提醒人们，在经历了工业革命带来的“煤烟型污染”和“光化学烟雾型”污染后，现代人正进入以“室内空气污染”为标志的第三次污染时期。

5. 终身教育成为现代社会生活方式的重要内容

人类已跨入信息社会。在信息社会，人类的知识总量每7~10年翻一番。一个人要想不落伍，就必须不断更新自己的知识结构。美国学者彼得·德鲁克在《新现实——走向21世纪》一书中指出：“在知识社会中，不存在完成了的教育，它要求受过高等教育的人一而再、再而三地重入学校，接受再教育。因此，从事继续教育的学校，必将成为未来发展极快的新行业。”今天，教育已不再仅是学校的事了，在欧美一些发达国家，企业、商业部门、政府机构、军事组织为了使自己在竞争中立于不败之地，不惜投入巨大的精力和财力对其成员进行培训和再教育。为适应这种变革，教育体制也必须做出相应的调整，再教育的对象也不再是少数精英，而要面向大众。既要为大部分人谋生做好准备，还要为他们的生活做好准备；既要重视技能教育，也要注重人文教育。终身学习将成为现代生活的有机组成部分，将成为现代人的一种生活方式。

6. 现代人的工作和闲暇重叠交融

20世纪，大机器生产的出发点是工作与闲暇之间，无论在活动的性质上、功能上，还是在时空的分布上，都是泾渭分明的。从活动性质上看，工作时间具有强制性，闲暇时间具有自主性；从活动功能看，工作是创造和积累财富，闲暇是耗费财富；从活动场所上看，工作与休息、娱乐场所是分开的；从时间上看，只有在工作时间之外才谈得上闲暇时间，而闲暇时间与工作时间是相互排斥的。21 世纪，工作与闲暇的界限被打破，生活时间结构上将有一个突出变化，即全心全意所从事的工作和闲暇活动之间的界限将变得较为模糊，在功能和活动空间上会出现相互重叠与交融的现象。

知识窗

精神紧张与感冒

经常发怒的人发生上呼吸道感染的情况与不常发怒的人相比高 3~5 倍。英国科学家曾对 394 名志愿者进行心理试验，测定每个人的紧张状态程度，然后让他们感染感冒病毒，结果发现，心理平静者感冒发病率为 27%，而精神紧张者感冒发病率则高达 47%。心理压力大会降低机体的免疫功能，从而导致呼吸道防御功能暂时性减退，这成为引发感冒的诱因。

二、现代社会生活方式病的形成

近 30 年来，人类所取得的科技成果，比过去 2 000 多年的总和还要多。科学技术的迅猛发展，使现代社会的生产方式和生活方式发生了巨大的变化，同时，人类的健康也面临着严峻的挑战。

（一）社会生产方式的变化

20 世纪 50 年代以来，随着科学技术的发展，生产过程的自动化程度日益提高，劳动力结构向智能化趋势发展，体力劳动者与脑力劳动者的比例不断地发生变化。据研究，在机械初级化阶段，二者比例为 9∶1（即体力劳动者占九成，脑力劳动者占一成）；在中等机械化条件下，二者比例为 6∶4；在全自动化条件下，二者比例为 1∶9。目前，在一些发达国家的劳动者行列中，脑力劳动者人数已超过体力劳动者。

知识窗

什么是疲劳综合征

疲劳综合征是指慢性疲劳引起全身不适的症候群，如精神萎靡、手足酸软，或全身无力、酸软疼痛，或头痛、头昏、失眠、注意力涣散和精力严重不足，造成工作效率极低，甚至无法工作等身体衰弱表现。从中医学角度来看，此病与中医所述的“虚劳”相似，主要表现为气虚或气血虚，久而久之则会发展为阴阳两虚。合理的体育锻炼和饮食营养，并辅以滋补强壮的中药，是消除疲劳综合征的良方。

在劳动方式和劳动工具发生巨大变化的今天，即使是蓝领职工，也开始告别过去那种依靠蛮力进行劳动的状况，代之以轻体力劳动的智能设备操作甚至人工智能替代。人类社会劳动正在从体力劳动型向智能型转化，人们的体力活动将越来越少。

（二）社会生活方式的变化

科学技术使社会的物质文明大大进步，因而也改变了人们的社会生活方式和日常生活模式。各种交通工具使人们感到方便快捷；各种通信方式，信息传递方法使人足不出户便知天下事；各种生活便捷服务可以让人长期待在一个屋子里而没有不便之处。现代化在不断改善着人们的生活条件和工作条件的同时也给人的健康带来了负面影响，生产方式和生活方式的变化导致现代社会生活方式病的形成。主要原因有：

1. 运动不足

现代科学技术正在不断地促使科学、技术和生产一体化，生产劳动也日益朝着机械化、自动化、电气化、智能化的方向发展，人的体力劳动越来越多地被技术装置所代替，繁重的体力劳动大大减少。同时，现代社会的生活和工作节奏过于紧张。使人无暇顾及身体锻炼，从而造成运动不足，使人肌肉无力、肥胖，易罹患心血管病、中风、肾损坏、糖尿病与低血糖等病症，从而使人类的运动能力和体力受到威胁。

知识窗

如何防止营养过剩

- 多吃富含维生素的新鲜瓜果蔬菜。
- 不吃含高糖、高盐或高脂的垃圾食品，如蜜饯（这是一个水果舍去了精华——维生素、水分后，留下的糟粕——糖、渣）。
- 延长进食时间可降低食欲（胃饱后，把饱的信息传到大脑需 15~20 分钟）。
- 蔬菜最好是凉拌或生吃，因为凉拌用油少，营养又好。
- 用餐顺序应该是先蔬菜，再粮食加蔬菜，最后肉类（鱼类最佳），这种顺序能使人多吃蔬菜，少吃粮食与肉类。
- 多动脑、多运动也非常重要，多动脑也能消耗热量。

2. 营养过剩

进入 21 世纪，工业发达国家居民的膳食结构发生了重大的变化，如美国每年人均消耗的食物总量约为 1 463 磅，其中脂肪含量高达 42%，动物蛋白摄取量占蛋白摄取量的 80%，这可能是心脏病、糖尿病、高血压、肥胖症和恶性肿瘤成为高发病的一个主要原因。由于食物结构的变化，人们从食物中摄入的热量越来越多，而过剩的热量就会转化为脂肪。这种摄入的热量增加而活动与消耗减少的生活方式必然产生导致各种现代社会生活方式病。在美国，55% 的成年人过胖，23% 的成年人超重。20 世纪 90 年代，美国为治疗因肥胖而导致的疾病耗费了 1 180 亿美元，而且平均每年还有约 30 万人死于与肥胖有关的疾病。在我国，城市居民超重者达 14.9%，北京达 32.8%，其中中年妇女超过 45%。目前，我国高血压患者每年增加 1 000 万人左右。目前，我国高血压患者总数已达 2.7 亿人，糖尿病患者达 1.14 亿人，成为糖尿病第一大国，每年恶性肿瘤发病率达 0.27%，死亡率达 0.16%。

3. 精神压力过大

在现代社会，人们的生产活动都力争追求高效率，以免被社会淘汰，这给人带来了巨大的心理压力，从而造成记忆力减退、注意力范围缩小、悲观失望、自我评价能力下降等现象的出现。调查发现，89% 的美国人都有过沉重的心理压抑，有研究表明，因员工心理压抑给美国公司造成的经济损失高达 3 050 亿美元 / 年，这一数据是 500 家大公司税后利润的 5 倍。另据联合国国际劳工组织的一份调查报告显示，心理压抑现已成为 21 世纪最严重的健康问题之一。

>>> 知识窗

现代白领与“齐加尼克效应”

因工作压力导致的心理上的紧张状态称为“齐加尼克效应”。

随着当代科学技术的飞速发展和知识信息量的增加，作为“白领”阶层的脑力劳动者，其工作节奏日趋加快，心理负荷日益加重，现代白领易产生“齐加尼克效应”。由于脑力劳动是以大脑持续而不间断的积极思维为主的活动，所以紧张也往往是持续存在的。诸如报刊的编辑人员在出刊之前的“八小时以外”的时间里，仍然会考虑组稿、编排等事宜；对攻关的科研人员来讲，研究课题经常会不断地呈现在眼前……未解决的问题或未完成的工作，会像影子一样困扰着你。医务人员、工程师、作家、企业家等都有这种被“齐加尼克效应”困扰的体验。

现代白领如果对快节奏的工作处理不当或不能适应，易产生紧迫感、压力感和焦虑感，久而久之可能诱发身心疾病。因此，学会缓解心理上的紧张状态应是现代白领自我保健的一项重要内容。

4. 应激过多

在现代社会生活中，由于生活节奏加快，常令人感到焦虑不安，应激增多。在生理上可导致偏头痛、便秘、腹泻、溃疡症结肠炎、糖尿病、癌症、高血压和心脏病等疾病；在心理上可导致焦虑、抑郁、狂躁、自卑和妄想狂、神经衰弱和精神分裂等病。持续的过度应激还可能导致种种亚健康症状，如食欲不振、疲乏无力、失眠多梦、烦躁、易发怒、健忘、胸闷、心悸、头晕、感觉迟钝、注意力不集中、记忆力下降、思维和想象能力降低、偏执、消极悲观、情绪低沉、犹豫不决和容易沾染坏习惯等。

三、现代社会生活方式病的预防与体育

体育是人们健康生活方式的重要内容。如今，人们在学习、工作之余经常参与一些体育活动，如跑步、打球、游泳及旅游等活动，或者结合身体、生活和工作实际有计划、有目的地进行体育锻炼，达到增强体质、健美身材、娱乐身心、开阔视野、促进交往的目的。体育已成为社会文明、科学发展和人们健康生活不可缺少的内容。

（一）体育锻炼是现代人增强体质、促进健康最有效的方式

在现代社会，由于机械化、电气化的高度发展，造成了人类生理结构和机能的退化，如体乏、睡眠不佳、腰酸腿痛及内分泌紊乱等；而高营养、低消耗的代谢会造成体内物质积蓄，导致肥胖、高血压等威胁人类生命，影响生活质量。经常参加体育

锻炼，能提高神经系统的反应能力，消除脑细胞的疲劳，提高工作和学习效率，预防和治疗神经衰弱；增强心脏的机能，使血液中红细胞和血红蛋白的含量增加，防止心血管疾病的发生；增大肺活量，提高呼吸系统的转换能力；促进血液循环，新陈代谢，使体内多余的、有毒的物质迅速排出体外；促进骨组织的血液供应，提高骨的坚固性，加强关节的灵活性和稳定性；促使身体发育均匀，使肌肉有力，皮肤有弹性。

>>> 知识窗

穿好你的鞋再运动

绝大多数运动需要你的双脚。在运动的时候，双脚承受的力量是你站立时的好几倍，如果穿着的鞋子不合适，就很容易使双脚受伤。有资料显示，在美国，已有4 300万的人由于穿着的鞋不合适而在运动中受伤，造成的损失高达35亿美元。

如果你每周的运动时间大于2个小时，那么就要为你所穿的鞋子多费点心，进行什么运动穿什么鞋：如跑步时穿慢跑鞋，打篮球时穿篮球鞋，踢足球时穿足球鞋……这在进行激烈运动时尤为重要，因为激烈的运动会对关节造成很大的冲击，如跑步时膝关节受到的力是站立时的4~5倍，跑步下楼梯时受到的力则会高达7~8倍，所以，如果鞋子的减震性不好，关节就很容易受到伤害。

（二）体育是预防现代人生理疾病的最积极方法

“水停百日生虫，人停百日生病”，“冬练三九，疾病自走”。东汉名医华佗认为，人若经常活动，能使消化旺盛，气血流通，防止生病。法国18世纪著名的医生蒂索说过，运动就其作用来说，几乎可以代替任何药物，世界上的一切药物，都不能代替运动的作用。用体育锻炼来治疗疾病的方法叫做体育疗法，也叫做医疗体育，常用的方法有保健操、医疗操、散步、跑步、游泳、打球、气功、太极拳和按摩等。体育疗法能调整由中枢神经的功能失调引起的神经衰弱、精神性疾病、胃溃疡等，长期锻炼能使大脑皮质功能增强，病情好转。患者若长期卧床、精神不振、睡眠不好，容易引发感冒、肺炎、褥疮、关节强直、肌肉萎缩、神经麻痹等并发症。体育锻炼能振奋精神、增强食欲、改善睡眠并使肌肉关节得到活动，血液畅通，新陈代谢旺盛，身体抵抗力增强。医学从某种意义上讲，体现了人类维护健康的非自然性。与医疗卫生相比，体育具有更加积极的意义，体育是追求健康最积极的方式。

（三）体育运动可以提高人的心理适应能力

调查证明，运动员和经常从事体育活动的人对生活节奏的变化有较强的适应能力。经常参加运动，会使人表现出较强的自制、快乐、超越、坚韧、敏锐、自信、合群和从容不迫等心理状态。体育运动可以提高人体对快速节奏生活中的应变能力和耐受能力，也可以缓解人们对快节奏生活的抵触、恐惧、厌烦和焦虑等心理，体育运动可以稳定心理情绪、抑制身心紧张，增强自信心。人们在体育活动中所掌握的多种活动技能，有利于人们准确、协调、敏捷地完成各种工作和生活动作。

>>> 知识窗

如何调节心理失衡

心理失衡是一种不健康状态，已经成为一个严重的社会问题，因此，必须设法摆脱心理失衡，使思维正常运作。

1. 要加强修养，遇事泰然处之

那些拥有宽广胸怀、遇事想得开的人是不会受到心理疾病困扰的。

2. 要合理安排生活，培养多种兴趣

爱好广泛者总觉得时间不够用，生活丰富多彩可驱散不健康的情绪，并增强生命的活力，令人生更有意义。

3. 尽力寻找情绪体验的机会

学会一门艺术，无论唱歌弹琴、写作绘画、集邮藏币，都会使你进入一种新的境界，产生新的追求，在爱好之中寻找乐趣。

4. 保护心理宁静

学会吸收现代科学信息的方法，提高应变能力。

5. 适当变换环境

接受具有挑战性的工作与生活，可激发人的潜能与活力。而变换环境可以变换心境，使自己始终保持健康向上的心理，避免心理失衡。

6. 正确认识个人与社会的关系

摆正个人与集体、个人与社会的关系，正确对待个人得失、成功与失败。这样，就可以减少心理失衡。

体育运动还可以通过扩展生活空间的方式调节人们的心理。人们都有一种在宽敞生活空间伸展肢体的生理要求，更有一种向往宽大生活空间的心理追求。强制性地缩小人们的生活空间，就会使人产生一种受惩罚的痛苦感，而合理扩大生活空间有利于人们的身体健康和心理安宁。处于运动状态的人比在座椅上的人占有更大的生活空间。如果体育运动在室外进行，如在江河湖海、草原、森林、雪原上进行，不仅可以给人以空间体验和感受，更可以改善人们的心理环境。在体育活动中，人们进行着滑行、旋转、翻腾、上升、下降、坠落、摇摆、转动、波动和碰撞等动作，这些平常在日常生活中很少出现的身体状态，可以使人们的平衡器官、视觉器官、运动器官受到强烈的刺激，此时人们会达到极度兴奋，享受运动带来的快感。

（四）体育运动是增进交流的最有效方式

现代人的生活节奏很快，平时工作和生活中的精神压力大，邻里关系或亲戚关系也相对淡漠，许多人终日奔忙，没有时间和精力与他人交流，这对于精神健康非常不利。随着科学技术的进步和经济的发展，人们的闲暇时间越来越多。在闲暇时间，参与户外活动，能消除孤独感，让紧张的情绪得到放松，使单调乏味的生活更加充实，进入一种超凡、宁静与爱的境界。在一些体育集体活动中，通过与他人的接触和交谈，可以促进人际交流，增进理解与友谊，消除心理上的疲劳，扩大自己的交往空间。

（五）体育运动是现代人娱乐身心最有趣的方式

在现代社会，参与体育运动除了能够锻炼身体外，还能增加生活的乐趣。在工作和学习之余，人们可以不拘形式地参加自己喜爱的各种体育运动，如游戏、体育舞蹈、健美操、球类活动、游艺等，在欢乐和谐的气氛中进行各种身体锻炼，与人谈话、接触，可使参与者情绪高涨、心情愉快，既锻炼了身体、增强了体质，也调节了心理，陶冶了性情，又激发了生活热情，获得了精神上的享受，从而达到愉悦身心的目的。

>>> 知识窗

什么是休闲体育

休闲体育是指人们利用余暇时间，为了达到健身、娱乐、消遣、交往和宣泄等多种目的所进行的各种身体活动形式。休闲体育的最大特点是活动主体的自由选择性、活动内容和形式的多样性、挑战性、刺激性、新颖性、趣味性和探索性以及活动效果的综合性。

在现代社会，体育与人类生活方式紧密联系，体育运动将以增进人类健康为己任，以最积极、有趣的方式保持人类作为一个生物物种的生存活力。

>>> 相关链接

生活方式自我测试

通过以下评定量表了解自己的生活方式。注意：每个题目共三个选择，请在符合你情况的数字上画圈，并在每一部分最后的横线上填上得分。

	一直	有时	从未
一、吸烟			
1. 我避免吸烟。	2	2	0
2. 我偶尔吸烟，且仅吸低焦油和低尼古丁的香烟。	2	2	0
得分：______			
二、酒精和药物			
1. 我避免喝酒。	2	1	0
2. 我一天喝酒不超过一次。	2	1	0
3. 当服某些药（如安眠药、止痛药、感冒药等）时，不喝酒。	2	1	0
4. 当服药时，我遵循医嘱。	2	1	0
得分：______			
三、饮食习惯			
1. 我每日吃各种食物。	2	1	0
2. 我很少吃高脂肪的食物。	2	1	0
3. 我很少吃盐含量高的食物。	2	1	0
4. 我避免吃太多的甜食。	2	1	0
5. 我一周至少品尝一次西餐。	2	1	0

得分：________

四、锻炼和体能

1. 我保持理想的体重，避免过重或太轻。	3	1	0
2. 我一周至少进行三次有氧练习（如跑步、游泳、散步等），每次15~30分钟。	3	1	0
3. 我一周至少进行三次以提高力量为主的运动（如健美操、各种力量练习等），每次15~30分钟。	2	1	0
4. 我常利用余暇时间参与个人、家庭或集体的活动（如打保龄球、球类运动等）。	2	1	0

得分：________

五、应激控制

1. 我喜欢穿入时、大方的服饰。	2	1	0
2. 我喜欢学习或其他工作。	2	1	0
3. 我发现自己容易放松和自在地表达情感。	2	1	0
4. 我常对可能有压力的事件和情景早作准备。	2	1	0
5. 我时常通过E-mail与朋友、亲戚交流，并在需要时请求他们的帮助。	2	1	0
6. 我常参加集体活动。	2	1	0

得分：________

六、安全

1. 我睡觉前会检查门是否关好。	2	1	0
2. 我骑自行车或开车不追求速度。	2	1	0
3. 我不乱穿马路。	2	1	0
4. 当使用有害物质或产品（如电线板开关、灭蚊子的药水等）时，我会很小心。	2	1	0
5. 我从不在床上吸烟。	2	1	0

得分：________

七、环境

1. 我把废电池放入专用回收桶。	2	1	0
2. 我厌恶污染的水源和空气。	2	1	0
3. 我讨厌各种噪声。	2	1	0
4. 我时常去大型超市购物。	2	1	0
5. 我想拥有一间宽敞的居室。	2	1	0

得分：________

得分与评价：

9~10分：说明你意识到某一方面对你健康的重要性，并已注意保持良好的生活习惯。

6~8分：说明你在某一方面有良好的生活习惯，但仍有一些需要改进的地方。

3~5分：说明你存在健康方面的问题，需要咨询医生如何减少健康方面存在的潜在危险。对于吸烟这一部分而言，3~4分说明你保持着良好的生活习惯。

2分：说明你存在健康方面的潜在危险，但你可能并没有意识到危险的存在。对于吸烟这部分来说，0~1分意味着你有健康方面的潜在危险。

第三节 校园体育文化

校园体育文化是存在于学校这一特定环境中的文化形态，包括校园内一切体育物质、制度、精神文化的总和。校园体育文化的宗旨主要是培养学生的体育精神、体育意识和体育技能，提高体育文化素养，增进学生身心健康，并在此宗旨指导下开展多种丰富多彩的校园体育文化活动。校园体育文化建设包括体育课程、运动竞赛、体育协会、课外体育活动和对外体育交流等多种形式。因此，加强校园体育文化建设，就必须运用多种途径，全方位实施，从而充分发挥校园体育文化的综合效益。

一、体育社团

自20世纪90年代以来，高校校园文化出现了空前繁荣的景象。校园里的学生文化活动具有广泛的包容性，大学生体育社团就是其中之一。其特点是活动内容更为丰富，活动形式更为多样，运行机制更为灵活。

（一）体育社团的定义

大学生体育社团是由有着共同体育兴趣爱好的学生自愿组织在一起，一般在校团委或学生处注册成立，接受其监督和管理，以自愿为原则、以健身娱乐为目的、以体育为手段的一种非营利的学生社团组织。

（二）大学生体育社团的分类

以体育社团内容属性来分，一般可以分为球类体育社团、健身健美体育社团、棋类体育社团、裁判类体育社团和武术类体育社团等。

（三）大学生体育社团的作用

大学生体育社团活动是大学体育的重要组成部分，是大学体育的延伸。大学生体育社团的活动具有很强的组织性和娱乐性，有利于培养学生相互学习、平等相处、克服困难、勇于挑战和团结合作的精神，对健全大学生人格起着重要的作用。大学生体育社团组织开展的一系列体育比赛、技能展示、体育知识展、体育知识讲座等，极大地丰富了学生的课余生活，繁荣了校园文化生活。因此，体育社团无论是在培养学生内在思想品质，还是在校园文化的外在表现上，都发挥着重要的作用。

（四）大学生体育社团的建设

1. 明确管理目标，抓好体育社团审查工作

学校管理学生社团的主管部门，要明确管理目标，严格管理和培育体育社团，既不能放任不管，也要把好审查关。严格的管理和培育，能促进大学生体育社团的健康发展，提高体育社团的活动水平，促进体育社团活动开展的丰富性和多样性，满足大

学生对体育活动的多层次需求，推动校园体育文化建设，丰富大学生课余生活，促进学校体育工作的开展。

2. 健全和完善各种规章制度

健全完善的规章制度是体育社团有秩序、规范化活动的保证。学校要制定社团管理制度来指导和规范体育社团的活动。各个体育社团也必须有规章制度，包括体育社团的宗旨、章程、财务管理制度、奖惩制度、选举制度、考核制度和会员制度等。在完善的规章制度下，体育社团才有“章”可循，才能保证体育社团的持续、健康发展。

3. 建立激励机制

学校要建立大学生体育社团及其会员的奖励和惩罚的制度。学校对体育社团的管理，可以开展各种评选活动，制定优秀社团的标准并推出优秀体育社团和优秀会员，并给予一定奖励，促进各体育社团加强自身建设。同时，对于那些管理混乱、活动情况差的体育社团，应做出整顿、注销等处罚。建立激励机制提高各体育社团的竞争意识，促进体育社团加强自身建设，提高组织管理水平，使它们能持续健康的发展。

4. 重视对体育社团的培育和发展

大学生体育社团是由某一运动项目的爱好者自发组织起来的群众性体育组织。由于学生体育社团的运动水平、管理水平有限，需要学校各部门给予积极的扶持，给予体育社团在技术、组织管理方面正确的指导，提供体育社团活动所需场地、器材、经费，鼓励体育社团开展各种形式的活动。只有这样，体育社团才能提高活动水平。

5. 提高体育社团的干部素质

大学生体育社团的干部是体育社团的核心，在体育社团中具有特殊的地位和作用，对社团的发展举足轻重。学校主管部门领导应给予高度重视，对其负责人或骨干进行强化培训，以提高体育社团的专业化水平，提升校园文化的内涵。

二、体育表演与欣赏

校园体育文化是一个内涵广泛、系统开放的文化形式。体育表演与欣赏作为校园体育文化的重要载体，是促进校园体育文化发展的重要角色之一，是大学生增进身心健康、展现才华、陶冶情操、充分运用体育知识去传播文化、创造文化的实践平台。

（一）体育表演

1. 体育表演的含义

体育表演包含 4 个方面的含义：第一，体育表演是体育与表演相结合的活动，也就是说，体育表演是运用表演的各种手段来表现体育。第二，体育表演以人体姿态、表情、造型和肢体动作过程为主要表现手段。肢体语言是体育表演的动作语言，是体育项目表演中不可缺少的重要因素之一。体育表演所有的作品都必须通过表演者的身体姿态、表情、造型和肢体动作表现出来。第三，体育表演均以体育为题材。体育、音乐、舞蹈和艺术表演是体育表演的主要方式。第四，体育表演的主要目的是体现人们对体育的情感，展示体育道德风尚和顽强拼搏的体育精神，反映体育生活，更好地促进体育的良性发展。

2. 体育表演的分类及形式

（1）健身性体育表演：在校园体育文化中，大学生参与的表演形式主要有健美操、瑜伽、形体、国标舞、艺术体操、街舞、拉拉操和踢踏舞等项目。

（2）竞赛性体育表演：如健美操、艺术体操、自由体操等，这些项目不但要考虑到运动员的完成情况，还要考虑到成套动作的艺术编排、运动员的表现力和动作美观程度等多方面的因素。

（3）娱乐性体育表演：如田径的跨栏动作、篮球的扣篮动作、体操中的优美动作等。

（二）体育欣赏

当代大学生，不仅要参与体育锻炼，更要懂得欣赏体育，提高体育欣赏水平，在体育运动中发现美，接受美的教育。

1. 体育欣赏的体育美学特点

（1）体育的整体美：整体美是体育欣赏中的一个特定形态，它表现在集体项目中。例如，篮球、排球、足球等，通过运动技术的熟练程度，战术的组合、运行、配合程度来表现其整体美。队员们之间配合默契、娴熟的传接球、投篮、扣球、射门等都表现了群体意识美、智慧美和技战术美。

（2）体育的含蓄美：体育的艺术美、力量美、道德美、智慧美等都是含蓄美的表现形式。

（3）体育的形式美：是指技术、形状、结构和动作组合美，是体育的外形美，如队形、场景等。

（4）人体的形态美：主要表现为自然或正常的体态，包括正常的生长发育、丰满的肌肉、自然协调的动作、正常的行动姿态等。

（5）人体的动作美：主要表现在动作的协调和韵律感上。人们在比赛或活动中，动作协调、节奏分明，会使人产生一种美的感受，特别是艺术体操、花样游泳、武术等项目，更是体育与艺术的完美结合。

（6）人体的健康美：是指人类健康的身体呈现的美，如肌肉匀称、体躯雄伟、优美大方、灵活协调及节奏感都给人以健康美的情感体验。

2. 大学生如何进行体育欣赏

（1）观赏前的准备：首先，应该了解一些关于该项体育活动的历史和特点。例如，观赏世界篮球锦标赛，就要了解一些篮球运动的起源和发展状况等。其次，应尽量掌握一些该项目比赛的规则和裁判知识。例如，在足球比赛中什么是犯规，什么是越位，红黄牌怎么回事，裁判员的常用手势、哨音都表示什么等。最后，要掌握参赛队或队员的一些情况。例如，观赏网球大满贯比赛时，要了解双方队员的风格、交战的历史、技战术特点等。

（2）掌握好几个观赏角度：

① 从技术角度观赏：优秀运动员的技术是符合运动项目本身的规律的，是非常完美的动作展现。例如，体操中的旋空翻、足球中的倒钩射门、篮球中的空中灌篮等，从技术的角度去观赏会让人有一种美的享受。

② 从战术角度观赏：从战术的角度去欣赏比赛，会发现在体育竞技比赛中，运动员敏锐的观察、缜密的思维和迅捷的战术行动会使人心旷神怡。例如，前场任意球的配合，由于同伴有目的的跑动而射出的弧线球直接入门，令人拍案叫绝，美不胜收。

③ 从体育道德角度观赏：运动员在比赛中所表现出来的勇于克服困难、顽强拼

搏、锐意进取的精神和尊重裁判、尊重对手、宁失一球、不伤一人、团结友爱的道德风貌等，也会令人印象深刻。

④ 从文化和社会发展的角度欣赏：体育是人类创造出来的宝贵的文化财富。随着人类社会的高度发展，现代体育已成为一种影响极大的全球性文化活动。体育比赛的内涵更加明确，外延更加丰富、深刻，充满了时代精神和人生的哲理。因此，当代大学生把观赏体育比赛仅仅当作娱乐活动是不够的，还应该在观赏中深入地思考，从观念、思维、情趣等方面都得到启迪和升华。

（3）观赏之后的总结回顾：在观赏比赛后，要留意报刊、电视、广播的相关报道和评论。也可以和其他人互相交流一下观后感，做一些小结，以提高观赏水平。如果意犹未尽，还可写点感想或评论。

三、大学校园马拉松和路跑马拉松

近年来，随着全民健身的普及和开展，人们越来越将体育作为一种休闲生活方式。不仅对待运动的观点在变，对运动形式和运动载体的选择也在变。跑步是很多人会选择的健身运动方式，但“马拉松”在过去对很多人来说可能是可望而不可及的。近年来，越来越多的人成为了这一运动的参与者，“马拉松热”如旋风一般席卷了中国大地。尤其是校园马拉松与路跑马拉松，深得大众喜爱。

年轻人对于校园马拉松及路跑马拉松的喜爱基于什么样的原因？主要包括以下几点：

首先是国家、政府和社会对于这一运动的重视以及宣传推广，马拉松以“跑步”这一最基本的运动形态，更全面、更快速地带动全民参与健身，满足各个阶层、不同职业、不同性别人们的运动需求，更好地完成全民健身计划的任务，从而使得马拉松运动的发展有较好的政治保障。

其次，校园马拉松和路跑马拉松不同于传统的马拉松，增添了许多别样的乐趣。校园马拉松赛程比较短，比赛环境轻松舒适，这对于大学生来说是最轻松便捷且无危害的运动方式。而且，校园马拉松也在很大程度上改善了学生依赖手机、整天上网的不良恶习，使得学生更加乐观开朗，校园风貌也更积极昂扬。

路跑马拉松是指不受任何职业、任何性别限制，门槛较低，全民都可参与的一种大众运动方式。它受欢迎的原因之一是参与群体具有广泛性；其次是路跑马拉松的种类十分丰富，它按照路程的长短分为全程马拉松、半程马拉松、迷你马拉松等。参与者可以根据自身条件选择适宜自己的赛程。

路跑马拉松还具有一定的治愈性，它的治愈性体现在：一是身体上的治愈，由于快节奏的工作和生活，人们普遍处于亚健康状态，各种“职业病”困扰不已，跑步不仅锻炼了身体，让肌肉强健有力，让皮肤焕发光彩，也锻炼了各个器官和组织甚至全身的细胞，使它们更有活力，并有效提高身体的免疫力。长期跑步易养成体育锻炼的习惯，使得参与者会更加积极地投身于锻炼当中，从而使身体保持持续健康的状态。

第二大功效是心灵上的治愈。运动能让人快乐，校园马拉松和路跑马拉松真正做到了“众乐乐”。一场小型马拉松，不仅促进了身体的新陈代谢，而且使学习、工作、家庭的压力得到充分的释放。另外，跑步还能结交朋友收获友谊，无论是陌生人还是老朋友，奔跑中的人们总是洋溢着热情，结伴同行。总之，经常参加跑步的人更具有活力，待人更热情，生活也更加积极阳光，有助于塑造完善人格，健康体魄。

第四节　小型体育赛事的策划

小型体育竞赛是学校体育工作的一个有机组成部分，是体育教学、课外体育锻炼、课余体育训练的重要杠杆。学校体育竞赛活动应根据计划安排、学校体育设施条件、本校学生专业的特点等情况，有针对性地开展。

一、策划小型体育竞赛的注意事项

（1）赛前工作：包括根据比赛的种类和规模成立组织机构，拟定竞赛规程，分发报名表，组织裁判工作，编排秩序册和场地器材的准备等。

（2）赛中工作：根据竞赛的性质和规模，切实做好竞赛期间赛程的安排、裁判员队伍的管理和安全保卫工作。

（3）赛后工作：收集、整理器材，总结竞赛中的经验教训，抓好宣传报道等。

二、竞赛规程

竞赛规程是由竞赛组委会或筹备组制定并实施的某一项比赛的规定，它是运动竞赛的指导性文件，也是参赛者和组织者进行比赛与工作的具体依据。体育竞赛规程一般由下列内容组成：竞赛名称、竞赛的目的任务、竞赛时间、地点和举办单位（或承办单位）、竞赛项目和组别、参加单位及人数、参赛者资格、竞赛办法、竞赛规则、录取名次与奖励、报名办法、抽签日期和地点以及其他事项等，也可根据各单项不同取舍与补充（附件一）。

三、竞赛的方法与编排

竞赛的方法通常采用淘汰赛、循环赛和混合赛制。应根据竞赛目的和任务、竞赛时间的长短、参赛人（对/队）数以及场地器材条件合理选择竞赛方法。

（一）淘汰制

淘汰制就是在比赛中失败 1 次（单淘汰）或 2 次（双淘汰）即失去比赛资格，获胜者继续比赛，直到最后确定优胜者为止。

1. 单淘汰比赛轮数

（1）如果参赛的队数是 2 的乘方数，则比赛轮数正好是以 2 为底的幂的指数。例如，4 个参赛者为 $2^2=2$ 轮，8 个参赛者为 $2^3=3$ 轮，16 个参赛者为 $2^4=4$ 轮。

（2）如果参赛的队数不是 2 的乘方数，也就是说参加的队数介于上述两队之间，则轮数按下一个数字计算。例如，14 个队参加比赛，则按照 16 个队（4 轮）来计算。

2. 单淘汰比赛场数

单淘汰赛的比赛场数 = 参赛者（队）数 − 1，如 8 个参赛者（队）比赛，需进行 3 轮、7 场比赛，其排列如下（图 1-4-1）。

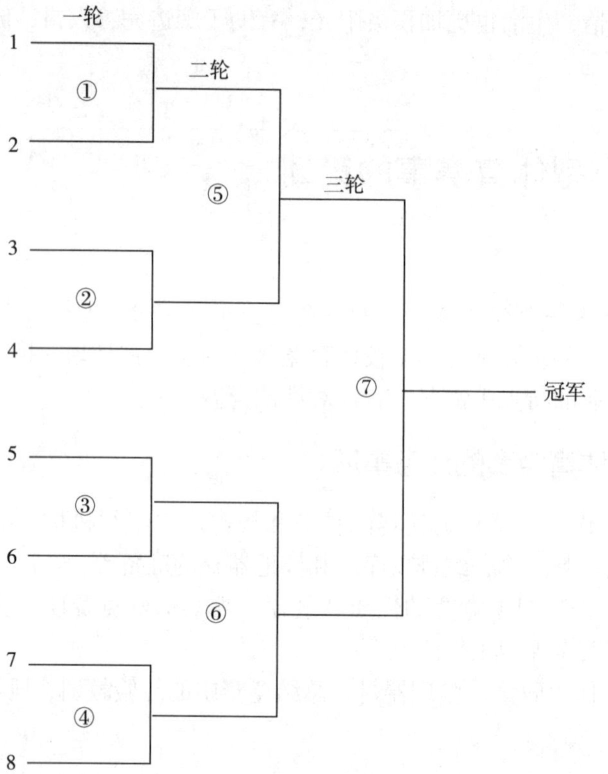

图 1-4-1 单淘汰顺序示意图

3. 比赛秩序表的编排

（1）如果参赛的队数是 2 的乘方数，开始比赛的第一天所有的队都进行比赛，没有轮空。只要按照参加比赛的队数，每两队编排一组逐步进行淘汰即可。如 8 个队参加比赛，即进行三轮 7 场。抽签后，将队名填入秩序表中，第一轮比赛即 1 对 2、3 对 4…，依次类推。

（2）如果参赛的队数不是 2 的乘方数，要根据参赛队数，选择最近的、较大的 2 的乘方数作为号码位置数，轮空数 = 号码位置数 - 参赛者（队）人数。例如，13 个队参加比赛，应选用 16 个号码位置数，则有 3 个队轮空，可以 2、15、10 为轮空位置号码（第一轮比赛凡与 2、15、10 比赛的队即为轮空队休息）。轮空队只在第一轮比赛中出现，不能在其他比赛轮次中出现，如有轮空队，首先让强队轮空。

为避免强手或强队过早相遇，可以把他们确定为“种子”。“种子”的数目应根据参赛者人数的多少来确定，一般以 4 个队设一名“种子”为宜。单淘汰的种子应平均分布在各个区内。如 16 个队参加比赛，设 4 个种子队，把最强的两个种子队排在两头 1、16 位置上，把 3、4 号种子队排在中间 5、12 号位置上。

单淘汰比赛表格式秩序：经过抽签排定号码位置后，可编出全部比赛秩序表。秩序表上可写明位置号码、姓名、比赛日期、时间、场地、印发或向参赛者（单位或个人）公布。

（二）循环制

循环制包括单循环、双循环和分组循环三种。

1. 单循环

单循环是指所有参加比赛的队在比赛中都要相遇一次，最后各队按在全部比赛中得分多少排列名次。它是一种比较公平合理比赛方法，一般在比赛的队数不多，又有足够的竞赛时间时采用。

（1）单循环的轮数和场数的计算。

① 比赛轮数：在循环制比赛中，各队都参加完一场比赛即一轮。参加队数是奇数时，比赛轮数等于队数；参加队数是偶数时，比赛轮数等于队数减 1。

② 比赛场数：单循环比赛场数，可用下面公式计算：比赛场数 = 队数（队数 − 1）/2。如 6 个队参加比赛，则比赛场数为：6（6 − 1）/2 = 15（场）。

（2）单循环比赛顺序的编排方法：

① 排出各轮次的比赛表：编排时，将参加单位用数字来表示。如果比赛队数是双数时，把参加队数对半分开，前一半号数由 1 号自上而下依次写在左侧，后一半号数依次自下而上写在右侧，然后用横线把相对的号数连接起来，即第一轮的比赛表（表 1-4-1）。将第一轮比赛表中的 1 号固定不动，其余号码按逆时针方向轮一个位置，即第二轮比赛表，以后各轮次依次类推。

表 1-4-1　6 个队单循环比赛顺序

第一轮	第二轮	第三轮	第四轮	第五轮
1–6	1–5	1–4	1–3	1–2
2–5	6–4	5–3	4–2	3–6
3–4	2–3	6–2	5–6	4–5

如果参加队数是单数时，在最后一个数后补“0”凑为双数（表 1-4-2），然后按上述循环办法排表，与“0”排在一起的队就是轮空队。

表 1-4-2　5 个队单循环比赛顺序

第一轮	第二轮	第三轮	第四轮	第五轮
1–0	1–5	1–4	1–3	1–2
2–5	0–4	5–3	4–2	3–0
3–4	2–3	0–2	5–0	4–5

② 抽签：各队按抽签的号数把队填入轮次表中，然后排出比赛日程表。

③ 编排比赛日程表：根据轮次表编排比赛日程表。在编排时还必须考虑到：各队在规定的各正式比赛场地的机会尽量均等，两次比赛之间的休息时间应大体一样，白天和晚上比赛的次数应尽量相等，一个单位有男女队时应可能安排在同一场地进行比赛等。

2. 分组循环

参加比赛的队较多而竞赛时间较短时，可采用分组循环比赛方法。即把参加的队平均分成若干个小组，在各个小组内进行单循环比赛，然后根据需要和实际情况，再把各组的优胜队或同名次队再进行一次单循环比赛，这样既可排出名次，而且还缩短了比赛时间。

（1）分组循环编排方法：如 16 个队参加比赛时，可平均分成两个或 4 个小组分别进行单循环比赛，决定每组的名次，决赛阶段有以下几种比赛方法：

① 将各小组预赛中获相同名次的队编在一起进行比赛，如预赛时 4 个组的第 1 名编成一组进行单循环赛，决出 1~4 名，各小组的第 2、3、4 名编在一组决出 5~8 名、9~12 名和 13~16 名。

② 将各小组预赛中第 1、2 名编在一起决出 1~8 名，将各小组预赛中第 3、4 名编在一起决出 9~16 名。

③ 只将预赛各个组前 1 名或前 2 名划为一组参加比赛，决定前 4 名或前 8 名，其他队不再比赛。

④ 在预赛阶段已经相遇过的队，比赛成绩依然有效，决赛阶段不再比赛。

（2）分组循环安排种子队的原则：为了比较合理地确定各队的名次，应设种子队，再确定分多少小组之后，先用抽签的方法确定其他各队所在组的位置。种子队的数目一般是分几个组就选出几个种子队。种子队的选定一般是根据过去成绩和现在发展情况经过协商讨论而定，或由有关协会选定。

四、体育竞赛成绩与名次的评定

（一）单项成绩的评定方法

体育竞赛中的单项，既可指一个运动员，也可指一个参赛队，它是从项目意义上讲的。常见的单项成绩评定方法有下述三种：

（1）以客观的时间、距离、高度、重量等实际计量来评定参赛者（或队）的成绩和名次：如田径、游泳、举重等运动项目，按参赛者（队）成绩的优劣，依次排定名次。

（2）按完成规定动作和自选动作的质量来评定：如健美操、跳水、武术等项目，由裁判员根据动作质量和编排好坏等内容来评定分数。评分通常以一定分值为满分进行扣分，最后以裁判组评定的分值高低来确定名次。

（3）根据比赛总积分多少、战胜对手的情况或其他特定因素来评定：如各种球类比赛、击剑比赛等，在单独评价时，以双方的进球多少、胜负局数和得失分来决定成绩和名次。在总体评定时，根据积分多少排列名次。如球类项目常采用胜一场得 2 分，负一场得 1 分，弃权得 0 分，积分多者名次列前，若两个以上队积分相等，则按他们之间的得失分情况排列名次。

（二）团体名次的计算方法

体育竞赛中的团体，是指若干个不同的运动类别或不同项目的综合，也是指较大规模竞赛活动的总体。通常是将各参赛单位的个人或集体队伍的成绩和名次折合成分数，累计起来评定名次。经常采用的办法有：

（1）以团体总分来衡量各队的实力的计分方法：取前 6 名时，采用 7、5、4、3、2、1 计分；取前 8 名时，则按 9、7、6、5、4、3、2、1 计分。以各单位得分总和多少排出名次，分数高者，团体名次列前。也有在竞赛规程上先规定集体接力，破纪录等可加倍计算，鼓励创造优异成绩。若总分相等时，则可采取第 1 名多者或破纪录多的，团体名次列前。

（2）乒乓球、羽毛球、网球等项目，还可采用获胜场或盘数多少来决定团体名次。

附：

××大学第十一届学生乒乓球比赛竞赛规程

为了推动公共体育乒乓球教学和课外学生乒乓球活动的开展，提高学生的乒乓球运动水平，决定举办××大学第十一届学生乒乓球比赛，具体规程如下：

一、比赛时间：××××年×月×日—×日

二、比赛地点：××校区体育馆

三、比赛项目：男子团体、女子团体、男子单打、女子单打

四、参加办法与资格

1. 以学院为单位组队（含研究生院和海外学院），团体赛各队限报男、女运动员各4名；单打比赛各队限报男、女运动员各2名，各代表队报领队、教练各1名。

2. 参赛运动员须是××大学正式在籍全日制学生（不包括成教生）。

五、竞赛办法

1. 团体比赛分男、女两个组。

2. 单打比赛分男、女甲、乙组；甲组为普通生，乙组为高水平乒乓球运动员。

3. 团体比赛分两个阶段。第一阶段采用分组循环制确定小组名次（根据报名情况确定赛制，具体情况在分组抽签会议上确定），第二阶段按小组名次进行交叉单淘汰制。

4. 单打比赛采用单淘汰制。

5. 团体比赛，每次比赛每队由3名运动员参加（高水平乒乓球运动员限2名），按A–X、B–Y、C–Z、A–Y、B–X进行比赛，采用五场三胜制，每场比赛采用三局两胜制。单打比赛均采用三局两胜制。

（1）团体赛按报名队数，在领队会议上确定赛次并原则上依照上届乒乓球团体比赛名次设种子队后抽签分组。

（2）比赛参照执行国家体育总局颁布的最新乒乓球竞赛规则。

六、录取名次

1. 团体比赛男、女各取前8名。

2. 单打比赛，甲组男、女各取前8名，乙组男、女各取前5名（报名人数不足6人时，按报名人数递减1名）。

七、报名时间

×月×日前将报名表送交体育学院办公室，联系人：×××，电话：××××××××，或发送电子邮件至：××@yahoo.com.cn。逾期不报，作弃权论。

××大学体育工作部

××××年×月×日

案例分析

案例一：美国总统富兰克林·罗斯福在39岁时患了“小儿麻痹症”，然而，罗斯福没有被击垮，他为自己制订了一套康复计划。他在佐治亚州的温泉做游泳

疗养，经常练习爬行，以激励自己的意志。他每次练习时都会把家庭成员甚至佣人叫到大厅里观看监督，他甚至命令刚会走路的儿子跟他比赛。罗斯福日复一日坚持锻炼，持续了8年，终于可以直立行走了。他后来说："我从此成了一个乐观主义者，再也不觉得人间有什么不可克服的困难。"

分析：请分析罗斯福总统的体育锻炼与他成功的关系。

案例二：光明日报2011年9月14日发表了"国民体质监测报告发出警告：大学生体质在下降"的报道，其中指出："我国19~22岁年龄组除坐位体前屈指标外，爆发力、力量、耐力等身体素质进一步下降，但与前一个5年相比（2000—2005年），下降幅度明显减小。与5年前相比，19~22岁年龄组男生的立定跳远、引体向上、1 000米跑以及握力成绩均显示下降，女生立定跳远、仰卧起坐、800米以及50米跑成绩也都呈现下降趋势。"

分析：你认为产生这些现象的原因有哪些？对于解决大学生体质下降的问题，你有哪些好的建议？

思考题

1. 结合你的亲身感受，谈谈对大学体育的理解。
2. 为什么说健康是"1"，其他都是"0"，只有有了"1"，其他的"0"才有意义？
3. 大学体育对于培养当代大学生健全人格有哪些特殊作用？
4. 现代社会生活方式有哪些特点？
5. 现代生活方式病形成的原因主要有哪些？如何预防？
6. 某学院将举行一次"趣味运动会"，已知仅有一天半时间，参加班级有20个，设立趣味项目10个，请根据此条件，拟定一份竞赛规程。

第二章 职业与体育

学习目标

1. 了解职业的分类、职业有害因素、职业损害的有关内容。
2. 掌握从事不同职业的身体锻炼方法。

第一节 职业概述

生产劳动是人类社会活动的重要组成部分，劳动者是社会的宝贵资源。劳动者的文化技术水平和身体健康水平直接影响着社会的进步和经济的发展。

一、职业的分类（表 2-1-1）

表 2-1-1 职业分类表

职业	人 员
农业	种植业、渔业和林业
矿业	矿藏探测工、地质学家、采矿工程师、矿物研究员
建筑业	木匠、电工技师、砖瓦匠、焊接工、建筑师、工程师、职业经理人
制造业	流水线工人、主管、工程师、技师、经理
公共事业	操作工、维修工、接线员、办事员、工程师、公关专家经理
运输业	装载员、运货员、分拣员、卡车运输员、空中服务交通员、工具维修员、高速公路督察官、驾驶员、设计师
传播业	音频和视频安装技工、记者、编辑、摄像人员、摄影师评论员、记者、小说家
商业	售货员、管理雇员、供货广告人或劳工关系专家、公关人员
财政金融业	出纳员、办事员、审计员、信贷员、会计、经理
服务业	美容师、理发师、技术人员、医生、护士、心理学家、老师、邮递员
政府部门	办事员、打字员、管理人员、法官、环保专家、经济学家

二、职业有害因素

在社会生产过程中，生产流程、生产环境、生产方式等因素会对生产者产生一定的伤害，这些职业因素称为职业有害因素。职业有害因素一般可分为两方面：一是在生产、工作和生活过程中接触的环境（职业、生活、自然、生态）有害因素（图 2-1-1）；二是人的因素，如病态、遗传基因、精神心理紧张、不良行为习惯、年龄、性别和营养状况等。

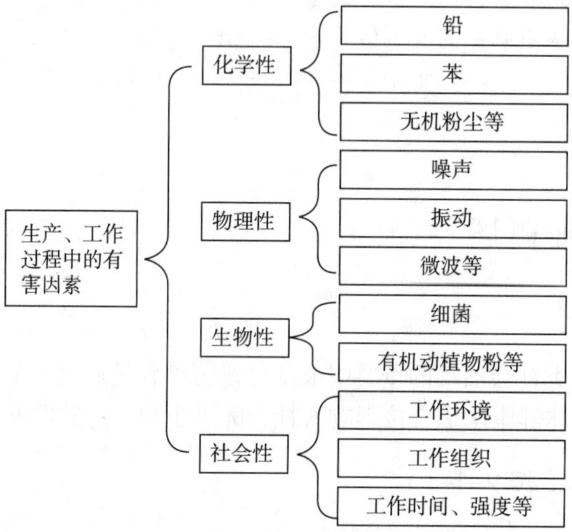

图 2-1-1　生产、工作过程中的有害因素

三、职业损害

职业有害因素对职业人群引起的健康损害称为职业损害。职业有害因素、个体、作用条件构成了职业病损害的三大原因，此外，还有现代生活方式病的影响（图 2-1-2）。

图 2-1-2　职业损害的 4 个方面

随着社会的发展和科技的进步，人类已进入知识经济时代。知识经济时代的生产劳动方式主要以脑力劳动为主，以知识经济为特征的有关疾病正在迅速显现出来。过重的脑力紧张负荷可能损害心脑血管系统、精神神经系统和内分泌系统，从而引发冠心病、高血压、心肌梗死、脑卒中、精神（心理）障碍、糖尿病和癌症等现代生活方式病。

四、职业性心理社会因素对健康的影响

物理、化学和生物性职业有害因素对人体健康损害明显，其评价指标客观，这类有害因素现已得到各级部门的重视。然而，非物理、化学、生物等职业性有害因素（统称为职业性心理社会因素）由于对人体健康的影响不如物理、化学、生物性因素明显，且评价指标不易控制，所以至今未得到足够的重视。

（一）职业性心理社会因素

1. 特殊人群的职业性心理因素

一些从事特殊职业的人群，承受着职业性心理社会因素的伤害。例如，精神病科医务人员经常受到精神病患者的不良刺激，武警、公安、军人、司机等经常面临生命安全的威胁，演员、教师等则承受着超负荷的情绪压力等。

2. 职业性消极因素

产生于工作场所的消极因素、悲观情绪是一种职业性心理社会因素。消极因素主要是因同事间或部门间关系不协调、在资源配置上因公平、公正等方面的问题而直接从自身产生。此外，在工作环境中存在的非积极因素对自身情绪也有一定影响。不同职业人群可能接触不同的消极因素，长时间地接触消极因素会影响自身情绪，直接引发心理健康问题，并可能间接地引起生理健康问题。

3. 职业紧张与职业应激

职业紧张主要来自工作者自身与所承担工作之间的各种矛盾。例如，对工作者提出的各种要求，如工作责任和工作难度的压力，完成任务的时间紧迫感，互相冲突、互相抵触的要求等；工作者被动承受来自各方的支配，却得不到满意的劳动报酬；缺乏来自上级的支持和理解，缺少接受教育与再教育的机会。

4. 体力活动缺乏

伏案工作者上班期间缺乏适当的身体活动，下班仍然无适当的身体活动，这对健康会有较大影响。

（二）职业性心理社会因素对健康的影响

职业性心理社会因素与人体多种疾病，尤其是非传染性疾病有密切的关系。例如，高科技人群中的以情感异常为特征的高科技综合征；长期倒班者的神经衰弱、失眠症、非溃疡型消化不良、消化性溃疡；长期缺乏体力活动人群的高脂血症、脂肪肝、心脑血管疾病及视力和视觉疾病；农民，特别是农村妇女，由于卫生条件、营养、自然和人文环境、接受教育程度等原因引起的身心健康问题。

第二节 职业病与现代生活方式病

一、职业病

职业病是指特殊的工种在特殊的工作环境中接触特殊的职业危害因素（职业病

因）所致的特种疾病。工作环境和工作条件以及使用的原料都是构成职业病的起因，造成某一职业所特有的疾病（表 2-2-1）。因为从事某项工作，多数人有患病的危险性，所以必须对职业病引起重视。

（一）职业病的病因与工种的关系

表 2-2-1　职业病的病因与工种的关系

原因	病名	工种
异常温度	中暑、冻伤、神经性疾病	炊事员、造船工、冷冻工、染色工、室外作业工、低温寒湿作业工、隧道作业工
异常气压	潜水病（减压病）、高山病	潜水工、隧道工、飞行员、登山运动员
有害气体	一氧化碳中毒、二氧化硫中毒、苯中毒、水银中毒、金属挥发气	汽车司机、煤气工、炼铁工、造纸工、橡胶制造工、染料制造工、油漆工、苯工、仪器制造工、水银制剂制造工、焊接工、铸工
粉尘	尘肺、硅肺、铁肺、煤肺、哮喘、铅或砒中毒	矿工、石工、铸工、陶瓷器工、玻璃工、烧窑工、纤维工、印染工、蓄电池工、燃料工
噪声	听力障碍	制罐工、织布工
振动	血管神经症	凿岩工、打孔工
放射线	结膜炎、白内障、白血病、生殖障碍、肉芽肿	焊接工、玻璃工、锻冶工、接触 X 线与放射性物质者、夜光计时制造工
有毒固体、液体	癌、皮肤疾病	乙醚接触工、纺织工、接触酸碱及其他药液者
原病微生物	十二指肠炎	煤矿工人、农民、毛皮革工、屠宰工

（二）发生职业病的其他原因

（1）工作量过重可引起痉挛、视觉疲劳、近视、疝气、月经失调、胸膜炎等。

（2）作业姿势不良及运动不足，可引起胃肠疾病、脊柱弯曲、静脉曲张、腿痛。

（3）作业无规律性可引起失眠等疾病。

二、与职业有关的现代社会生活方式病

现代社会生活方式病也可称为现代文明病、都市病、富贵病，主要是由于人们的生活方式和非健康行为引起的身心不能应付外界环境的刺激而产生某些生理、心理、社会层面的不良反应。今天，现代化生产正向着机械化、自动化、电气化、智能化、精密化的方向发展，人们日常的身体活动正越来越多地被现代化技术装置所替代，生产中的体力劳动大大减少。在动作技能上，主要是小肌肉群参加的小幅度动作，要求劳动者灵活、准确、协调地控制生产过程，快速、正确地判断和处理各种数据。高强度、高速度、高效率的劳动和工作使人们经常处于注意力高度集中的状态，神经和肌肉都极易产生疲劳。

现代脑力劳动者的劳动有三个明显的特点：一是长时间伏案工作，四肢、胸背、

腹腔均处于对健康不利的位置；二是中枢神经系统长时间处于高度紧张的状态，大脑对氧和能量物质的消耗明显增多；三是机体维持相对的静态，新陈代谢处于较低的水平，氧和能量物质的供应难以满足全身，特别是大脑的需要。因此，脑力劳动者易患“神经衰弱”“不活动性肌肉萎缩”“新陈代谢低下”等病症。

人类在享受现代工业文明带来的幸福和财富的同时，也正受到工业文明导致的自然生态环境破坏的困扰，人们面临着来自自然界，甚至来自人类自身失误所造成的挑战，如环境污染病、办公室病、汽车病、电视病和电脑病等。

与职业有关的现代社会生活方式病主要有以下几种：

（一）“SoHo 族”的居家抑郁症

越来越多从事软件编程、装饰设计、图书策划的脑力工作者，正在成为“SoHo一族”（即独自在家工作的人）。SoHo 已成为当下崇尚个性、时尚的工作方式。但研究发现，独自在家工作的人极易患上抑郁症。心理学家指出，工作环境是人们进行社交活动的重要场所，人们对工作中遇到的问题，通过互相交流，可以解除烦闷的情绪。而独自在家工作的人则没有这种机会，不仅郁闷寂寞，且经常超时工作。他们即使是依靠电话和网络与外界保持联系，久而久之也仍然会脱离社会，使人际关系变得冷漠。

（二）静坐综合征

静坐综合征是由于人们长期以坐姿从事工作导致的疾病。研究发现，长期伏案工作者，由于体力活动很少，其肠蠕动速度显著减慢，使粪便在肠内停留的时间较长，粪便中的有毒物质刺激肠黏膜的时间也就较长，这就增加了患结肠癌的危险性。

（三）信息焦虑综合征

随着社会的进步，越来越多的文明病威胁着当代年轻人。许多 25~40 岁的高学历者在没有任何病理变化和任何器质性改变的情况下，会突发性地出现恶心、呕吐、焦躁、神经衰弱和精神疲惫等症状，女性并发停经、闭经和痛经等疾病。这实际上是一种身心障碍，俗称信息焦虑综合征或知识焦虑综合征。在信息爆炸的时代，人类的思维模式还没很好地调整到可以接受如此大量信息的阶段，若接受的信息超过自身所能接受的极限，加上没有合理地安排好休息时间，经常加班、熬夜，就易产生这种病症。

（四）电脑病

在现代社会，电脑被广泛应用到各个领域，已成为现代人工作、娱乐和休闲必不可少的工具。电脑在给人们带来方便的同时，也给人们带来了一种新的疾病——电脑病。如视频显示终端（Visual Display Terminal，VDT）作业者长时间在键盘上操作，头、眼、手、指的指尖频繁活动，加上不良的操作体位和较大的工作量，极容易造成骨骼肌劳累、手指疲倦或麻木、腕关节疼痛等症状以及由电脑屏幕辐射引起的视力下降。此外，如果坐姿不正确，还会引发脖颈和背部疼痛，导致静脉血液循环障碍。长期使用电脑者还会出现焦躁、胃部不适、头部发痒等自主神经紊乱症状。

（五）上网成瘾综合征

当今社会，上网已成为一种时尚。很多人沉迷于网络，无节制地花费大量时间和精力上网。由于对网络生活的过分迷恋和依赖，使得这部分人在现实生活中表现出各种行为异常、心理障碍和交感神经部分失调。如上网时精神亢奋，下网后情绪低落、社会活动减少，大量吸烟、嗜酒和滥用药物，自我评价能力下降，生物钟紊乱，思维迟缓，食欲下降，有自杀意念和行为，宁可抛弃学业、事业，甚至家庭也要与网络相依为命等，即是“上网成瘾综合征”。

鉴于网络与电脑的亲和关系，电脑身心失调症、电脑狂暴症、肱骨外上髁炎、腕部综合征、电脑疲劳综合征等，在网络沉迷者身上会更易发生。

>>> 知识窗

1. 严格控制网络使用时间，一天不超过 8 小时。
2. 每天应抽出 2~3 小时与同事及家人进行交流，并参加适当的身体活动。
3. 出现相应症状时，应尽量减少上网时间，必要时接受心理治疗。

第三节 不同职业者的身体锻炼

一、农业劳动者的身体锻炼

农业劳动者的身体因常常固定于某种姿势进行一些简单重复的动作，会使那些参加工作的肌群得到锻炼，用力小或参加工作少的肌群就得不到锻炼。有些农活要使胸腹固定在某一姿势以便用力，因而呼吸肌得不到锻炼。干农活一般持续时间较长、耐力较强，但肌肉收缩的速度、关节的活动幅度等都受到一定的限制。

农业劳动者的健身运动方式可以是多种多样的。由于干农活时下蹲、弯腰和挥臂等动作较多，而下肢肌群、腰背肌群等处于静力性工作状态，所以休息时可做些压腿、踢腿、转体、体侧屈、扩胸等放松动作。另外，登山、散步、踢球、扭秧歌等活动也有助于消除疲劳和增进健康。如果经济条件允许，也可以运用健身器械进行相关器械的锻炼。农业劳动者家庭一般都独居院落，环境清幽，如果将健身器械安装在室外，可以一边欣赏田园风光，呼吸新鲜空气，一边做健身锻炼。

二、工业劳动者的身体锻炼

工业劳动者长期从事一定量的体力劳动，身体局部负荷和局部疲劳积累较为严重。为了增强体质，提高健康水平，保证工作时有旺盛的精力，工业劳动者应经常参加不同形式的身体锻炼以缓解疲劳。

在时间安排上，可把锻炼安排在上班前和下班后。上班前适合做小活动量的一般性生产操或广播操等以调节局部姿势的活动，不宜进行活动量大、体力消耗多的活动，以避免引起疲劳，影响工作，时间一般为 20 分钟。下班后除了可以做些放松神经、肌肉的练习外，还可以根据劳动中较少参加工作的身体部位进行锻炼，练习时间一般以 1 个小时左右为宜。

注意针对劳动特点选择合适的运动项目。一般说来，针对劳动过程中由于反复使用或负荷较大、容易疲劳的部位，应选择能使之舒解、松弛的动作进行锻炼；针对在劳动过程中较少使用而容易衰退的身体部位，则应选择那些能够使之充分运动的动作进行锻炼。睡前最好不要做剧烈运动，以免大脑过度兴奋而影响睡眠。

另外，工业劳动者还可以利用节假日和余暇时间进行锻炼，如旅游、垂钓、打球、游泳、跳舞和健身房锻炼等，使疲惫的身心得以放松，为工作积蓄力量。

三、脑力劳动者的身体锻炼

脑力劳动是一项艰苦的劳动。以医生为例，他们每天面对的是患有各种疾病的患者，工作极其繁重，有的医生进行一台手术一站就是四五个小时，甚至七八个小时，而且每次手术都是在神经高度紧张的状态下进行的，并且固定地保持低头含胸的姿势。因此，医生可选择健身跑、爬山、游泳等内容进行锻炼，提高有氧代谢能力，改善心肺功能，降低大脑皮质神经中枢的兴奋性，降低血压；也可采用双臂屈伸、引体向上、俯卧撑、指卧撑和哑铃操等进行锻炼，以增强手指、手腕及上肢肌肉的力量；还可以采用各种小型球类运动进行锻炼，以提高手指、手腕的高度灵敏性、精确度和用力的准确性，同时可以有效地恢复睫状肌的疲劳，保护视力。

再以教师为例，根据其工作特点，可选择有利于健身的走步、慢跑、保健体操、健美操等进行锻炼，以使体形匀称、举止端庄、姿态优美。

>>> 知识窗

脑力劳动者的健身四原则

1. 注意增强心肺功能，保证心脑血管及呼吸系统的健康，选择如步行、慢跑、游泳等锻炼项目。

2. 尽量选择全身都能得到活动的项目，如跑步、爬山、做操、太极拳、球类活动等。

3. 注意锻炼肌肉力量，如使用拉力器、哑铃、健身球等健身器械进行锻炼，或做俯卧撑等。

4. 锻炼时注意精神愉快，保持轻松，尽快驱除身心疲劳。

四、公务员的身体锻炼

公务员的工作以坐姿的脑力劳动为主。工作时，身体多处于静坐状态，胸腔内的心肺受到压挤，呼吸、循环、消化等系统的功能较弱，很难满足脑力劳动时大脑对营养的需要。时间长了，营养供不应求，废物不能排出，大脑易产生疲劳，导致理解力、记忆力降低，甚至发生头痛、头晕、恶心等现象。如果大脑长期处于缺氧和疲惫状态，势必影响身体的健康。

公务员应根据自身的工作特点，选择适合自己的身体锻炼项目。

（1）爬楼梯：爬楼梯运动量较大，在相同的时间里，爬楼梯消耗的热量要比静坐多10倍，比步行多4倍，比跑步多3倍，比游泳多2.5倍。爬6层楼的楼梯2~3

个来回，相当于慢跑 800~1 500 米的运动量。

（2）散步：美国心脏病专家柏杜西曾说："相信我的话吧，轻快的散步比慢跑有益处，而且无论哪一阶层的人都能做得到。"运动医学博士赖尔也指出："轻快地散步 20 分钟的效果正好与慢跑相同。"公务员大部分时间都在室内工作，为弥补吸入新鲜空气的不足，可利用清晨或下班后的时间散散步。在室外散步，空气新鲜，运动量适中，对肌肉、关节、心脏、呼吸系统、消化系统及神经系统等都有好处。

五、职业身体训练

（一）职业身体训练的意义

职业身体训练是通过使用体育的形式、手段和方法，最大限度地保证劳动时所必要的技能和运动能力得到发展和完善。体育锻炼对人的机体有着良好的影响，系统从事身体锻炼的人很少得病，对生产活动的适应能力也比一般人强。对于许多择业方向较明确的学生而言，为了更顺利地掌握专业技能，必须发展某些与专业相关的职业体能。

（二）职业身体训练的任务

职业身体训练主要是采用身体动作，结合职业活动的特点而专门设计的练习方法。职业身体训练并不排斥模仿劳动活动的某些特点，即形式上与职业劳动中的动作相类似的练习，但它并不是简单地在形式上对劳动动作的模仿，而主要是有针对性地开展与职业密切相关的身体机能能力、运动能力及相关能力的练习。

职业身体训练的基本任务是：充实和完善对职业活动有益的运动技能和体育教育知识；强化发展对职业重要的身体能力及其相关能力，在此基础上保障身体活动水平的稳定性；提高机体对不良劳动环境条件的耐受力和适应能力，保持和增进未来劳动者的健康。

（三）几种典型职业的身体训练手段和方法

1. 车工、铣工、切削工和钻工

主要发展肩带肌、躯干肌和脚掌肌力量，发展平衡能力、一般耐力、下肢静力性耐力、上肢运动的协调性和准确性、目测力和注意力等。

训练手段：各种慢走、左右脚的交换跳跃，团体操（环、实心球）、哑铃练习，爬绳，滚翻，头手倒立，重物投掷，滑雪，田径运动，篮球和手球等。

2. 无线电安装员、装配工、绘图员、缝纫工和钟表工

主要发展一般耐力、手指协调性、动作的准确性、触觉的敏感性、注意力的专注度和动作的反应速度。

训练手段：300 米跑，1 000 米跑，跳绳，体操凳练习，俯卧体后屈，篮球运球和投篮，排球，乒乓球，手球等。

3. 吊车司机、拖拉机手、汽车司机、建筑和农业机械驾驶员

主要发展上肢和下肢的协调性、上肢和肩带肌肉的静力性耐力、一般耐力、简单和复杂反应及注意力的转换能力。

训练手段：实心球、哑铃练习，加速运球和听信号急停，左右手同时运球，听信号蹲踞式、站立式起跑和加速跑练习，体操，篮球等。

4. 木工、瓦工、粉刷工、油漆工和石工

主要发展肩带和下肢肌肉、静力性耐力、前庭器官的稳定性和灵敏性以及在高空

和有限地点爬楼梯、爬绳、爬竿和跳跃中保持平衡的能力。

训练手段：沿纵放、斜放、横放的梯上做攀爬练习，肋木练习和爬绳练习，头手倒立和手倒立，窄木行走，负重和对抗练习，竞技体操，技巧运动，跳水等。

5. 传送带装配工

主要发展动作速度和准确性、动作的灵敏性和协调性。

训练手段：30 米跑，跳远、支撑跳跃，篮球变换方向或运球、传球、投篮，滑雪，排球，田径运动等。

6. 安装工、调整工和修理工

主要发展手指的灵巧性，上肢、肩带和躯干的力量和耐力，平衡能力和一般耐力。

训练手段：哑铃、实心球、体操凳和肋木练习，杠铃、壶铃练习，举重和搬运重物，投掷小球、手榴弹，推铅球，运动准确性和灵活性练习，注意力练习，体操、击木游戏、冰球练习。

7. 采矿工

主要发展肩带肌、背肌的力量和耐力以及身体的灵敏度和柔韧性。

训练手段：器械练习（体操棒、实心球、哑铃），攀爬练习，跳远，体操，摔跤等。

8. 控制台操作员、畜牧业工人、农艺师和其他农业工人

主要发展动作速度、反应速度、协调性、躯干肌肉的静力性耐力，培养在紧张的情况下完成动作的能力。

训练手段：徒手、器械体操练习，体操凳、肋木练习，接力、耐力性、准确性、灵敏性游戏，篮球，手球，排球，乒乓球等。

（四）不同专业学生的身体训练手段和方法

1. 地质、勘探类专业

地质、勘探专业的学生应心肺耐力好、吃苦能力强、身体基本活动能力强、能适应各种自然环境。宜选择发展肩带肌、脊肌力量和耐力、灵敏及柔韧的练习，如长跑、爬山、野营拉练、游泳、武装泅渡和攀越障碍等活动。

2. 交通运输类专业

交通运输专业的学生，需具备良好的视力、目测判断力和较好的注意力转换能力，运动知觉好，反应灵敏，双手动作灵活性好，身体耐力素质好。宜选择发展上肢和下肢协调性、上肢和肩带肌肉静力性耐力和一般耐力的各种练习，如篮球、排球、乒乓球、网球、羽毛球、击剑和器械体操等。

3. 航空、航海类专业

航空、航海专业的学生要求方位判断力好、反应能力强、前庭分析器发育良好、双手活动的灵活性和准确性好、耐力素质好，并具备一定的水上功夫。宜选择定向运动、秋千、花样滑冰、跳伞、跳水、游泳、划船、掷铁饼、掷链球、体操等练习。

4. 建筑类专业

建筑专业的学生要求立体感强、灵敏素质好、平衡能力强、耐力好和具有一定的适应高空作业的能力。这类专业的学生宜选择发展肩带和下肢肌肉力量及静力性耐力和能力的技巧运动、跳水、滑雪、摔跤、爬楼梯、爬绳、爬杆和锻炼前庭分析器的练

习等。

5. 冶金类专业

冶金专业的学生要求力量和一般耐力素质较好，双手动作的准确性强，机体的耐热能力好，支配能力强。这类专业的学生宜选择击剑、篮球、长跑、滑雪、足球、越野跑和沙滩排球等项目进行练习。

6. 机电类专业

机电专业的学生要求反应快、分配能力强、双手运用灵活性好、一般耐力好。宜选择篮球、排球、乒乓球、滑雪、游泳、长跑等练习。

7. 食品专业

食品专业学生要求分配注意能力强，一般耐力好。宜选择篮球、乒乓球、长跑和游泳等练习。

8. 农业专业

农业专业学生要求具有吃苦耐劳的精神，应发展动作速度、反应速度、协调性和躯干肌肉的静力性耐力，培养在紧张情况下完成动作的能力。宜选择徒手器械体操练习，体操凳、肋力练习，选择耐力性、准确性、灵敏性强的游戏以及篮球、手球、排球、乒乓球等练习。

9. 文科专业

文科专业学生应具备良好的心理素质、开朗的性格及较强的对外交往能力。宜选择网球、乒乓球、体育舞蹈、形体训练、游泳和一般耐力项目等练习。

思考题

1. 职业的有害因素有哪些？如何预防？
2. 体育锻炼对于预防职业危害有何积极意义？
3. 简述脑力劳动者健身的原则。
4. 职业对健康有影响吗？你准备如何在将来的职业劳动中保持与增进自己的健康？
5. 结合所学的专业，制订适合自己的职业身体训练计划。

第三章 体育与身心健康

学习目标

1. 了解体育锻炼对心肺功能及肌肉和体型的影响。

2. 学会自我制定运动处方，掌握发展健美体型的锻炼方法并能进行自我评价。

3. 了解体育锻炼与心理健康的关系及其影响，体会体育锻炼对完善大学生性格的积极作用，注重体育锻炼与情绪调控及意志品质的培养。

4. 了解运动处方。

第一节 体育锻炼与心肺功能

一、体育锻炼时的能量供应

体育活动中，人体所需要的能量来自于营养物质的化合能。但是，营养物质不能直接为细胞提供能量，它储存的能量必须经过释放转变成含有高能磷酸键的化合物，后者释放的能量才能被细胞利用。在体内三磷酸腺苷（ATP）是肌肉收缩的直接能源。但是肌细胞中ATP的储存量极少，依靠肌肉的ATP做功只能维持12秒钟左右，因此必须边分解边合成，才能不断释放能量供肌肉收缩，活动才能持久。在体内有两种系统可以合成ATP：一种是在无氧条件下产生ATP，称为无氧供能系统；另一种需要氧的参与，称为有氧供能系统。

（一）无氧供能

无氧供能包括在无氧或氧供应不足的情况下高能磷酸化合物（ATP和磷酸肌酸）分解供能和糖酵解供能。前者称为非乳酸能，后者有乳酸积累的称为乳酸能。

运动开始时所需能量都由ATP和磷酸肌酸（CP）提供。它们的分解不需要氧也不产生乳酸，因此，此阶段的能量供应称为非乳酸供能。非乳酸供能是短时大强度运动的主要供能形式。

乳酸供能是指体内糖缺氧分解为乳酸时释放出的能量，此能量由二磷酸腺苷（ADP）合成ATP。乳酸供能产生乳酸，乳酸的积累可导致疲劳。乳酸供能是速度、耐力等体能的基础，人在从事时间长、运动强度大的身体活动时，主要是由乳酸供能。

>>> 知识窗

新陈代谢

生物体不断地进行物质交换和自我更新，不断用新的物质代替旧的物质的过程称为新陈代谢。

新陈代谢是生命的基本特征，其过程包括同化作用和异化作用两个方面。一方面，机体从环境中摄取各种营养物质，经过合成或转化，以提供建造自身结构所需要的原料，并储存能量；另一方面，生物体进行物质分解，将分解的终产物排出体外，在物质分解同时释放能量，供生命活动需要。通过这两方面的相互活动，生物体才能实现自我更新。

（二）有氧供能

在氧供应充足的条件下，糖类（葡萄糖或糖肌原）和脂肪被氧化成二氧化碳和水，并释放出大量能量供 ADP 再合成 ATP，这一过程称为有氧供能。除糖类和脂肪可氧化供能外，蛋白质也可氧化供能，但比例较小。运动初期，糖是主要供能物质，随着时间的延长，脂肪供能比例增加，蛋白质也将参与供能。

无氧供能和有氧供能是人体在不同的运动强度下，根据需氧量的不同所表现出来的两种供能方式，两者紧密相连，不可分割，只是比例有所不同。如短跑的强度大，持续时间短，起主导作用的供能系统是无氧供能系统，约占总能量的 98%；在进行 1 万米跑时，主要是有氧系统供能，占总能量的 80% 以上；在 800 米跑中，有氧供能和无氧供能的比例相差不大。

二、体育锻炼与心肺功能

（一）心肺系统简介

心肺系统是指在功能上密切联系的循环系统和呼吸系统。心肺系统负责把氧气和营养物运输到组织，同时把代谢终产物（如二氧化碳、乳酸等）排出体外。在体育活动中，骨骼肌代谢增强，需氧量加大，机体通过调节，使心肺系统活动加强以满足运动的需要。

1. 循环系统

循环系统是由心脏和血管组成的管道。心脏实际上由两个分开的血泵构成：右心，泵血至肺，称为肺循环；左心，泵血至身体其他各部分，称为体循环。

体循环的作用是把含氧丰富的动脉血送至身体各部分，并通过毛细血管与组织进行气体（氧和二氧化碳）、营养和代谢物质的交换，之后动脉血变成静脉血，通过静脉回流心脏；而肺循环则把静脉血泵至肺，在肺部静脉血结合氧，排出二氧化碳，重新成为动脉血回流至左心。

衡量心脏“泵”功能的基本指标之一是心输出量，即心脏每分钟所泵出的血量。正常成年男子安静时的心输出量一般在 5~6 升/分，训练有素的运动员在剧烈运动时可达 25~30 升/分，甚至 40 升/分。心输出量受心率（心脏每分钟跳动的次数）和每搏输出量（心脏收缩一次射出的血量）的影响。体育活动时，心输出量会因心率或每搏输出量的增加而增加。无论男女，最大心输出量在20岁之后都开始下降，这主要是由最大心率的变化引起的。不同年龄人群的最大心率可由下面的公式获得：

最大心率（HRmax）= 220 − 年龄（年）

如20岁时最大心率为200次/分（220 − 20 = 200），50岁时为170次/分（220 − 50 = 170）。

血压是指血液通过动脉时对血管壁造成的压力。收缩压是心脏收缩时血压达到的最高值，舒张压则是心脏舒张时到达的最低值。高血压是指收缩压高于140毫米汞柱，或舒张压高于90毫米汞柱（一般成年人）。

2. 呼吸系统

呼吸系统的主要功能就是进行气体交换。吸气时，空气进入肺，氧进入血液，二氧化碳由血液带回至肺并通过呼气排出体外。

人体运输和利用氧的最大能力称为最大摄氧量，它是反映心肺适应最有效的指标。在不同强度运动时，机体的耗氧量是不同的，在未达到最大摄氧量之前，摄氧量与运动强度呈线性关系，因此，常用最大摄氧量的百分比表示运动强度。最大摄氧量代表心肺系统输氧能力的生理极限。

（二）体育锻炼时心肺系统功能的变化

运动时，机体需氧量增加，循环系统和呼吸系统通过不同调节机制增加摄氧量以满足人体运动对氧的需求。

1. 循环系统

为了满足体育锻炼时对氧的需求，运动肌肉的血液容量会增加。运动肌肉血液量的增加是心输出量增加和血液再分配的结果。

血液再分配是指运动时内脏血流减少，而运动肌肉却血流增加。心输出量的增加可包括心率的加快和每搏输出量的增加。

在未达到最大摄氧量之前，心率同最大摄氧量一样，与运动强度也存在线性关系，即运动强度越大，心率越快。由于测定心率简单易行，因此，它被认为是确定运动强度最有效的方法之一。活动时，收缩压会增加，但舒张压变化不大。收缩压的增加会加快血液向运动肌流动，这不仅可以运输更多的氧，而且会带走更多的代谢终产物。

2. 呼吸系统

呼吸系统的功能是维持动脉血内氧和二氧化碳的恒定。体育锻炼时，呼吸频率加快，以摄入更多的氧和呼出更多的二氧化碳。当运动强度小于最大摄氧量的50%时，呼吸频率与运动强度都按比例增加；当超出最大摄氧量的50%后，呼吸频率迅速增加以摄入更多的氧和呼出大量的二氧化碳。

三、增强心肺功能的运动处方

（一）制订运动处方必须坚持的原则

（1）在制订运动处方前，必须了解对象的心肺适应水平和健康状况。

（2）为了提高人体的耐力，必须把握运动时间和强度的关系。如果进行了5~10分钟的运动，则摄氧水平就需要达到最大摄氧量的60%~70%，而且时间越长，所需强度就越低；如果是进行60分钟的运动，则应达到50%左右的摄氧水平。

（3）运动频率：每周进行两次锻炼就可提高心肺适应能力，锻炼 3~5 次可使心肺适应能力达到最大水平，且受伤的可能性减小，但一周 5 次锻炼并不能引起心肺适应水平的进一步提高。

（4）运动强度、时间和练习频率必须符合体育运动参加者身体机能的需要。

（5）对耐力水平低的人，从事强度小的锻炼也能收到显著的效果，而对耐力水平高的人，则必须进行强度较大的运动。

制定运动处方的一般程序（图 3-1-1）：

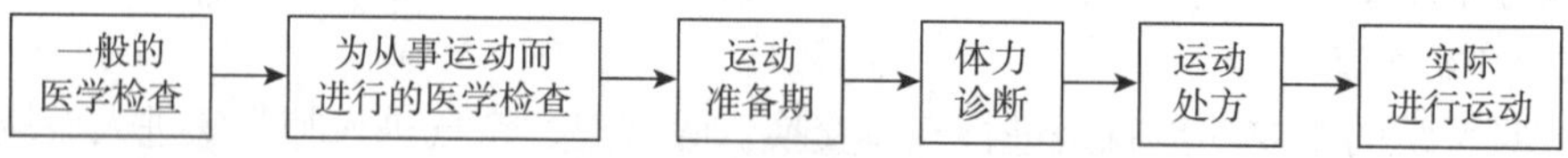

图 3-1-1　制定运动处方的一般程序

（二）增强心肺功能的有效练习方法

（1）综合练习：它是由几种不同的锻炼内容组成的。如第一天跑步，第二天游泳，第三天骑自行车。综合练习的优点是可以避免日复一日进行同一种练习的枯燥感，并且可以防止身体同一部位的过度使用而造成劳损或伤害。

（2）持续练习：持续练习是指长时间、长距离、慢节奏和中等强度（约 70% 最大心率）的锻炼，也是一种最受欢迎的心肺锻炼方法。通常，一次锻炼时间以 40~60 分钟为宜。

（3）间歇练习：间歇练习是指重复进行强度、时间、距离和间隔时间都较固定的锻炼方法。练习持续的时间各不相同，但一般为 1~5 分钟。每次练习后有一休息期，休息期的时间与练习时间相等或长于练习时间。

（三）个体运动处方的制订

提高心肺适应水平的运动处方通常包括三个阶段：起始阶段、渐进阶段和维持阶段。

1. 起始阶段

锻炼初始阶段，运动时间不宜过长，以防止过度疲劳而影响锻炼信心。因此，这一阶段最重要的是让机体慢慢适应运动，可根据不同训练水平持续 2~6 周。

起始阶段的每次锻炼应包括准备活动、锻炼内容（强度不超过 70% 最大心率）和整理活动。练习者在起始阶段锻炼时应注意以下几点：

（1）在以某一强度锻炼时，应比较轻松。

（2）感觉不适时，不要延长运动时间。

（3）有疼痛或酸痛感时应停止运动，让机体充分恢复。

2. 渐进阶段

此阶段时间较长，持续 10~20 周。在这一阶段，锻炼的强度、频率和持续时间应逐渐增加。虽然每个设置的目标不同，但锻炼频率应达到 3~4 次 / 周，每次锻炼持续的时间不短于 30 分钟，强度应达到 70%~90% 最大心率。

3. 维持阶段

锻炼者通过 16~28 周的锻炼即进入维持阶段。维持心肺适应水平的主要因素是运动强度，若运动强度和锻炼时间都维持在渐进阶段最后一周的水平，以及锻炼频率降至2次/周，心肺适应水平也不会明显下降；若保持渐进阶段的锻炼频率和强度，锻炼时间可减至20~25分钟。相反，在锻炼频率和时间都不变的情况下，强度减少1/3就可使心肺适应水平明显下降。因此，在运动强度不变时，适当减少锻炼频率和时间仍可保持锻炼效果。

按下表格式，根据自己目前的体能状况和锻炼目标制定运动处方（表3-1-1）。

表3-1-1　运动处方样例

周次阶段	锻炼时间（分·天$^{-1}$）	运动强度（%最大心率）	锻炼频率（天·周$^{-1}$）	锻炼方式	备注
1					
2					
3					
4					
5					
6					
7					
8					
9					
10					
11					
12					
13					
14					
15					
16					
17					
18					

资料来源：Powers, S. K. Total Fitness, 1990.

按表3-1-2记录锻炼情况，在心率一栏中填写一次锻炼时不同时间的心率，在备注栏中填写天气、感觉等，这有助于了解自己心肺适应水平的提高情况，从而坚定自己坚持锻炼的决心和信心。

表 3-1-2　锻炼日记表

日期	锻炼方式	准备活动时间	锻炼时间	整理活动时间	心率	备注

资料来源：Powers, S. K. Total Fitness, 1999.

第二节　体育锻炼与肌肉力量

一、体育锻炼对肌肉的影响

经常参加体育锻炼可对肌肉产生良好的适应性变化。在适宜的超负荷练习的影响下，肌纤维内部蛋白质合成增强，肌纤维变粗，肌肉产生营养性肥大。研究资料表明，肌肉产生营养性肥大主要是由于肌纤维变粗引起的。

肌肉产生营养性肥大，除肌纤维内蛋白质含量增多外，还与肌浆中一些生物化学物质的改变有关。如肌糖原、磷酸肌酸、三磷酸腺苷等的含量增多有关，此外，肌肉中的胶原纤维含量也明显增多。

肌肉产生营养性肥大，其横面积增大，可通过测量身体有关部位的围度来观察。例如，经常参加体操、投掷和举重锻炼者，臂围增粗；经常练习跳跃、踢足球者，则腿围明显增粗。随着肌肉体积的增大，其体重也增加。例如，一般人肌肉的重量占体重的 35%~40%，而经常参加体育锻炼者，特别是静力性力量练习者，其肌肉约占体重的 50% 以上。

随着肌肉形态结构的变化，其功能也得以明显提高，主要表现在肌肉的兴奋性、灵活性提高，协调性明显改善，肌肉的收缩力量因此而加大。但肌肉的这些变化常随着练习的运动项目而有所侧重。例如，经常进行速度性练习者，可提高肌肉的兴奋性和灵活性，表现为动作的速度快，肌肉收缩与舒张交换也快；喜爱举重者，臂部、腿部肌肉产生营养性肥大，肌肉力量因之增大；常参加长跑锻炼者，则肌纤维体积变化不大，但肌纤维周围毛细血管开放的数量增多，这样可保证运动时肌细胞与血液之间气体交换与物质交换顺利进行，使肌细胞获得充分的营养物质，并能及时排除代谢终产物，提高人的耐久力。

>>> 知识窗

循环练习法

循环练习法是指选择发展不同部位的肌肉力量的动作方法，根据个人特点和需要，加以编排组合。这样的力量练习安排有三方面优点：一是能减轻练习者运动后的疲劳程度，达到积极性休息和及时恢复的目的；二是既节省了练习时间，又加大了练习密度，提高了力量练习效果；三是由于发展不同肌肉力量的练习交替进行，因此可避免局部负担过重而出现的肌肉与关节劳损或受伤。

体育锻炼并非一劳永逸。研究表明，人体如果停止肌肉锻炼，其退化速度很惊人，一个人三天不运动，他的肌肉退化速度约 1/5。因此，体育锻炼应持之以恒，并使身体在每次锻炼中承受一定的运动负荷，只有这样，才能使身体逐步强壮起来。

二、发展肌肉力量的运动处方

（一）肌肉力量练习的基本原理

肌肉力量练习的基本原理是超负荷。所谓超负荷是针对人体重量而言的。人体肌肉只有得到超过自身重量的负荷锻炼，才能成长得更有力、更坚强。体力的增强不仅在于运动数量的多少，更与运动的强度密切相关。在运动实践中，不仅力量训练的功效建立在超负荷原理上，甚至体育训练的科学基础也建立在超负荷原理上。

（二）力量训练的基本方法

（1）高负荷低次数——练习时负荷大而操作的次数少：其操作量为个体体力最大负荷的 90%~100%。这种练习方法主要目的在于增强肌肉力量、速度和爆发力。

（2）中负荷中次数——练习时负荷量和次数适中：其负荷量为个体体力量最大负荷的 50%~70%。这种练习方法的目的是提高肌肉的灵敏性和爆发力。

（3）低负荷多次数——练习时负荷量轻而操作的次数多：其操作量为个体体力量最大负荷的 20%~50%。这种练习方法的目的在于增进肌肉耐力。

（4）力求产生最大的动力（肌力×速度）——爆发力：这种练习方法的主要目的是增进力量练习肌力和速度的效果。由于相同负荷量以不同速度完成，其效果不同，速度快者效果大。

（三）制定发展肌肉力量的运动处方

肌肉力量练习的运动处方分为三个阶段：开始阶段、慢速增长阶段和保持阶段。

1. 开始阶段

在开始阶段，应避免举过大重量。过大的重量会增加肌肉和关节损伤的危险性。采用较轻的重量（最高重复次数为 12~15 次的负荷），则不会使肌肉产生过度疲劳。如果原来选定的重量能轻松自如地重复 12 次，则可以增加重量。反之，则说明该重量过大。

可根据练习者最初时的力量水平来确定开始阶段持续的时间，一般持续 1~3 周。初练者的开始阶段可能需要 3 周，有训练基础的人只需 1~2 周。

2. 慢速增长阶段

经过开始阶段的力量练习，如果肌肉已经适应练习动作，就可以增加重量，并能重复举起 6~8 次。当肌肉力量进一步增强时，可再增加重量，直至达到练习者预定的目标为止。

此阶段的练习一般为每周三次。每次练习为三组，每组 6~8 次。

3. 保持阶段

根据用进废退的原理，如果停止练习，获得的力量会自然消退。在保持阶段，力量练习的强度应比获得阶段小。力量增长后，每周 1 次的训练即可保持原增长水平。若不训练，30 周后原增长的水平完全消退。

（四）一次力量训练课的安排

针对不同训练水平对象一次力量训练一般为 1~2 小时。练习者应根据自身实际，选定若干种动作，并科学合理地安排负荷、练习次数和练习方式等，这样才能提高练习的质量，并取得良好效果。如表 3-2-1 所示：

表 3-2-1 力量训练处方举例（以 1~2 小时为一节课）

程序时间	准备运动 5~20 分钟	主要运动 30~60 分钟	辅助运动 10~20 分钟	整理运动 5~10 分钟
目的	① 促进血液循环 ② 提高体温 ③ 增大关节活动范围 ④ 使身体进入运动状态	① 根据学习目的要求学练运动技术 ② 锻炼相应肌群，增强肌力、耐力、体适能 ③ 健体强身	① 根据情况复习和补练所学的有关动作 ② 弥补主要运动的不足	使身心恢复正常状态
方式内容	① 明确练习内容、进度及要求 ② 动作可选步行、慢跑、体操、游戏及重量较轻的练习	根据练习目的及实际情况选定重量练习 6~15 种	① 根据所需选择轻量级的练习 ② 练习或补充运动的不足	① 放松动作可选择步行 ② 深呼吸 ③ 体操 ④ 按摩……

（五）关于力量练习中的安全

（1）进行超负荷力量练习时，必须遵守循序渐进的原则，由轻渐重，由慢渐快，不可急于求成，以免出现伤害事故。

（2）练习前检查器材和场地，如练习用的杠铃，以防其滑落砸伤身体。

（3）了解自身的身体状况。有条件或临场需要时，应进行血压、心率、脉搏等的测试。

（4）做好准备活动，以保持运动过程的体温及关节韧带的灵活性等，使身体适应运动状态。

（5）练习中，练习者应采用正确的呼吸方法。例如，用力前要深吸气，用力的瞬间稍停呼吸，待杠铃高达胸部锁骨处，呼气出口。

（6）在进行负重练习时，如果感觉有尖锐的刺痛，应立即停止练习。

（7）锻炼时，练习者要精神集中，态度认真，动作规范，谨慎进行，勿存嬉戏之心。

（8）做好安全保护，特别是在进行高负荷的练习和试做新动作时，更须做好保护与帮助。

第三节 体育锻炼与体型

一、体型的概念

体型是指人体外形特征与体格类型。体型受遗传因素的影响，有性别差异，随年龄而变化，但可通过后天锻炼矫正和完善。健美的体型与强壮的体魄、良好的姿态等密切相连。

（一）健康是体型美的基础

健美的体型主要是指人体有端正的五官、匀称的四肢、发育良好的系统以及有丰满的肌肉、光泽的皮肤、正常的毛发等。只有在健康的基础上，采用有利于塑造体型的专门性和综合性练习，才能使体型更加健美。一个人长得高而瘦呈“豆芽型”并不美，而一个身材较矮的人，只要身体匀称，比例得当而健壮，其体型仍是美的。

（二）姿态美为体型美增彩

健美的体型，还要有美的姿态，这能反映一个人的气质和精神面貌。姿态美是人们在长时间工作、学习和生活中形成的一种习惯的姿势定式，它主要受后天环境和个人知识水平、文化素养的影响。我国古代对基本姿态美就有明确的标准，即行如风、站如松、坐如钟、卧如弓等。优美的动作姿态，潇洒的风度，可为体型美增姿添彩。通过体育锻炼，可以改善各种不良的姿态，培养良好的体态。例如，体操运动员健美的体型，加上优美、大方、洒脱、有力的动作，给人以艺术的享受。

二、健美体型的标准

综合古今中外体育美学专家对人体体型健美的见解，归纳出成年人体型美的基本标准有以下几个方面：

一是骨骼发育正常，关节不显得粗大凸出；二是肌肉发达均匀，皮下有适当脂肪；三是五官端正，与头部比例配合协调；四是双肩对称，男宽女圆；五是脊柱正视垂直，侧视曲度正常；六是胸廓隆起，正背面都略呈倒放的三角形；女子乳部丰满而不下垂，侧看有明显的曲线；七是女子腰略细而结实，微呈圆柱形，腹部扁平；男子有腹肌垒块隐现；八是臀部圆满适度；九是腿长，大腿线条柔和，小腿后面的腓肠肌稍突出；十是足弓较高。

（一）体型的主要指标

（1）身高：是反映人体纵向发育的指标，主要反映人体骨骼的发育状况。身高的发育水平主要受遗传因素的影响，其次受地区、生活环境和营养状况的影响，并与种族有密切的关系。

（2）坐高：用以表示躯干的长短，一般用坐高 ÷ 身高 × 100 指数来表示。欧洲人将坐高指数值在 52 以下者视为长腿短躯型，54 以上者则为短腿长躯型。

（3）体重：是反映人体发育的横向指标，它在一定程度上反映了人体骨骼、肌肉、皮下脂肪以及内脏器官的综合状况和身体发育的充实程度。它与身高之比，可辅助说明营养状况。一般来讲，体重与横断面积的发育成正比，与肌肉重量成正比。体重的增加，表示肌肉重量、肌力的增长和营养状况的改善。因此，人类形态学把体重作为反映人体身高、宽度、围度、厚度发育状况的整体指标。

（4）胸围：是线性的空间指标，它是人体宽度和厚度最有代表性的测量值。胸廓内有心脏、肺等重要内脏器官，它是衡量人体生长发育水平的重要指标。胸围比身高指数，是人体横径与纵径的比例关系，反映胸部的发育水平，说明体格、体型及胸廓的发达程度。指数大者，说明体型比较粗壮；指数小者，说明比较单薄。

（5）肩宽：是反映人体体型特点的横向发育水平的重要指标。肩宽与身高之比，反映了人体横经与纵经之间的比例关系及其上肢发育发达程度。指数较大者，说明人体横径相对较大，上体较发达；指数较小者，说明人体横径相对较小，上体发育较差。

（6）骨盆宽：是反映人体体型特点和横向发育水平的重要指标。骨盆宽与身高之比，描述了人体的体型特点。

（7）（体重＋胸围）/身高×100：反映了人体长、宽、厚度和组织密度，与心肺和呼吸机能密切相关。身高、体重和胸围是衡量体格发育状况和发育水平的重要指标，三者的结合，可以说明人体充实度和发育程度。因此，它不仅是一个很好的体格、体质指标，而且能较好地反映人体的营养状态。

（二）中国大学生健美体型的标准

我国体育界专家曾经对经常参加体育锻炼的普通大学生进行抽样调查，并提出了大学生健美体型的量化指标（表3-3-1）。

表3-3-1　中国大学生健美体型量化标准参数

性别/因素	第一因素	第二因素	第三因素	第四因素
男	身高 170～182/厘米	体重 60～73/千克	肩宽 40～43/厘米	胸围 89～96/厘米
女	身高 160～172/厘米	盆宽 26.7～27.5/厘米	体重 52～61/千克	胸围 80～88/厘米

上述量化标准可作为大学生健美体型评估的参数，这对于大学生参加体育锻炼，塑造健美的体型有一定的参考价值。

也有体育专家根据我国19～22岁大学生形态指标的平均数、标准差等指标，采用百分位数法，制定了评价我国大学生健美体型的派生指标评价标准（表3-3-2）。该标准排除了遗传因素对身高的较大影响，适用于各种身高的普通大学生，从而使得评价标准具有更广泛的适用性。

表3-3-2　中国大学生健美体型指数标准

指标	男			女		
	下等	中等	上等	下等	中等	上等
坐高/身高×100	53.40	53.00	52.34	53.62	53.19	52.50
体重/身高×100	357.36	368.08	385.45	336.28	347.71	366.24

续表

指标	男			女		
	下等	中等	上等	下等	中等	上等
胸围/身高×100	52.16	53.05	54.47	51.60	52.66	54.39
肩宽/身高×100	23.19	23.53	24.07	22.47	22.78	23.29
骨盆宽/身高×100	16.46	16.74	17.20	17.60	17.91	18.42
(体重+胸围/身高)×100	87.45	89.15	91.92	84.77	86.74	89.93
骨盆宽/肩宽×100	73.14	74.50	76.76	80.43	81.88	84.23

三、塑造健美体型的锻炼方法

塑造优美体型的锻炼，不是一般的发达肌肉和发展力量素质，而是按照一定的需要，即比较匀称地发展人体的各部分肌肉，塑造优美的体型。尽管塑造优美体型的基本途径是发展力量素质，即发达肌肉，但这样尚不够，还必须根据人体美的要求和自身条件，协调地发展全身各部分的肌肉群。

（一）人体体型美类型

（1）力量型和肌肉发达型：使身体各部分的肌肉得到协调、匀称的发展。

（2）体能型：把发展体能和发展身体、塑造体型结合起来进行。

（3）适应型：根据自身的身体条件，塑造自己理想的体型。

（4）姿态型：塑造体型和形成姿态美相结合。

（二）培养健美体型的主要锻炼手段和方法

（1）运用单杠、双杠、吊环和徒手体操，发展躯体（胸、腹、背部肌肉）和上肢肌肉，形成正确的姿态。另外，可选择一些针对性较强的单个动作进行反复多次的练习。例如，双杠的双臂屈伸、单杠的引体向上、垫上的腹背肌练习以及个人徒手操、双人徒手操进行的力量练习，均能收到良好效果。

（2）运用杠铃、哑铃、拉力器等健美、健身器材，促进身体各部分肌肉协调发展。此外，还可以根据所选择的器材，自编多种多样的塑造体型美的练习。

（3）徒手练习，主要包括各种跑、跳、垫上运动和徒手进行的克服自身重量的一些练习，也称为肌肉的自抗力练习。这些练习可以是动力性的，也可以是静力性的。

（4）利用自然条件，如游泳、爬山、爬楼梯等一些简单易行的练习方法，以发达肌肉，塑造体型。

（5）充分利用生活起居室和室内的有限空间进行肌肉力量练习，如利用门框进行引体向上、腹背肌练习等，利用桌、椅、床等进行上肢、躯干和下肢的肌肉力量练习，以及能培养优美姿态的一系列练习。

第四节 体育锻炼与体能评价

一、体能的概念

体能也称为体适能（physical fitness），是指人体各器官系统在肌肉活动中所表现出来的机能能力。体能主要是通过遗传与体育锻炼而获得的。

体能是人的生命活动和劳动工作能力（包括运动能力）的物质基础。保持良好的体能可使身体更健康、精神更旺盛、生活更美好、生命更有价值。体能在形成和发展过程中，具有明显的个体差异。一个人良好的体能与其年龄、性别、体型和职业等有关。一般来说，个体对体能的要求与其活动的目的有关，如运动员必须花大力、流大汗去提高自身的力量、耐力、柔韧和速度等体能，才能适应提高运动成绩的需要；而普通人一般的身体活动即能维持体能的需要，就可以增进健康。另外，即使对同一人而言，不同的时间、不同的环境所需的体能水平也不尽相同。

知识窗

健康的体适能

体适能是衡量身体健康的一项重要指标。健康的体适能就是身体处于无疾病状态，而且精力充沛，体力旺盛，有信心和能力去应付工作中激烈的竞争和突发的紧急情况，并有余力享受闲暇的娱乐生活。

健康的体适能有5个基本要素：一是心肺耐力适应长时间的激烈活动；二是肌肉匀称有力；三是肌肉耐力适应长时间的劳动；四是关节灵活，活动范围大；五是身材匀称，身高体重之比适中。

良好体能的保持与长期的锻炼密不可分。如果一个人的锻炼半途而废，那么，他的体能水平就不能保持，甚至还会下降。

体能提高的潜力很大，体育锻炼是提高体能水平必不可少的重要途径。但良好的体能还与科学的饮食方法和良好的生活习惯等有关。人们通过改善物质条件等方面与有目的、有计划和科学的锻炼身体相结合，能使体能不断增强，减少疾病，提高工作、学习效率。

二、体能的范畴

体能通常是身体素质和运动能力的总和。人体进行活动时，任何动作都是不同形式的肌肉活动，它必然表现出力量的大小、速度的快慢、持续时间的长短和关节活动范围的大小。这些机体工作的能力统称为身体素质，也分别称为力量、速度、耐力和灵敏等素质。这些机能能力，通过肌肉活动表现出来，但同时也反映着内脏器官的机能，如肌肉工作时的供能情况以及运动器官与内脏器官的协调等。因此，它在客观上可以衡量人体机能发挥的情况。

运动能力是指基本活动技能，如走、跑、跳、投、攀登和爬越等。这些技能是人类生活中的基本动作，是在生活实践中学会的，并在体育活动中加以发挥和改进，组合成各种复杂的运动技能。

三、体能的测定

现阶段，我国测定学生的体能（身体素质和运动能力）主要有以下几项具有代表性的运动项目：

（1）50 米或 100 米跑（男、女）：它反映快速奔跑能力和速度素质水平。

（2）1 000 米（男）和 800 米（女）跑：它是反映机体的耐力和心肺功能的重要指标。

（3）双臂屈撑或引体向上（男）：它反映了人体的肌肉力量和耐力的水平。特别是上肢和肩部的肌肉力量。

（4）1 分钟仰卧起坐（女）：它反映了人体腹肌力量和耐久力的水平。

（5）立定跳远（男、女）：它主要反映了全身协调配合用力、腿部的爆发力和弹跳力。

体能的测定，是采集反映人的体能的各种指标的过程，而对体能状况的评价，则是通过上述测定的数据，实现对其本人、家庭、社会以及学校体育、卫生工作等情况的反馈。因此，测定的结果，只有通过分析、整理和评价之后，才具有实际的意义和价值。

四、体能的评价方法

体能的评价方法很多，依据评价的侧重点不同，有单项评价和综合性评价两种；按方法的简单与复杂程度，又有定性评价与定量评价之分。现根据我国学生的实际情况，介绍几种常用的定量评价方法，以便学生进行自我体能评定。

（一）标准对照评价法

标准对照评价法是指在采用百分值法对大量调查资料进行分级评价列表的基础上，将测定结果与之进行对比，以指导学生进行个体自我评价的方法。评价时，可参照大学生身体素质评价表上的指标进行评价。

（二）指数评价法

指数评价法是根据人体各部之间的比例及身体形态和生理的相关性，用两个或两个以上指标间的数值关系来说明体型特征和体质发育状况的一种综合评价法。常用指数有：

1. 体重、身高、胸围指数

体重、身高、胸围指数也称为维尔维克指数，与心肺机能状况有密切关系，又可作为营养指数，粗略反映体格和体质状况。我国 20~25 岁的城市青年标准，男子为 77~94（平均 85），女子为 75~93（平均 82）。

$$维尔维克指数 = [体重（kg）+ 胸围（cm）] \times 100\%$$

2. 肺活量体重指数

通过人体自身的肺活量与体重的比值，反映肺活量与体重的相关程度，用以评价呼吸机能。我国 18~25 岁男子平均为 71，女子为 56。

$$肺活量、体重指数=\frac{肺活量(mL)}{体重(kg)}\times 100\%$$

第五节 体育锻炼与心理健康

大多数同学都知道这样一个事实：体育锻炼有利于身体健康。实际上，体育锻炼不仅有利于身体健康，而且对于人的心理健康具有积极的促进作用，此外，还能够提高人的生活满足感和生命的质量。

一、体育锻炼对心理健康的影响

体育锻炼对心理健康的影响主要表现在以下几个方面：

（一）提高唤醒水平

唤醒是指身体的激活水平，对唤醒水平的愿望随任务的要求、环境和个性的不同而不同。例如，一个外向性格的人在舒适的环境中从事一项令人厌倦的工作时，他最需要提高唤醒水平。一般认为，体育锻炼能提高人的唤醒水平是由各种感觉信息的输入所造成的。体育活动只有达到一定的运动量才能导致唤醒水平的提高，才能维持对消极情绪的长期控制。相反，在一个舒适愉快的情景中，慢跑只能产生放松效果，不能提高唤醒水平。体育活动对于精神不振、心境很差的人具有显著的治疗和调节作用，可以使其摆脱烦恼，振奋精神。

（二）降低应激反应

通过体育锻炼可以降低应激反应是因为肾上腺素受体的数目或敏感性，降低心率和血压而减轻特定的应激源对生理的影响。科巴沙（Kobasa）1985 年指出，体育活动可以锻炼人的意志，增加人的心理坚韧性，体育活动具有减轻应激反应以及降低紧张情绪的作用。

经常从事身体活动的人更少产生生理上的应激反应，如果有应激反应，也能尽快地从中解脱过来，尤其是从事有氧运动，如跑步、轻快的走路、游泳、自行车、舞蹈、跳绳、爬楼梯等，对人的意志品质影响甚大。

（三）消除疲劳

在从事体育活动时，保持良好的情绪状态、中等强度的活动量能减少疲劳，特别是能减少脑力劳动的疲劳。有研究表明，体育活动能提高最大输氧量和最大肌肉力量等生理功能，减少脑力疲劳。因此，体育活动对治疗神经衰弱具有特别显著的作用。

>>> 知识窗

应 激

应激（stress）是指个体对应激源或刺激所作出的反应。应激反应是一种包含应激源、个体对应激源的评价以及个体的典型反应等因素作用的过程。应激有积极应激与消极应激之分。在工作与生活中，人需要一定程度的应激，这有助于提高生活的质量和工作的效率。一般而言，轻到中等程度的应激比较适宜。

（四）加强人际交往

随着社会的发展以及生活节奏的加快，许多生活在大城市的人越来越缺乏社会交往的机会。体育活动是一种很好的增加人与人之间相互接触的形式。通过与他人的接触，可以使个体忘却烦恼和痛苦，消除孤独感，集体性的体育活动能够增加社会满足感。研究证明，体育活动对于治疗孤独症和人际关系的障碍具有显著的作用。

（五）治疗心理疾病

根据基恩（Kyan）1983 年的调查，在 1 750 名心理医生中，有 60% 的人认为应将体育活动作为一个治疗手段来消除焦虑症；80% 的人则认为，体育活动是治疗抑郁症的有效手段之一。

对于一个健康人来说，长期进行体育锻炼有促进心理健康的效益，对于一个患有心理疾病的人来说，这种效益会更加明显。研究表明，进行 8 周的体育锻炼后，精神病患者的抑郁状况得到了明显改善。进行有氧练习的学生，其心境状况改善程度比控制组大，特别是那些练习前存在情绪问题的学生，其心境状态改善的程度最为明显。

二、体育锻炼是产生良好心理效应的基本条件

体育锻炼产生良好心理效应的因素有很多，主要有：喜爱体育锻炼并从中获得乐趣；体育锻炼以有氧活动为主，运动量适中；持之以恒地进行体育锻炼。学生参加体育锻炼的要求与欲望是产生良好心理效应的关键。

（一）参加体育锻炼有助于良好动机的形成

大学生参加体育活动的良好动机主要有以下几种：一是把积极参加体育锻炼与将自己培养成德智体全面发展的人、实现理想联系起来，增进健康，以饱满旺盛的精力投入学习及工作中；二是希望通过锻炼，改变自己的形象，使自己体型健美；三是希望通过锻炼磨炼自己的意志，使自己从克服困难的经历中养成积极向上、不怕困难、顽强拼搏的良好意志品质；四是希望通过积极锻炼提高成绩，参加各类比赛，为集体争光。

知识窗

体育锻炼快感

在体育活动中能瞬间体验到一种快感，这种快感通常是不可预料地突然出现。在体育锻炼快感出现时，锻炼者感到一种良好的身心状态，自身与情境融为一体，身体轻松，忘却自我，充满活力，超越时空障碍（超越时空障碍是指主观上感到篮筐、球网、横杆低了，球、球拍等器械的重量轻了，跑的距离短了，球场小了）。一般认为，体育锻炼者心情舒畅，注意集中在体育活动中以及理想的环境、良好的气候是这种现象出现的条件。

怎样形成参加体育活动的良好动机呢?

(1)提高对体育锻炼重要性的认识。健康的体魄是学习和工作的重要条件与基础，要做好本职工作，就一定要有健康的身体；要使自己顺利完成学习任务、生活愉快幸福，也要有健康作为保证。

(2)认真上好体育课，积极参加课外体育锻炼，多观看体育竞赛，积极参与各种体育比赛，从锻炼及竞赛实践的效果中进一步激发参加体育活动的良好动机。

(3)从体育活动中得到锻炼身体的实效，也是激发锻炼良好动机的重要因素。

(二)参加体育活动有助于兴趣的培养

兴趣是推动人们积极参加体育活动最活跃的因素，对激发人们参加体育活动、提高锻炼效果有着十分重要的作用。在体育活动中，浓厚的兴趣能使锻炼者大脑神经细胞功能及各器官功能处于良好状态，调动身体的潜力，推迟疲劳的出现，有助于活跃思维，加强理解力和记忆，这对于掌握运动技能、增强锻炼效果大有裨益。

如何培养学生参加体育活动的兴趣?

(1)学习体育知识。通过学习体育锻炼的有关知识，正确认识与理解体育锻炼的价值与作用，有利于培养体育活动的兴趣。

(2)加强课内体育教学与课外体育活动的衔接，培养学生广泛的体育兴趣，养成自觉锻炼的良好习惯。

第六节 体育锻炼与情绪改善

体育锻炼不仅可以作为身体运动的手段来提高人类的健康水平，而且还能满足人们的娱乐享受需求。人们热衷于体育锻炼不仅仅是为了获得身体的效益，更重要的是可以在锻炼中获得各种愉快的情绪体验。人们在体育运动中，会出现一种自身和情境交融在一起的感觉，出现身体轻松、忘却自我、充满活力、超越自我和时空无障碍的良好身心状态。

知识窗

让激情飞扬

激情是强烈、迅速爆发而短暂的情绪体验，有积极与消极之分。如在一场激烈的比赛中，适度的激情会成为运动员奋勇拼搏的动力。

拥有激情，生活才有意义和质量，才能用锐利的眼光咬破油盐酱醋、锅碗瓢盆背后的休止符，读出激越与昂扬，才不会无精打采、垂头丧气；拥有激情是生命的一种欲望，一种行动的冲力，也是身心健康的一个标志；拥有激情，必须拥有一颗净洁的心灵，对美好的事物能够不断地去感受，畅饮阳光雨露；拥有激情的人，一眼望去，自然就看出满脸跳动着的弹性和活力，而不是松弛与麻木不仁。给自己的生活一如既往地注入自信与自强的原动力，激情会自觉地像一股清澈自信的泉水汩汩涌出。

一、情绪对体育活动的影响

美国心理学家米克（C. Minc）指出：没有情绪的运动和没有运动的情绪，对人体都是有害的。如果一个人有较强烈的情绪体验，特别是不愉快的负性情绪，总处在没有身体活动的静止状态，有可能导致机体的某些内环境紊乱。也就是说，体育活动具有宣泄、中和、抵消和对抗负性情绪的作用。人们通过体育活动释放的不仅是能量，同时也释放了积压的负性情绪。

情绪对个体体育活动的影响主要表现在两个方面：一是可以直接对个体的体育活动产生重要影响，二是可以通过影响参与动机而间接影响个体的体育活动。

大学生经常参加体育活动，能使生活更加充实，更有情趣，从而缓解学习的紧张和疲劳，驱散生活中的空虚与忧愁，消除人际关系中的不快与烦恼，摆脱过重的精神压力。经常参加体育活动有利于扩大人际交往范围、加强沟通、增进友谊；有利于增强神经调节作用，改善内分泌功能；有利于消除体力与脑力的疲劳，唤起人的自豪感和满足感；有利于改善呼吸与血液循环功能，使大脑、肌肉得到更多氧和养料，使心情舒畅、思维敏捷。长期参加体育锻炼，人适应自然环境的能力也会得到增强。

参加体育锻炼的过程也是磨炼意志和毅力，发展创新思想和创造能力的过程。体育锻炼也有利于提高人对情绪进行认知与调控的能力。

二、体育活动对不良情绪的影响

体育活动中的情感体验强烈而又深刻。丰富活跃的体育活动有利于学生的情绪自我调节能力的发展。在体育活动中，成功与失败、进取与挫折共存，欢乐与痛苦、忧伤与憧憬相互交织，同时学生之间的情绪也相互感染、融合在一起。这种丰富的情绪体验，有利于培养积极向上的人生观，确立顽强进取的人生态度，提高生命质量。同时还可以宣泄不良情绪，维护心理平衡。

体育活动对不良情绪的影响主要有以下几个方面：

（一）改善心境

保持良好的心境是心理健康的重要标志。不良情绪是导致生理、心理异常和疾病的重要因素。在体育活动中，学生的思维是“自由和随意的”，能直接给学生带来愉快和喜悦，能降低紧张和不安，恢复脑力，有利于心理健康。

（二）降低学习压力

体育活动对于焦虑、抑郁等不良情绪具有缓解和降低作用。学生在体育活动中可体验到愉快和乐趣，这使其具有自我投入的倾向，也增强了活动的坚持性。韦伯格（Weinberg）认为，30 分钟跑步可使焦虑、抑郁、紧张、气愤、困惑和疲劳等不良情绪状态显著改善，同时可使活动感保持在高水平。海顿（Hayden）等研究发现，有规律的体育活动参与者比不参加体育活动者在较长时间内较少产生焦虑和抑郁。

（三）完善自我评价

愉快和不愉快的情绪不仅是由于外部刺激引起的，而且与个体的自我评价、个体对事物控制程度的感受紧密相关。体育锻炼是一种能够使个体产生积极自我评价和个人控制情感的身体活动。经常参加体育锻炼者，有更高的自尊心，对事物的看法和认识持有更积极的态度。

（四）宣泄消极情绪

参加体育活动可使学生减少情绪上的负担，减轻精神压力，减弱或消除不悦。当人处在不良情绪状态时，到操场上猛跑几圈，或猛踢一阵足球，累得满头大汗、气喘吁吁时，气恼的心情就会慢慢平静下来。体育活动是一个安全的“缓冲器”和“释放通道”，它可以释放人们各种对立的情绪，减少外向攻击性倾向，降低个体紧张水平。

>>> 知识窗

情绪的自我调控

体育运动中有两种情况值得注意：一种是带着不良情绪参加运动，如带着紧张、恐惧进行练习、比赛或考试；另一种是在运动中喜怒哀乐失控。体育比赛中的胜与负、成与败的两极性、易变性、深刻性对人的情绪影响很大，处之不当就可能出现不理智的举动，严重者甚至会危及生命，这些都必须及时预防和自我调控。

第七节 体育锻炼与意志品质

在日常生活中，每个人都会碰到这样或那样的困扰。如果没有坚强的意志品质，就不可能克服困难，到达胜利的彼岸。

一、意志品质对体育活动的影响

意志是人们为了实现确定的目的，自觉支配和调节自己的行为并努力克服困难的心理过程。参加体育活动需要克服各种困难，如中长跑“极点”时的坚持、酷暑严寒气候下的锻炼、力量练习带来的肌肉酸痛、器械体操练习的畏惧情绪等。锻炼中努力克服困难的过程，既是身体锻炼的过程，也是意志磨炼的过程。

意志品质是意志的具体表现，主要表现为自觉性、果断性、坚持性和自制性。

（一）自觉性

自觉性是指人对自己意志行为的目的和社会意义有明确而深刻的认识。如在参加体育活动和上体育课时，自觉认识锻炼身体对国家、对事业、对个人的重要性，自觉进行锻炼，不因其他因素影响而动摇。

（二）果断性

果断性是指人在必要时当机立断做出决定并果断地采取行动去实现决定。在球类运动中，要善于把握战机，当机立断，如果反应迟钝、优柔寡断、行动迟缓就会错失良机。

（三）坚持性

坚持性又称毅力，是指人能不屈不挠、坚持不懈地去克服困难，执行决定。参加体育活动的坚持性表现在两个方面：一是坚持锻炼，持之以恒；二是在锻炼中努力克服困难，顽强拼搏。

（四）自制性

自制性是指人能善于控制和协调自己行动的能力。在体育活动中，自制性是指在出现各种困难和障碍的情况下能很好地控制个人情绪和心境的变化，按预期目标去行动。

二、体育活动与意志品质的培养

在体育运动过程中，必然会遇到各种各样的困难。能否勇敢地同困难做斗争，能否有效地排除内外障碍，是衡量一个人意志品质坚强与否的重要标准。

（一）以认识为基础确定行动的目的

意志产生于认识。对于客观事物有正确认识，提出正确的行动目的，才能推动和指导人的意志行动。例如，在体育锻炼中，认识不清，目的不明，就难以正确地确定意志行动，达到预期目的。在体育运动中遇到困难和障碍也需要通过认识活动进行分析，采取有效方法来克服。如果认识不正确，方法选择不当，不但不能发挥意志作用，反而可能丧失意志。

（二）以情感为动力提高自信心

通过各种锻炼手段和方法，激发学生完成既定任务的愿望和信心，在运动实践中取得意志锻炼的直接感受，加深情感，树立社会责任感、道德感和美感，促进其在行动上更为坚强。

（三）激发学生的主观能动性，进行自我意志努力

在体育锻炼中，应引导学生在困难和障碍面前进行自我要求、自我暗示、自我动员、自我命令、自我考验和自我评价，及时动员人体内的最大潜力去争取胜利。

（四）因人因项而异有针对性地培养

在体育运动中，学生的个性各不相同，培养良好意志品质的内容方法也有所差异。急躁、轻率的学生，应有针对性地着重培养其沉着、耐心的意志品质；胆小怯懦、优柔寡断的学生，应着重培养其勇敢、果断的意志品质；缺乏创造性、自制力的学生，应着重培养其冷静、自我控制的意志品质。在运动项目方面，短跑要求快速有力、强度大，可培养学生坚强、勇敢、敏捷的意志品质；长跑要求持续、耐久，可培养学生坚持、坚韧和自信的意志品质；体操动作灵巧、惊险，要求注意力集中，可培养学生沉着、专心、稳定的意志品质；力量性练习，容易产生疲劳和肌肉酸痛，会引起难受、厌倦情绪，可培养学生坚韧、顽强和吃苦耐劳的意志品质。

第八节　体育锻炼与性格完善

性格是一个人比较稳定的心理特征，它体现在个体对待现实的稳定态度以及与之相适应的习惯化了的行为方式之中。性格在人的个性中处于核心的地位，是一个人区别于他人的明显标志。

一、体育活动对性格的影响

体育作为学校教育的有机组成部分，影响着学生性格的形成和发展。运动技能好的学生通常表现得积极、冷静、办法多、做事用心和人际关系好，而运动技能差的学生做事胆怯畏缩、紧张消极、孤僻而不合群。那些笨拙或者运动技能低的学生，对各种事情易产生恐怖和不安感，进而会产生压迫感和自卑感。经常参加体育活动的大学生通常具有高乐群性、高稳定性、高敢为性等性格特征，其心理健康水平亦高。丰富的体育内容、方法和组织手段，不仅有利于大学生发现并实现自身的价值，体验自身的力量和磨炼自己的意志，而且有助于他们学会处理和协调多种人际关系。

体育活动可以培养和完善大学生的性格，但必须注意以下几点：

（一）提高自我教育水平

自我教育和环境影响，对于提高形成和完善自身性格有重要作用。在体育活动中，大学生首先要正确认识自己、评价自己，既要看到自己的优点和长处，也要看到自己的缺点和短处，能够多角度地、客观地、全面地认识和评价自己。其次，要形成自尊感，克服自卑感。体育活动通常具有一定的难度，需要充分动员自身才能，努力克服困难才可完成。由于学生原有的运动基础不同，在活动过程中难免会遇到挫折和失败。为此，学生在提高自己运动能力的同时要积极创设成功机会，让自己获得成功的体验，增强自信心，形成自尊感。第三，要进行积极的自我调节。在体育活动中，大学生既要合理设计自我，确立正确的自我学习目标，又要提高自我过程中的自我控制水平，加强自制力的培养，提高自我反省的意识。

（二）建立良好的体育活动集体

体育活动的特点之一是学生之间的交往次数多、频率高。体育活动对发展和培养大学生的性格起着其他学科不可替代的作用。因此，在体育活动中，应采用多层次、多指向的交往形式，开辟多向交往的渠道，沟通情感，消除隔阂，利用集体正效能培养和完善自身的优良性格。

（三）在活动中完善自我

首先，可通过体育活动培养自己的性格。在活动中应充分开动脑筋，自己摸索体会动作的要领，一步步贯通整个动作，使学习事半功倍。其次，通过锻炼项目本身的特点培养学生的性格。例如，田径项目可培养刻苦拼搏、坚忍不拔、开拓进取的精神；体操项目可培养冷静、自制、稳重、认真的性格特征；球类项目可发展学生自信、独立、自主的性格特征。再次，可在综合性游戏、比赛中培养性格。游戏和比赛既能显露一个人的性格，也最有利于培养一个人的性格。如网球、跳高等项目必须依靠个人的力量，凭借冷静、沉着和正确的判断，同时能迅速准确地找出对策，才能取得好的成绩；接力赛、球类比赛等，强调个人的力量结合集体的力量，在比赛中灵活、自制、团结协作，才能取得最后的胜利，从中可以培养学生团结友爱的集体主义精神。

二、在体育运动中调节性格缺陷

体育运动可使人的注意力转移、情感发泄、兴趣改变、心境放松、情绪趋向稳定。对有不同心理问题的同学，体育运动具有一定的调节和治疗作用。

（一）孤独、怪僻型

孤独、怪僻类的学生不大合群，不喜欢与同伴交往。这类学生可选择足球、篮球、排球以及接力跑、拔河等集体项目。坚持参加这些集体项目的锻炼，可慢慢地改变孤僻的性格，逐步适应与同伴的交往，并热爱集体。

（二）腼腆、胆怯型

腼腆、胆怯型的学生胆子小，做事怕风险，容易脸红，怕难为情。这类学生可选择参加游泳、溜冰、滑雪、拳击、摔跤、单双杠、跳马和平衡木等项目。这些活动要求人们不断克服各种胆怯心理，以勇敢、无畏的精神去战胜困难，越过障碍。

（三）优柔寡断型

优柔寡断型的学生处理事情常犹豫不决、不够果断。这类学生可选择参加乒乓球、网球、羽毛球、拳击、摩托车、跨栏、跳高、跳远和击剑等体育活动。在有些项目面前，任何犹豫、徘徊都将贻误良机，经常练习，可培养果断的个性特征。

（四）急躁、易怒型

急躁易怒型的学生遇事容易急躁、感情容易冲动。这类学生应多参加下棋、打太极拳、慢跑、长距离的步行及游泳和骑自行车、射击等缓慢、持久的项目。这类体育活动能调节机体的神经活动，增强自我控制能力，稳定情绪，经常练习，可使容易急躁、冲动的弱点得到改善。

（五）缺乏信心型

缺乏信心型的学生做事老是担心完不成任务。这类学生可选择一些简单、易做的活动，如跳绳、俯卧撑、广播操、跑步等项目。

（六）遇事过分紧张型

遇事过分紧张型的学生遇到紧要的事情容易紧张、失常。这类学生可选择参加公开、激烈的体育比赛，特别是足球、篮球、排球等项目。这类比赛场上形势多变，比赛紧张激烈，只有冷静沉着地对付，才能取得优势。经常参加这类激烈的比赛，遇事就不会过分紧张，更不会惊慌失措。

（七）自负逞强型

自负逞强型的学生通常有瞧不起他人的特点。这类学生可选择一些难度较大、动作较复杂的技巧性活动，如跳水、体操、马拉松、武术和体操等项目，也可找一些实力水平超过自己的对手下棋，打乒乓球或羽毛球等，以不断地提醒自己“山外有山”。

自我测评

一、情绪自我测试

在一场激烈的足球比赛中，由于在运动员、观众认为裁判判决有误，因而出现了下面的一系列情况。请你评判一下是与非（在方框中打“√”）。

	是	非
1. 错判漏判难免，给予谅解。	□	□
2. 用“嘘嘘”声或抛易拉罐表示抗议。	□	□
3. 策划赛后围攻裁判。	□	□
4. 罢赛。	□	□

5. 当场指责。

6. 赛后申诉。

7. 请场上队长交涉。

8. 再学规则，弄清是非。

参考答案：

是——1、6、7、8

非——2、3、4、5

如果答案全对，说明你既能很好地控制自己的情绪，又具有较好的比赛道德。

二、意志力自我测试

下列各题中，每题都有5个层次的答案，根据你的实际情况，选一个最适合你的答案。A. 很符合自己的情况 B. 比较符合自己的情况 C. 难以回答 D. 不太符合自己的情况 E. 很不符合自己的情况。

1. 当我决定做一件事情时，就立即动手，决不拖延。

2. 我给自己订的计划常常不能如期完成。

3. 我能长时间做一件枯燥但却重要的事。

4. 在练长跑时，我常常不能坚持跑到终点。

5. 我没有睡懒觉的习惯，即使冬天也按时起床。

6. 如果我对某事不感兴趣，就不会努力去做。

7. 我喜欢长跑等可以考验毅力的运动。

8. 在遇到困难时，只要有可能，我就立即请求别人帮助。

9. 学习期间，没做完功课，我就不会去玩。

10. 面对复杂的情况，我常常举棋不定。

11. 为完成重要的工作或学习任务，我可以放弃观看喜爱的电视节目。

12. 我有时下决心从第二天开始做某事，但到了第二天，我的劲头就没了。

13. 我答应了别人的事，就不会食言。

14. 如果借到一本引人入胜的小说，我在上课时也忍不住会偷偷地拿出来看。

15. 即使在冬天，我也能用冷水洗脸。

16. 当我犹豫不决时，很希望别人帮我做决定。

17. 我觉得订计划应有一定的余地，免得完不成时太被动。

18. 在与人争吵时，明知自己不对，也会说一些使对方听了难受的话。

19. 我决不拖延应交的作业，即使开夜车也得完成。

20. 我比一般人更怕痛。

单数题号：A计5分，B计4分，C计3分，D计2分，E计1分；

双数题号：A计1分，B计2分，C计3分，D计4分，E计5分。

各题得分相加，得出总分。

你的总分：

20~35 分：意志力很薄弱。

36~51 分：意志力较薄弱。

52~68 分：意志力一般。

69~84 分：意志力较坚强。

85~100 分：意志力很坚强。

三、应激程度自我测试

如果某一题目与你的情况相符，请在“是”的方框中打“√”，否则，在“否”的方框中打“√”。

题目	是	否
1. 我常常与人发生争执。	□	□
2. 我常常在学习中心神不定。	□	□
3. 由于焦虑或紧张，我常常颈痛或肩痛。	□	□
4. 当在排长队时，我常常感到心烦意乱。	□	□
5. 听到本地的、国内的或国外的新闻或报道时，我常常变得愤怒起来。	□	□
6. 我没有足够的钱花。	□	□
7. 骑车或驾车，我常常心烦意乱。	□	□
8. 周末我常常感到与紧张有关的疲劳。	□	□
9. 在我的生活中，至少有一种连续的应激或焦虑源存在（如与领导、邻居、继母等的冲突）。	□	□
10. 我常常患与应激有关的头疼。	□	□
11. 我没有练习过应激控制的技术。	□	□
12. 我没有时间做自己的事。	□	□
13. 我不善于控制时间。	□	□
14. 我常难于入眠。	□	□
15. 我通常是急匆匆的。	□	□
16. 我总是感到没有足够的时间来做我需要做的事。	□	□
17. 我常常感到自己受到朋友和同事的虐待。	□	□
18. 我常常难于控制自己的愤怒和敌意。	□	□
19. 我没有从事有规律的体育活动。	□	□
20. 我每晚睡眠不足。	□	□

分数的解释：

回答“是”，计 1 分；回答“否”不计分。下面是对应激程度的分类：

高应激：6~20 分；中等应激：3~5 分；低应激：0~2 分。

四、大学生身体素质评价表

项目	50米跑/（秒）		立定跳远/（厘米）		引体向上/（次）	仰卧起坐/（次）	站立体前屈/（厘米）		1 000米跑/（秒）	800米跑/（秒）
分数	男	女	男	女	男	女	男	女	男	女
20	6.5	7.5	263	210	20	41	22.5	24.0	200	180
19	6.7	7.7	256	205	19	39	21.0	22.5	207	187
18	6.9	7.9	249	200	18	37	19.5	21.0	214	194
17	7.1	8.1	242	195	17	35	18.0	19.5	221	201
16	7.3	8.3	235	190	16	33	16.5	18.0	228	208
15	7.5	8.5	228	185	15	31	15.0	16.0	235	215
14	7.7	8.7	221	180	14	29	13.5	15.0	242	222
13	7.9	8.9	214	175	13	27	12.0	13.5	249	229
12	8.1	9.1	207	170	12	25	10.5	12.0	256	236
11	8.3	9.3	200	165	11	23	9.0	10.5	263	243
10	8.5	9.5	193	160	10	21	7.5	9.0	270	250
9	8.7	9.7	186	155	9	19	6.0	7.5	277	257
8	8.9	9.9	179	150	8	17	4.5	6.0	284	264
7	9.1	10.1	172	145	7	15	3.0	4.5	291	271
6	9.3	10.3	165	140	6	13	1.5	3.0	298	278
5	9.5	10.5	158	135	5	11	0	1.5	305	285
4	9.7	10.7	151	130	4	9	−1.5	0	312	292
3	9.9	10.9	144	125	3	7	−3.0	−1.5	326	299
2	10.1	11.1	137	120	2	5	−4.5	−3.0	319	306
1	10.3	11.3	130	115	1	3	−6.0	4.5	333	313

五、1分钟仰卧起坐的测试评价肌肉耐力的参考性标准（女）

年龄组	根据1分钟仰卧起坐的次数评价肌肉耐力等级				
（岁）	1分（差）	2分（一般）	3分（较好）	4分（好）	5分（优秀）
18~20	3~7	8~16	17~28	29~35	>36
21~25	1~6	7~15	16~22	22~29	>30

续表

年龄组	根据 1 分钟仰卧起坐的次数评价肌肉耐力等级				
（岁）	1 分（差）	2 分（一般）	3 分（较好）	4 分（好）	5 分（优秀）
26~30	1~3	4~11	12~19	20~27	>28
31~35	1~2	3~9	10~17	18~23	>24
36~40	1~2	3~7	8~14	15~21	>22

资料来源：中国成年人体质测定组. 中国成年人体质测定标准手册［M］. 北京：北京体育大学出版社，1996.

六、1 分钟俯卧撑测试评价肌肉耐力的参考性标准（男）

年龄组	根据 1 分钟俯卧撑次数判定肌肉耐力的等级				
（岁）	1 分（差）	2 分（一般）	3 分（较好）	4 分（好）	5 分（优秀）
18~20	4~11	12~19	20~29	30~39	>40
21~25	3~9	10~16	17~25	26~33	>34
26~30	2~8	9~15	16~22	23~29	>30
31~35	2~6	7~12	13~19	20~27	>28
36~40	2~6	7~11	12~19	20~25	>26

资料来源：中国成年人体质测定组. 中国成年人体质测定标准手册［M］. 北京：北京体育大学出版社，1996.

案例分析

案例：为了防止和消除学生听课所产生的脑力和体力疲劳，每两节课之间有 10 分钟左右的课间休息时间，学生可进行一些短暂的、活动量比较小的文体活动，如打太极拳或羽毛球，弯弯腰，伸伸臂，做几次腹式深呼吸或极目远眺等。这样，有利于消除大脑疲劳，增强记忆力，提高学习效率。

分析：请运用所学的生理知识对课间休息的重要性进行分析。

思考题

1. 简述增强心肺功能的有效练习方法。
2. 如何制定提高自己肌肉力量的运动处方？
3. 如何塑造自身的优美体型？

4. 怎样预防运动伤病？
5. 对体能的评价主要包括哪些方面？
6. 情绪对身体健康有什么影响？
7. 针对自己某一方面的不足，谈谈如何通过体育锻炼进行改善？

第四章 大学生自我健康管理

学习目标

1. 了解自我健康管理的意义。
2. 了解个人健康管理档案。
3. 掌握合理的体育锻炼方法及常见运动损伤的预防。

第一节 自我健康管理的意义

近年来，我国慢性病患病率和死亡率呈现出快速增长的趋势，而现代医学的“三大法宝”：疫苗、药片和手术刀已难以承担起防控慢性病的重任。然而，通过传授慢性病预防知识、改善生活方式、开展健康监测等为主要内容的自我健康管理，可以有效应对慢性病的挑战。健康管理是对个体或群体的健康进行全面监测、分析和评估，提供健康咨询和指导以及对健康危险因素进行干预的全过程。

大学生的自我健康管理是指大学生对自己身体的健康信息和健康风险因素进行分析、预测和预防的全过程。大学生可以通过网络借助于相应的健康量表和网络平台软件，随时监控自己的身体状况，实现长效的自我健康管理。大学生可以从科学饮食、适量运动、生活方式、预防保健、社会适应和心理调适等方面入手，形成健康管理新模式，有目的地采取行动来达到最大化的健康效果。

一、安排好作息时间，形成良好的作息习惯

许多学生进入大学之后，因为学习负担减轻，同时又脱离了家长的监督，生活开始随意散漫、放任自流，沉迷于网络、游戏，生活没有规律，晚睡晚起，经常不能按时进餐。长此以往，将严重影响健康。大学生要进行自我健康管理，首先要学会自我约束，养成良好的生活习惯。为此，要做到：第一，不能沉迷于网络或刺激性游戏，按时就寝，每天保持 7~8 小时的睡眠时间；第二，改变睡懒觉的习惯，睡眠时间过长会使大脑皮质抑制过久，可引起一定程度的大脑功能障碍，导致理解力和记忆力减退、免疫功能下降。而早睡早起的生活习惯会使大脑得到充分的睡眠休息，整个人会感觉神清气爽、精力充沛。第三，要养成午休的习惯。午睡不在于时间的长短而在于质量。适当午睡对于减轻身心疲惫、提高学习效率非常有益。

二、进行适当的体育锻炼，养成自觉锻炼的习惯

学习之余参加适当的体育锻炼，不仅可以缓解紧张的学习生活，还可以增加生活乐趣，促进身体健康。运动能提高心肺功能，使血液中的养分、氧传输得更快、更多、更充分，特别是有氧运动可以使人体机能得到明显提高。体育活动时，与肌肉运动相关的脑细胞处于兴奋状态，而大脑皮质管理思维的部分得到了休息，这有利于缓解脑力疲劳。

每天参加适量的运动，还能促进睡眠，提高机体免疫功能，增强心肌收缩能力，加快血液循环，从而改善神经系统、循环系统、消化系统等的功能，加快新陈代谢，使体质健壮、精力充沛，减少疾病的发生。

三、安排好饮食，养成良好的饮食习惯

大学生应合理安排一日三餐的时间及食量。一般早餐提供的能量应占全天总能量的25%~30%，午餐应占30%~40%，晚餐应占30%~40%。早餐应保证营养充足，否则空腹学习，低血糖会影响大脑思维。中餐要吃饱，晚餐要适量，不可暴饮暴食，提倡不吃或少吃零食。

饮食应多样化。大学生应多吃些粗杂粮、蔬菜、水果、豆类和坚果类食物，适当增加奶制品摄入，尽量少吃高脂肪类食物。每周最好能吃2~3次鱼或鸡肉，每天最多吃一个鸡蛋，控制食盐的摄入量。

经常参加体育锻炼的学生，还可以适当多吃些碱性食物，如蔬菜、水果、海产品，此外还可以多吃些能去除氧自由基、提高免疫力的食物，如香菇、大豆、苦瓜、西兰花、草莓、葡萄、山药、芸豆、芋头和胡萝卜等。

四、陶冶情操，培养有益于身心健康的兴趣爱好

兴趣爱好是一种带意识特点的心理倾向，也是接受外来信息、探索未知世界的内在动力，它使人对某些事物优先给予注意，并带有自发的、积极的情绪色彩。兴趣爱好是价值观的初级形式，它也是人们用来评价事物好坏的一个内心尺度。兴趣爱好是人们认识和从事活动的巨大动力，它使人的智力得到快速发展，眼界得到开阔，并使人善于适应环境，对生活充满热情。可见，兴趣爱好对人格的形成和发展起着巨大作用。

第二节 建立健康档案

健康档案真实地记录了个人不同时期的健康状况。它从遗传基因、生理生化等自然状况到生活方式、疾病规律等各个侧面反映个人最基本的身体状况。通过健康档案，可以对自己的健康情况有一个系统、全面的了解，对可能发生的疾病可起到筛查和预防的作用，使自己有针对性地加强预防保健，排除隐患，远离疾病。而一旦发生疾病，还能便于医生迅速、准确地了解病史和判断病因，对诊治有很大的辅助作用。

通过建立健康档案，还可以普及健康知识，改变学生不良的行为和生活习惯，提高健康水平与卫生健康质量。

大学生健康档案应包括学生详细的信息，如姓名、性别、年龄、民族、出生年月、家庭地址、直系亲属、有无遗传病史和定期体检结果等。

>>> 知识窗

大学生健康管理档案

姓名：　　　　　　　　　　　　　　　编号□□ – □□□□□

个人一般情况表

<table>
<tr><td>姓名</td><td></td><td>性别</td><td>1 男　2 女　□</td><td>出生日期</td><td>□□□□□□□□□□</td></tr>
<tr><td>身份证号</td><td colspan="2"></td><td>学习或工作单位</td><td colspan="2"></td></tr>
<tr><td>家庭电话</td><td></td><td>联系人姓名</td><td></td><td>联系人电话</td><td></td></tr>
<tr><td>常住类型</td><td colspan="2">1 户籍　2 非户籍　□</td><td>民族</td><td colspan="2">1 汉族　2 少数民族______　□</td></tr>
<tr><td>血型</td><td colspan="5">1 A 型　2 B 型　3 O 型　4 AB 型 / RH 阴性：1 否　2 是　□/□</td></tr>
<tr><td>文化程度</td><td colspan="5">1 文盲及半文盲　2 小学　3 初中　4 高中　5 中专　6 大专及以上　7 不详　□</td></tr>
<tr><td>职业</td><td colspan="5">1 工人　2 离退休者　3 专业技术人员　4 行政管理者　5 办事人员　□
6 军人　7 企业家　8 商业服务业员工　9 学生　10 其他______</td></tr>
<tr><td>婚姻状况</td><td colspan="5">1 已婚　2 未婚　3 离婚　4 丧偶　5 分居　□</td></tr>
<tr><td>医疗费用支付方式</td><td colspan="5">1 全公费　2 部分公费　3 城镇职工医疗保险　4 城镇居民医疗保险　□/□/□
5 商业医疗保险　6 新型农村合作医疗　7 贫困救助　8 全自费　9 其他______</td></tr>
<tr><td>药物过敏史</td><td colspan="5">1 无　有：2 青霉素　3 磺胺　4 链霉素　5 其他______　□/□/□/□</td></tr>
<tr><td>暴露史</td><td colspan="5">1 无　有：2 化学品______　3 毒物______　4 射线______　□</td></tr>
<tr><td rowspan="4">既往史</td><td>疾病</td><td colspan="4">1 高血压　2 糖尿病　3 冠心病　4 恶性肿瘤　5 脑卒中　6 慢性阻塞性肺病
7 结核病　8 精神分裂症　9 肝炎　10 其他______
□确诊时间　　年　月 / □确诊时间　　年　月 / □确诊时间　　年　月
□确诊时间　　年　月 / □确诊时间　　年　月 / □确诊时间　　年　月</td></tr>
<tr><td>手术</td><td colspan="4">1 无　2 有：名称 1______时间______/ 名称 2______时间______　□</td></tr>
<tr><td>外伤</td><td colspan="4">1 无　2 有：名称 1______时间______/ 名称 2______时间______　□</td></tr>
<tr><td>输血</td><td colspan="4">1 无　2 有：原因 1______时间______/ 原因 2______时间______　□</td></tr>
<tr><td rowspan="3">家族史</td><td>父亲</td><td>□/□/□/□/□/□</td><td>母亲</td><td colspan="2">□/□/□/□/□/□</td></tr>
<tr><td>兄弟姐妹</td><td>□/□/□/□/□/□</td><td>子女</td><td colspan="2">□/□/□/□/□/□</td></tr>
<tr><td colspan="5">1 高血压　2 糖尿病　3 冠心病　4 恶性肿瘤　5 过敏症　6 精神分裂症
7 结核病　8 肝炎　9 脑卒中　10 先天畸形　11 其他______</td></tr>
<tr><td>遗传病史</td><td colspan="5">1 无　2 有：疾病名称______　□</td></tr>
<tr><td>有无残疾</td><td colspan="5">1 无残疾　2 听力残　3 言语残　4 肢体残　□/□/□/□/□/□
5 智力残　6 眼残　7 精神残　残疾证号______</td></tr>
</table>

第三节 体育卫生常识

体育卫生是指为达到增强体质、增进健康的目的，改善和创造合乎生理要求的体育锻炼条件和环境所应采取的卫生措施和要求。

一、运动环境卫生

运动环境是指人们进行体育活动时的外界条件，如空气、水、场地、运动建筑和设备等。人体进行体育活动时，体内物质代谢增强，与环境的关系更加密切，受环境的影响会更大。因此，要获得强身健体、防治疾病的锻炼效果，就必须注意运动环境的卫生。

1. 体育活动时空气的卫生状况

体育锻炼时，体内代谢加快，肺通气量增加，如周围空气中含有有害成分，将会对身体产生极大的危害。因此，应选择空气清新、没有污染的地方进行锻炼。在城市中，应避开上午、下午交通高峰时间锻炼，而且尽量不要选择在交通干道两旁 20 米内、空气污染较重的区域锻炼。另外，在体育场馆内锻炼时，要注意通风。

2. 气温、湿度变化与体育锻炼

气温对人体的体温调节和新陈代谢有很大影响。当气温较低时，体内产热增加，散热减少；相反，当气温升高时，人体散热增加，产热减少。当人体进行体育活动时，不管外界气温如何，体内产生的热量都会大幅度增加。因此，运动时要注意通风散热，调整运动负荷，不要使体温升高过多。同时，运动中及运动后要注意及时补充水和无机盐，以免引起脱水和热痉挛等病症。气温过低时，人体会变得肌肉僵硬、黏滞性提高，容易造成运动损伤，还会造成机体的局部冻伤或全身体温过低。当大脑温度下降时，可导致意识丧失，甚至死亡。

湿度即空气的含水量。通常所指的湿度是指空气的相对湿度，它是空气的绝对湿度（1 立方米空气中所含的水蒸气重量）与最大湿度（1 立方米空气中可含有的最大水蒸气重量）的比值，用百分数表示。相对湿度直接影响水分的蒸发，相对湿度越大，水分越难蒸发。在气温适当时，相对湿度对人体影响不大。而在高温或低温时，较大的相对湿度对人体十分不利。高温时，它阻碍人体蒸发散热，使人有闷热感；低温时，它又会增加体热丧失，因而会加重高温或低温对人体的影响。在一般情况下，体育锻炼时的相对湿度以 20%~30% 为宜。

3. 太阳射线对人体的影响

太阳的射线分为可见光、紫外线和红外线三部分。紫外光的生物作用极其明显，故称为生物射线。它的主要作用有：

（1）促进体内抗体的生成，提高血液的杀菌能力，提高机体的免疫能力。

（2）紫外线能使人体皮肤中的 7- 脱氢胆固醇转变成维生素 D，是人体获得维生素 D 的主要来源。维生素 D 具有防治佝偻病、促进少年儿童生长发育的作用。

（3）使皮肤中的黑色素原转变为黑色素，使皮肤变黑。黑色皮肤能吸收太阳射线，防止其对深层组织的伤害。

紫外线有积极的作用，但过量紫外线对人体也会造成很大伤害：

（1）使局部毛细血管扩张充血，使表皮细胞破坏，释放出组织胺类物质，增进血管通透性，使皮肤发红和水肿，出现红斑。

（2）过量紫外线照射还可以引起光照性皮炎、光照性眼炎、头痛、头晕、体温升高和精神异常等症状。

（3）过度紫外线照射还会诱发皮肤癌。因此，在室外运动时，要避免强烈日光照射，防止紫外线对人的伤害。

4. 运动服装与器材卫生

运动服装应符合运动项目要求，并具有透气性、吸湿性，既有利于身体活动，又能防止运动损伤。炎热的夏季，运动服装应通气、质轻、宽松和色浅。在冬季，室外运动服装既要保暖，又不能妨碍动作的完成。运动后，潮湿的服装应立即换掉，以免感冒受凉。

运动器械要坚固、安装得当，并注意检查维修，防止生锈以及连接处脱落。使用器械运动时，应保持一定距离，避免练习时发生冲撞而受伤。

二、运动锻炼注意事项

进行运动时，要根据自己的身体状况，选择合适的运动类型和强度。体育锻炼必须遵循人体生理变化的规律，符合运动卫生的要求，才能有效地增强体质，防止运动损伤和疾病的发生。

1. 运动前要做好准备活动

准备活动是指在体育锻炼或运动训练前所进行的一系列身体练习，其目的在于使身体各器官、系统迅速进入工作状态。准备活动的作用在于提高中枢神经系统的兴奋性，扩大肌肉、肌腱和关节的活动范围，克服内脏器官机能的惰性，加强心血管和呼吸系统的活动能力，使机体各方面的功能达到适应锻炼或训练的需要，预防或减少肌肉、关节和韧带的损伤。准备活动量的大小和时间的长短，应根据锻炼项目、内容、强度及季节的不同而有差异，一般以微微出汗，身体各大肌肉、韧带和关节都得到适量活动，感到灵活、舒适为宜。

>>> 知识窗

运动强度计算方法

可用卡沃南氏法测定运动负荷：一个人接近极限运动负荷的脉搏次数（假如每分钟是 200 次），减去安静时脉搏次数（假如每分钟 60 次）之后的 70%，再加上安静时脉搏的基数 60 次，是对身体影响最好的（能获得最大摄氧量和心输出量）运动负荷，即：（200 − 60）×70% + 60 = 98 + 60 = 158（次 / 分）。

2. 运动后要做整理活动

运动结束后，应做些使身体放松的练习，这样可以使人体更好地从紧张的运动状态逐渐过渡到相对的安静状态。整理活动是促进体力恢复的一种有效措施。因为运动引起身体的一系列生理变化，并不会随着运动结束而消失，如在运动中，肌肉毛细血管大量开放，肌肉高度紧张。如果激烈运动后立即静止不动，肌肉内淤积的血液就不能及时流回心脏，不利于充分带走酸性代谢物，会引起肌肉痛、酸软和僵硬，不易消除疲劳。相反，运动后做一些整理活动，或通过按摩挤压肌肉和穴位，可使肌肉得到充分的放松和休息。

3. 饭后不宜进行剧烈运动

饭后，胃肠道毛细血管开放，大量血液流到胃肠道，帮助食物消化与养分吸收，此时若进行剧烈的运动，会造成血液从胃肠道流入骨骼肌，妨碍胃肠的消化，长此以往，轻则会引起消化不良，重则可导致消化管慢性疾病，如胃炎、胃溃疡等。此外，饭后胃内积累了大量的食物，进行剧烈运动时，由于食物的重力和运动的颠簸，会牵拉肠系膜，引起腹痛。因此，应避免饭后进行剧烈运动。

4. 剧烈运动时和运动后不可大量饮水

剧烈运动时，体内盐分随大量的汗液排出体外，此时若饮水过多，会使血液的渗透压降低，破坏体内水盐代谢平衡，影响人体正常生理功能，甚至还会发生肌肉痉挛现象。剧烈运动时，需要增加心率和呼吸频率来增加血液和氧供应量，而大量饮水会使胃部膨胀充盈，妨碍膈肌活动，影响呼吸。而血液的循环流量增加，会加重心脏负担，不仅不利于运动，还会伤害心脏。如果天气过热，排汗太多，可临时用湿毛巾擦汗降温，并补充少许淡盐水。

剧烈运动后，同样不能大量饮水，特别在排汗较多、体内盐分浓度降低的情况下。如果立即大量饮水，会因继续排汗而加快盐分损失，甚至产生脱水和头晕目眩等不良反应。

三、运动锻炼处方编制依据

（一）运动强度

基于美国运动医学会（ACSM）《运动处方制定手册》，结合国内锻炼心理学领域中以大学生为被试的相关研究，将大学生运动负荷（运动强度）设定为个体60%~69%的最大心率，最大心率公式为：最大心率＝220－年龄。

（二）运动频率

依据我国在校大学生作息时间的基本特点以及国内促进大学生身心理健康发展的运动干预方案，确定大学生每周的运动频率为3~5次/周。

（三）每次运动时间

国内锻炼心理学领域的研究发现，单次中等强度20~60分钟的有氧运动可以有效促进大学生身心健康，运动锻炼处方时间确定的依据是在考虑在校大学生日常生活习惯的基础上，将每次运动锻炼的时间设定为30分钟（不包含准备活动和放松活动的时间）。

（四）运动项目或内容

在考虑大学体育与健康课程的教学大纲以及高校运动设施总体现状的情况下，大学生依据自己的兴趣、爱好以及身体状况选择适宜的运动项目。

第四节 常见运动损伤与预防

在从事体育锻炼的过程中，由于动作不规范或者意外情况而造成人体组织或器官在解剖结构上的破坏和生理功能上的紊乱，称为运动损伤。

一、常见的运动损伤

（一）常见的运动损伤类型

1. 开放性损伤

伤部皮肤或黏膜破裂，创口与外界相通，有组织液渗出或血液自创口流出，如擦伤、刺伤、切伤、开放性骨折等。

2. 闭合性损伤

伤部皮肤或黏膜完整，无创口与外界相通，损伤后的出血积聚在组织内，如挫伤、关节韧带扭伤、肌肉拉伤、闭合性骨折等。

（二）常见的运动损伤部位

从发生损伤的部位来看，四肢的损伤率最高，皮肤的损伤率次之。四肢发生损伤时，下肢所占比例较大，主要为踝关节的扭伤，躯干部位损伤率最低。

二、常见运动损伤的原因

1. 思想因素

思想上麻痹大意，不注意科学的锻炼方法，忽视循序渐进和量力而行的原则，急于求成，不顾主客观条件，盲目或冒进地进行锻炼。

2. 准备活动不当

不做准备活动或准备活动不充分，准备活动的内容与练习内容结合不恰当。

3. 身体素质差

身体素质差，如肌肉力量和弹性差，关节的灵活性和稳定性不够，反应迟钝，都可能成为损伤的原因。

4. 技术动作的缺点和错误

技术动作违反人体结构、功能特点及运动的力学原理，也容易导致损伤，这是学习新动作时发生损伤的主要原因。

5. 带伤练习或疲劳状态下训练

在患病或伤病初愈阶段睡眠不足、休息不好及过度疲劳的情况下，生理功能和运动能力相对下降，此时若参加剧烈运动，会因肌肉力量弱、身体协调性差而导致损伤。

6. 气候不良或场地不适应

气温过高、湿度过大，容易发生疲劳和中暑；而气温过低或潮湿，容易发生冻伤或因肌肉僵硬而被拉伤；场地不平，容易引起踝关节扭伤。

三、常见运动损伤的预防和处理

（一）常见运动损伤的预防

（1）加强运动安全教育，克服麻痹思想，提高预防意识。

（2）认真做好准备活动，对可能发生运动损伤的环节和易伤部位，要及时做好预防措施。

（3）合理组织锻炼，合理安排运动负荷，防止局部运动器官负担过重。

（4）加强保护与帮助，特别要提高自我保护能力。例如，摔倒时，立即屈肘低头，团身滚动，切不可直臂或肘部撑地。由高处跳下时，要用前脚掌着地，注意屈膝、弯腰，两臂自然张开，以利于缓冲和保持身体平衡。

（二）常见运动损伤的应急处理

发生运动损伤时，应立即去看医生。发生损伤时，会引起疼痛、肿胀、炎性反应等症状，为防止这些症状加重，需采取相应的应急手段加以处置。应急处置应遵循“RICE 原则”，即制动（rest）、冷敷（ice）、加压（compression）、抬高（elevation）4 个原则。

1. 制动

制动对于骨骼肌的损伤来说是不可缺少的。制动即立即停止运动，让患部处于不动的状态。运动损伤后制动可以控制肿胀和炎症，把出血控制在最小的限度内，然后用石膏、拐杖或者支架把处置过的患部固定住。受伤后固定两三天，不仅可防止并发症的发生，而且对治疗也有一定帮助。如果过早地活动患部，不仅会出现内出血等症状，还可能使其机能损伤进一步加重，使恢复时间拖得更长。

2. 冷敷

冷敷在应急处置中是效果最明显的。冷敷既可以减轻疼痛和痉挛，减少酶的活性因子，同时又可以减少机体组织坏疽的产生，在受伤后 4~6 小时内所产生的肿胀也会得到一定程度的控制。冷敷还可以使血液的黏度增加，毛细血管的渗透性变小，减少流向患部的血流量。冷敷时，要注意观察局部皮肤颜色，出现发紫、麻木时要立即停用。冷敷时间不宜过长，以免影响血液循环。要经常更换毛巾或敷布，防止其变热后失去治疗作用。挫伤、肌肉撕裂伤、内出血时，开始需冷敷，2~3 天后进入恢复期时，为了促进血液循环，应使用热敷。

冷敷法的操作要领：① 冰袋冷敷：在冰袋内装入半袋或 1/3 袋碎冰或冷水，把袋内的空气排出，用夹子把袋口夹紧，放在发生损伤的部位。没有冰袋时用塑料袋也可。② 把毛巾或敷布在冷水或冰水内浸湿，拧干敷在患处，最好用两块布交替使用。

3. 加压

几乎所有的急性损伤都可以采用加压包扎的方法。加压包扎既可使患部内出血及淤血现象减轻，还可防止浸出的体液渗入组织内部，并能促进其吸收。加压包扎有很多方法，可以把浸水的弹力绷带放进冷冻室，这样可同时起到冷敷和加压的作用，还可以使用毛巾及海绵橡胶做的垫子进行加压包扎。

4. 抬高

抬高是把患部抬高到比心脏高的位置。它不仅可以减轻通向损伤部位的血液及来自体液的压力以促进静脉的回流，患部的肿胀及淤血也会因此得到相应的减轻。

正确的应急处置顺序为：停止运动保持不动—掌握了解受伤的程度—在患部敷上冰袋—用弹力绷带把冰包固定住—把患部举到比心脏高的位置—感觉消失或者 20 分钟后把冰袋拿开—使用海绵橡胶垫子和弹力绷带做加压包扎—根据损伤的程度每一小时或一个半小时用冰袋进行冷敷直到患部的疼痛得到缓解为止—睡觉时把弹力绷带拆去（也要把患部举到比心脏高的位置）—次日清晨重新进行一次处置—如果受伤严重，以上步骤坚持做 2~3 天。

第五节　体育锻炼中的急救与处理

一、急救的意义、原则和注意事项

急救是对意外或突然发生的伤病事故进行紧急的临时性处理。其目的是保护伤病员的生命安全、避免再度伤害、减轻伤病员痛苦、预防并发症，并为伤病员的转运和进一步治疗创造条件。

急救时必须抓住主要矛盾，救命在先，做好休克的防治。骨折、关节脱位、严重软组织损伤或合并其他器官损伤时，伤员常因出血、疼痛而发生休克。在现场急救时，要注意预防休克，若发生休克，必须先抢救休克。急救必须分秒必争，力求迅速、准确、有效，做到快救、快送医院处理。

二、大学生体育锻炼中常见的运动伤害的急救与处理

（一）休克

休克是指人体受到强烈的有害作用而引起的一种急性循环功能不全综合征。运动中出现的休克多见于外伤性休克，主要是由损伤引起的剧烈疼痛或震荡所致。

（1）原因：在运动过程中造成休克的原因是多方面的，主要有运动量过大、身体生理状态不良，还有肝脾破裂大出血、骨折和关节脱位的剧烈疼痛等。

（2）症状：早期常有烦躁不安、呻吟、表情紧张、脉搏稍快和呼吸表浅而急促等症状，此期较短易被忽略。之后，表现为精神萎靡不振，面色苍白、口渴、畏寒、头晕、出冷汗及四肢发冷、脉速无力，血压和体温下降，严重者出现昏迷。

（3）急救：应使患者安静平卧，注意保暖。对伴有心力衰竭的严重患者，应保持安静，使其半卧。可给服热水及饮料，针刺或点揉内关、足三里、合谷和人中等穴位。由骨折等外伤的剧疼而引起的休克，应给以镇痛剂止痛。休克是一种严重而危险的病理状态，因此，在急救的同时，应迅速请医生来处理或尽快将患者送往医院。

（二）出血

血液从破裂的血管流出，称为出血。

1. 出血的分类

（1）按破裂血管的类别可分为：① 动脉出血：其特征是血色鲜红，呈喷射状，间歇式流出，速度快，出血量多，危险性大；② 静脉出血：血色暗红，缓慢地不间

断地流出，速度较慢，危险性比动脉出血要小；③ 毛细血管出血：大多从伤口渗出，常自行凝固，基本没有危险。

（2）按出血的流处可分为：① 外出血：表现为身体表面有伤口，可以见到血液从伤口流向体外；② 内出血：表现为身体表面没有伤口，血液由破裂的血管流向组织间隙（皮下组织、肌肉组织）形成淤血、血肿或流向体腔（胸腔、腹腔、关节腔）和管腔（胃肠道、呼吸道）形成积血。流入体腔或管腔的内出血，不易被发现，容易发展成大出血，造成失血性休克，故需特别注意。

2. 止血

据研究，健康成人每千克体重平均约有血液 75 毫升，全身总血量为 4 000~5 000 毫升。一次出血达全身总血量的 10% 时对身体没有伤害；急性大出血达总量的 20% 时即可出现乏力、头晕、口渴、面色苍白等一系列急性贫血症状；当出血量超过全身血量的 30% 时，将危及生命。因此，对有出血的伤员，尤其是大动脉出血者，都必须在急救的早期立即给以止血。止血的方法很多，在没有药物和医疗器械的条件下，现场急救的常用方法有：

（1）冷敷法：冷敷可降低组织温度，使血管收缩，减少局部充血，还可抑制神经的兴奋，从而达到止血、止痛、减轻局部肿胀的目的。此法适用于急性闭合性软组织损伤，一般常用冷水或冰袋敷于损伤部位。冷敷与加压包扎和抬高伤肢同时应用，效果更佳。

（2）抬高伤肢法：抬高伤肢，使伤处血压降低，血流量减少，达到减少出血的目的。一般常用于四肢出血，常和绷带加压包扎并用，对小血管出血有效，但对较大血管的出血，只能作为一种辅助性的止血方法。

（3）压迫止血法：分为直接压迫伤口止血和压迫止血点止血两种。

① 直接压迫伤口止血：一是用绷带加压包扎伤口止血，可先在伤口上覆以无菌材料，再用绷带稍加压力包扎起来，此法适用于小动脉、静脉和毛细血管出血。二是指压止血，用指腹或掌根直接压迫伤口，此法简便易行，但违背无菌操作原则，容易引起伤口感染。因此，不在十分紧急的情况下，不要轻易使用。

② 压迫止血点止血：用手指指腹压在出血动脉近心端相应的骨面上，暂时止住该动脉管的血流。这种止血方法操作简便，止血迅速，是一种临时性止血的好方法。现将身体不同部位的动脉血管压迫方法介绍如下：

• 颞浅动脉压迫止血法：一手扶伤员的头并将其固定，用另一手拇指在耳屏前上方一指宽处摸到搏动后，将该动脉压迫在颞骨上。它适用于同侧前额部或颞部出血的止血。

• 额外动脉压迫止血法：在下颌角前约 1.5 厘米处摸到搏动后，用拇指将该动脉压迫在下颌骨上。它适用于同侧面部出血的止血。

• 锁骨下动脉压迫止血法：在锁骨上窝内 1/3 处摸到搏动后，用拇指把该血管压迫在第一肋骨上。它适用于肩部及上臂出血的止血。

• 肱动脉压迫止血法：将伤臂稍外展、外旋，在肱二头肌内缘中点处摸到搏动后，用拇指或食（示）、中、环三指将该动脉压迫在肱骨上。它适用于前臂及手部出血的止血。

• 指动脉压迫止血法：手指出血时，用健侧手的拇指、食指压迫患指两侧指根部，并抬高患肢。

• 股动脉压迫止血法：伤员仰卧，患腿稍外展、外旋。在腹股沟中点稍下方摸到搏动后，用双手拇指重叠（或掌根）把该动脉压迫在耻骨上。它适用于大腿和小腿出血的止血。

• 胫前、胫后动脉压迫止血法：在踝关节背侧，于胫骨远端摸到搏动后，将该动脉压迫在胫骨上；在内踝后方，将胫后动脉压迫在胫骨上。它适用于足部出血的止血。

（三）骨折

骨的完整性遭到破坏性损伤称为骨折。骨折可分为闭合性骨折与开放性骨折两种。前者皮肤完整，治疗较易；后者皮肤破裂，骨折端与外界相通，容易发生感染，治疗较难。运动中发生的骨折多为闭合性骨折，它是严重的损伤之一。

1. 原因

（1）直接暴力：骨折发生在暴力直接作用的部位。例如在如足球运动中，运动员的胫骨受到对方足踢而发生胫骨骨折。

（2）间接暴力：骨折发生在接触暴力较远的部位。例如，摔倒时手撑地而发生腕骨骨折。

（3）肌肉强烈收缩：如提起杠铃时突然的翻腕动作，可因前臂屈肌强烈收缩而发生肱骨内上髁撕脱骨折；投掷手榴弹时，因动作错误而发生肱骨骨折。

2. 征象

（1）碎骨声：骨折时偶可听到碎骨声。

（2）疼痛：这是由于骨膜破裂，断端对软组织的刺激和局部肌肉痉挛所致。一般疼痛剧烈，活动时加剧，严重者发生休克。

（3）肿胀及皮下淤血：骨折后，由于附近软组织损伤和血管破裂，会出现肿胀及皮下淤血。

（4）功能丧失：骨完全折断后，失去杠杆和支持作用，加上疼痛，功能因而丧失。如髌骨骨折后，小腿就不能抬起。

（5）畸形：由于外力及肌肉痉挛，使断端发生重叠、移位或旋转，造成成角畸形和肢体变短现象。

（6）压痛和震痛：骨折处有明显压痛。有时在远离骨折处轻轻震动或捶击，骨折处也会出现疼痛。

（7）假关节活动及骨摩擦音：完全骨折时，局部可出现类似关节的活动，移动时可产生骨摩擦音，这是骨折的特有征象。但在检查时要慎重，不能故意寻找骨摩擦音，以免加重损伤。

3. 骨折时的临时固定

骨折时，用夹板、绷带把折断的部位固定起来，使伤部不再活动，称为临时固定。其目的是为了减轻疼痛，避免骨折处损伤加重和便于转送。如有休克，应先抗休克，后处理骨折；如有伤口出血，应先止血，包扎伤口，再固定骨折。

（1）各部分骨折的临时固定法：

① 锁骨骨折：先取三条三角巾折叠成宽带，在双肩腋下填上棉团或软布团，然后用两条宽带分别绕过伤员两肩在背后打结，形成两个肩环，再用第三条宽带在背后穿过两个肩环，拉紧打结，最后将两前臂缚扎固定或将伤肢挂在胸前。

② 肱骨干骨折：用两块长短、宽窄适宜的有垫夹板，分别放在伤臂的内、外侧，屈肘 90°，用 3~4 条宽带将骨折处上下部缚好，再用小悬臂带把前臂挂在胸前，最后用宽带或三角巾将伤臂固定于体侧。

③ 前臂骨折：用两块有垫夹板分别放在前臂的掌侧和背侧，前臂处中间位，屈肘 90°，用 3~4 条宽带缚扎夹板，再用大臂带把前臂挂在胸前。

④ 手腕部骨折：用一块有垫夹板放在前臂和手的掌侧，手握棉团或绷带卷，再用绷带缠绕固定，然后用大悬臂带把伤臂挂于胸前。

⑤ 股骨骨折：用两块长夹板放在伤肢的内、外侧，内侧夹板上至大腿根部，下至足跟；外侧夹板上至腋下，下达足跟。然后用 5~8 条宽带固定夹板，在外侧打结。

⑥ 小腿骨折：用两块有垫夹板放在小腿的内、外侧，两块夹板上至大腿中部，下至足部，用 4~5 条宽带分别有膝上、膝下及踝部缚扎固定。

⑦ 腰椎骨折：疑有腰椎骨折时，要尽量避免骨折处有移动，更不能让伤员坐起或站起，以免引起或加重脊髓损伤。不论伤员是仰卧或俯卧，尽可能不要变动原来的位置。用硬板担架或门板放在伤员身旁，由数人协力轻轻把伤员搬至木板上，取仰卧位，并用数条宽带把伤员缚扎在木板上。若腰部悬空时，应在腰下垫一小枕或卷起的衣服。若使用帆布担架时，伤员要俯卧，使脊柱伸直，禁止屈伸。

⑧ 颈椎骨折：若固定与搬动方法不当，有引起脊髓压迫的危险，可立即发生四肢与躯干的高位截瘫，甚至引起死亡。因此，务必使头部固定于伤后位置，不屈不伸不旋转，数人协力把伤员搬至木板上，头部两侧用沙袋或卷起的衣服固定，用数条宽带把伤员缚扎在木板上，严禁头颈左右旋转与屈伸。

（2）临时固定的注意事项：第一，固定前不要无故移动伤肢。为了暴露伤口，可剪开衣服，不要脱，以免因不必要的移动而增加伤员的疼痛和伤情。对于大腿、小腿和脊柱骨折，应就地固定。第二，固定时不要试图整复，如果畸形很厉害，可顺伤肢长轴方向稍加牵引。第三，夹板的长度和宽度要与骨折的肢体相称，其长度必须超过骨折部的上、下两个关节。如果没有夹板，可就地取材（如树枝、木棍、球棒等）或把伤肢固定在伤员的躯干或健肢上。夹板与皮肤之间应垫上软物，如棉垫、纱布等。第四，固定的松紧要合适、牢靠。过松则失去固定的作用，过紧则会压迫神经和血管。四肢骨折固定时，应露出指（趾）尖，以便观察血液循环情况。如发现指（趾）尖苍白、发凉、麻木、疼痛、水肿或呈青紫色症状时，应松开夹板，重新固定。

（四）脱位

由于暴力的作用使关节面之间失去正常的连接关系，叫做关节脱位。关节脱位可分为完全脱位和半脱位，前者是关节面完全脱离原来的位置，后者为关节面部分错位。完全脱位时，常伴有关节囊撕裂、关节周围韧带和肌腱的损伤。

1. 原因

运动中发生的关节脱位大多是由于间接外力所致，如摔倒时手撑地，可引起肘关节脱位或肩关节脱位。

2. 征象

（1）受伤关节剧烈疼痛，并有明显压痛，这主要是由于关节位置的改变，使神经和软组织受到牵扯和损伤。

（2）关节功能丧失，受伤关节完全不能活动。

（3）畸形：由于关节正常位置的改变，正常关节隆起处塌陷，而凹陷处隆起突出，整个肢体常呈现一种特殊的姿态。与健侧肢体比较，伤肢有变长或缩短的现象。

3. 急救

伤后应立即用夹板和绷带在脱位所形成的姿势下固定伤肢，保持伤员安静，尽快送往医院处理。

包扎有固定夹板或敷料，限制伤肢活动，避免加重伤情；保护创口，预防或减少感染；支持伤肢，使之保持舒适的位置，减轻疼痛和压迫止血，防止或减轻肿胀等多种作用。包扎时，动作要柔和、熟练，包扎的松紧度应适中，过紧会妨碍血液循环，过松则起不到包扎的作用。绷带包扎要从伤部远端开始，包扎结束时，绷带末端要用胶布黏合固定或将绷带末端留下一段，纵形剪开缚结固定，但缚结不要在伤口处。

（1）绷带包扎法：要根据包扎部位的形态特点，采用不同的包扎方法。

① 环形包扎法：用于包扎肢体粗细均匀的部位，如手腕、小腿下部和额部等，也是其他包扎法的开始或结束时使用的包扎法。包扎时，先张开绷卷带，把带头斜放在伤肢上并用拇指压住，将卷带绕肢体一圈后，再将带头的一个小角反折，然后继续绕圈包扎，每圈都盖住第一圈，包扎 3~4 圈即可。

② 螺旋形包扎法：用于包扎肢体粗细相差不大的部位，如上臂、大腿下部等。包扎时，先作 2~3 圈环形包扎，然后将绷带向上斜形缠绕，每圈都盖住前一圈的 1/2~1/3。

③ 反折螺旋形包扎法：用于包扎肢体粗细相差较大的部位，如前臂、小腿、大腿等。包扎时，先作 2~3 圈环形包扎，用左拇指压住绷带上缘，将绷带向下反折，向后绕并拉紧绷带，每圈反折一次，后一圈压住前一圈的 1/2~1/3, 反折处不要在创口或骨突上。

④ “8”字形包扎法：多用于包扎肘、膝、踝等关节处。方法有二：一是先在关节处作几圈环形包扎后，将绷带斜形环绕，一圈在关节上方缠绕，一圈在关节下方缠绕，两圈在关节凹面相交，反复进行，逐渐离开关节，每圈压住前一圈的 1/2~1/3，最后在关节上方或下方作环形包扎结束。二是先在关节下方作几圈环形包扎后，将绷带由下而上，再由上而下地来回作“8”字形缠绕，使相交处逐渐靠拢关节，最后作环形包扎结束。

（2）三角巾包扎法：三角巾应用方便，适用于全身各部位的包扎，这里只介绍手部和足部包扎法。

① 手部包扎法：三角巾平铺，手指对向顶角，将手平放在三角巾的中央，底边横放于腕部。先将三角巾顶角向下反折，再将三角巾两底角向手腕背部交叉围绕一圈，在腕背打结。

② 足部包扎法：与手部包扎法基本相同。

（3）悬臂带包扎法：分大、小悬臂带两种。

① 大悬臂带：常用于除锁骨和肱骨骨折以外的其他上肢损伤。将三角巾的顶角置于伤肢的肘后，一底角拉向健侧肩上，伤肢屈肘 90°，前臂放在三角巾的中央，再将三角巾的另一底角向上翻折并包住前臂，两底角在颈后打结。最后拉直顶角并向前折回，用胶布粘贴固定。

② 小悬臂带：常用于肱骨或锁骨骨折，先将三角巾折叠成约四横指宽的宽带，

也可用宽绷带或软布带代替。将宽带的中间置于前臂的下1/3处，屈肘90°，宽带的两端在颈后打结。

（五）晕厥

晕厥是由于脑部一时血液供应不足而发生的暂时性知觉丧失的现象。

1. 原因

常由受惊、恐怖、剧痛等引起的精神过分激动；长时间站立或下蹲稍久骤然起立，使血压显著下降；疾跑后站立不动，大量血液由于本身的重力关系而积聚在下肢舒张的血管中，回心血量减少，心输出量也随之减少，使脑部突然缺血而发生晕厥。

2. 征象

晕厥时，患者失去知觉，突然昏倒。昏倒前，患者感到全身软弱、头昏、耳鸣、眼前发黑、面色苍白。昏倒后，患者面色苍白、手足发凉、脉搏慢而弱、血压降低、呼吸缓慢。轻度晕厥一般在晕倒片刻之后会清醒过来，但醒后精神不佳，仍会有头昏的感觉。

3. 急救

使患者平卧，足部略抬高，头部放低，松解衣领，注意保暖，用热毛巾擦脸，自小腿向大腿做重推摩和全手揉捏。在知觉未恢复以前，不能给患者任何饮料或服药。如有呕吐，应将患者的头偏向一侧，如呼吸停止，应做人工呼吸。醒后可给以热饮料，注意休息。

思考题

1. 你认为你的健康需要管理吗？
2. 如何理解健康档案的重要性？
3. 如何形成健康的生活方式？
4. 如何开展科学的体育锻炼？
5. 如何选择合适的体育锻炼环境？
6. 如何有效地预防运动损伤？

第五章 中国与奥林匹克运动

学习目标

1. 了解中国与奥林匹克运动的渊源及历史关系，增强爱国主义和民族自豪感。
2. 能够深刻理解奥林匹克运动存在的真正价值和奥林匹克精神的实质。

第一节 中国与奥林匹克的渊源

现代奥林匹克运动产生于19世纪末。它是在奥林匹克主义指导下，以组织符合奥林匹克精神的体育活动和4年一度的奥林匹克庆典为主要内容。现代奥林匹克运动旨在促进人的生理、心理和社会道德的全面发展，沟通各国人民之间的相互了解，从而为建立一个和平美好的世界作出贡献。从它诞生之日起，就对人类生活产生着重大影响。作为东方文明古国，中国在参与奥林匹克运动会的征程中历经了许多沧桑与艰辛。

一、中国与奥林匹克的最早接触

（一）西方近代体育的传入

1904年，当第3届奥运会在美国圣路易斯举行后，我国的一些报刊开始刊登关于“万国运动会”（指奥运会）的简短报道。1907年12月27日，在天津第5届学校联合运动会的颁奖仪式上，张伯苓先生提出我国应成立一支奥林匹克代表队的主张。1908年10月，《天津青年》为天津学生放映了第4届伦敦奥运会的影像资料并在会后组织座谈会，记者将座谈内容归纳为三个问题向全国提出：中国何时才能派一位选手参加奥运会？中国何时才能派一支队伍参加奥运会？中国何时能举办奥运会？

（二）“东亚病夫”的抗争

1922年，著名的外交界和青年会人士王正廷先生由顾拜旦提名推荐，当选为国际奥委会委员，从此，中国和国际奥委会之间建立了正式的联系。1931年，国际奥委会正式承认了中华全国体育协进会为其会员。

1928年，第9届奥运会在荷兰的阿姆斯特丹举行。受国际奥委会的邀请，中国人宋如海以观察员的身份参观了奥运会。回国后，他将“奥林匹亚”翻译成“我能比呀”，并在扉页上写下这么一段话：“我能比呀（olympia）系古希腊运动会的名称，世界运动大会仍沿用之。”“‘我能比呀’虽系音译，亦含有重大意义，盖所示吾人均能参加比赛，但凡事皆须有决心毅勇，便能与人竞争。”

>>> **知识窗**

我为什么要复兴奥运会

我还要再说一次，我们必须让奥运会现代化。我们不要进行笨拙、简单的模仿和复原，从过去寻求启发而不照搬。让我们从诸多实例中仅举一例说明：在奥林匹亚，奥运会给人以印象深刻的事情之一，是运动员聚在宙斯像前，进行庄严的宣誓。他们保证将公平和忠实地竞争，保证他们将毫无耻辱地面对敌手。如今宙斯已不存在，我们早已丧失对神像的崇敬。因此，我设想，运动员们今后可以在他们自己国家的旗帜前，同时也面对其他国家的众多旗帜庄严宣誓：保证他们将在运动中忠诚和光荣地竞争。这种形式将使他们在精神上接近奥运会。难道我们不能提供一个合适的、充满崇高的美的场景来激发运动员与观众最崇高、最慷慨的情感吗？倘若再请高级唱诗班演唱伟大的作曲家的杰作，以取代通俗歌唱队和那些独幕小歌剧时，我们难道不应该完全确认艺术与体育运动的结合——即肌肉力量与创造性的想象力，是人类生活两极的完美结合吗？

——顾拜旦

1932 年 7 月 8 日，只有刘长春一名运动员的中国体育代表团在中华全国体育协进会的支持下，赴美国洛杉矶参加第 10 届奥运会。这是中国人第一次参加奥运会。当时的报纸曾刊登“单刀赴会”的漫画来形容刘长春的洛杉矶之行。这既表达了对刘长春形单影只的悲怆，更是抨击了当时政府对体育的不关心、不支持。刘长春因训练中断，身心极度疲惫，在参加了 100 米和 200 米的预赛后，终因体力不支被淘汰，而原定参加的 400 米比赛也不得不弃权。虽然中国实现了“派一位选手参加奥运会”的初衷，其结果还是令国人黯然神伤。

1936 年和 1948 年，我国在经费极度不足的情况下，先后派出两支代表队参加在德国柏林举行的第 11 届奥运会和在英国伦敦举行的第 14 届奥运会，但成绩都十分不理想。中国运动员参赛成绩的低下，实质上反映了中国当时在政治、经济、文化教育等方面的落后状态。

二、新中国与奥林匹克的碰撞与融合

1952 年 6 月，“中华全国体育总会”在北京成立，毛泽东主席为大会作了“发展体育运动，增强人们体质”的光辉题词，这为新中国体育方针的确立定下了理论基调，也为奥林匹克运动在中国的发展开辟了道路。改组后的“中华全国体育总会”对外代表中国，肩负着中国奥委会的职能。

（一）五星红旗飘扬在赫尔辛基上空

1951 年 3 月，芬兰政府希望我国参加在赫尔辛基举行的第 15 届奥运会。按照奥林匹克宪章规定，国际奥委会在一个国家只承认一个全国性的奥林匹克组织。国际奥委会的某些主要领导人却以政治问题为由，称“由于中国的混乱，在困难解决之前，任何运动员不得参加比赛”。经过反复争取，7 月 29 日，当奥运会进行到第十天，中华人民共和国奥运代表团40余人才抵达赫尔辛基。虽然最后只有游泳运动员吴传玉赶上了比赛，但意义却十分重大，正如周恩来总理在奥运代表团临行前所指出的那样："把五星红旗插到奥运会就是胜利。"

回国后，中华全国体育总会建议在中央人民政府中设立专门的领导机构来领导体育工作。1952年11月15日，中央人民政府委员会第19次会议通过了成立中央人民政府体育运动委员会的决议，任命贺龙元帅为主任。

（二）中国与国际奥委会的交锋

1954年，在雅典举行的国际奥委会第49届全会上，以23票对21票通过了决议，承认"中华全国体育总会"为中国国家奥委会。但当时的国际奥委会主席布伦戴奇却在未经任何会议讨论的情况下，将中国台湾地区的体育组织以"中华民国"的名义列入国际奥委会承认的国家奥委会名单中。1956年，中华全国体育总会为参加在澳大利亚墨尔本举行的第16届奥运会，在大陆地区与台湾地区的运动员中选拔出92名运动员组成了中国体育代表团。但是，国际奥委会在邀请中国参加第16届奥运会的同时，也邀请了台湾地区以"中华民国"的名义参加。11月6日，中华全国体育总会在北京发表严正声明：中国运动员不参加第16届奥运会。

为了抵制"两个中国"的阴谋，维护国家的神圣主权，1958年8月19日，中华全国体育总会发表严正声明，宣布中断与国际奥委会的关系，董守义也辞去了国际奥委会委员的职务。

（三）中国力量对奥林匹克的震撼

中国虽然暂时离开了奥运会的竞技舞台，但中国人民并未放弃对奥林匹克的实践。国际奥委会某些带有政治偏见的领导人也并不能扼杀中国对奥林匹克圣火的向往与追求。勇敢坚强的中国人民在十分困难的条件下，积极开始拓展国际空间，打开通向世界的途径。

1. 参加新兴力量运动会

1963年2月13日，印度尼西亚总统苏加诺宣布印度尼西亚退出国际奥委会，筹办新兴力量运动会。在亚、非、拉美等第三世界的共同努力下，1963年11月10日至22日，第一届新兴力量运动会冲破重重阻力，在印度尼西亚首都雅加达胜利举行。新兴力量运动会的诞生，显示出一大批被排斥在奥运会大门之外的新独立国家对未能获得国际奥委会承认的义愤，表达了和平正义的国家和人民对奥林匹克运动公平、公正的渴望。新兴力量运动会有48个国家和地区的运动员参加，中国派出了由238人组成的体育代表团，参加了14个项目116项比赛，共获得66个冠军、56个亚军和46个季军，并打破了两项世界纪录。中华人民共和国第一次向世界展示了自己的实力与风采。

2. 乒乓外交

1971年，在日本举行的第31届世界乒乓球锦标赛期间，由于中国和美国运动员的友好接触，毛泽东主席亲自做出邀请美国乒乓球队访华的决定。1971年4月10日，美国乒乓球队来到中国，并于13日在北京首都体育馆进行了中美乒乓球友谊赛，14日下午还受到周恩来总理的接见。两天后尼克松总统宣布进一步放宽对中国贸易和旅游的限制。此后，中美双方都加快了高层领导的接触进程，开启了中美关系的新时代。体育为我国登上国际政治舞台作出了重要贡献，这对中国由被封锁走向开放产生了巨大的影响。在这一背景下，中国体育也加速了重返国际体育大家庭的步伐。

（四）走向世界

随着中国及中国体育的迅速崛起，国际体育界人士进一步认识到，将中国排斥在国际体坛之外是一个错误决定。第6任国际奥委会主席基拉宁先生不仅多次会见中国奥委会的代表，并且在多个场合表示没有中国参加，奥运会就不能称为真正的奥运会。

1. 重返奥林匹克大家庭

1979年，基拉宁主席敏锐地抓住大陆主动缓和海峡两岸紧张关系的契机，决定召开国际奥委会执委会，讨论中国问题。为了配合国际奥委会解决中国代表权问题的努力，中国主动建议：在恢复中国奥委会的合法席位之后，也可以特许台湾体育组织以中国台湾奥委会的名义，即中国的一个地方机构留在国际奥委会。1979年11月，国际奥委会委员以通讯表决方式投票，终于以62票赞成、17票反对、2票弃权通过了中华人民共和国奥林匹克委员会的名称为“中国奥林匹克委员会”，会址在北京。使用中华人民共和国国旗和国歌。而设在台北的奥委会的名称是“中国台北奥林匹克委员会”，不能使用原来的旗、歌和会徽。我国在国际奥委会合法席位的恢复不仅有利于奥林匹克运动在中国的发展，也为奥林匹克精神和理念的正确阐述作出了积极的修正。

2. 实现“零”的突破

1984年，第23届奥运会在洛杉矶举行，中国派出了由225名运动员和50名教练员组成的体育代表团，参加了16个项目的比赛。7月29日，中国射击运动员许海峰摘取了该届奥运会的第一枚金牌，实现了我国金牌“零”的突破。国际奥委会主席萨马兰奇亲自主持了发奖仪式，他说：“这是中国体育史上伟大的一天，我为能亲自把这块奖牌授给中国运动员而感到荣幸！”在这届奥运会上，中国体育代表团共夺得15枚金牌、8枚银牌、9枚铜牌，金牌数列奖牌榜第四，震惊了世界。

三、北京奥运会

被人们誉为奥林匹克运动华彩乐章的奥运会，永远是全世界关注的焦点。现在，世界各国都为能举办奥运会而感到自豪和光荣，因此奥运会的申办角逐也尤为激烈。

（一）北京申办奥运会

1. 申办2000年奥运会

1990年7月3日，邓小平同志在视察亚运会体育中心时提出了“办完亚运就要办奥运”的设想和指示。7月22日在第11届亚运会开幕式上，国家主席杨尚昆又在会见国际奥委会主席萨马兰奇时，正式表达了中国北京申办奥运会的愿望。萨马兰奇在第二天的记者招待会上即作出了积极的回应，认为中国已经具备申办奥运会的条件。在这届亚运会的闭幕式上，看台上的观众自发地打出了“亚运成功，众盼奥运”“2000年北京再见”的标语。

1991年12月4日，北京奥申委郑重地向萨马兰奇递交了中国承办2000年奥运会的申请书。1992年岁末，北京第一个按照国际奥委会的要求，向国际奥委会提交了正式的书面报告。当时，同时申办2000年奥运会的城市还有柏林、悉尼、米兰、巴西利亚、曼彻斯特、伊斯坦布尔和塔什干。其中，柏林、悉尼、北京是获得2000年奥运会举办权最有力的竞争者。就在海内外舆论界普遍看好北京的时候，一些国家的官员借所谓的人权状况，公开倡议抵制北京的申办，甚至攻击北京不适宜举办奥运会。而国际奥委会对北京申办工作的考察报告被“意外”泄密；国际奥委会一些官员口风突变等，均给北京的申办工作蒙上了一层阴影。最后，中国以两票之差与2000年奥运会失之交臂。

2. 申办2008年奥运会

虽然北京未能争取到2000年奥运会的主办权，但是中国人并未停止对奥林匹克的追求。1998年11月5日，北京市正式宣布申办2008年第29届夏季奥运会。1999年4月6日，中国奥委会和北京市政府向国际奥委会递交了申请书。

2001年7月13日的莫斯科，北京申奥代表何振梁在总结陈述中向国际奥委会委员们诚恳地表示：“多年来，中国人对于奥林匹克理想不懈追求，像奥林匹克信仰一样毫不动摇，在我的职业生涯中，我希望将奥林匹克带入中国，让我的祖国和人民体验奥林匹克……如果举办2008年的奥运会能够授予北京，我可以向你们保证，7年后的北京，会让你们为今天的决定而自豪！”经过两轮投票，萨马兰奇郑重宣布：“2008年夏季奥运会主办城市——北京！”北京申奥的成功，使得奥林匹克运动在全世界更加普及，实现了真正的多元化。奥林匹克运动也从北京步入一个新的发展历程。

（二）北京的承诺

在2008年夏季奥运会的申办陈述中，中国奥委会主席何振梁先生表示，“北京奥运会将为北京、中国和世界体育留下一份独特的遗产。”这是北京对世界的庄严承诺。为此，北京提出了绿色奥运、科技奥运、人文奥运的口号，并且在对其进行独特的阐述和实施中实践着中国人民对世界文明的庄严承诺。

1. 绿色奥运

“绿色奥运”是2008年北京奥运会的三大主题之一。举办“绿色奥运”的目的就是要在筹备和举办奥运会的过程中，用保护环境、保护资源、保护生态平衡的可持续发展思想，把奥运会对环境的负面影响减小到最低程度。通过举办奥运会促进北京市乃至全国的经济、社会和环境的持续协调发展，使公众的环境意识不断提高，为北京和世界留下一份丰厚的环境保护遗产。

在申办奥运会期间，奥组委与北京市政府共同确定了城市环境改善的目标，要求在申办、筹备和举办奥运会的过程中加强环境保护，改善城市的生态环境，促进经济、社会和环境的持续协调发展；营造奥运会绿色建筑示范工程；提供举办大型运动会新的环境管理模式；提高公众的环境意识；保证环境的持续改善等。此外，绿色社区、绿色学校、绿色商业、绿色旅游、绿色工厂、绿色单位等活动也是北京绿色奥运的亮丽风景。

2. 科技奥运

科技奥运是指把现代科学技术多角度、多渠道地嵌入奥运会，通过广泛应用当代最先进的科技成果，让科学精神、思维和科技成就渗透到奥运会的每一个细节，使2008年北京奥运会成为展现先进科技成果装备的体育盛会。为此，科技部和有关部门，共同组织实施了“奥运科技（2008）行动计划”。以奥运对科技的需求为出发点，围绕2008年北京奥运的三大主题，发掘、筛选、优化科技项目，为成功举办奥运提供技术保障和智力支撑。

3. 人文奥运

"人文奥运"是北京举办奥运会的三大理念之一，也是奥林匹克运动的核心与灵魂。

（1）人文的奥运："人文奥运"是一个多维度、多层次的理念。关注人、热爱人、提升人、追求人的本质自由实现与人的全面发展为其核心内涵。在现代意义上，人文精神是指对人的生命存在和人的尊严、价值、意义的理解和把握以及对价值理想或终极理想的执着追求的总和。

《奥林匹克宪章》指出："奥林匹克主义是将身、心和精神方面的各种品质均衡地结合起来，并使之得到提高的一种人生哲学。它将体育运动与文化和教育融为一体。奥林匹克主义所要建立的生活方式是以奋斗中所体验到的乐趣、优秀榜样的教育价值和对一般伦理基本原则的推崇为基础的。"由此可见，奥林匹克主义给竞技运动设置了一个理想主义的目标和方向，对当代体育起着重要的导向作用。它强调体育的人文价值，强调体育的真、善、美，强调体育应为人的和谐发展服务，进而促进一个维护人的尊严以及和平的社会建立。奥运会正是唤起人类对自身的不断认知与无限珍视。

（2）文化的奥运：在北京提出的奥运理念中，人文奥运是北京向世界提出的最具独特价值的理念，是北京奥运的精髓所在。这一理念的提出依托于有着5 000多年悠久历史的中国文化的深厚底蕴，因此，这必将展示中国文化对奥林匹克主义和奥林匹克精神的开拓与发展。

奥林匹克运动与西方主流文化传统息息相关，西方文化的主导特征相对于东方而言，表现出灵魂和肉体的对应、唯心和唯物的冲突、主体与客体的分裂。比如运动员在"更快、更高、更强"的旗帜下，通过不正当手段制造成绩、攫取荣誉是当今奥林匹克运动的"人文危机"。中国文化价值观念中诸如"知行合一"的思想等，均是对奥林匹克精神的补充与拓展。中国传统教育思想中追求人文精神，重视人精神和身体的和谐发展，重视人与自然的和谐发展等理念将给奥林匹克运动注入新的人文内涵。

此外，中华文明5 000年创造了浩瀚的民族体育文化，其种类繁多、功能齐全。既有修身养性的各种气功和导引术，又有防身健体的武术；既有因时而作的节令体育，又有自娱自乐的民俗体育。既有展示身体能力的孔武竞技，又有寓教于乐的体育教育。

奥林匹克运动是一个动态发展的、开放的世界性文化体系，它需要大量地、源源不断地从世界各个民族的文化中汲取有益的养分来丰富和完善自己。只有通过对古代文化与现代文化、东方文化与西方文化的兼收并蓄、互补互动，才能使奥林匹克运动真正成为跨文化、跨民族、跨国度的世界性文化体系，从而使奥林匹克文化成为人类优秀文化的典范。

（3）教育的奥运：源于古代奥运会的现代奥林匹克运动，教育仍然是其精髓所在。奥林匹克的宗旨是"通过没有任何歧视，且有奥林匹克精神——以友谊、团结和公平的精神互相了解的体育活动教育青年，从而为建立一个和平的更加美好的世界做出贡献”。现代奥林匹克运动的创始人顾拜旦认为，恢复奥运会的真正目的是通过体育来进行教育。因此，不是以奥林匹克运动去推行竞技运动，而是将竞技运动纳入教育，把体育纳入一般教育，进而把一般教育纳入人类文化和生活过程之中。教育一直是奥林匹克生存与发展的生命线，始终驱动着奥林匹克运动的发展，奥林匹克运动竭力追求的是一个努力使人和整个世界趋向完善的崇高理想。奥林匹克运动的文化教育特性不仅仅在于竞技运动带给人的力量与激情，更重要的是在竞技运动过程中，奥运选手对奥林匹克信仰的追求、对奥林匹克格言的实践以及对奥林匹克精神的参与原则、竞争原则、奋斗原则的推崇。这种教育力量对人们的行为意识、伦理道德、心理情感等诸多方面都会产生巨大的影响力和征服力。

四、中国参加冬奥会的历程

冬季奥林匹克运动会简称为冬季奥运会、冬奥会，是国际奥林匹克委员会主办的世界性冬季项目运动会，也是世界规模最大的冬季综合性运动会，每四年举办一届，1994 年起与夏季奥林匹克运动会相间举行。

中国参与冬季奥林匹克运动始于 1980 年。1980 年 2 月 13—24 日，第 13 届奥林匹克运动会在美国的普莱西德湖举行。在这次冬季奥运会的比赛中，中国共有 28 名运动员参加了速度滑冰、花样滑冰、高山滑雪、越野滑雪和现代冬季两项共 5 个项目 17 个单项的比赛。这是我国自从恢复奥委会合法权利和地位之后首次参加冬奥会。这在我国体育发展史上具有划时代的意义，标志着我国体育开始走向国际化，成为了国际体育运动大家庭中的一员。

1984 年第 14 届冬奥会在萨拉热窝举行。这是中国代表团第二次参加冬奥会，共派出 37 名运动员参加 26 个单项比赛。中华台北队也有 14 名运动员参加本届冬奥会。这是海峡两岸中国选手第一次同时参加奥运会。在高山滑雪女子小回转比赛中，中国选手金雪飞和王桂珍分别名列第 19 和第 20 名。

在 1988 年加拿大卡尔加里举行的第 15 届冬奥会上，中国仅派出一行 20 人的代表团，参加了短道速滑、花样滑冰、越野滑雪三项比赛的竞争。中国运动员李琰在本届冬奥会女子短跑速滑表演赛中获 1 000 米金牌和 500 米、1 500 米铜牌。

1992 年在法国阿尔贝维尔举行的第 16 届冬奥会上，中国派出了 34 人的体育代表团，参加了滑雪、滑冰、冬季两项等 34 个小项比赛。在本届冬奥会上，中国体育代表团共获得 3 枚银牌，排在奖牌榜的第 15 位。这也是中国自 1980 年首次参加冬奥会以来，经过 12 年的努力，终于在本届实现了奖牌“零”的突破。

在 1994 年挪威利勒哈默尔举行的第 17 届冬季奥运会上，中国体育代表团派出了 27 名运动员参加了速滑、短道速滑、花样滑冰、冬季两项和自由式滑雪等项目的比赛。最终，中国队以一银两铜的成绩排在奖牌榜的第 19 位。

在 1998 年日本长野举行的第 18 届冬奥会上，中国代表团参加了滑冰、冰球、滑雪、冬季两项 4 个大项 40 个单项的比赛，成绩有了大幅度提高，共获得 6 银 2 铜 8 枚奖牌，虽然没能取得冠军，但中国队的进步有目共睹。

2002 年 2 月 8—24 日，第 19 届冬奥会在美国犹他州盐湖城举行。在本届冬奥会上，中国短道速滑运动员杨扬成为中国第一位夺得冬奥会金牌的运动员。在本届比赛中，中国队共获得 2 金、2 银、4 铜的好成绩，排在奖牌榜第十三位。

2006年2月10—26日，第20届冬奥会在意大利都灵举行。中国体育代表团派出了共151人，其中运动员76人。在本届冬奥会上，中国队最终以2金、4银、5铜的成绩名列第14位。

在2010年第21届温哥华冬奥会上，中国队发挥出色，收获5金2银4铜，共11枚奖牌。其中，王濛斩获女子短道速滑500米、1 000米和接力3枚金牌，并打破世界纪录，成为中国首位单届冬奥会获得三枚金牌的选手，中国队也由此包揽了本届冬奥会短道速滑女子项目全部4枚金牌。王濛两届冬奥会共斩获4金、1银、1铜6枚奖牌，成为截至目前世界上获得短道速滑奥运奖牌最多的女选手。

在2014年索契冬奥会上，中国代表团赢得3金4银2铜，其中，速度滑冰张虹夺金，帮助中国短道速滑粉碎了34年魔咒，可谓最重要一金。而李坚柔、周洋也给冬奥迷带来惊喜，一扫王濛受伤的阴影。

2015年7月31日，在马来西亚吉隆坡举行的国际奥委会第128次全会上，国际奥委会主席巴赫宣布：中国北京获得2022年第24届冬季奥林匹克运动会的主办权。北京创造历史，成为第一个既举办过夏奥会又举办冬奥会的城市。届时，北京将与张家口联合举办2022年冬奥会。北京—张家口奥运会设7个大项，102个小项。北京将承办所有冰上项目，延庆和张家口将承办所有的雪上项目。2017年12月15日，北京2022年冬奥会会徽“冬梦”和冬残奥会会徽“飞跃”正式亮相。

2018年2月9—25日，第23届冬季奥运会在韩国平昌举行，中国代表团共派出82名运动员参加5个大项、55个小项的比赛。在本届冬奥会上，中国队以1金6银2铜成绩，位列奖牌榜第十六位。在本届冬奥会的闭幕式上，北京市市长陈吉宁接过奥运会会旗，这标志着冬奥会进入“北京周期”。

第二节 奥林匹克运动的发展趋势

奥林匹克运动经过百余年的风风雨雨，现今已发展成为世界上最有影响力的国际社会运动。展望未来，奥林匹克运动的发展趋势将呈现出如下特点：

一、奥林匹克文化向多元化发展

奥林匹克运动均衡发展的一个重要特征是奥林匹克文化的多元化。一个多世纪以来，强调世界性的奥林匹克运动，至今仍深深地带有西方文化的烙印。1997年，在国际奥委会文化委员会组织的论坛上，明确提出了要防止建立单一文化模式，强调必须树立对不同文化加以包容和理解的共同意识。2000年，国际奥委会年会提出：“奥林匹克运动所推崇的绝不是一种标准的现代化或文化的单一化，更非欧洲化或西方化，未来的奥林匹克运动应是多文化的，并且是跨文化的”。

二、奥林匹克运动将进一步向大众体育渗透

奥林匹克运动就其主旨来说是鼓励所有人，特别是青年人参加竞技的和非竞技的

体育活动。但在相对长的一段时间内，竞技运动得到了特别的重视，而大众体育并没有给予有力的引导。随着社会文明程度的提高，人们对大众体育的需求日益增长。在未来社会中，随着人类的余暇时间的不断增多，大众体育将成为最富科学性、最健康的休闲方式。

三、奥运会将更具魅力

奥运会的体育比赛会更加紧张激烈、扣人心弦。自奥运会向职业运动员开放后，奥运会就成为世界上一流运动员的荟萃之地，集中体现了当代竞技体育的最高水平。随着科学技术的进步，运动员的身体能力和技术水平还会进一步提高，这将大大提高奥运会的观赏价值。奥运会的组织安排也会更加合理。

四、奥林匹克运动更加关注人类的生存与发展

国际奥委会体育和环境委员会编制的《奥林匹克运动21世纪议程》陈述了奥林匹克运动在环境保护和可持续发展方面的承诺。它为奥林匹克运动参与全球范围内的可持续发展制定了行动规划，并确定了不同成员在贯彻可持续发展行动中肩负的责任。《奥林匹克运动21世纪议程》既为体育运动管理机构提供了将可持续发展融入其政治战略的途径，也为每个个体在体育方面如何身体力行、积极推动可持续发展描述了具体的做法。《奥林匹克运动21世纪议程》是国际奥委会环境保护的纲领性文件，体现了奥林匹克是一项源于大自然的体育运动，目标是致力于打造和平美好的世界的奥林匹克精神。

五、奥林匹克运动在世界和平事业中将发挥更加积极的作用

随着开放型的奥林匹克模式的建立，国际奥委会与各国政府和非政府的国际组织建立了广泛的联系。由于国际奥委会不从属于任何政治集团，且具有增进国际间相互了解的功能，在国际事务中易于发挥独特的沟通作用。当今，在国际交往过程中，还存在着大量的不公正和不平等。奥林匹克运动强调尊重对手、公平竞争，并以一系列的措施来保证这一原则的贯彻，以国际体育比赛的具体形式给世界提供了一个成功的范例，这必将给世界和平与稳定带来启迪和影响。

案例分析

案例：日本体育哲学家筱田基行在谈对体育价值的认识时，曾列举了一个亲身经历的事：他在大学二年级参加了田径队的训练。一天，他按惯例进行长跑训练，在公路上遇到了一位背着稻捆的老妇人。老妇人站在路旁嘟嘟囔囔地说："太可惜了，这样好身体的青年人不会使用自己的力气。如果把这样的事（指在公路上长跑训练）用在割稻子上该多好，太可惜了。"一时间竟使刚参加训练不久的筱田基行不知怎么回答。

分析：请替筱田基行回答为什么不把跑步训练的力气用在割稻子上？

思考题

1. 谈谈对我国追求奥林匹克的艰难历程的感想。
2. 中国为何要积极参与奥林匹克运动?
3. 北京举办奥运会的意义是什么?
4. 奥林匹克运动有何教育价值?

第六章 篮球运动

学习目标

1. 了解篮球运动的特点与锻炼价值。
2. 理解篮球运动的基本原理。
3. 懂得欣赏、参与篮球运动。

第一节　篮球运动概述

一、篮球运动的起源与发展

篮球运动是由美国马萨诸塞州斯普林菲尔德市体育教师詹姆士·奈史密斯于1891年发明的。他从工人和儿童用球向桃子筐内做投准的游戏中受到启发，故将这项运动称为“篮球”。在最初的篮球比赛中，场地大小、上场人数的多少以及比赛的时间均无严格的限制，比赛规则也比较简单。1892年，奈史密斯博士制定出了最原始的13条篮球竞赛规则。1893年，在比赛器材上，形成了近似现代篮板、篮筐和篮网。此后，篮球运动以其独特的吸引力迅速向欧、亚、非、大洋四大洲传播，其技战术水平不断提高，竞赛规则不断完善。在1936年第11届奥运会上，男子篮球被列为正式比赛项目。1950年和1953年，分别在阿根廷和智利举行了首届世界男、女篮球锦标赛。在1976年第21届奥运会篮球比赛上，女子篮球被列为奥运会正式比赛项目。

篮球运动经过100多年的发展，从最初的“游戏”逐步发展成一项雅俗共赏、老少皆宜的体育运动项目，并形成了一套独特的，包含专项身体素质、专项技战术及比赛规则和裁判法在内的完整体系。其发展过程大致可分为几个阶段：

（一）初创阶段（1891—1930年）

这一阶段形成了初级阶段的篮球技术（如单、双手低手传球、双手胸前投篮）和战术（如长传快攻、盯人防守），篮球竞赛规则也初步形成。

（二）推广阶段（1932—1940年）

1932年6月18日，国际业余篮球联合会在瑞士日内瓦成立，并正式出版了第一本国际篮球规则。此后，国际间的篮球比赛层出不穷，这不仅推动了篮球技战术水平的提高，也使得篮球运动向世界更多的国家传播和推广，篮球运动进入推广时期。

（三）普及阶段（1940—1960年）

1940年以后，篮球运动在世界各地广泛普及，世界篮球运动开始形成以美国队为代表的高度与技巧结合的美洲型打法，以苏联队为代表的高度与力量结合的欧洲型打法和以韩国、中国队为代表的快、灵、准结合的亚洲型打法，篮球运动进入普及、发展与提高的新时期。

（四）提高阶段（1960—1990 年）

1960 年后，世界篮球运动进入全面发展与提高的新时期，篮球运动的技战术朝着高高度、高技巧、高速度、高强度、多变化、高比分的方向发展，特别是高空技术的进一步发展，显示出当代篮球运动发展的新趋势、新特点。通过对进攻时间、犯规罚则、增加 3 分球等条款促使攻守平衡，使篮球运动向既重进攻又重防守、既重高度又重速度、既重力量又重技巧的方向发展。

（五）攀高阶段（1990 年至今）

篮球运动进入融竞技化、智谋化、技艺化于一体的新时期，篮球运动朝着“高、快、全、准、变”和技战术运用技艺化的方向发展。

二、篮球运动的特点与锻炼价值

（一）篮球运动的特点（图 6-1-1）

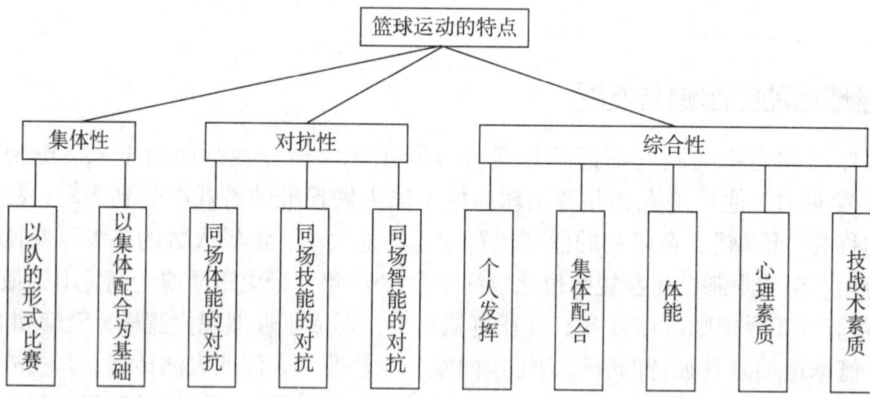

图 6-1-1　篮球运动的特点

（二）篮球运动的锻炼价值

（1）培养团队精神：参与篮球运动，能培养团结、协作的团队精神和集体荣誉感，增强球员的组织纪律性，这种团队精神无论对个人的发展或社会都具有十分积极的意义。

（2）增进身心健康：参与篮球运动，对力量、速度、耐力、灵敏等素质的全面发展，分配和集中注意能力的提高，神经中枢的灵活性、协调支配各器官能力的提高，内脏器官的生理机能的改善，良好的心理素质、坚强的意志品质的形成都具有十分积极的作用。

（3）促进人际交往：参与篮球运动，不仅可以相互切磋球艺，也可以为广大青少年之间相互了解、增进友谊、友好交往提供有效的途径，对于青少年正确认识与处理人与人之间的关系，更好地融入社会，促进青少年健康人格的发展具有积极的作用。

第二节　篮球基本技战术的学习与运用

一、篮球基本技术

篮球技术是在篮球比赛中所运用的各种专门动作方法的总称，它是篮球比赛的基础，分为进攻与防守两大部分，每一部分又由若干技术构成（图 6–2–1）。

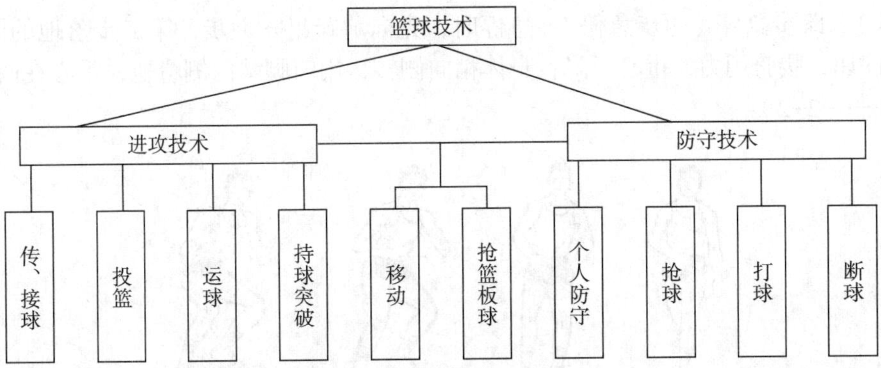

图 6–2–1　篮球技术分类

（一）移动

移动是篮球技术的基础，是比赛中运用最多的基本动作。进攻中为了摆脱对手、切入接球或合理运用传、运、投、突，防守中为了抢占位置、堵截对手或抢断球，都离不开移动技术。

1. 基本站立姿势

两脚前后或左右开立，略比肩宽，两膝微屈，重心落在两脚之间，上体稍前倾，脚跟微微提起，两臂弯曲自然放于体侧，抬头含胸，目视前方。

2. 起动

起动时，以后脚或异侧脚的前脚掌短促有力地蹬地，上体迅速前倾或侧转，向跑动方向移动重心，手臂协调摆动，脚快速向跑动方向迈出。起动后的前两三步，要短促而快速，力求在最短的距离内把速度充分发挥出来。

3. 跑

（1）侧身跑：跑动中，头和上体自然地向有球方向扭转，脚尖朝向跑的方向。侧身跑时，既要保持跑速，又要观察场上情况。

（2）变速跑：加速时，用前脚掌短促有力地蹬地，上体稍前倾。减速时，上体稍直立，前脚掌用力抵住地面，以降低跑速。

（3）变向跑：从右向左变向时，右脚尖稍内扣，同时右脚前脚掌内侧用力蹬地，随之腰部扭转，上体向左前倾，左脚向左前方跨出一小步，右脚迅速向左腿的侧前方跨出一大步，继续跑动。

（4）后退跑：用两脚的前脚掌交替蹬地向后跑动，同时提踵，身体稍前倾，抬头观察场上情况，两臂协调摆动，以保持身体平衡。

4. 跳

（1）双脚起跳：起跳前，两膝弯曲，重心下降，上体稍前倾，两臂弯曲，肘外张。起跳时，两脚用力蹬地，并用提踵、提腰、摆臂的力量，使身体向上腾起。落地时，前脚掌先着地，屈膝缓冲，保持平衡，以便衔接下一个动作。

（2）单脚起跳：起跳时，最后一步步幅要小，起跳脚用全脚掌着地，屈膝降重心，用力蹬地。另一腿屈膝上抬，同时摆臂、提腰帮助起跳，落地时，屈膝保持平衡。

5. 急停

（1）跨步急停（两步急停）：急停时，先向前跨出一大步，第二步落地的同时，两膝深屈，腰胯用力，重心下降，身体稍向侧转，用前脚掌内侧蹬地，重心在两脚之间（图 6–2–2）。

扫一扫，查看跨步急停示范动作

图 6–2–2 跨步急停

（2）跳步急停（一步急停）：急停时，用单脚或双脚起跳，身体稍后仰，两脚同时平行或前后落地，两膝弯曲，重心下降，保持身体平衡（图 6–2–3）。

扫一扫，查看跳步急停示范动作

图 6–2–3 跳步急停

6. 转身

（1）前转身：向左做前转身时，以左脚为中枢脚，左脚提踵，前脚掌用力碾地，右脚前脚掌内侧蹬地，上体平稳左转，右脚蹬地后迅速跨步落地。

（2）后转身：向右做后转身时，以左脚为中枢脚，左脚提踵，前脚掌用力碾地；右脚前脚掌内侧蹬地，同时用力向右后方转胯、转身，右脚蹬地后迅速落地，身体平稳。

7. 滑步

向左滑步时，左脚向左跨出，落地的同时，右脚滑动跟随左脚移动，左脚继续跨出。

扫一扫，查看滑步示范动作

8. 交叉步

交叉步向右时，左脚用力蹬地，迅速从右脚前向右交叉迈出，上体稍右转，左脚落地，右脚迅速向右侧跨步，控制重心。

9. 后撤步

后撤步时，两膝弯曲，重心降低，前脚掌内侧着地，同时腰部用力向后转胯。后撤前脚，后脚碾地，然后用力蹬地紧接着滑步，保持防守位置。

10. 攻击步

做攻击步时，后脚猛力蹬地，前脚突然迅速向前跨出，逼近对手。落地时，重心偏在前脚上，前脚同侧的手向前伸，做干扰或抢截性防守动作。

（二）传、接球

传球是篮球比赛中进攻队员之间有目的地转移球的动作，是场上队员之间相互联系和组织进攻的纽带，是实现战术配合的具体手段。接球是持球进攻的基础，只有接好球，才能传球、运球、投篮和突破等。接球与传球是紧密联系的，接球技术好，可以弥补传球的不足，减少传球失误。接球也是抢篮板球和断球的基础。

1. 传球

（1）双手胸前传球：两手五指自然分开，拇指相对成“八”字形，用指根以上部位持球的侧后方，手心空出，两肘自然弯曲于体侧，将球置于胸前。肩、臂、腕部肌肉放松，两眼注视传球目标，身体成基本姿势。传球时，后脚蹬地，身体重心前移，同时两臂前伸，手腕由下向上翻转，同时拇指用力下压，食、中指用力弹拨，将球传出。出球后，手心和拇指向下，其余手指向前（图 6-2-4）。

1 2 3

图 6-2-4 双手胸前传球

扫一扫，查看双手胸前传球示范动作

（2）双手头上传球：双手持球于头上，两肘向前。近距离传球时，小臂前摆，手腕前扣并外翻，同时拇、食、中指用力向前拨球。传球距离较远时，要用蹬地和腰腹力量带动上臂发力，小臂前甩，腕、指用力前扣，将球传出。

（3）双手低手传球：双手持球于腹前或腹侧。传球时，手腕由下而上翻转，同时小指、无名指和中指用力拨球，将球柔和地传出。

（4）单手肩上传球：右手传球时，左脚向传球方向跨出半步，同时双手将球引到右肩侧上方，肘关节外展，手腕后屈，右手持球的后下方，左肩对着传球方向，重心落在右脚上。出球时，右脚蹬地的同时转体带动上臂，肘领先，前臂迅速前甩，手腕前扣，最后通过食、中、无名指的弹拨下压动作将球传出（图 6-2-5）。

扫一扫，查看单手肩上传球示范动作

图 6-2-5 单手肩上传球

（5）反弹传球：反弹传球时，手臂向前下方用力，击地点根据防守者的位置决定，一般应在传球者距接球者 2/3 的地方。球弹起的高度一般以在接球人的腹部为宜。

2. 接球

（1）双手接球：接球时要伸臂迎球，五指自然分开，肩、臂、腕、指放松。当手指触到球时，手臂顺势后引缓冲来球的力量，两手持球于胸腹之间（图 6-2-6）。

扫一扫，查看双手接球示范动作

图 6-2-6 双手接球

扫一扫，查看单手接球示范动作

（2）单手接球：右手接球，右脚向来球方向迈出，手臂伸出，五指自然分开，掌心正对来球，腕、指放松。当手指触球时，手臂顺势将球后引，收臂，置球于身前或体侧，另一手迅速扶球。

（三）运球

1. 高运球

抬头，目视前方，上体稍前倾，以肘关节为轴，用手按拍球的后侧上方，球的落点在身体侧前方，球反弹的高度在腰、胸之间（图 6-2-7）。

2. 低运球

抬头，目视前方，两腿迅速弯曲，降低重心，上体前倾，以身体和靠近防守队员一侧的腿来保护球，同时用手短促地按拍球，控制球从地面反弹的高度在膝关节以下，以便摆脱防守继续前进（图 6-2-8）。

图 6-2-7　高运球

图 6-2-8　低运球

扫一扫，查看高运球示范动作

扫一扫，查看低运球示范动作

3. 运球急起、急停

运球急起时，后脚用力蹬地，同时按拍球的后侧上方，向前运球，以超越对手。运球急停时，手按拍球的前上方，同时两脚做跨步急停，并转入低运球，用臂、身体和腿保护球。

4. 体前变向换手运球

从对手右侧突破时，先向对手左侧运球，当对手向左侧移动时，运球队员突然改变方向。变向时，右手拍按球右上方，并靠近身体向左侧送拍球，使球的落点靠近左脚，同时右脚向左前方跨步，上体左转侧肩，以臂、腿、上体保护球，换左手按拍球左侧上方，左脚迅速蹬跨，从对手右侧运球突破。

扫一扫，查看体前变向换手运球示范动作

（四）投篮

1. 原地双手胸前投篮

双手持球于胸前，两肘自然下垂，两脚前后或左右开立，重心落在两脚掌上，目视瞄准点。投篮时，两脚蹬地的同时，腰腹伸展，两臂向前上方伸出，两手腕同时外翻，拇指稍用力压球，使球通过拇指、食指、中指指端投出。投球出手后，脚跟提起，腰、臂随出球方向自然伸展。

扫一扫，查看原地双手胸前投篮示范动作

2. 原地单手肩上投篮

以右手投篮为例。右手持球于肩上，左手扶球的左侧，右臂屈肘，前臂与地面接近垂直，两腿微屈，右脚在前，重心落在两脚掌上。投篮时，右臂随腿的蹬伸和腰腹的伸展，抬肘向前上方充分伸直，用手腕前压的动作，使球从食指、中指指端投出。球离手时，手臂要随球自然跟送，脚跟提起（图 6-2-9）。

图 6-2-9　原地单手肩上投篮

扫一扫，查看原地单手肩上投篮示范动作

3. 行进间单手低手投篮

以右手投篮为例。右脚向前跨出时接球，第二步继续加速，向前上方跳起，腾空时间要短。投篮时，球移到右手上举，五指自然分开，托球的下部，手心朝上，手臂向上伸展，接近球篮时，用手指上挑的动作，使球向前旋转投向球篮。

扫一扫，查看行进间单手低手投篮示范动作

4. 行进间单手肩上投篮

以右手投篮为例。右脚向前跨出时接球，接着迅速上左脚起跳，右腿屈膝上抬，同时举球至肩上，左脚蹬地腾空后上体稍后仰。当身体达到最高点时，右手臂伸直，用手腕前屈和手指力量将球投出（图 6−2−10）。

图 6−2−10 行进间单手肩上投篮

5. 运球急停跳起投篮

快速运球中，最后两步稍减速，利用跨步或跳步急停接球起跳，同时双手持球迅速上举，两脚用力蹬地，身体腾空接近最高点时，伸臂，用腕、指的力量将球投出。

（五）持球突破

持球突破是持球队员结合脚步与运球技术快速超越对手的一项攻击性很强的进攻技术。它是由蹬转、转体探肩、放球、加速几个技术环节所组成的。

1. 交叉步突破

两脚左右开立，两膝微屈，降低重心，持球于胸腹之间。突破时，左脚先向左跨出一小步（假动作），当对手重心向右移动时，左脚前脚掌内侧迅速蹬地，同时上体向左侧转，左肩向前下压，左脚向右侧前方跨出，将球引向右侧并运球，中枢脚蹬地向前跨出超越对手（图 6−2−11）。

扫一扫，查看交叉步突破示范动作

图 6−2−11 交叉步突破

2. 同侧步持球突破

以防守队员左侧突破为例。突破时，用左脚掌内侧用力蹬地，右脚迅速向右前方跨出一大步，同时上体稍右转，左肩下压，用右手放球于右脚侧前方，左脚迅速跨步抢位，用右手推拍球，加速超越对手。

3. 跨步急停持球突破

当同伴传球时，迅速伸臂迎球，合理急停并接住球。球落地后，两腿屈膝，重心降低，保持平衡，保护好球，然后再根据防守队员的位置和情况做交叉步或同侧步突破防守。

（六）抢篮板球

抢篮板球是投篮不中时，双方争夺控球权的一项技术。抢篮板球技术是一项联合技术动作，由抢占位置、起跳动作、空中抢球动作和获球后的动作组成。

1. 双手抢篮板球

起跳后，身体在空中充分伸展，尽量扩大制空范围，两臂同时伸向球的落点方向。当身体和手至最高点时，双手将球握住，腰腹用力，迅速收臂将球持于胸前。

2. 单手抢篮板球

起跳后，身体和手臂充分向球的落点方向伸展。在最高点指端触及球时，用力屈腕、屈指迅速抓握球，随之屈臂拉球于胸前，另一手护球。

（七）防守对手

防守对手是防守队员合理地运用脚步移动和手臂动作，积极主动地抢占有利位置，阻挠和破坏对手进攻的行动。

1. 防守无球队员

在防守无球队员时，要根据球和对手所处的位置确定和调整自己的防守位置。当对手处在强侧（有球侧）时，应采取错位防守，即站在球与对手的传球路线的内侧位置，以面向人、侧向球的站法，逼近对手。当对手处于弱侧（无球侧）时，应向球和球篮方向靠拢，采用侧向人、面向球的站法，松动防守。移动的同时，借助手臂的动作，扩大防守面。

2. 防守有球的对手

在防守过程中，一旦自己所防的对手接到球，防守者要及时调整与对手的位置和距离，做到球到手、人到位。在占据对手与球篮之间的有利位置的基础上，与对手保持适当距离。离篮远则远，离篮近则近，根据有球对手的意图及与球篮的距离，采用平步或斜步防守，并合理运用抢球、打球、断球等技术。

（八）篮球技术的学习与运用

篮球技术是篮球战术的基础。学习、掌握和运用篮球技术的过程是一个培养兴趣、提高运动素养、增进人际交往的过程。不断地学会并掌握一定的篮球基本技术，能不断提高篮球活动的质量，并使这两者相互促进，形成良性互动。

1. 学习与运用篮球技术应遵循的原则

（1）从实际水平出发原则：无论现阶段的技术水平如何，学习篮球技术都应从自己的实际水平出发，在此基础上逐渐提高自己才是最有效率的学习。

（2）掌握主要基本技术带动其他原则：要全面地掌握篮球技术确非易事，但如果初步学会了投篮、传球、运球和防守等基本技术，就可以参加课余比赛了。在掌握这些基本技术的基础上，再逐渐带动其他技术的学习和运用。

（3）循序渐进原则：在参加篮球运动的每个时期，都应先练基本技术，再练高难度技术；在学习每项技术时，都应先徒手练习，再结合球练习；先原地练习，再行进间练习；先单个练习，再综合练习；先独自练习，再对抗练习。

（4）练习与游戏相结合原则：将练习与游戏相结合，可以提高练习的兴趣和效果。

（5）练习与比赛相结合原则：通过篮球比赛，在提高篮球活动趣味的同时，可以将所学的基本技术予以应用，进而促进技术的掌握。

2. 学习与运用篮球基本技术的常用方法

（1）单个练习法：对学习的某项技术动作反复练习的方法。这种练习方法有利于集中注意力，较快地掌握技术动作。

（2）综合练习法：学习若干单个技术后，并在对其有所掌握的情况下，可以把几个不同的技术动作串联起来练习。这种练习方法有利于提高技术的实用性和应用能力，发展协调性和灵活性。

（3）对抗练习法：在有攻守对抗的条件下练习和掌握技术动作的练习方法。这种练习方法有利于提高技术的运用能力和熟练程度。

（4）游戏练习法：以篮球技术动作为内容，以游戏的活动形式进行练习的方法。这种方法具有趣味性和竞赛性，将学习技术与娱乐相结合，可收到事半功倍的效果。

（5）竞赛练习法：指初步掌握正确的动作方法之后，通过竞赛形式比速度、比准确性、比成功率等以复习、巩固技术，提高技术运用能力的一种练习方法。

二、篮球基本战术

（一）进攻战术基础配合

1. 传切配合

传切配合是指进攻队员之间用传球和切入技术组成的简单配合。如图 6-2-12 所示：⑤传球给④时，⑤乘其对手不备之机，突然横切或从底线切入篮下接④的传球投篮。

2. 掩护配合

掩护配合是掩护队员采用合理的行动，以自己身体挡住同伴的防守者的移动线路，使同伴借以摆脱防守的一种配合方法。根据掩护队员的掩护位置，可分为前掩护、侧掩护、后掩护。如图 6-2-13 所示：⑤传球给④后跑到④的侧面做掩护，④接球后做投篮或突破的动作，吸引❹的防守，当掩护到位时，④持球从防守的左侧突破投篮。⑤掩护后，及时移动到有利的位置去接球或抢篮板球。

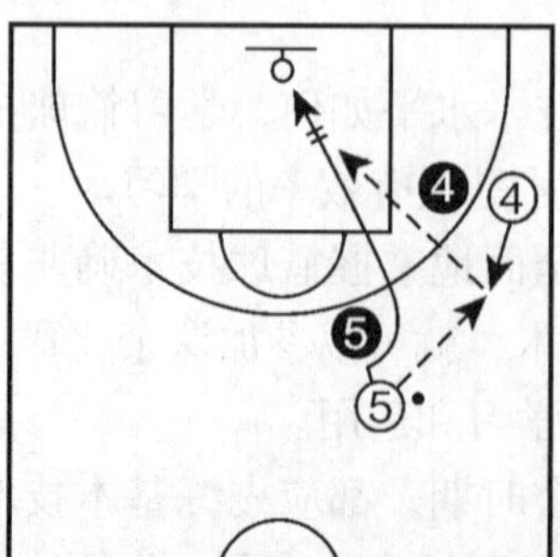

图 6-2-12　传切配合

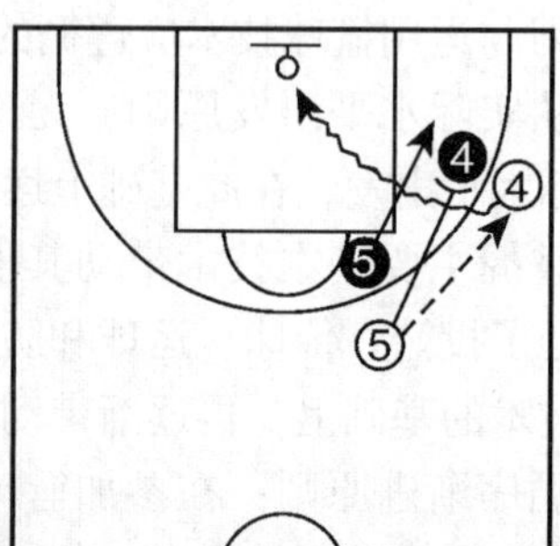

图 6-2-13　掩护配合

3. 策应配合

策应配合是指进攻队员背对或侧对篮筐接球，以他作枢纽，与同伴空切相配合而形成的一种里应外合的方法。如图 6–2–14 所示：④摆脱防守插到罚球线作策应，⑤将球传给④，并立即空切篮下，接④的策应传球投篮。

4. 突分配合

突分配合是有球队员突破后，主动地或应变地利用传球与同伴配合的方法。如图 6–2–15 所示：⑤从防守者❺的右侧突破，❹协助防守，封堵⑤向篮下突破的路线，此时④及时跑到有利的进攻位置，接⑤的球投篮，或做其他进攻配合。

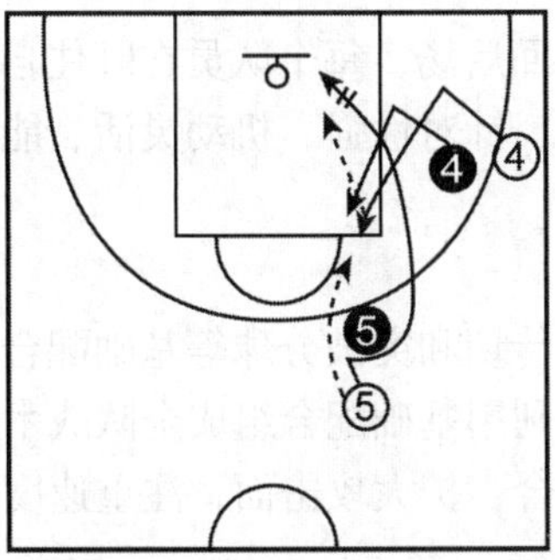

图 6–2–14　策应配合

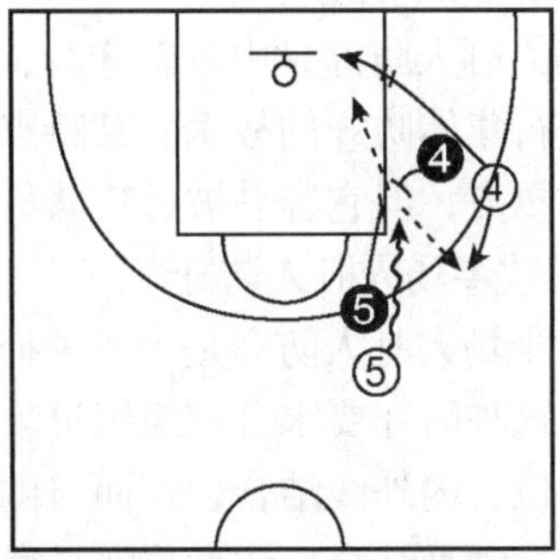

图 6–2–15　突分配合

（二）防守战术基础配合

1. 交换防守

交换配合是为了破坏进攻队员的掩护配合，防守队员之间彼此及时交换自己所防守的对手的配合方法。当对方队员进行掩护时，防守队员相互呼应，并紧跟自己的对手。当进攻队员摆脱切入时，及时换防。

2. 关门防守

关门配合是临近的两个防守队员协同防守突破的配合方法。当进攻队员运球向篮下突破时，防守突破的队员应挡住其通往篮下的路线，这时临近突破一侧的防守队员，应及时向防守突破的队员靠拢，像两扇门一样关起来，堵住突破者的路线。

3. 夹击防守

夹击配合是两个防守队员积极防守一个进攻队员的配合方法。它要求夹击时行动要积极、果断、突然，出其不意，攻其不备。

4. 补防

补防是两三个防守队员之间的一种协同防守的配合。当同伴被进攻者突破而有直接得分的可能时，临近的防守队员要立即放弃自己的防守对手去补防。

（三）快攻与防守快攻

1. 快攻

快攻是由防守转入进攻时，积极、主动、勇猛顽强地以最快的速度、最短的时间造成人数上以多打少的优势，是在对方尚未部署好防守之前，果断而快速地发起攻击的一种速决战。抢到防守篮板球、断球、掷界外球和跳球等都是发动快攻的有利时机。

快攻战术由发动、推进、结束三个阶段组成。快攻的形式主要有长传快攻、短传快攻和结合运球突破的快攻等。

2. 防守快攻

防守快攻是防守战术的重要组成部分，它的目的在于制约进攻速度，为本队积极防守争取时间。攻防变换时，头脑要冷静，速度要快，以减少对方发动快攻的机会，堵截快攻第一传，尽量控制对方的推进，卡住快下队员，切断对方长传快攻的路线，同时提高以少防多的能力。

（四）半场人盯人防守与进攻半场人盯人防守

1. 半场人盯人防守

半场人盯人防守是由攻转守时，全队迅速退回后场，每个队员在盯住自己对手的同时，进行集体防守的战术。其特点是分工明确、针对性强、机动灵活、能有效控制对方进攻重点，但它容易被进攻队员局部击破。

2. 进攻半场人盯人防守

进攻半场人盯人防守是由各种掩护、策应、传切和突破分球等基础配合组成的全队战术。这种防守要求合理组织进攻队形，充分利用基础配合组成全队战术，有目的地穿插换位，内外线结合，正面与侧面进攻相结合，扩大攻击面，注重速度，讲究节奏，快慢、动静结合，注意攻守平衡。

（五）区域联防与进攻区域联防

1. 区域联防

区域联防是一种半场防守的全队战术，由防守队员退回半场后，每人负责一定的区域，严密防守进入该区的球和队员，并与同伴协同防守而构成的一种集体防守战术。

区域联防的站位队形有 2–1–2 联防、2–3 联防、3–2 联防和 1–3–1 联防等。2–1–2 联防是区域联防的基本形式，这种站位队形队员分布均匀，易于联系协作，同时也便于控制后场篮板球发动快攻。但这种防守的薄弱环节是队员的防区衔接处，即图 6–2–16 的阴影区。

2. 进攻区域联防

进攻区域联防应根据联防的特点和规律，针对其薄弱环节，占据有利的进攻位置，并结合本队的具体情况，确定进攻重点，组织有针对性的进攻战术。

进攻队 1–3–1 站位（图 6–2–17）是攻 2–1–2 联防的基本阵式。采用这种阵型，

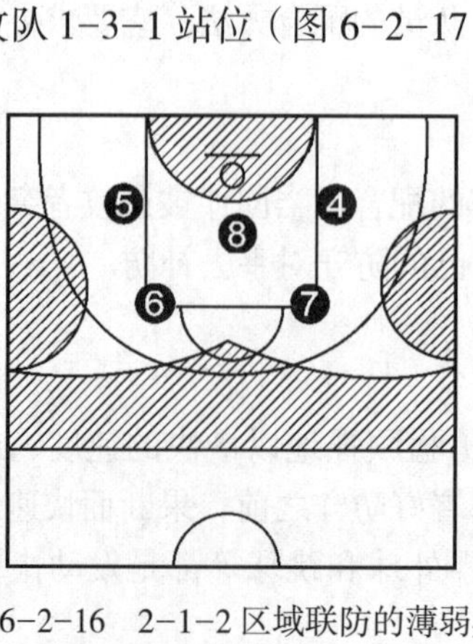

图 6–2–16　2–1–2 区域联防的薄弱处

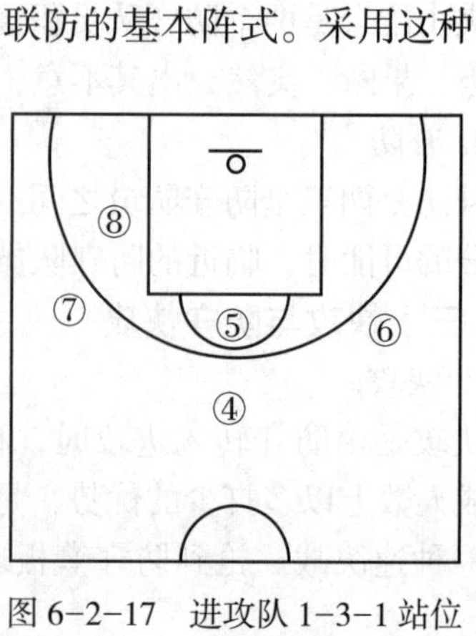

图 6–2–17　进攻队 1–3–1 站位

队员分布面广、攻击点多、便于内外联系、左右配合，有利于组织抢篮板球和保持攻守平衡。

（六）篮球战术的学习与运用

篮球战术的形成及其水平与篮球技术、篮球战术意识及同伴相互间的配合密切相关。篮球技术是基础，战术意识是前提，而配合默契则是保证。

1. 学习和运用篮球战术的基本要求

（1）以我为主：根据本队或本单位的技术基础和技术特点，扬长避短，形成自己的风格。

（2）简单实用：能达到攻防目的的战术就是好的战术。

（3）攻守平衡：进攻战术和防守战术都要练。

（4）团队精神：篮球战术总是由两人以上的集体完成的，团结协作、配合默契是基本保证。

（5）灵活机动：篮球比赛千变万化，在战术的实施过程中，不能生搬硬套，要随机应变。

2. 学习和运用篮球战术的程序

（1）学习和掌握篮球攻守战术的基础配合。

（2）明确所要练习战术的方法，包括战术指导思想、战术时机、战术路线、配合要点及战术的变化等。

（3）在无对抗条件下进行战术演练。

（4）在攻守对抗中进行战术演练。

（5）实际运用和检验战术。

第三节　篮球比赛规则简介

一、比赛场地与设备

（一）球场

标准篮球场是一块长 28 米、宽 15 米的长方形场地，球场的丈量从界线内沿量起。球场内有三分投篮区、限制区和罚球区（图 6-3-1）。

（二）设备

篮板的尺寸为横宽 1.80 米，竖高 1.05 米，篮板下沿距地面 2.90 米。它的中心垂直落在场上，距离端线内沿 1.20 米，篮圈水平面距地面 3.05 米。

球为圆形，内装橡皮球胆，外壳用皮、橡皮或合成材料制成。球的圆周为 0.749~0.78 米，重量为 567~650 克。

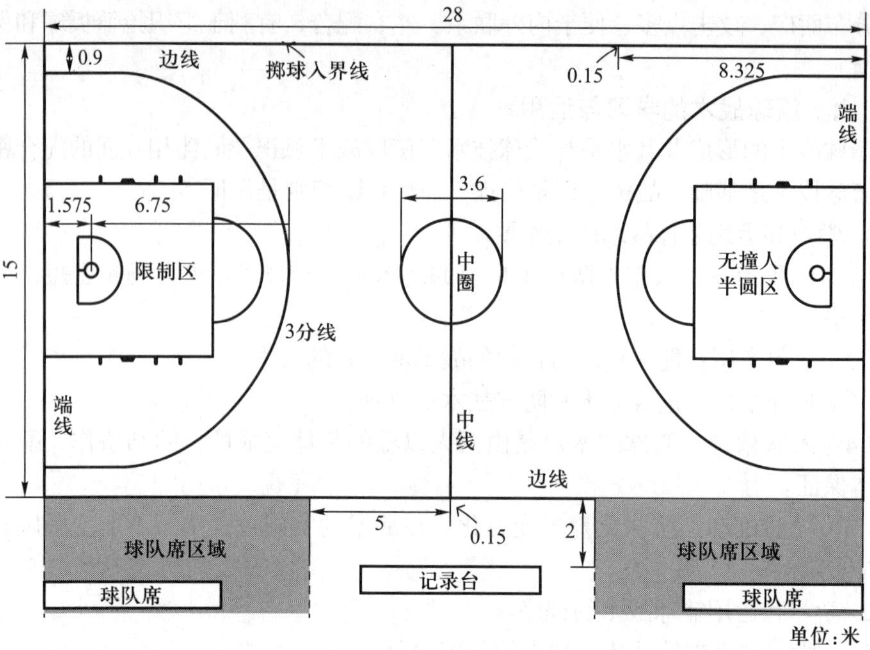

图 6-3-1 篮球比赛场地

二、比赛、暂停、替换

1. 比赛

每场篮球比赛由两个队参加，每队出场 5 名队员。比赛分上、下两个半时，每半时 20 分钟，两半时中间休息 10 分钟。

比赛中，除在 3 分投篮区投球中篮得 3 分外，在其他位置投中得 2 分，罚球中篮得 1 分。在比赛时间内，得分多的队为胜。

2. 暂停

每队每半时准许暂停 2 次，每次 1 分钟，每一决胜期准许暂停 1 次。未用过的暂停不准挪到下半时或决胜期内使用。

请求暂停的时机：

（1）球成死球并停止比赛计时时。

（2）对方投篮得分，也可给予一次暂停，但必须在投篮队员球离手前提出。

3. 替换

替补队员进场前应向记录员报告，并须立即做好比赛的准备。

请求替换的时机：

（1）球成死球并停止比赛计时时。

（2）违例后，只有掷界外球的非违例队可要求替换。被允许后，对方也可要求替换。

三、违例及罚则

违例是违反规则的行为。

罚则：判该队失去控球权，由对方队员在违例地点就近的边线外掷界外球。

比赛中常见的违例有带球跑、非法运球、脚踢球、拳击球、掷界外球违例、3 秒违例、5 秒违例、10 秒违例、30 秒违例、球回后场违例、干扰球等。

四、犯规及罚则

犯规是违反规则的行为，含有身体接触和不道德的举止。

1. 侵人犯规

侵人犯规是在球进入比赛状态、活球或死球时的队员犯规，含有与对方队员的接触。

罚则：登记犯规队员一次侵人犯规。如被侵犯的队员未做投篮动作，由被侵犯队的队员在犯规地点就近的边线掷界外球继续比赛；如被侵犯的队员在做投篮动作，若投中则得分有效，再判给一次罚球；如投篮未中，就判给投篮队员两次或三次罚球。

2. 故意犯规

裁判员认为队员蓄意地对持球或不持球的对方队员造成侵人犯规称为故意犯规（违反体育道德的犯规）。

罚则：登记犯规队员一次故意犯规。应判给非犯规队罚球和在记录台对面边线的中点处掷界外球的控球权。如对未做投篮动作的队员犯规，则判给两次罚球；如对在做投篮动作的队员犯规，投中有效，再判给一次罚球；如投球未中，则根据投篮的地点判给两次或三次罚球。无论罚球成功与否，均由罚球队的任一队员在记录台对面边线的中点处掷界外球。

3. 队员技术犯规

有意的、不道德的或给违反规定者带来不正当利益的技术性犯规，判罚技术犯规。

罚则：宣判技术犯规后，每次均应登记，并由对方队长指定罚球队员罚球两次。对行为十分恶劣或屡次违反此条规定的队员，应取消其比赛资格并令其退出比赛。

4. 双方犯规

双方队员同时互相犯规为双方犯规。

罚则：登记每个犯规队员一次侵人犯规。由双方犯规队员在就近的圆圈内跳球继续比赛。

5. 队员 5 次犯规

一个队员不论侵人犯规或技术犯规共达 5 次，必须自动退出比赛。

6. 全队 7 次犯规

比赛的每半时，一个队的队员侵人犯规和技术犯规已达 7 次，此后发生的所有队员犯规，均执行两次罚球，除非含有更为严重的罚则。

五、决胜期

下半时终了得分相等时，应延长 5 分钟作为决胜期继续比赛。必要时可延长几个这样的 5 分钟，直到分出胜负为止。每次决胜期前，给予 2 分钟的休息时间和一次暂停。每次决胜期开始时，应在中圈跳球继续比赛，若下半时某队全队犯规已满 7 次，若再犯规，则由对方执行两次罚球的权力，一直延续到决胜期。

第四节 自我锻炼方法实例

一、球性练习

（1）持球：用五指持球，并将手指向内紧缩，在球落下的一刻使用手掌接住。

（2）腰间绕球：将球放在腰际盘旋，要求面朝前，同时眼睛不要看着球，然后做顺时针、逆时针的绕球练习。

（3）颈部绕球：将球沿着颈部环绕练习，要求面朝前。切记颈部不可移动，并且做正、反时针方向的交替练习。

（4）单腿胯下绕球：两脚分开，重心下降，持球在单脚一侧做绕球练习。要求眼睛不要看球，并利用左、右脚做正、反时针方向的交替练习。

（5）胯下“8”字绕球：将球沿着双脚在胯下做“8”字形的盘球，同时眼睛不要看着球，并按正、反时针方向交替练习。

（6）原地低手控球：双脚与肩同宽，前后站立，屈膝，右手往下压球。要求球不能高于腰部，眼睛不看球，右手压球而不是拍球。

（7）手指交互拨球：双手手指朝上，以第一指掌交换快速推弹方式传球。要求频率快，施力点在球体下半部。

二、运球练习

（1）贴地运球：球置于地面，以手指快速将球拍起，并持续快节奏运球。

要点：拍球不能用掌心，且不能高于5厘米，频率要快，球要离开地面，可看球。

难点：手指触球与球体弹性的适应。

（2）环绕双脚运球：快速运球，并快节奏持续环绕双脚运球。

要点：不能用掌心运球，球体不能高于15厘米，不看球、频率要快。

难点：手指触球与球体弹性的适应。

（3）单手左、右运球：右手掌心朝左，将球运向左边，在球反弹瞬间，右手马上将球改变向右，再快速向右运球。

要点：脚平行弯曲，球不能高于膝盖，不看球，运球有力、有速度。

难点：变向时机。

（4）单手前、后运球：掌心朝前，将球运向前方，在球反弹瞬间右手马上改变向后，再快速向后运球。

要点：双脚前弓后箭，球不能高于膝盖，不看球，运球有速度。

难点：变向时机。

（5）原地胯下运球：双脚前弓后箭，在胯下做换手运球。

要点：球不能高于膝盖，眼睛不看球，运球有力、有速度。

难点：手指触球与球体弹性的适应。

三、快乐篮球示例

1. 熟悉球性

练习场地器材：一人一个篮球，空地一块。

（1）抛接球：单独或结伴练习。将球垂直上抛1米，待球落下时，原地双手接住。再将球上抛1.5米、2米、2.5米……再依次接住，直至用全力上抛至最高点，看谁抛球高、接球稳。

（2）绕体传接球：单独或结伴练习。单手或双手持球，运用掌、指控制球，顺时针或逆时针围绕腰部传接球，看谁在单位时间内绕体次数多。

（3）胯下"8"字传接球：单独或结伴练习。两腿分开50~80厘米，半蹲，上体前倾，右（左）手将球经同侧腿前，经胯下传向另一侧腿后，左（右）手接球后，再将球经同侧腿前传向另一侧腿后，看谁在单位时间内完成次数多。

（4）拍死球：单手拍起地面上不动的球，看谁最快。

（5）体前体后抛接球：双手体前持球，将球经头上方抛向体后，双手于体后将球接住，再将球抛向体前，再接球。看谁做到球不落地、动作熟练。

2. 篮球游戏

（1）传球、抢截球：篮球一个，空地一块，以正方形为佳，视人数安排面积，4人游戏时场地要求20平方米以上，每增加2人，相应增加10平方米左右。分成人数均等的两组。攻方在规定的区域内积极移动，摆脱防守并传、接球；守方采用人盯人或区域防守抢截球，得球或攻方违例后，攻守交换。控制球时间长的一方为胜方。

规则：攻方不得运球；攻守双方均不得越出场地界限。

（2）运球、干扰球：每人一球，40平方米左右空地一块。在规定区域内原地或移动运球，在保护好自己球的同时，伺机干扰或击打其他人的球。在规定时间内，不失球或少失球，击打其他球次数多者为胜。

规则：不得越出场地界限；遵守篮球规则有关运球的规定。

（3）抢胜三球：篮球两个，半片篮球场。分成人数相等的两组，在规定地点进行投篮比赛。投篮顺序为甲$_1$、乙$_1$、甲$_2$、乙$_2$……交替进行。投中后，本组全体呼出胜过对方的次数，如"赢一个""赢两个"，落后的队则呼"还差一个"等，比赛直到一方净胜三球为止。

规则：按预先排定顺序投篮，中途不得更改；比赛开始时先投篮的一组如先胜三球，后投篮的一组仍有一次投篮机会；投篮点和投篮方式可根据学生体能与技术情况而定。

3. 单个技术比赛

（1）投篮比赛（2~6人为宜）：以距篮圈中心投影点3~6.25米为半径，分别于球场左右0°角、45°角和90°角画出投篮点，练习者轮流从一侧开始投篮，投中者移至下一投篮点继续投篮，先投中一轮者为胜。

（2）折返运球比赛：从球场一侧端线后开始运球，遇罚球线即返回运球至出发点，再折返至中线、端线、罚球线，最后返回出发点，先完成者为胜。

4. 半场篮球赛

10人以内，分成人数相等两队，进行半场比赛。

思考题

1. 篮球运动的乐趣体现在哪些方面？

2. 如何通过篮球活动保持和增进体能，保持自己的良好情绪？

3. 结合自己参与篮球锻炼的实际，简述篮球运动对自己的身体、心理、社会适应等方面产生了哪些良好的影响？

4. 结合自己最喜欢的球队，分析该球队的技战术特点。

第七章 排球运动

学习目标

1. 懂得排球运动的基本知识和技能，能运用所学知识、技能锻炼身体。

2. 掌握与排球运动相关的发展灵敏、弹跳、速度、力量等身体素质的方法。

3. 通过排球活动，调节自身情绪，改善心理状态，养成积极乐观的生活态度。

第一节 排球运动概述

一、排球运动起源与发展

排球运动是用双手做发球、垫球、传球、扣球和拦网等动作来组织进攻和防守的球类运动项目之一。排球英文“volleyball”的原意是击空中球或“空中飞球”。

排球运动于19世纪末始于美国。1895年，美国马萨诸塞州霍利奥克城青年会干事威廉·摩根发明了排球。19世纪末，美国的排球运动通过传教、战争传播到世界各国。排球传入亚洲，逐渐演变成12人制、9人制。1912年，排球场的规格发生了改变，改为10.67米宽，18.29米长。排球的尺寸和重量也得到了统一：周长66.04厘米，重量在198.4~255.1克之间。规则重要的改革：上场参赛球员的人数被确定为每队6人，采用每球得分制和全身均可接触球击球。1917年，6人制排球传入苏联，并得到迅速而较为广泛的开展。1947年国际排球联合会成立后，排球运动成为一项世界性的体育项目。1949年，举办了第一届世界男子排球锦标赛。1952年，举行了第一届世界女子排球锦标赛。1964年，排球被列为奥运会正式竞赛项目。1965年和1973年，国际排球联合会又先后举办了第一届男子和女子世界杯排球赛。1989年，国际排球联合会首创世界男子排球联赛。1990年，开始又举办了女子排球大奖赛。1993年，在国际奥委会第101次代表大会上，沙滩排球被确定为奥运会的正式比赛项目，在1996年亚特兰大奥运会上举行了首届比赛。

为了进一步推动排球运动的发展，1988年，国际排球联合会制定了“世界排球发展计划”——在世界各个地区建立20多个排球发展中心；发展娱乐性和健身性排球；向发展中国家赠送排球器材；向各国提供技术教材和录像资料等。1995年，国际排球联合会推出了“世界排球2001计划”，在各大洲各国树立排球运动为顶尖运动的形象，使排球成为观众最喜爱的运动之一，让排球引起电视网和各节目赞助商的兴趣，使排球管理机构成为现代高职业化的机构，使拥有高水平球队的国家数量不断增加。

1905 年，排球传入中国的广州和香港，1908 年传到上海，1911 年第一次在上海举行了排球表演赛。1913 年在马尼拉举行的首次远东运动会上，中国临时组队参加了排球比赛。1924 年，排球被列为旧中国第二届全国运动会的比赛项目。

中华人民共和国成立后，排球运动和其他运动项目一样，有了较快的发展。新中国排球运动的发展分以下几个阶段：1950—1957 年，我国开始推广 6 人制排球；1958—1962 年，我国排球运动在普及与提高方面有了较大发展；1963—1966 年是我国排球史上的重要阶段，通过学习日本女排以及在大松博文教练的严格训练和管理下，中国女排在训练作风和技、战术创新方面有了较大发展，逐渐形成了自己的技、战术特点，成为世界一流强队；1966—1976 年，因“文化大革命”排球运动水平降到最低点；1977 年开始，我国排球运动进入复兴和全面发展阶段，1981 年中国女排在世界杯比赛中以七战全胜的战绩获得冠军，中国男排获得第五名，揭开了中国排球运动的新篇章。从 1982 年到 1986 年，中国女排获得 4 次世界冠军，实现了“五连冠”。2003 年 11 月，中国女排获得了世界杯女排赛冠军。2004 年 8 月，中国女排获得第 28 届雅典奥运会冠军。2015 年，中国女排以 10 胜 1 负的战绩再次获得世界杯冠军。2016 年，中国女排在郎平的带领下，一路披荆斩棘，时隔 12 年，再次夺得奥运会女排冠军。

二、排球运动的特点与锻炼价值

（一）排球运动的特点

排球运动是可以凭借身体的任何部分击球，使球既不落地，又不在身体任何触球部位停顿。排球运动具有以下几个特点：

（1）形式的多样性和广泛的群众性：排球运动的场地设备比较简单，室内、室外、木板地、沙地、草地、雪地上等都可进行；排球运动形式多样，既可以用正式排球，也可以用软式排球、气排球、小排球等，既可以隔网对抗，又可以围成圆圈托来托去；人员组成、性别、年龄不限，可以是家庭成员娱乐，可以是年轻人对抗，也可以是男女混合一起活动；比赛规则简单易懂，运动量可大可小，不会出现强烈的身体接触对抗，因此具有广泛的群众性。

（2）技术的全面性：由于排球比赛轮转的特点，这就要求参加排球运动的每一个队员必须全面掌握各项攻防基本技术，做到能攻善守，以适应项目的特点和要求。

（3）激烈的对抗性：排球比赛虽隔网相争，但也具有激烈的对抗性。比赛水平越高，对抗越激烈精彩。比赛中攻防不断转化，扣球与拦网、发球与接发球都体现出限制与反限制的关系。

（4）技巧性：由于排球比赛规则规定球不得落地，又不能在手中停留时间过长，三次击球必须过网（拦网除外），这就要求队员的技术动作必须精确，并有较高技巧性。排球比赛各项技术既能得分，又能失分，攻中有防，防中有攻，攻防相互转化，相互制约，因此，要求运动员技术既有准确性又有攻击性。

（5）集体性：排球比赛是一项集体配合的项目，每个技术环节都体现出团结协作的精神，每个环节的失误都会造成集体的被动和全队的失败。好的进攻配合可以撕破对方防线，好的拦防配合又可为反击进攻打下良好基础。在高水平排球比赛中，队员间配合默契，体现出鲜明的集体性和协作性。经常参与排球运动，可以培养团结协作精神，这是现代人极其需要的心理素质之一。

（二）排球运动的锻炼价值

（1）增进健康、强健体魄：排球运动具有竞技与娱乐并存的特点，不同年龄、不同性别、不同技术水平的人都能参与这项运动。经常参加排球运动，不仅能改善人体中枢神经系统和内脏器官的功能状况，同时又能提高参与者的力量、速度、弹跳、灵敏、耐力等专项身体素质和运动能力。

（2）培养良好的心理素质：经常参加排球运动，可以学到很多控制自己情绪和调节自身心理的手段和方法。例如，连续失误时，如何使自己尽快冷静下来而且不灰心；比分落后时，如何做到沉着和不气馁；关键比分时，如何咬紧牙关，一分一分去打拼等。

（3）培养勤奋、团结、拼搏的优秀品质：在排球比赛中，球不能落地而且击球至多3次必须过网，这使参加排球比赛的人总要随时准备弥补同伴因判断错误而无法接，或因其他原因没接到位的球，为了发挥本方的进攻力量而不惜奔跑扑救，给下一次击球人创造方便条件。因此经常参加排球运动，可以培养人的优良体育道德作风和团结协作的集体主义精神。

（4）培养团队配合及应变能力：排球运动在某种意义上是一项依靠判断的运动，尤其在现代排球比赛中，准确的判断已成为制胜因素之一。判断的基础是眼观六路、耳听八方，通过观察对方和同伴的动作、击球的声音、场上的布局等，预测将要发生的情况而迅速做出决策。排球比赛也是一项靠集体配合取胜的球类竞赛，个人特长的发挥往往建立在同伴发挥特长的基础上。排球运动要求队员在场上相互协调，配合默契，并不断观察同伴的意图，这对参与者的团队配合意识及应变能力都具有锻炼价值。能默契地与之合作。

第二节　排球基本技战术的学习与运用

一、排球基本技术

排球技术可分为准备姿势和移动、发球、垫球、传球、扣球和拦网6大基本技术。

（一）准备姿势和移动

准备姿势与移动是完成发球、垫球、传球、扣球和拦网各项有球技术的前提和基础，对各项有球技术的运用起着串联和纽带的作用。准备姿势主要是为了移动，而要做到快速移动，必须先做好准备姿势。

1. 准备姿势

按照身体重心的高低，准备姿势可分为半蹲准备姿势、稍蹲准备姿势和低蹲准备姿势三种，其中半蹲姿势运用较多。

（1）半蹲准备姿势：两脚左右开立，稍比肩宽，一脚稍前，两脚尖内收，脚跟稍提起。膝关节保持一定的弯曲，其投影点在脚尖的前面。上体前倾，重心靠前，两臂放松，自然弯曲，双手置于腹前。两眼注视来球，两腿始终保持微动（图 7-2-1）。半蹲准备姿势一般多用于接发球、拦网和各种传球。

（2）稍蹲准备姿势：比半蹲准备姿势重心稍高，动作方法相同（图 7-2-2），一般用于扣球助跑之前、不需要快速反应起动的时候。

（3）低蹲准备姿势：比半蹲准备姿势的身体重心更低（图 7-2-3），一般在防守和做各种保护动作时使用。

图 7-2-1 半蹲准备姿势

图 7-2-2 稍蹲准备姿势

图 7-2-3 低蹲准备姿势

2. 移动

移动的目的主要是为了及时接近球，保持好人与球的位置关系，以便击球。常用的移动步法有以下几种：

（1）并步与滑步：如向前移动，则后腿蹬地，前脚向来球方向跨出一步，后腿迅速跟上做好击球准备。连续并步就是滑步。并步主要用于传、垫球和拦网。

（2）跨步与跨跳步：如向前移动，则后腿用力蹬地，前脚向来球方向跨出一大步，膝部弯曲，上体前倾，身体重心移至前腿上（图 7-2-4）。在跨步过程中如有跳跃腾空，即为跨跳步。跨步一般在来球较低、离身体 1 米左右垫击时使用。

图 7-2-4 跨步

（3）交叉步：以向右交叉步为例。上体稍向右转，左脚从右脚前面向右交叉迈出一步，然后右脚再向右跨出一大步，同时身体转向来球方向，保持击球前的姿势。当来球距离 3 米左右时，可采用交叉步。交叉步主要用于二传、拦网和防守。

（4）跑步：跑步时，应随时注意球的飞行方向，两臂要配合摆动。如球在侧方或后方时，应边转身边跑。跑步一般在当球距离身体更远时采用。

（5）综合步：以上各种步法的综合运用。

（二）发球

发球是比赛中每个回合争夺的开始，也是进攻的开始。发球可以直接得分，可以破坏对方的战术组成，可以起到先发制人的作用。发球的方法很多，有正面下手发球、侧面下手发球、正面上手发球、勾手发球、正面上手发飘球、勾手发飘球和跳发球等。

1. 正面下手发球

这种发球动作简单易学，发球的失误率较小，但速度慢、力量小、攻击性差，适用于初学者。

发球前，面对球网，两脚前后开立，左脚在前，右脚在后，两膝微屈，上体前倾，左手持球置于腹前，右臂自然下垂，两眼注视球。发球时，左手将球在体前右侧抛起，离手 20~30 厘米。在抛球的同时要做好右臂后摆动作。击球时，右脚蹬地，身体重心前移，右臂伸直，以肩为轴，向前摆动到腹前，用虎口、掌根或手拳击球的后下部。随着击球动作重心前移，迅速入场（图 7-2-5）。

图 7-2-5　正面下手发球

2. 正面上手发球

这种发球便于观察对方，容易控制球的落点。发球时，可以利用屈体动作，使发出的球力量大、速度快、弧度平。如使球旋转，就更具攻击性。身材高大、手臂爆发力强的队员，采用这种发球更有威胁性。

面对球网，左脚在前，左手于体前将球平稳地抛于右肩的前上方，同时右臂抬起，屈肘后引，肘与肩平，上体稍向右侧转动，抬头、挺胸、展腹，手掌自然张开。利用蹬地使上体向左转动，同时收腹，带动手臂向前上方快速挥动。在右肩前上方伸直手臂的最高点，用全掌击球的后中下部。击球时，手张开与球吻合，手腕迅速做推压动作，使击出的球呈上旋飞行。击球后，随着重心前移，顺势入场（图 7-2-6）。

图 7-2-6　正面上手发球

扫一扫，查看正面上手发球示范动作

3. 侧面下手发球

这种发球能够利用身体的转动，便于用力，初学者较易掌握，但攻击性差。

发球前，左肩对网站立，两脚左右开立，约同肩宽，两膝微屈，上体前倾，左手持球置于小腹前。发球时，将球在身体的正前方抛起，离手高度约 30 厘米，离身体约一臂之远。在抛球的同时，右臂摆至右侧后下方，利用右脚蹬地向左转体的力量，右臂同时向前摆动，用虎口或全掌在腹前击球的后下方。击球后，重心顺势前移，转体向着球网，随即入场（图 7-2-7）。

扫一扫，查看侧面下手发球示范动作

图 7-2-7 侧面下手发球

4. 勾手发球

这种发球速度快、力量大、弧度低，并能发出具有各种旋转性能的球，会给对方心理上造成很大威胁。适合于体力好、力量大、爆发力和协调性强的队员采用。

以右手发球为例。左肩对网，两脚左右开立，与肩同宽，左脚稍前，重心稍偏于右脚上，左手持球于腹前，将球垂直、平稳地向左侧前上方抛起，高度在最高击球点上空约 30 厘米。在抛球的同时，身体重心下降并迅速向右脚移动，以带动放松的手臂向侧后方摆动，同时做挺胸动作。击球时，右脚用力蹬地，重心移至左脚上，同时利用向左转体的协调力量迅速挥臂于最高点，用手掌对准球的后下部带有推压动作将球击出。在击球的一刹那，迅速收腹压体，并继续挥臂，加大击球力量。击球后，迅速进场，准备防守。

（三）垫球

垫球主要用于接发球、接扣球和接拦回球，是组织进攻的基础。垫球是比赛中多得分、少失分，由被动转主动的重要技术，是稳定队员情绪、鼓舞队员士气的重要手段。垫球还可在无法运用传球技术进行二传时用来组织进攻或处理球。常用的垫球技术有正面双手垫球、体侧垫球、背垫、跨步垫球、单手垫球、鱼跃垫球等。

1. 正面双手垫球

正面双手垫球是双手在腹前垫击来球的一种垫球方法，是最基本的垫球方法，也是各种垫球技术的基础。

两脚开立，稍比肩宽。在左半场及中场位置接球，左脚在前，在右半场位置则右脚在前，在中场可采用内八字站位。两脚适当提起脚跟，双膝弯曲，上体自然前倾，全身放松，随时准备移动（图 7-2-8）。两手掌根紧靠，两手手指重叠合掌互握，两拇指平行，手腕稍下压，两臂外翻形成一个平面（图 7-2-9）。对准来球，两臂夹紧前伸，插到球下，用前臂腕关节上方两臂桡骨内侧约 10 厘米处形成的一个近似的平面击球的下部（图 7-2-10），向前上方蹬地抬臂，迎击来球。

扫一扫，查看正面双手垫球示范动作

图 7-2-8 正面双手垫球

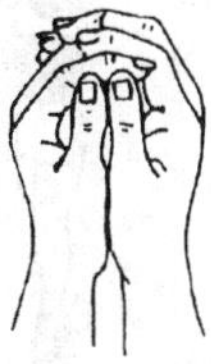

图 7-2-9

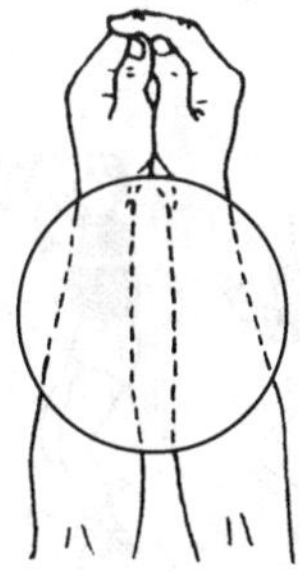

图 7-2-10

2. 体侧垫球

来球飞向体侧，当来不及移动对正来球时，可采用体侧垫球技术。如球从左侧飞来，则左脚往外跨出一步，右脚前脚掌内侧蹬地，重心随即移至左脚上，左膝弯曲。同时两臂向侧伸出，右肩微向下倾斜，使两臂击球面截住球飞行的弧线，两前臂并拢成一平面。一定注意使该平面对准来球，异侧的前臂触球偏底部。用力时，腰部发力，重心内转，两肩向前用力，稍有迎击动作，将球垫出。

3. 跨步垫球

跨步垫球时，要看准来球落点，向前跨出一大步，屈膝深蹲，重心落在跨出的腿上，上体前倾，塌腰塌肩，胸部几乎贴近大腿，臀部下降，后腿自然伸直或随重心前移而跟着上步。接近球的落点时，两臂前伸插入球下，等球下落接近地面时，用前臂和手腕部位击球的底部，可伴有翘腕动作，将球向上垫起。如果来球在体侧时，与球同侧脚向侧跨出一大步，重心落在跨出腿上，成弓箭步，两臂插到球下，用前臂击球，对准出球的方向，将球垫起。

（四）传球

传球是排球的基本技术之一。传球技术主要用于二传，为进攻创造条件，在比赛中起着组织进攻的作用。传球技术也可用来接发球或接对方的处理球、吊球和被拦回的高球。传球还可用来吊球和处理球，可起到进攻的作用。常用的传球技术可分为正面传球、背传球、侧传球和跳传等。

1. 正面双手传球

正面双手传球控制球的面积大，手和全身动作容易协调配合，稳定性高。向前传球是传球的基础动作。传球前，必须及时移动到适当位置，保持好人与球的合适距离。

采用稍蹲姿势，上体稍挺起，仰头看球，两手自然抬起，屈肘，放松置于脸前。当来球接近额前时，开始蹬地、伸膝、伸臂，手指微张，从脸前向前上方迎出。当手和球即将接触前，手腕和手指要有前屈迎球的动作，在脸额前上方约一球距离处手与球接触，十指自然张开使两手成半球状，手腕稍后仰，以拇指内侧、食指全部、中指的二、三指节触球的后下部，无名指和小指在球两侧辅助控制球的方向。两拇指相对近“一”字形。触球后各关节继续伸展，用手指手腕的弹力将球击出。全身各部位动作应协调一致（图 7-2-11）。

扫一扫，查看正面双手传球示范动作

图 7-2-11 正面双手传球

2. 背传球

背传球时，上体比正传时更直。迎球时，抬上臂，身体重心稳定在两脚之间，上体后仰，不偏前，双手自然抬起，手腕后仰，掌心向上，击球的下部，击球点应保持在额上方。背传用力靠蹬腿、展腹、抬臂、伸肘，通过手指弹力把球向后上方传出。其中拇指用力更大些，以利于向后上方传出。手腕也要始终保持后仰，不得用主动屈指、屈腕的动作传球，传球后应立即转身去接应保护或做其他动作。

3. 侧传球

侧面传球动作基本上与正面双手传球动作要领相同，只是用力时双臂要向传出方向一侧伸展，传球方向的异侧手臂要更大地伸展和用力，同时伴随上体向传出方向侧屈。

（五）扣球

扣球是排球比赛中得分和获得发球权的主要手段，在比赛中占有重要的地位，是完成全队战术配合的最后一击，也是能否取胜的关键。扣球技术有很多种，可分为正面扣球、调整扣球、勾手扣球、扣快球和自我掩护扣球等。这里着重介绍正面扣球技术。

正面扣球是一种面对球网最基本的扣球动作。

稍蹲姿势，站在距离球网 3 米左右处，面对来球方向，观察来球。助跑时，左脚先向前迈出一步，紧接着右脚再快速跨出一大步，左脚及时并上，踏在右脚之前，两脚尖稍向右转。同时，两臂自后积极向前摆动，随着双腿蹬地向上起跳，两臂配合起跳有力地向上摆动。起跳后，挺胸展腹，上体稍向右转，右臂向后上方抬起，身体成反弓形。挥臂时，迅速转体、收腹动作发力，依次带动肩、肘、腕各部位关节向前上方成鞭甩动作挥动。击球时，五指微张，以掌心为主，全掌包满球，在手臂伸直的最高点的前上方击球的后中部，同时主动用力屈腕、屈指向前推压，使扣出的球呈上旋状。落地时，以两脚前脚掌先着地再迅速过渡到全脚掌着地，同时顺势屈膝、收腹，以缓冲下落的力量，随即做好下一个动作的准备（图 7-2-12）。

图 7-2-12　正面扣球

扫一扫，查看正面扣球示范动作

（六）拦网

拦网是排球的基本技术之一。拦网是防守的第一道防线，是反攻的重要环节。拦网具有强烈的攻击性，可以直接拦死、拦回对方的扣球，能够削弱对方的锐气，动摇对方的信心，给对方造成心理压力。拦网也可以将对方有力的扣球拦起，减轻后排防守的压力。常用的拦网技术有单人拦网、双人拦网和三人拦网。

1. 单人拦网

面对球网，两脚左右开立，约与肩宽，距网 30~40 厘米。两膝微屈，两臂屈肘置于胸前。注视来球，迅速移动。起跳时，两腿屈膝，重心降低，随即用力蹬地，两臂以肩发力，在体侧近身处做划弧前后摆动，帮助身体迅速跳起。两手从额前沿球网向上方伸出，两臂伸直并保持平行，两肩上提。两臂应尽力伸过网去接近球。两手自然张开，屈指屈腕成半球状。当手触球时，两手要突然紧张，手腕下压盖在球的前上方。拦球后，要做含胸动作，以保持身体平衡。手臂要先后摆或上提，从网上收回至本方上空，再屈肘向下收臂，以免触网。与此同时屈膝缓冲，双脚落地，随即转身面向后场，准备下一个动作（图 7-2-13）。

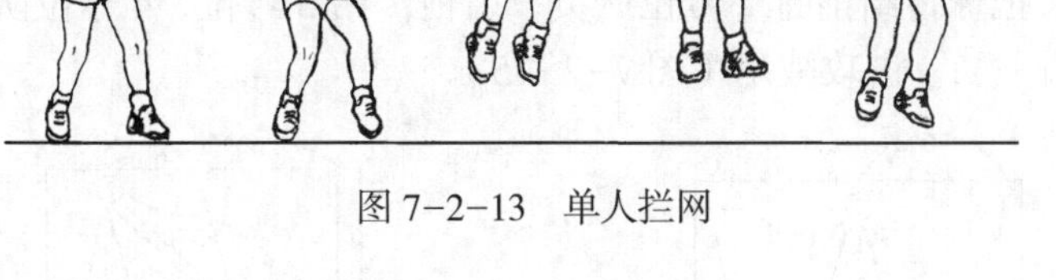

图 7-2-13　单人拦网

2. 双人拦网

双人拦网是排球比赛中最常见的一种拦网方式，指由前排两个队员互相靠近，同时起跳组成的拦网。双人拦网主要在对方大力扣球时采用。

双人拦网时，应以一人为主拦队员，另一人为配合队员。但主拦队员不是固定的，在一般情况下，距对方扣球点近的队员应为主拦队员。主拦队员必须抢先移动到对正扣球点的位置，并做好起跳准备，配合队员则迅速移动靠近主拦队员准备同时起跳。两队员之间的距离要合适。双人拦网起跳时，两人的手臂应在体前划小弧向上摆伸，都要尽量垂直向上起跳，要防止互相碰撞或干扰。手臂在空中既不能重叠，造成拦击面缩小，又不能间隔太宽，造成中间漏球。扣球靠近边线时，靠边线近的拦网队员外侧的手应适当内转，以防打手出界。

（七）排球技术的学习与运用（技术练习顺序）

（1）排球游戏和熟悉球性。

（2）基本的准备姿势（后排、前排）和移动步法（前、后、左、右）。

（3）双手垫球、单手垫球、下手发球。

（4）上手传球、2 人传球、扣球、接发球、更高级的发球。

（5）接扣球、拦网以及处理网上球。

二、排球基本战术

排球战术主要分为个人战术和集体战术两大部分，其中集体战术又分为进攻战术和防守战术。本节着重介绍进攻战术和防守战术中最基本的战术配合。

（一）进攻战术方法

1.“中一二”进攻战术

接发球时，把球传给前排中间的 3 号位队员，由他传给 2 号位、4 号位队员扣球，这种进攻配合叫“中一二”进攻战术（图 7-2-14）。

（1）“中一二”战术的关键环节：后排队员接到一传球后，球一定要传到位，使 3 号位队员能组织进攻，否则形成不了“中一二”进攻战术。

（2）“中一二”战术配合要求：

① 这种战术配合是最基本、最简单的，要求场上 6 名队员各守其责，3 号位队员作为二传，2 号位、4 号位队员作为扣球手，1 号位、6 号位、5 号位队员主要任务是接一传。

② 1 号位、6 号位、5 号位队员要求把球尽可能传到 3 号位队员手里。

③ 3 号位队员作为二传，要机智、灵活、视野开阔，根据场上情况分配扣球，尽可能组织起有效进攻。

④ 2 号位、4 号位队员根据一传、二传情况，注意选择起跳时机和起跳点。

2.“边一二”进攻战术

接发球时，把球传给前排 2 号位队员，由他传给 3 号位、4 号位队员扣球，这种进攻配合叫“边一二”进攻战术（图 7-2-15）。

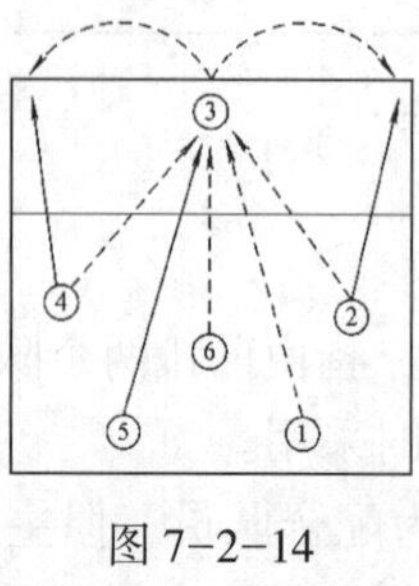

图 7-2-14

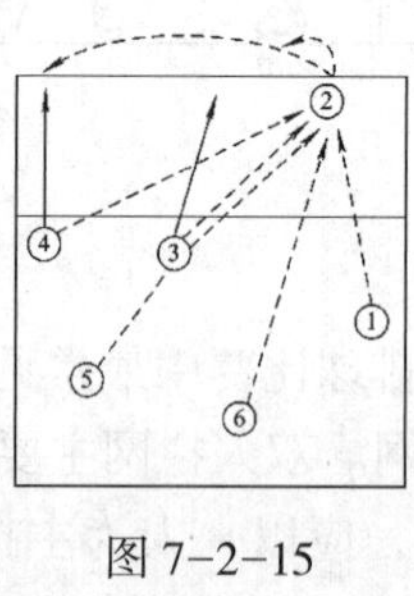

图 7-2-15

（图例：①~⑥表示队员位置号码；⇢表示球的飞行路线；→表示队员跑动路线，以下类同）

这种战术的优点是两个扣球队员可以互相配合，能起到一定的掩护作用，而且有较多的战术配合变化，它在攻击程度上比“中一二”进攻战术高。

根据“边一二”进攻战术的站位，可以变化出几种战术配合，如“快球掩护”、“围绕”、“梯次”等。

（1）“边一二”战术的关键环节：后排队员接到一传球后，球一定要传到2号位，使2号位队员能组织起“边一二”进攻战术，形成两个进攻点。

（2）“边一二”进攻战术配合要求：

① 这种战术配合要求场上6名队员各守其责，2号位队员作为二传，4号位、3号位队员作为扣球手，1号位、6号位、5号位队员的主要任务是将一传球接好，传至2号位。

② 1号位、6号位、5号位队员要尽可能将一传球传至2号位二传队员手里。

③ 2号位队员：作为二传，要视野开阔、灵活多变，根据场上实际情况，合理分配扣球，尽可能组织战术进攻。

④ 3号位队员：如一传到位，应尽可能扣快球。

⑤ 4号位队员：扣拉开球时，应注意选择好起跳时机和起跳点。

⑥ 采用“边一二”进攻战术时，二传队员应站在2号位、3号位之间，不要站得太靠近边线，以便运用快变战术。

（3）“边一二”进攻战术的变化战术配合：

①“快球掩护”：3号位队员假做扣快球，牵制对方3号拦网队员，而二传队员则传球给4号位队员进攻，这时对方3号位队员往往来不及移动到网边组织集体拦网（图7–2–16）。

②“前交叉”：4号位队员到3号位去扣球（一般是扣快球、半快球）。二传队员把球传向4号位，由3号位队员到4号位去扣球，以造成对手拦网困难（图7–2–17）。

③“围绕”：在二传队员与3号位队员默契配合的情况下，可将球突然传到2号位，此时，3号位队员绕过二传队员到2号位去扣球（图7–2–18）。

④“梯次”：前排任何一个扣球队员扣快球作掩护，二传队员将球传得稍高一些，而另一个扣球队员紧跟上去扣球，以造成对方拦网困难（图7–2–19）。

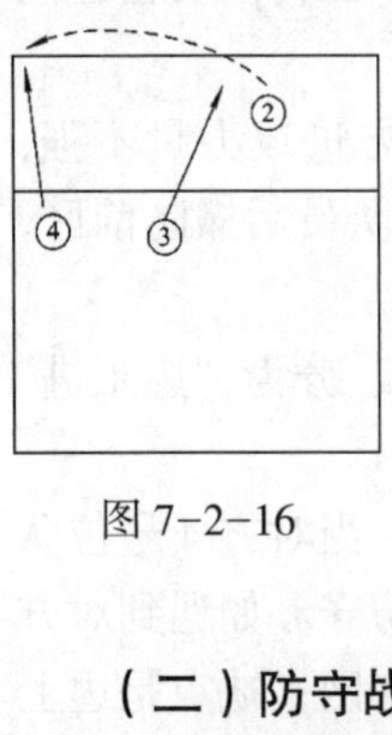

图7–2–16

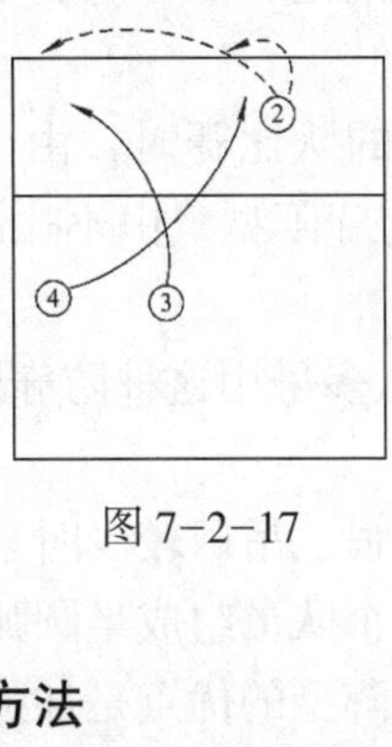

图7–2–17

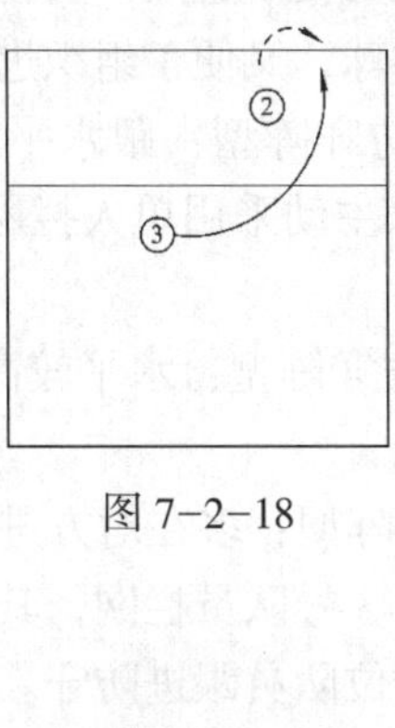

图7–2–18

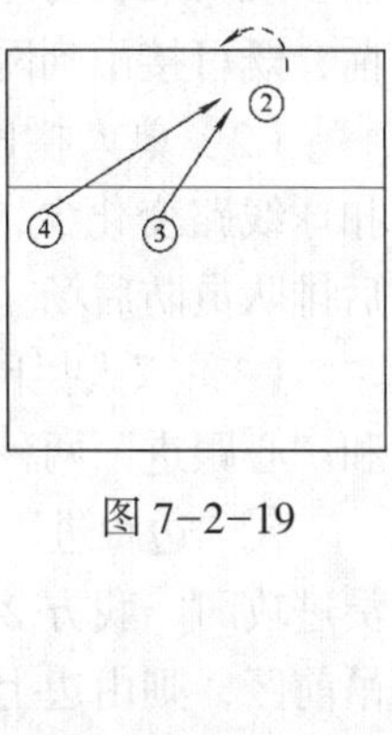

图7–2–19

（二）防守战术方法

1. 接发球站位阵型

接发球站位阵型是按照接发球的人数来划分的。通常采用5人接发球和4人接发球。

（1）5 人接发球站位阵型：这是最基本的阵型。除由一名二传队员站在网前或从后排插上不接发球外，其余 5 名队员都担负一传任务。

5 人接发球的优点是：队员均衡分布，每人接发球的范围相对减小。接发球时，已站成了基本的进攻阵型，组织进攻比较方便。缺点是：3 号位队员接球时，不便组成快攻战术，不利于有进攻特长的队员及时换位；站位时，队员之间的交界点相应增多，队员之间配合不默契时，容易出现互相干扰、互换或互让现象。另外，二传队员在后排时，从 5 号位插上距离较长，难度大。

（2）4 人接发球站位阵型：为了插上方便，插上队员与同列的前排队员都站在网前不接发球，其他 4 人站成弧形接发球。其优点是便于后排插上和不接发球的前排队员及时换位；其缺点是 4 人接全场球要求判断和移动能力较强。

2. 接发球站位的基本要求

（1）合理取位：5 人接发球的基本位置是前三后二。4 号位队员应站在距中线 4~5 米、距边线约 1 米处，2 号位队员应站在距中线 4 米左右、距边线 1~1.5 米处。由于发射角的关系，一般较平的发球，很少发到两边阴影区内。后排队员的位置，要以前排队员为基准，取前排队员两人之间的位置，避免重叠和影响视线，距端线约 3 米为宜。此外，还要根据对方发球的性能、特点随时调整位置。

（2）明确范围：接发球时，每个接发球队员都应明确自己的控制范围，做到分工明确，既不互争互抢，也不互让。特别要重视两人之间的“中间地带”和三人之间的“三角地带”的接球配合。

（3）注意接应：不接发球的队员应注意随时接应同伴的一传球。尤其是当后排队员接球时，前排队员应转身注视接球队员，随时准备快速移动接应垫不到位的球。

3. 接扣球防守阵型

接扣球防守阵型是前排拦网与后排防守的整体配合阵型。运用防守阵型时，首先要考虑对方进攻的具体情况；其次要考虑充分发挥本队队员的特长；再次要适当考虑防守后的进攻战术打法。

（1）不拦网的防守阵型：根据对方进攻的情况，当没有必要进行拦网时，可以采用不拦网的防守阵型。与 5 人接发球站位阵型相似，前排进攻队员要撤到进攻线后，既要准备防守，又要便于进攻。后排队员后退，准备防后场球。二传队员留在网前，既可接吊到网前的球，又便于组织进攻。

（2）单人拦网的防守阵型：跟水平较低的队比赛时，由于对方进攻力量不强，扣球线路变化少，可以主动采用单人拦网的防守阵型，由不拦网的队员后撤防前区，后排队员防后场。

（3）双人拦网的防守阵型：水平较高的队多采用这种防守阵型，分为“边跟进”和“心跟进”两种阵型。

①“边跟进”防守阵型：多在对方进攻较强、吊球较少时采用。当对方 4 号位队员进攻时，我方 2 号位 3 号队员拦网，其他 4 个队员组成半圆弧形防守。如遇到对方吊前区，则由边上 1 号位队员跟进防守。这种阵型的优点是加强了拦网，缺点是边上的队员既要防直线，又要跟进防前区，比较困难。

②“心跟进”防守阵型：即后排中心 6 号位队员在本方拦网时跟上去保护，这种

阵型适合于本方拦网能力强，对方采取打吊结合时采用。其优点是加强了前场区的防守，缺点是后排防守的空当较大。

（4）三人拦网时的防守阵型：一般在对方强攻威力很大时采用。

（三）排球战术的学习与运用

1. 基本要求

（1）明确目的：个人和集体的配合行动在运用时要有目的性和针对性，战术运用恰当。

（2）灵活运用：根据比赛双方的具体情况和临场的发展变化，在竞赛规则的范围内，灵活运用各种技战术配合。

2. 方法与步骤

（1）徒手试做：按战术要求，进行各轮次的徒手模仿战术跑位，明确各位置站位、跑动等职责要求。

（2）在简化的条件下结合球练习：如进行“中一二”进攻战术的练习时，先练习二传抛球组织进攻，再接发球组织进攻。

（3）在复杂的情况下练习战术，逐步增加练习的难度，以提高速度，对抗性、连续性等要求。

（4）通过各种守攻战术的对抗、教学比赛、正式比赛等改进提高战术水平。

第三节 排球比赛规则简介

一、场地、器材与设备

（一）场地

排球比赛场区为长 18 米、宽 9 米的长方形。比赛场区四周至少有 3 米宽的无障碍区，从地面量起向上至少有 7 米的无障碍区。正式大型比赛的无障碍区，边线外至少有 5 米，端线外至少有 8 米的无障碍区，从地面量起向上至少有 12.5 米的无障碍区（图 7–3–1）。

（二）球网

1. 球网

球网为黑色，长 9.50 米，宽 1 米，网孔 10 厘米 ×10 厘米。球网应安置在中心线的垂直面上空。

在正式比赛中，成年男子网高为 2.43 米，女子网高为 2.24 米；少年比赛，男子网高一般为 2.35 米，女子网高为 2.15 米；基层或儿童比赛的网高，可根据具体情况自行确定。

2. 标志带

标志带长 1 米，宽 5 厘米，颜色为白色，安置在球网两端，垂直于边线。两条标志带被认为是球网的一部分，其作用相当于网上的界线。

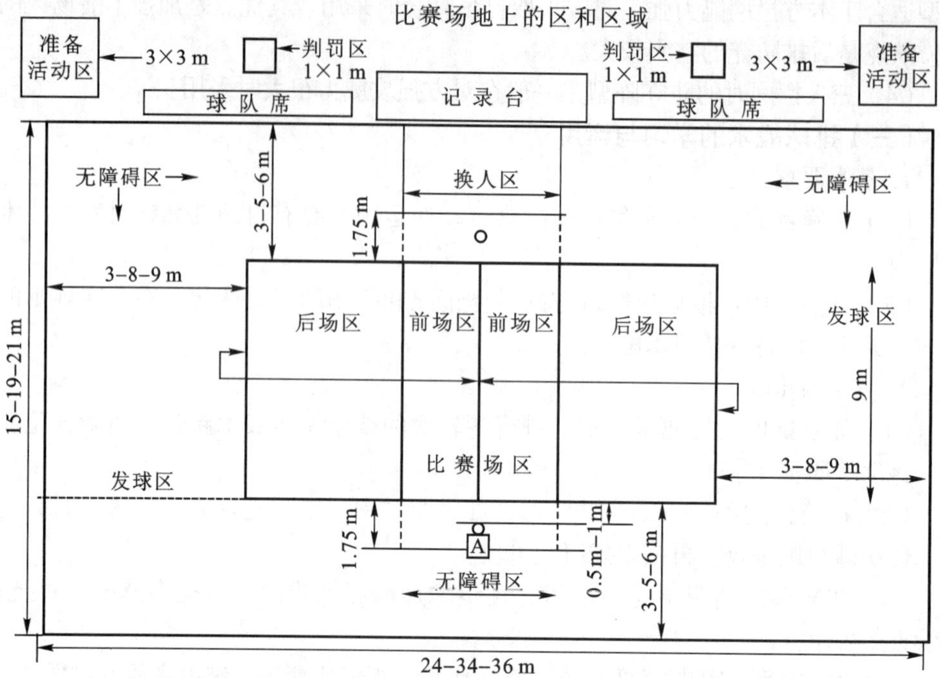

图 7-3-1 排球比赛场地

3. 标志杆

标志杆长 1.80 米，直径 10 毫米，分别设置在标志带外沿球网的不同侧，并高出球网 80 厘米。标志杆被认为是球网的一部分，被视为过网区的边界。

（三）比赛用球

正式比赛用球应为一色的浅色或多色。球的圆周为 65~67 厘米，重量为 260~280 克，气压为 0.30~0.325 千克 / 厘米 ^{2}。

二、比赛方法

1. 胜一场

正式比赛采用五局三胜制。即最多打五局，胜三局的队即胜一场。

2. 胜一局

前四局先得 25 分，同时超出对方 2 分的队胜一局。当比分为 24：24 时，比赛继续进行至某队领先 2 分（如 26：24 或 27：25）为止。第五局决胜局的比赛是 15 分制，先到 15 分，且净胜对手 2 分为胜。

三、发球和发球时犯规

（一）发球犯规

（1）发球次序错误。

（2）发球队员在击球时或击球跳起时，踏及场区（包括端线）或发球区以外地面。

（3）球未被抛起或未使持球手清楚撤离就击球。

（4）发球时 8 秒违例。

（5）球被抛起准备发球却未击球。

（6）球触及发球队队员或没有通过球网的垂直面。

（7）双手击球或单手将球抛出、推出。

（8）球触网后落入对方场区外。

（9）球越过发球掩护的个人或集体。

（二）位置错误犯规

当发球队员击球时，如果队员不在其正确位置上，则构成位置错误犯规。

队员场上位置为：靠近球网的三名队员为前排队员，其位置为 4 号位（左）、3 号位（中）和 2 号位（右）。另外三名队员为后排队员，其位置为 5 号位（左）、6 号位（中）和 1 号位（右）。

两名队员之间的位置：第一名后排队员的位置必须比其相应的前排队员距离球网更远。前后排队员左右之间位置按队员场上位置的规定站位。

（三）发球次序错误

获得发球一方，在发球前，场上 6 名队员必须按顺时针方向轮转一个号位。如果不按位置表次序轮转发球，即判发球次序错误犯规。

四、击球和击球犯规

比赛队必须在其本场内及其空间进行比赛，但允许队员跃出无障碍区进行救球。合理的击球是指球可以触及身体任何部位。

（一）4 次击球犯规

一个队连续触球 4 次（拦网一次除外）为 4 次击球犯规。判断时注意：不论队员是主动击球还是被动触及，均算作该队员击球一次。当同队的两名（或三名）队员同时触到球时，被计作两次（或三次）击球（拦网除外）。如两人同时去击球，但只有一名队员触球，则只计一次击球。

（二）持球

球必须击出，不得接住或抛出，击出的球可以向任何方向弹出。如果一个队员在击球时没有清晰地将球击出，或让球在身体上作短暂的停留，则判“持球”犯规。所以，凡未清晰地将球击出或捞球、捧球、推球和携带球等，都判“持球犯规”。

（三）连击

一名队员（拦网队员除外）连续击球两次或连续触及身体的不同部位为连击犯规（第一次击球时，队员在同一击球动作中，允许球连续触及身体）。第一次击球指的是：① 接发球；② 接所有从对方击过来的球；③ 接对方拦回的球，接触本方拦网队员后的球。

五、队员在球网附近的犯规

（一）过网击球

对方进行进攻性击球前或击球时，在对方空间触及球或对方队员为过网击球犯规。判断过网击球犯规的依据是击球点是否在对方场区空间。如果击球点尚在本方场区上空，击球后手随球过网则不判犯规。

（二）过中线

比赛进行中，队员整个脚、整个手或身体其他任何部分越过中线并接触对方场区时，均为过中线犯规。判断时必须注意区分以下情况：如果队员一只或两只脚，一只手或双手越过中线触及对方场区的同时，其余部分还接触中线或置于中线上空是允许的。

（三）触网

比赛进行中，任何队员触及 9.50 米以内的球网、标志杆、标志带为触网犯规。但队员在未试图击球的情况下偶尔触网，不判犯规。判断触网犯规时，应注意区别主动触网与被动触网，由于球被击入球网而造成球网触及队员，属被动触网，不应判为触网犯规。

（四）过网拦网

在对方进攻性击球前或击球时，在对方空间拦网触球为过网拦网犯规。所谓进攻性击球是指除发球和拦网以外，所有直接向对方的击球，包括扣球、吊球、第三次击球以及本队队员之间进行的有过网趋势的传球，并在球网附近没有同队队员准备击球或不可能击球时。

（五）后排队员拦网

后排队员靠近球网，将手伸向高于球网处阻拦对方来球，并触及球，为后排队员拦网犯规。判断后排队员拦网犯规必须同时具备三个条件：第一，后排队员在靠近球网处；第二，手在高于球网上沿处阻拦对方来球；第三，触及了球。

六、进攻性击球犯规

（1）后排队员在前场区内，或踏及进攻线（或其延长线），击整体高于球网上沿水平面的球，并使球的整队由过网区通过球网垂直面或触及对方拦网队员，则为后排队员进攻性击球犯规。

（2）在前场区对发过来的并且整体高于球网的球，完成进攻性击球（如扣发球、吊发球等）为犯规。但在后场区起跳，击球后仍在后场区落地则不判犯规。

七、关于自由防守队员的规定

（1）队中可选择一名队员为自由防守队员。比赛中，自由防守队员必须穿与其他队员不同颜色或不同式样的上衣。

（2）自由防守队员不得发球、拦网和试图拦网，同时不得在任何地区将高过球网的球直接击入对方场区，完成进攻性击球。

（3）自由防守队员在比赛中断和裁判员鸣哨发球之前，在进攻线和端线之间的边线处可以自由进出，可换下任一后排队员。自由防守队员上下次数不限，但两次之间须经过一次发球比赛过程。

（4）自由防守队员受伤，经裁判员允许可由登记表上的任一队员替换。替换人在这场比赛中仅限于以自由防守队员的身份参加比赛。

八、换人

（1）队员的替换，指在裁判员的准许下，一名队员离开比赛场地，而由另一名已在记分表上登记过的队员占据其位置的行为。

（2）每一局每队最多可替换 6 人次，可以同时替换一人或多人。

（3）每局开始上场阵容的队员在同一局中可以退出比赛和再次上场各一次，而且只能回到原阵容位置上。

（4）换上场的队员只能由被他替换下场的队员来替换。替补队员一局只有一次上场机会。

九、暂停和技术暂停

（1）每局比赛中，每队最多请求两次暂停，每次暂停时间限制为 30 秒钟。

（2）世界性比赛第一局至第四局，每局另外有两次时间为 60 秒的技术暂停，每当领先队达到 8 分和 16 分时自动执行。决胜局（第五局）没有技术暂停。

（3）在所有暂停时，比赛队员必须离开比赛场区到球队席附近的无障碍区。

第四节　自我锻炼方法实例

一、排球基本技术练习方法

1. 原地双手连续自垫球

学生可根据自己的情况选择排球、软式排球或橡胶排球进行练习。垫球时，做到双臂夹紧、伸直、抬平，手腕下压，以小臂前段垫击球的正下方，注意击球部位在手腕的上方 10 厘米处，尽量用下肢蹬起和提肩动作向上垫球至“一人一手”高。练习时，注意脚步灵活移动，及时调整人和球的合理位置。建议每日或隔日坚持进行练习，以不间断垫球 60 个左右为宜，每次连续做 3~5 组。

重点：击球部位准确，手形正确。难点：垫球力量适中，手臂放松。

2. 对墙自垫球

要求距墙 1.5 米左右，认真体会用力顺序，体会动作要领，注意击球部位。对墙自垫能熟悉球性，增加球感，能准确体会球的力量大小，提高垫击动作的准确性。

3. 行进间自垫球

要求随球移动，控制好击球点和高度。

4. 原地自传

每人一球，连续向上自传，传出球的高度由低到高。主要体会传球动作、击球点和手形，提高控制球的能力。

5. 进间自传球练习

要求传球手形正确，移动迅速，保持正面传球。

6. 左、右、前、后移动传球练习

要求自传一次高球，再传一次低球，提高控制球的能力。

二、快乐排球示例

1. 争抢排球

游戏目的：发展练习者的动作速度，培养其顽强的意志品质。

游戏方法：将游戏者分成人数均等的两组（人多可分成多组），分别在端线后横队站立，中线处放置排球若干个（球数少于人数）。游戏开始，双方同时跑向中间抢球，并迅速返回端线，没有抢到球的人退出比赛。在规定次数内，按所剩人数多少决定游戏胜负。

2. 左右移动垫球比赛

游戏目的：发展练习者的身体协调性，提高其垫球控制球能力。

游戏方法：游戏者两人一组若干组，分散在排球场内，一人练习一人计数。游戏开始，垫球者垫击臂平面稍向左右倾斜，有意识地连续向左右上方垫球，并迅速向左右方移动连续自垫，左右垫一次为一对，看谁垫的次数多。

3. 滚球对传

游戏目的：发展身体的灵活性、协调性，提高传球的准确性。

游戏方法：两人一组，间隔 5~8 米，面对站立，每人拿一个球。游戏开始，一人进行双手上手传球的同时，另一人以地滚球的方法，将球滚到对方脚下，就这样传球后滚球，滚球后传球，交替进行，根据传球的连续次数排定名次，次数多者名次列前。

4. 自垫对垫球

（1）将抛来球向上自垫一次后再垫还给抛球者。

（2）左右移动垫、传球（交叉步移动）。

（3）抛球者向左右侧前方大范围抛球，练习者以跑动或交叉步移动对正抛球，向规定的位置垫、传球（3~5 人进行）。

5. 五角传球

6~8 人一组进行垫、传球，这一练习可以发展练习者的灵敏素质，提高反应速度及垫、传球的准确性。

三、自我测评

经过一段时间的排球活动后，用下表标准测定和评价你的技术掌握情况。

掌握情况	上手发 10 次球的成功率		下手发 10 次球的成功率		站三米线后隔网垫、传球	
	男生	女生	男生	女生	男生	女生
很好	8	7	10	9	18	16
较好	6	5	8	7	15	13
一般	5	3	6	5	12	10
较差	4	2	5	4	8	7
太差	3	1	4	3	5	5

案例分析

案例：某系二年级男生小张很喜欢排球运动，通过排球专项课的学习，基本的传球、垫球和扣球技术都掌握得不错，为了在校排球比赛中大显身手，他经常参加一些小型排球比赛，但在比赛中始终无法发挥出技术水平，为此他很苦恼。

分析：排球运动是集体竞赛项目，不仅要求每个队员有比较熟练的基本技术和灵活的个人战术，而且全队还必须运用一定的集体战术，依靠密切的战术配合，才能在比赛中取胜。

小张所缺乏的是根据自身的身体条件、技术水平、战术意识建立与本队队员的默契配合，故小张需经常与队员进行实战训练。

思考题

1. 通过参加排球活动，你获得了哪些乐趣？其健身功能何在？

2. 分析自己在传球与垫球中存在的问题，是技术问题，还是心理素质问题？如何改进？

3. “六人制”排球比赛阵容配备的形式主要有哪些？如何选用？

4. 你参与过气排球和软式排球活动吗？更喜欢哪种排球活动？为什么？

5. 请创编一例排球娱乐方法。

第八章 足球运动

学习目标

1. 了解足球运动的特点与锻炼价值。
2. 理解足球技战术基本原理。
3. 懂得欣赏并参与足球运动。

第一节 足球运动概述

一、足球运动的起源与发展

古代足球运动起源于中国。早在战国时期，我国就出现了类似于足球的游戏，当时把这种游戏称为“蹴鞠”或“蹋鞠”。“蹴”和“蹋”都是踢的意思，“鞠”是用皮革作外壳、中间塞满毛发的球状物。2004 年 7 月 15 日，前国际足联主席布拉特宣布：中国是足球的故乡，足球最早起源于山东省淄博市的临淄。2005 年 5 月 21 日，布拉特在国际足联总部向淄博临淄颁发了足球起源地认定证。

现代足球运动发端于英国。1857 年，英国成立了世界上第一个足球俱乐部——谢菲尔德足球俱乐部。此后，各地区相继效仿。1863 年 10 月 26 日，为了适应俱乐部之间日趋频繁的比赛需要，英国伦敦周围地区的 12 家俱乐部在伦敦召开会议，讨论有必要建立一个有权威性的组织，把全国的足球运动开展起来，于是成立了英格兰足球协会。会上还制定并通过了世界上第一部较统一的足球竞赛规则。后来，这一天也被视为现代足球运动的诞生日。在英国的影响和带动下，到 19 世纪末，荷兰、丹麦、新西兰、阿根廷、智利、比利时和意大利等国先后成立了足球协会。1904 年 5 月 21 日，法国、比利时、西班牙、荷兰、丹麦、瑞典、瑞士 7 个国家的足球协会的代表在巴黎召开会议，会上成立了足球国际性组织——国际足球联合会（简称国际足联，英文缩写为 FIFA）。随着 1905 年英格兰、苏格兰、威尔士和爱尔兰的足球官方机构的加入，国际足联不断发展壮大，目前已成为拥有 200 多个会员协会的世界最大的国际单项体育联合会之一。

二、足球运动的特点与锻炼价值

（一）足球运动的特点

（1）群众性：除了正规的足球比赛外，只要有一个足球、一块场地，人们一年四季都可以进行活动。如果要进行比赛，也可以用其他器材代替球门，简单方便。

（2）观赏性：足球比赛，特别是高水平的足球比赛，激烈、精彩、变化莫测，胜负难以预料，扣人心弦、引人入胜，具有极高的观赏性。

（3）竞技性：足球运动的竞技性主要表现在同场的直接对抗中，除了我们知道的一些表征性特点外，更深层面上的特点（图 8-1-1）。

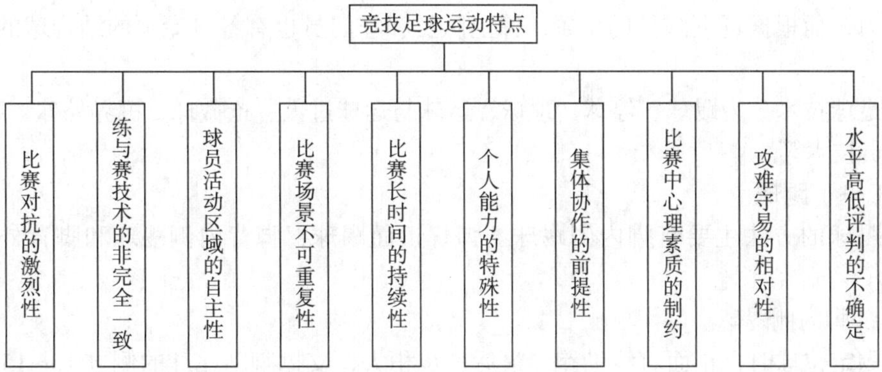

图 8-1-1　竞技足球运动的特点

（4）文化性：足球运动具有丰富的文化内涵，是一种满足人们生理、心理需要，表现人们行为举止、思想感情甚至民族特性、风格的身体文化运动。例如，巴西、阿根廷、意大利、德国、英国等足球强国的技战术风格，都鲜明地渗透着各自国家的民族风格和文化特点。

（二）足球运动的锻炼价值

（1）增进健康，增强体质：经常参加足球运动，能够发展力量、速度、耐力、灵敏及柔韧等素质，提高心血管系统、呼吸系统、肌肉及神经系统的工作能力。

（2）培养品德，陶冶情操：经常参与足球运动，可以培养人积极向上、顽强拼搏、团结合作、勇往直前的良好品德和情操。

（3）增进友谊，振奋精神：足球比赛可以促进国家和地区间的交往，加深人民之间的友情。而取得一场国际足球比赛的胜利，往往可以振奋民族精神，提高民族自豪感，弘扬爱国主义精神，人们可以从中得到快乐、认同、信心和荣誉。

（4）促进发展，创造财富：在现代市场经济下，足球运动具有良好的商业价值。通过发展足球产业，可以从彩票、门票、广告费、电视转播费、球迷产品中获得丰厚的利润，并可以带动运动器材、服装、饮食、旅游等相关行业的发展。

第二节　足球基本技战术的学习与运用

一、足球技术

足球技术是运动员在比赛中运用身体的合理部位所完成的动作方法的总称。它是在比赛实践过程中逐步形成、发展和完善起来的。

技术是完成战术配合的基础。现代足球运动正朝着全攻全守总体型打法发展，这对攻守技术提出了很高的要求，从而也促使足球技术不仅在内容上，而且在难度上不断提高。现代足球技术正向着全面、快速、准确、实用的方向发展，其技术可以分为无球技术、锋卫队员有球技术和守门员有球技术。无球技术是每名运动必须具备的比赛能力，而根据场上队员的位置，锋卫队员和守门员也有各自专项的结合球的技术动作。

足球技术分为踢球、停球、顶球、运球与运球过人、抢截球、掷界外球、射门、守门员技术等。

（一）踢球

踢球的方法主要有脚内侧踢球、脚背正面踢球、脚背内侧踢球和脚背外侧踢球等。

1. 脚内侧踢球

踢定位球时，正面直线助跑，最后一步稍大，支撑脚踏在球的侧方 10~15 厘米处，足尖正对出球方向，膝关节微屈。与此同时，摆动腿以髋关节为轴，大腿带动小腿由后向前摆动，在前摆过程中，髋关节、膝关节外展，足尖翘起，脚掌与地面平行，用脚内侧（足弓部位）击球的后中部。击球的刹那，身体稍前倾，踝关节紧张，足跟前送，两臂协调摆动，将球击向预定目标（图 8-2-1）。

扫一扫，查看脚内侧踢球示范动作

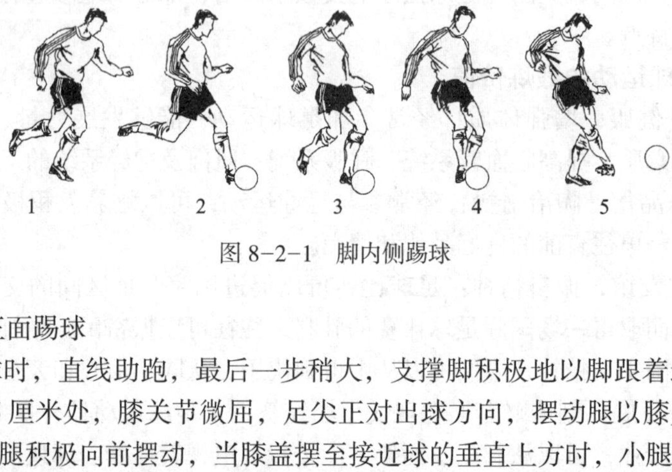

图 8-2-1 脚内侧踢球

2. 脚背正面踢球

踢定位球时，直线助跑，最后一步稍大，支撑脚积极地以脚跟着地，踏在球的侧后方 10~15 厘米处，膝关节微屈，足尖正对出球方向，摆动腿以膝关节为轴。大腿带动小腿屈腿积极向前摆动，当膝盖摆至接近球的垂直上方时，小腿做爆发式的前摆，当膝盖处在球的正上方时，用脚背正面击球的后中部。击球时，脚面绷直，踝关节紧张，上体稍前倾，两臂配合，协调摆动（图 8-2-2）。

扫一扫，查看脚背正面踢球示范动作

图 8-2-2 脚背正面踢球

3. 脚背内侧踢球

踢定位球时，斜线助跑，助跑方向与出球方向约成45°角。支撑脚外侧积极着地，踏在球的侧后方25~30厘米处，膝关节微屈，足尖指向出球方向，身体稍向支撑脚一侧倾斜并转向出球方向。摆动腿大腿带动小腿积极前摆，当膝盖摆到接近球内侧垂直方向时，小腿加速前摆，同时足尖稍外转，脚面绷直，脚趾扣紧，脚尖指向斜下方，以脚背内侧击球的后中部。踢球后，踢球腿随球继续前摆，两臂随踢球动作自然摆动（图8-2-3）。

图8-2-3　脚背内侧踢球

扫一扫，查看脚背内侧踢球示范动作

4. 脚背外侧踢球

踢定位球时，正面直线助跑，最后一步稍大，支撑脚积极而迅速地以脚跟着地，踏在球的侧后方10~15厘米处，膝关节微屈，脚尖正对出球方向。摆动腿以髋关节为轴，大腿带动小腿屈膝积极向前摆动，当膝盖摆到接近球的垂直上方时，小腿加速前摆，同时脚尖内转，脚面绷直，脚趾扣紧，脚尖指向斜下方，用脚背外侧击球的后中部。踢球后，踢球腿随球向前继续摆动，两臂配合踢球动作协调摆动（图8-2-4）。

图8-2-4　脚背外侧踢球

扫一扫，查看脚背外侧踢球示范动作

（二）接球

常用的接球方法有脚内侧接球、脚底接球、脚背正面接球、脚背外侧停球和胸部停球等。

1. 脚内侧接球

接地滚球时，身体正对来球方向，支撑脚的脚尖与来球方向一致，膝微屈。停球腿提起，屈膝外转并前迎，脚尖稍翘起，使脚内侧对准来球，当脚与球接触前的刹那间开始后撤，以缓冲来球的力量，把球停留在便于衔接下一个动作的控制范围内（图8-2-5）。

接反弹球时，支撑脚跨步踏在球落点的侧前方，膝关节微屈，上体稍前倾并转向

扫一扫，查看脚内侧接球示范动作

1 2 3 4 5

图 8-2-5 脚内侧接球

停球方向。停球脚提起，踝关节放松，脚内侧对准球反弹方向，当球刚弹离地面时，用脚内侧推压球的中上部，将球停在便于衔接下一个动作的控制范围内。

2. 脚掌接球

扫一扫，查看脚掌接球示范动作

接地滚球时，身体面对来球方向，当球接近体前，支撑脚踏在球的侧后方，脚尖正对来球，膝关节微屈。停球腿抬起，膝弯曲，脚跟离地低于球，脚尖翘起高于球，当球刚刚接触脚掌时，脚掌轻轻下压球的中上部，将球停于脚下。

接反弹球时，支撑脚跨步踏在球落点的侧后方，膝关节微屈，维持身体平衡。停球腿膝关节弯曲，脚尖翘起，前脚掌对准球的反弹方向，当球弹离地面的一刹那，用停球脚的前脚掌触球的后上部并下压，将球停在脚下。

3. 脚背正面接球

停球前，身体面对来球，支撑腿微屈维持身体平衡。停球腿屈膝抬起，小腿前伸主动迎球，用脚背正面接触球的底部，当脚背触球前的一刹那，小腿下撤以缓冲来球力量，同时膝关节和踝关节放松，将球停在体前适当的位置（图 8-2-6）。

扫一扫，查看脚背正面接球示范动作

1 2 3 4 5

图 8-2-6 脚背正面接球

4. 脚背外侧接球

扫一扫，查看脚背外侧接球示范动作

接地滚球时，停球脚稍提起，膝关节和脚内转，用脚背外侧对正来球，在支撑脚的前侧方接触球的侧后方（偏支撑脚一侧），脚与球接触的刹那向外侧轻拨，将球停在侧方或侧前方。

接反弹球时，面对来球，支撑腿的膝关节微屈，停球脚在支撑脚前方稍提起，脚内翻，使小腿与地面成一定角度，踝关节放松，当球刚反弹离地时，用脚背外侧触球的侧上部，将球停在体侧。

5. 胸部接球

挺胸接球时，身体正对来球，两脚前后开立，两膝弯曲，上体后仰，重心落在两脚之间，两臂自然张开，微收下颌，当球运行至与胸部接触的刹那间，两脚蹬地，胸部上挺、憋气，使球触胸后向前上方弹起、改变运行方向后落于体前（图 8-2-7）。

收胸接球时，身体正对来球，两脚前后开立，两臂自然张开，重心前移，挺胸迎球，当球运行至与胸部接触前的刹那，重心迅速后移，收胸、收腹以缓冲来球力量，将球停于体前（图 8-2-8）。

图 8-2-7 挺胸式接球

扫一扫，查看胸部接球示范动作

图 8-2-8 收胸式接球

（三）头顶球

正确运用头顶球技术，可以争取时间，抢占空间，取得空中优势。在发动和组织进攻时，头顶球可直接传递、摆渡或抢点射门；在防守时，头顶球又可以阻截、抢断或门前排险，转守为攻。头顶球的准确性取决于头触球的部位和用力方向，而出球力量的大小，则取决于来球的力量、顶球的时间、头触球的部位以及全身的协调用力。

1. 原地正额顶球

身体正对来球，两脚前后开立，膝关节微屈，上体稍后仰，重心放在后脚上，两臂自然张开，当球运行至身体垂直部位前的刹那，后脚用力蹬地，上体迅速前摆，身体重心移向前脚，同时收下颌，颈部紧张，用前额正面顶球的后中部，上体随球继续前摆，两眼注视出球方向（图 8-2-9）。

扫一扫，查看原地正额顶球示范动作

图 8-2-9 原地正额顶球

扫一扫，查看跳起正额顶球示范动作

2. 跳起正额顶球

原地双脚起跳时，两腿先屈膝，重心下降，然后，两脚用力蹬地跳起，同时两臂屈肘上摆。在跳起上升的过程中，挺胸展腹，两臂自然张开，眼睛注视来球，当跳至接近最高点时，身体成反弓形，待球运行至身体垂直部位前的一刹那，迅速收腹，上体前屈，用前额正面将球顶出后，两腿屈膝落地。

助跑单脚起跳时，可做三五步助跑，最后一步的步幅稍大，有力脚迅速蹬地，另一脚屈膝上摆，两臂屈肘上提，使身体向上腾起，并挺胸展腹，两臂自然张开，身体成反弓形，眼睛注视来球，待球运行至身体垂直部位前的一刹那，迅速收腹屈体，用前额正面将球顶出后，两腿屈膝落地。

（四）运球与运球过人

扫一扫，查看脚背内侧运球示范动作

运球是运动员个人控制球能力和个人进攻能力的体现，也是集体战术实力的基础之一。运球过人技术增添了比赛的魅力，丰富了战术的内容，发挥了个人的技能。

1. 运球

（1）脚背内侧运球：运球时，支撑脚向前跨，踏在球的侧前方，膝关节稍弯曲，上体前倾向里转。随着身体向前移动，运球脚提起，在落地之前，用脚内侧推球的后中部。在改变方向运球时，经常是用两只脚交替拨球（图 8-2-10）。

扫一扫，查看脚背外侧运球示范动作

（2）脚背外侧运球：运球时，支撑脚保持在球的侧后方，运球脚抬起时，脚跟提起，脚尖稍内转，迈步前伸落地，用脚背外侧推拨球。向前跑动时，身体自然放松，上体稍前倾，两臂自然摆动（图 8-2-11）。

图 8-2-10 脚背内侧运球

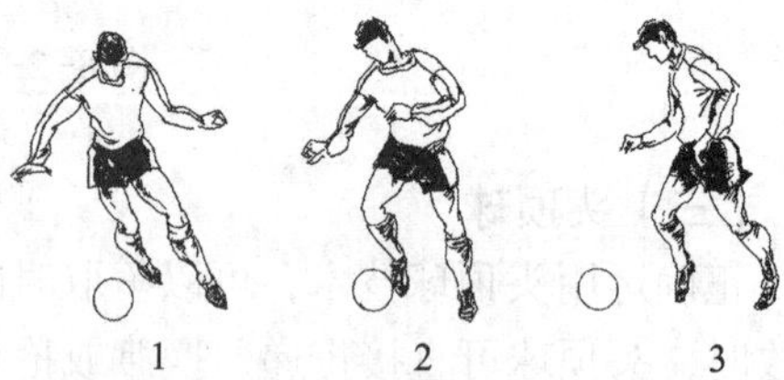

图 8-2-11 脚背外侧运球

扫一扫，查看脚背正面运球示范动作

（3）脚背正面运球：运球时，身体正对运球方向，运球脚提起时，膝弯曲，脚跟提起。脚尖下指，迈步前伸落地，用脚背正面推拨球的后中部，向前跑动时，身体自然放松，上体稍前倾，两臂自然摆动。

2. 运球过人

扫一扫，查看拨球过人示范动作

（1）拨球过人：以脚背内侧或外侧触球，使球向侧方或侧前方移动。比赛中，当对手从正面来抢时，可先运球逼近对手，诱使对手伸腿抢截或重心随之移动，然后运球者运用拨球动作从对手的一侧越过。

（2）推球过人：先运球逼近对手，诱使对手伸腿抢球，或当对手积极后退阻截站位失去身体平衡的一刹那，快速推球并加快起动，在球从对手胯下或体侧越过的同时，人也跟着越过。

扫一扫，查看扣球过人示范动作

（3）扣球过人：扣球过人是运用转身、膝关节的摆动及脚踝急转压扣的动作，以脚背内侧或外侧触球，将球迅速停住或改变方向，然后运球过人。用脚背内侧扣球称“里扣”，用脚背外侧扣球称“外扣”。一般在正面遇到对手抢截时，可先用向两侧拨球的方法，诱使对手身体随之移动，当其重心移至一侧，迅速扣球变向从异侧超过。当侧面遇到对手抢截时，可采用向里扣或向外侧回扣的方法过人。用扣球动作改变方向后，应突然加快拨球动作越过对手。

（4）拉球过人：拉球过人一般在对手伸腿抢球时运用。先运球逼近对手，待球向前滚动、速度逐渐减慢或已处于停止状态，诱使对手伸腿抢球。当对手伸腿、重心前移的一刹那，迅速用脚掌向后拉球闪开对手抢截，紧接着用脚内侧向外侧前方推球越过对手。

扫一扫，查看拉球过人示范动作

（五）抢截球

抢截是运用身体的不同部位和所做的合理动作，减慢对方推进速度，把对手控制的球夺过来或者破坏掉的一项基本技术。抢截球包括抢球和截球两个方面。

1. 正面跨步抢球

抢球前迅速靠近对方，做好抢球的准备。两脚前后开立，两膝微屈，重心下降，体稍前倾，面向对手。在对手运球脚触球后即将着地或刚着地时，支撑脚立即用力后蹬，抢球脚疾步跨出，膝关节弯曲，踝关节保持紧张，脚内侧正对球，触球后用力提拉，使球从对方脚背滚过。同时身体重心迅速跟上，把球控制好，若离球稍远抢不到球时，可用脚尖捅抢（图 8–2–12）。

图 8–2–12　正面跨步抢球

扫一扫，查看正面跨步抢球示范动作

2. 侧面抢球

与运球者平行跑动，待对方远离自己身体一侧的脚落地时，利用合理冲撞动作，使其失去平衡而离开球，乘机将球控制住。在冲撞时要降低身体重心，靠近对方一侧的手臂要紧贴身体（图 8–2–13）。

图 8–2–13　侧面抢球

（六）掷界外球

掷界外球是指按照规则的规定和要求，有目的地用双手将球从场外掷入场内，使比赛继续进行的动作技术。掷界外球又是一次很好地组织进攻的机会，尤其在对方罚球区附近掷界外球，其威胁更大。

1. 原地掷界外球

面对出球方向，两脚前后或左右开立，两膝微屈，上体后仰成背弓，重心移到后脚上（左右开立时，重心在两脚间），两手指自然张开，拇指相对，持球侧后部，屈肘将球举至头后。掷球时，后脚（或两脚）用力蹬地，迅速摆体、收腹、挥臂，当球摆至头上时用力甩腕，将球掷入场内。在掷球过程中，后脚可沿地面滑动，但两脚均不得离地。

扫一扫，查看原地掷界外球示范动作

2. 助跑掷界外球

助跑要自然协调，速度快慢由掷球远近而定。助跑时，两手持球于胸前，在迈出最后一步时，上体后仰成背弓，同时将球举至头后。掷球时，用力蹬地，迅速摆体、收腹、挥臂。当球摆至头上方时，用力屈腕，用甩腕和手指的力量将球掷出。

（七）射门

射门是指进攻到对方门前时，运用不同的脚法（或头顶球）将球踢（或顶）向对方的大门。射门是得分的主要手段，而破门则是比赛的最终目的。但是，射门常常是在与对手激烈的竞争中进行的，需要摆脱对方的阻截、冲撞甚至一些不符合规则的粗野动作，这就要求进攻者技术全面、动作迅速、真假结合、起脚突然、准确有力，有良好的射门意识和高尚的道德修养，这样才能抓住战机、破门得分。

（八）守门员技术

守门员技术是守门员在比赛中所采取的有效防御动作技术和在接球后所做的有助于本队进攻的动作技术。守门员是全队的最后一道防线，其主要任务是不让球射入本方球门。守门员除要求沉着冷静，具有顽强的意志、快速敏捷的反应能力和全面熟练的守门技术外，还要善于观察全局，及时注意攻守发展情况，扩大自己在罚球区的活动范围，尽量截获来球，起到协助指挥全队防守和进攻的作用。

1. 位置选择

位置的选择应根据射门地点和射门角度来决定。一般应站在射门时球与两门柱所形成的分角线上。为了扩大防守面，可根据射门距离适当前移。

2. 准备姿势

两脚左右开立与肩同宽，两腿自然弯曲，膝稍内扣，脚跟提起，重心落在前脚掌上，上体稍前倾，两臂自然弯曲，手指张开，掌心向下，两眼注视来球。

3. 移动

侧滑步移动时，先用左（右）脚用力蹬地，右（左）脚稍离地并向右（左）滑步，左（右）脚快速跟上，使身体正对来球。

交叉步移动时，身体先向右（左）倾斜，同时左（右）脚用力蹬地并快速向右（左）前方跨出一步成交叉步，然后右（左）脚向右（左）侧移动，左（右）脚和右（左）脚依次快速移动，并蹬地跃起。

4. 接球

（1）接地滚球：直腿式接球时，两腿左右分开约一拳，足尖正对来球，上体前屈，两臂并肘前迎，两手小指靠近，手掌对着球。当手触球的一刹那，随球后引并屈肘、屈腕，两臂靠近，将球抱于胸前。单腿跪撑式接球时，身体正对来球，两脚稍前后开立，一腿弯曲支撑身体重心，另一腿内转跪撑，小腿内侧接近地面，膝盖靠近前脚脚踵，上体前屈，两臂下垂，两手小指相对，手掌对准来球前迎。当手触球的一刹那，两臂靠近随球后引，屈肘、屈腕，将球抱于胸前。

（2）接平直球：身体正对来球，两脚左右开立，两臂微屈前伸，手指张开，拇指相对。手掌对准来球，当手触球时，两臂顺势后引，转腕将球抱于胸前。

（3）接高球：两臂上伸迎球，手指张开，拇指相对成“八”字形，当球触手时，两臂顺势屈肘后引，转腕将球抱于胸前。

二、足球战术

足球战术是指在足球比赛中，为了战胜对方，根据主客观情况所采取的个人行动和集体配合的方法。实践证明，合理而巧妙地运用战术是夺取比赛胜利的重要因素。足球战术可分为进攻和防守两大战术体系，各体系又包括个人战术、局部战术和整体战术（图 8-2-14）。

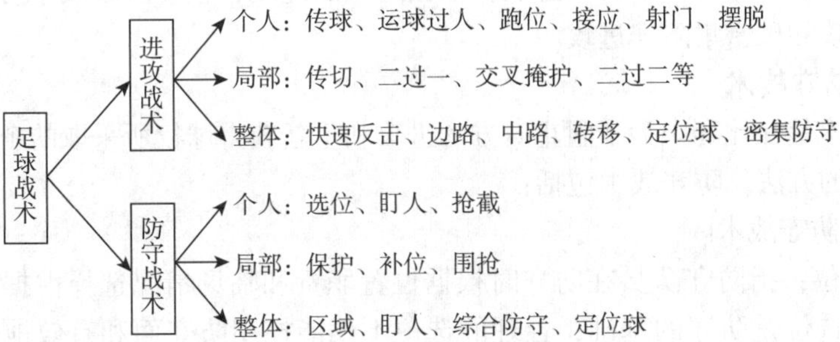

图 8-2-14　足球战术体系图

（一）进攻战术

进攻战术是指在比赛中为了战胜对方所采取的个人进攻行动和集体配合的方法。

1. 个人进攻战术

个人进攻战术是指在比赛中为了战胜对方所采取的符合整体进攻目的的个人行动。

（1）传球：是队员在比赛中有目的将球踢向预定的目标。传球是整体战术配合的基础，是组织进攻、变换战术和创造射门机会的重要手段，也是迅速逼近对方球门最有效的方法。

（2）射门：有目的、有意识地将球击向球门，是一切进攻战术配合的最终目的。

（3）运球突破：是运动员运用各种身体动作和运球技术超越防守队员的行动，是制造更好的射门和传球机会的有效手段。

（4）跑位：是指在比赛中队员在无球情况下，通过有意识的跑动，为自己或同伴创造进攻机会的行动。跑位是整体进攻战术的基础，是进攻队员为获得球的准备行动，也是拉开对方防线、创造传球空当的重要手段。敏锐的观察、明确的目的、合理的时机和多变的行动是跑位的战术内容。

根据跑位目的和开始跑位状态可分为：摆脱跑位或接应跑位；切入或插上；扯动牵制或制造空当。

2. 局部进攻战术

局部进攻战术是指进攻中两个或几个队员之间的配合方法。它是集体配合的基础。

（1）交叉掩护配合：在局部地区两名进攻队员在运球交叉换位时，以自己身体掩护同伴越过防守队员的配合方法。

（2）传切配合：控球队员将球传给切入的进攻队员的配合方法。传切配合的形式有局部一传一切和长传转移切入。

（3）二过一配合：在局部地区两名进攻队员通过两次连续传球配合越过一名防守队员的配合方法。二过一配合的形式根据传球和跑位的路线有斜传直插传二过一、直传斜插直传二过一、踢墙式二过一和回传反切直传二过一等。

3. 整体进攻战术

整体进攻战术是指为了完成进攻战术任务所采用的全局性的进攻配合方法。一次完整的进攻由发动、发展和结束三个阶段组成。依据进攻的区域，整体进攻战术可分为边路进攻、中路进攻和转移进攻；依据进攻的速度，整体进攻战术可分为快速反击、层次进攻和破密集防守进攻。

（二）防守战术

防守战术是在比赛中为了阻止对方的进攻和重新获得球权所采取的个人防守行动和集体配合的方法。防守战术包括：

1. 个人防守战术

（1）选位：指防守队员在防守时根据位置职责和临场情况选择占据合理防守位置的行动。选位是防守的基础，合理的选位不仅能控制防守面和有效地运用防守动作，而且也决定整体防守布局的合理程度，对防线的稳固性具有重要作用。选位的基本原则是本方失球后快速回位，并处在对手与本方球门柱所构成的夹角的分角线上，与对手的距离要根据场区以及球所处的位置决定。

（2）盯人：指防守队员对防守的对手实施监控或严密控制其行动而采取的行动。盯人是现代足球比赛中广泛采用的防守方法，有效的盯人防守是遏制与瓦解对方进攻，重新控球的重要手段。盯人分为紧逼盯人和松动盯人两种。紧逼盯人是贴近对手（也叫贴身紧逼），不给对手从容活动的机会，一般运用于罚球区附近地区和有球的局部地区以及对对方进攻的核心队员的防守。松动盯人是与对手保持一定距离，既能盯住对手，又能保护同伴，一般运用于防守离球远的进攻队员。

（3）断球：指将对方的传球从途中截下来或破坏掉的战术行为。断球的要素包括正确的判断、合理的位置和恰当的时机。

（4）抢球：指将对方的控球抢过来或破坏掉的战术行动。抢球的要素包括正确的站位、合理的距离和准确的时机。

2. 局部防守战术

局部防守战术是指两个或几个防守队员之间的配合方法。它是集体配合的基础。基本配合形式有保护、补位和围抢。

（1）保护：指同伴紧逼控球对手时，自己选择有利位置来保护同伴，防止对手突破的配合。在防守中，积极主动地逼抢控球队员是十分重要的，但是一对一拼抢一旦失败，很容易被对方突破。因此，防守队员之间必须进行互相保护，当距离较近的同伴逼抢控球的对手时，离球较远的队员应撤到同伴身后进行保护，控球队员一旦越过同伴，可以及时补位，防止突破。

（2）补位：指防守队员弥补同伴在防守中出现漏洞时所采取的互相协助的战术配合。在比赛中，通过同伴间的相互补位，可以有效地遏制和破坏对方的进攻行动，变被动为主动。补位分为补空位和相互补位。补空位用于当卫线队员插上进攻退守不及时，其他同伴暂时补他的位置，以防对方利用这一空当进行快速反击。相互补位用于当同伴被对手运球突破或对手突然快速插入同伴背后接球，同伴来不及盯抢时，邻近队员进行补位防守。

（3）围抢：指两个以上的防守队员从多方位夹击对方的控球队员，把球抢过来或破坏掉的战术配合。

3. 整体防守战术

整体防守战术是指全队所采取的防守配合。整体防守战术按形式分为人盯人防守、区域盯人防守和综合防守三种。常用的防守打法有向前逼压式打法、层次回撤式打法和快速密集式防守。

（三）定位球战术

定位球战术是指比赛开始或比赛成死球后恢复比赛时所采用的攻守战术配合方法。

1. 任意球进攻战术

在中后场的任意球，一般要求传球队员快速准确地传球，以便迅速将攻势推进至前场。在前场，尤其在罚球区附近的任意球，能直接威胁对方球门，是得分的重要手段。因此，一定要珍惜和组织好罚球区附近的任意球。采取的方法有：

（1）直接射门：当守方尚未组织好人墙，或人墙有漏洞，或守门员的位置不当，或攻方某队员又善于踢弧线球时，可直接射门。如果守方已组织好人墙，可采用穿插跑位、阻挡守门员的视线等行动干扰守方队员并进行直接射门。

（2）配合射门：不能或不适合直接射门时，可采用配合射门。

2. 任意球防守战术

防守中后场任意球时，防守队员要迅速回防。罚球区附近的任意球，直接威胁本方球门，因此，全队一定要迅速回防，严密防守。采用的战术方法有：

（1）干扰对方罚球，以争取时间回防和组成人墙，避免攻方队员突然袭击。

（2）迅速组织好人墙，封堵对方射门角度。

（3）为了防止对方配合射门，除组墙人员外，还要有人防守人墙两侧的空当。

3. 角球进攻战术

（1）直接长传至门前，同伴包抄射门或配合射门：主要形式有传中后点同伴直接包抄抢点射门、传前点配合射门。

（2）短传配合射门：一般在对方身材高大、争顶头球能力强、本方队员身材较矮、头球较差或碰到较大逆风时运用。

4. 角球防守战术

当对方发角球时，前锋、前卫要快速回防（前锋可留一人在中圈附近，准备反击），迅速组织防守。一般头球好的队员可守住门前危险区，其他队员进行人盯人防守，守门员站在稍靠远端门柱处，其他队员要抢占近端门柱内侧、远端门柱内侧、球门区前沿、禁区前沿等重要位置。

（四）比赛阵型和队形

1. 比赛阵型

比赛阵型是比赛场上队员的位置排列、攻守力量搭配和职责分工的形式。阵型的人数排列一般是从后卫排向前锋，根据队员排列的层次分成后卫线、前卫线和前锋线。阵型明确了每个球员的活动区域和职责。现代足球比赛阵型在演变过程中出现了三次重大变革：

（1）“WM”阵型：此阵型是由英国人赫伯特·契普曼创造的。该阵型攻守平衡、分工明确，促进了比赛战术与阵型的改革，进攻时主要采用中锋突破，内锋组织进攻，边锋外线传中；防守时采用紧逼盯人。这一阵型使英国称雄世界足坛20多年，并在很长一段时间内为各国所用（图8-2-15）。

（2）“四前锋”阵型：是匈牙利人在20世纪50年代初针对“WM”阵型而创造的。该阵型利用4名前锋的人数优势攻击防守方3名后卫，在锋线的每一个局部区域，利用准确的传球和积极的跑位，有效地突破对方的防线。1953年和1954年，匈牙利利用该阵型连续两次击败采用“WM”式的英格兰队，并取得了32场国际比赛28胜4平的显赫战绩。该阵型被誉为世界足球的第一次重大变革（图8-2-16）。

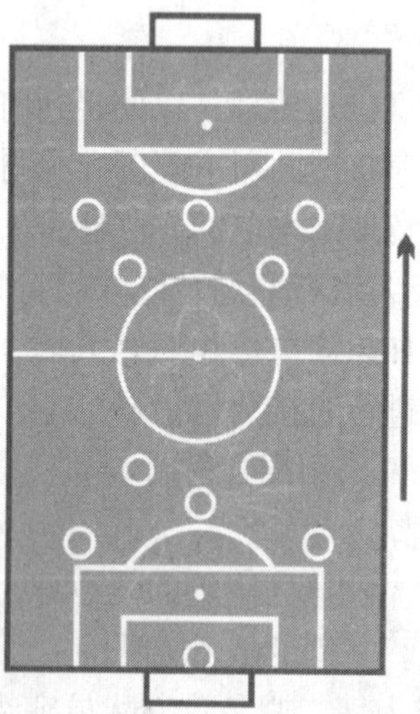

图8-2-15 “WM”式阵型

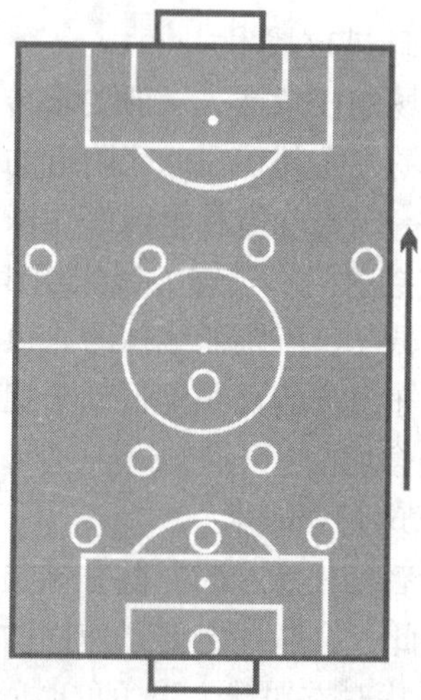

图8-2-16 “四前锋”阵型

（3）“四二四”阵型：1958年，巴西人在吸取“四前锋”打法成功经验的基础上，针对四前锋攻守不平衡的状态，更加强调边锋和边后卫协助控制中场，从而使边卫线衔接更加紧密，攻防转换更加快速流畅。“四二四”阵型曾在世界足坛广为流行，被誉为世界足球的第二次重大变革（图8-2-17）。

（4）“一三三三”阵型：是以荷兰、德国为首的整体性全攻全守的打法。该阵型充分发挥了集体和个人的积极性和创造性。进攻时，全线出击，前锋不停地交叉换位，前卫大胆插上，后卫积极参与进攻，防守时全队形成一个有层次的防守整体，前锋封堵，前卫、后卫相互保护和逼抢。该阵型确立了全面型足球的比赛观，要求运动员能攻善守、全面多能，大大促进了世界足球竞技水平的提高，被誉为世界足球的第三次重大变革（图8-2-18）。

2. 比赛队形

队形是攻守战术的基础，是阵型在不同比赛场区（前、中、后）更具体、更严谨、更灵活的运用，它是根据赛势随机变化和协调而有序的人员组合，是战术中最生动的部分。进攻队形主要有横向拉开队形、纵向交错进攻队形、局部进攻以多打少队形和交叉换位进攻队形；防守队形主要有由攻转守防守队形、纵横收缩防守队形、保护补位防守队形和制造越位防守队形。

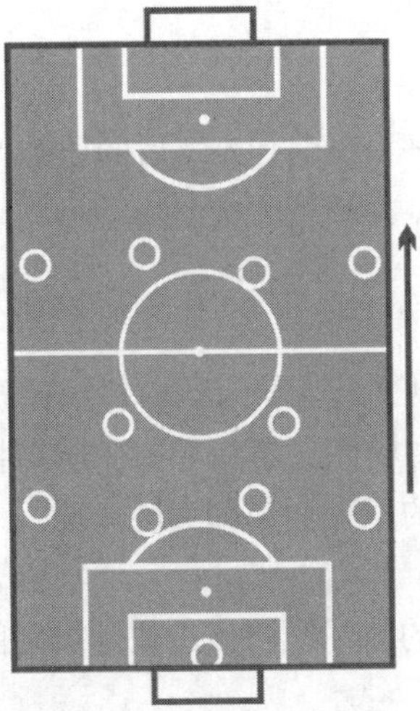

图 8-2-17　“四二四”阵型

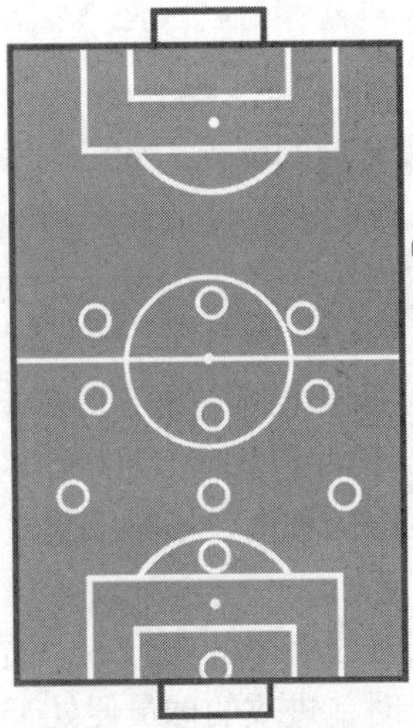

图 8-2-18　“一三三三”阵型

第三节　足球比赛规则简介

一、比赛场地

足球比赛场地为长方形，其长度不得多于 120 米或少于 90 米，宽度不得多于 90 米或少于 45 米（国际比赛的场地长度不得多于 110 米或少于 100 米，宽度不得多于 75 米或少于 64 米）。在任何情况下，长度必须超过宽度（图 8-3-1）。

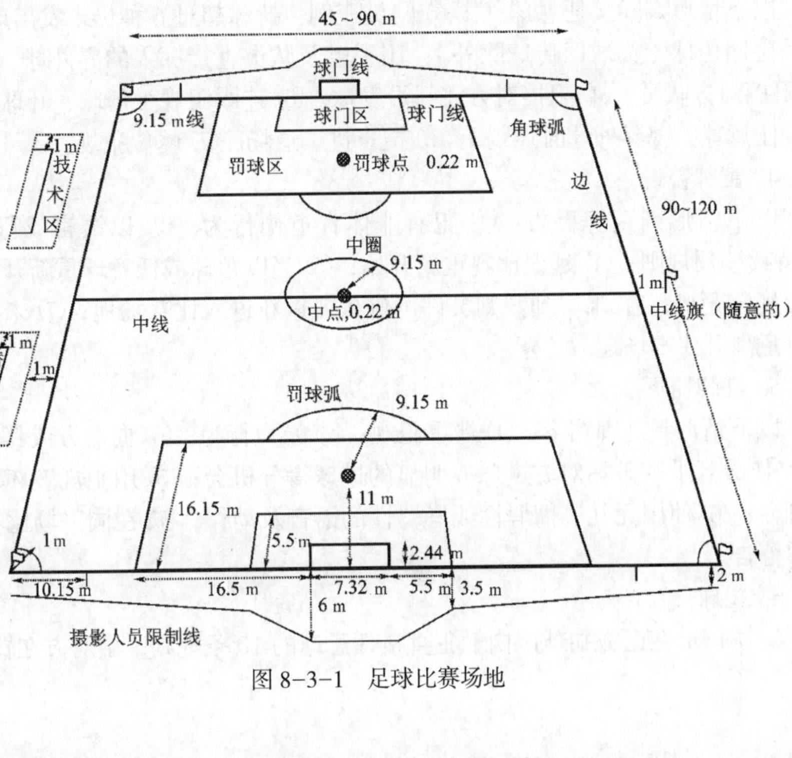

图 8-3-1　足球比赛场地

二、比赛用球

球体要圆，球的圆周为 68~71 厘米，重 396~453 克，充气后的压力等于 0.6~11 个大气压。

三、比赛通则

比赛时，每队上场人数不得多于 11 人，其中 1 人为守门员。每场比赛时间为 90 分钟，分上、下两个半时，每个半时 45 分钟，中场休息不得超过 15 分钟。射门时，球的整体从两根门柱间及横梁下越过球门线外沿的垂直面，即为胜一球。

1. 越位

进攻球员在没有球的状态下，站于防守一方的球门线与该进攻球员之间，当只有一名防守球员时，进攻的球员便处于越位位置。

判罚越位犯规必须具备以下 4 个条件：① 进攻队员处在对方半场；② 进攻队员处在球的前面；③ 进攻队员与对方球门线之间，对方队员不足两人；④ 接同伴的球或干扰比赛，获得利益。

队员遇下列情况，不属于越位犯规：① 直接接球门球；② 直接接界外球；③ 直接接角球。

扫一扫，查看直接任意球规则解说

2. 直接任意球（可以直接射入对方球门得分的球）

以下情形判直接任意球：① 踢或企图踢对方队员；② 绊摔或企图绊摔对方队员；③ 跳向对方队员；④ 冲撞对方队员；⑤ 打或企图打对方队员；⑥ 推对方队员；⑦ 在抢截对方队员控制的球时，于触球前触及对方队员；⑧ 拉扯对方队员；⑨ 向对方队员吐唾沫；⑩ 故意手球。

3. 间接任意球（球在进对方球门之前必须触及除主罚队员外的其他任一队员才有效）

以下情形判间接任意球：① 守门员违例：持球超过 6 秒仍未发出球，二次触球；用手接回传球（头球回传球除外）；用手触及队员直接掷入的界外球。② 危险动作。③ 阻挡对方队员。④ 阻挡对方守门员发球。⑤ 连踢犯规（角球、开球、点球、球门球、任意球、掷界外球时连踢）。⑥ 擅自进、退场。⑦ 越位犯规。

4. 黄牌警告

以下情形判黄牌警告：① 犯有非体育道德行为；② 以语言或行动表示异议；③ 持续违反规则；④ 延误比赛重新开始；⑤ 当以角球或任意球重新开始比赛时，不退出规定距离；⑥ 未得到裁判员许可进入或重新进入比赛场地；⑦ 未得到裁判员许可故意离开比赛场地。

5. 红牌罚下

以下情形判红牌罚下：① 严重犯规；② 暴力行为；③ 向对方或其他任何人吐唾沫；④ 故意手球破坏对方进球或明显的进球得分机会；⑤ 用犯规破坏对方明显的进球机会；⑥ 使用无礼、侮辱性或辱骂性的语言及动作；⑦ 在同一场比赛中被第二次黄牌警告。

6. 罚球

（1）球员在己方罚球区内触犯直接任意球的 10 条规则，由对方在罚球点判罚。

（2）罚球区的位置在球门前长 16.50 米、宽 40.32 米的长方形范围内。

7. 界外球

（1）整个球体在空中或地面全部越出边线时判界外球。在越出边线地点，由最后触球球员的对方掷球入场，重新开始比赛。

（2）掷界外球的球员必须面向球场，两脚均应有一部分站在边线上或边线外，不得全部离地，并用双手掷球。

（3）掷界外球直接进入对方球门，不算得分。

8. 球门球

（1）直接进入对方球门，算得分。

（2）球由攻方球员触及，整个球体在空中或地面全部越出球门线时，则判球门球。

（3）由守方球员在球门区内任何一点踢球门球。

9. 角球

（1）直接进入对方球门，算得分。

（2）球由守方球员触及，整个球体在空中或地面全部越出球门线时，判角球。

第四节　自我锻炼方法实例

一、个人锻炼活动形式

（一）练习 1

名称：连续踢装在网兜中的球。

器材：足球、装球网兜。

人数：1 人。

方法：为了提高球性，可以一边拿着装有足球的网兜，一边放松地用脚踢球。

变化：原地踢→走踢→慢跑踢；脚背正面踢球→脚内侧踢球→脚背外侧踢球。

（二）练习 2

名称：两脚运两球。

器材：两个足球。

人数：1 人。

方法：在家里或室外用脚的多个部位运控两个球，提高脚触球的能力和左右脚的协调性。

变化：慢速→中等速度→快速；脚内侧运球→脚背外侧运球→脚背正面运球；没有障碍物→有障碍物。

二、多人锻炼活动形式

（一）练习 1

名称：足球式高尔夫球游戏。

器材：足球、若干塑料瓶或其他替代物。

人数：2~6 人。

方法：利用塑料瓶或其他替代物放置若干个 2 米宽的门，要求 2 人一组传球穿过场地里所有的门，规定时间内计算传球的次数，次数最少者优胜。

变化：脚内侧踢球→脚背内侧踢球→脚背正面踢球；短距离→长距离。

（二）练习 2

名称：足球式保龄球游戏。

器材：足球、若干塑料瓶或其他替代物。

人数：2~6 人。

方法：利用塑料瓶或其他替代物作为保龄球的瓶子，一个人可以两次踢球，看谁击倒的标志物多。

变化：脚内侧踢球→脚背内侧踢球→脚背正面踢球；短距离→长距离。

（三）练习 3

名次：小场地比赛。

器材：足球。

人数：6~10 人。

方法：进行 3 对 3、4 对 4、5 对 5 的小场地比赛。

三、快乐足球示例

足球游戏是一种最有效的体现快乐足球的练习方式，下面介绍 4 例足球游戏。

（1）计算找朋友运球：每人一球，在限定的场地内运球，教练大声说出一道数学题，队员立刻计算，并根据计算结果，队员聚在一起，人数要与计算结果一致。

要求：队员要让球靠近身体；保持抬头，避免加入不需要他们的组；逐渐增加难度。

（2）背人足球赛：将队员分成两组，一名队员背另一名队员开始小场地足球赛。

要求：只有在死球的情况下，两人才能互换角色；两人积极配合，背的队员负责使用技术，背上面队员负责指挥。

（3）抢宝物：以中圈为游戏区域，4 人一组，在中点位置放置 7 个足球，谁先抢到 3 个球获胜。

要求：抢回的球要放在自己的起点处；不许阻挡其他队员抢截自己的球；注意观察，选择最高效率的途径；先用手抢球，然后增加难度，用脚运球抢球。

（4）魔鬼冻结：用标志物布置一个区域，队员在场地内运球，让 1~2 名队员扮魔鬼，其他队员的球如果被魔鬼碰到，该队员被冻结，必须停止运球，两腿分开，把球举过头顶。如果其他队员运球通过被冻结队员的两腿之间，就可以解冻。

要求：运球时注意观察；运球不能超出区域；注意避免相互碰撞。

四、足球技术水平自我测试

1. 颠球：左、右脚轮流颠球，落地为失败。10 次得 1 分，20 次得 2 分，30 次得 3 分。
2. 踢远：用优势脚踢，要求球的落点。20 米得 1 分，30 米得 2 分，40 米得 3 分。
3. 踢准：将球门划分为中间和两侧三个区。在 10 米宽的范围内域，两侧宽 2 米，将球放在禁区线上，用优势脚向两侧区域各踢 5 次。要求踢出的球必须在空中进门。

4 次得 1 分，6 次得 2 分，8 次得 3 分。

4. 接球：在 10 米处抛过顶的高球给接球。6 次得 1 分，8 次得 2 分，10 次得 3 分者。接球方法不限，要求每一次停球都要把球控制在 2 米以内的范围。

5. 运球过杆：过 6 根旗杆。8 秒得 1 分，7 秒得 2 分，6 秒得 3 分。

6. 罚球点：杆距 2.5 米，起点距第一杆 2 米。脚触球开始计时，球进门停表。中间不得漏杆。

自我评价：15~11 分：水平较高；10~6 分：水平一般；5~1 分：需要努力。

案例分析

案例：男生王军非常喜欢足球运动，经常从电视上观摩高水平的比赛，对运球过人感兴趣。自己在进行足球活动时，经常模仿一些过人的动作。他有这样一种感觉：单独做某一个动作时，还可以完成，但到了比赛中面对防守时，动作就做不出来。王军感到很纳闷。请对此进行分析。

分析：王军在比赛中动作做不出来主要有两个原因：一是运球过人是足球运动中较为高难的技术，它必须具备熟练的控球技术和良好的身体灵活性和爆发力。要能够较好地掌握与运用运球过人技术，必须从运球、控球的基本方法入手。二是运球过人的方法多种多样，适用于场上不同的情况，只有熟练掌握多种运球方法和技巧，才能在比赛中灵活机动地运用。

思考题

1. 结合自己的参与体验，谈谈足球运动的魅力。
2. 试编两例足球游戏。
3. 结合自己最喜欢的球队，简析该球队的技战术特点。
4. 你认为 2018 年世界杯夺冠之队的成功因素有哪些？
5. 结合所学知识，分析现代足球的发展趋势。

第九章 乒乓球运动

学习目标

1. 了解乒乓球运动的特点与锻炼价值。
2. 理解乒乓球运动的基本原理。
3. 懂得欣赏、参与乒乓球运动。

第一节　乒乓球运动概述

一、乒乓球运动的起源与发展

乒乓球运动起源于19世纪后期网球盛行的英国，它是体育运动中唯一一个以声音命名的运动项目（ping-pong）。乒乓球也称为桌上网球，英文名为“table tennis”。1902年，留学英国的日本人坪井玄道将乒乓球整套用具带回日本。此后，这项运动又传入中欧的维也纳、布达佩斯及北非的埃及等地。

1. 世界乒乓球运动发展概况

20世纪初，乒乓球运动逐渐在世界各国开展起来。1926年12月，在英国伦敦正式成立了国际乒乓球联合会（International Table Tennis Federation，简称国际乒联，英文缩写ITTF）。会上讨论了规则，推选英国乒协负责人蒙塔古为国际乒联第一任主席。

乒乓球运动的发展历史大致可分为以下几个阶段：

（1）欧洲乒乓球运动全盛时期（1928—1951）：这一时期，英国人库特用胶水把粒状凸点胶皮贴到去掉软木层的球拍上，从而改变了木拍时代单调的打法，进入了使球产生旋转的时代；出现了欧洲各国均用横拍、左右开弓或以削球为主及削攻结合等较为先进的打法。在这期间，共举行了18届世界乒乓球锦标赛，除美国选手获得8个冠军外，其余都由欧洲选手获得。

（2）日本称雄世界乒坛时期（1952—1959）：1951年，奥地利人发明的海绵拍悄悄地被日本引进、吸收，从此，乒乓球拍摆脱了单层胶皮的框框，采用了海绵胶皮球拍，提高了击球的速度和力量。20世纪50年代，日本同时创造了直拍单面中台全攻型的独特打法，采用海绵拍和以攻为主的打法，结束了欧洲在世界乒坛长达25年的统治地位，扭转了削球占主导、横拍一统天下的历史。

（3）中国乒乓球运动的兴起时期（1961—1969）：20世纪50年代末，正当日本队处于巅峰状态的时候，中国队异军突起，容国团以其独特的直拍近台快攻打法，在第25届世乒赛上为中国夺得第一个世界冠军。1961—1969年，共举行了5届世乒赛，中国参加了其中的三届比赛，从当时的技术分析看，具有“快、准、狠、变”独特风格的中国近台快攻和以“稳、低、转、攻”为指导思想的削球打法，把世界乒乓球运动推向了新的发展阶段。

（4）欧洲乒乓球运动的复兴和欧亚的激烈争夺时期（1971—2000）：20世纪60年代初，日本大学生中西义治发明了弧圈球，从此，乒乓球运动进入速度与旋转的较量。70年代，在中日两国快攻打法占有巨大优势的情况下，欧洲横拍打法选手发展了日本的弧圈球技术，吸收了中国近台快攻的长处，将中国的快攻和日本弧圈球技术融于一体，并结合横拍削球的传统，创造了速度与旋转相结合的横拍全攻型新打法，走上了复兴之路。从第35届至第39届世界乒乓球锦标赛，欧洲选手囊括了全部男子比赛项目的冠军，出现了第二次欧洲全盛时期。面对欧洲强有力的挑战，中国乒乓球队也在不断探索技术发展的新路子，如速度结合旋转和旋转结合速度的中国式“凶狠型”打法、“直拍横打”技术等。

（5）乒乓球运动的重大改革时期（2000年至今）：在这一时期，中国乒乓球运动再度崛起。2000年第27届悉尼奥运会，是我国乒乓球运动发展的一个转折点。此后，世界乒乓球运动也有了重大改革。如在器材上，球的直径由38毫米改为40毫米；在赛制上，每局由21分改为11分；在规则上，实施了“无遮挡发球”。这些变革，对各国乒乓球运动的发展带来了新的机遇，也带来了挑战。

2. 我国乒乓球运动发展概况

1904年，乒乓球运动由日本传入中国上海。1916年，上海基督教青年会设有乒乓球活动室，一些学生开始参加乒乓球活动。随后，这项活动逐渐在京、津、沪、穗等几个城市开展起来。1927年8月，第8届远东运动会在上海举行。在这届运动会上，乒乓球被列为表演项目。1935年，在上海成立了中华全国乒乓球协会。

1952年，中华全国体育总会乒乓球部加入了国际乒联。1953—1957年，我国先后参加了第20届、第22届、第24届世界乒乓球锦标赛。1959年，中国队参加了第25届世界乒乓球锦标赛，容国团为我国夺得了第一个世界冠军。1961年，在北京举行的第26届世界乒乓球锦标赛上，中国队第一次获得男子团体冠军和女子单打冠军（邱钟惠），并再一次夺得男单冠军（庄则栋），形成了近台快攻的独特风格。1971—1979年，我国坚持发展直拍快攻型打法并成功地创新了两面不同性能球拍的打法。1981年，我国乒乓健儿在第36届世界乒乓球锦标赛上囊括全部7项冠军，成为世界乒乓球锦标赛55年历史中第一个夺得全部7项冠军的国家，在世界上引起了震动，被誉为“世界头号乒乓球国家”。此后，中国乒乓球运动经久不衰，也为推动世界乒乓球运动的发展起到了巨大的作用。

3. 中国大学生乒乓球运动

进入20世纪80年代，中国大学生乒乓球运动发展迅速。1988年，第3届全国大学生运动会乒乓球比赛在东南大学举行，期间就开始酝酿成立全国大学生乒乓球协会。1990年，中国大学生乒乓球学会在上海成立，这是我国最早成立的大学生体育组织之一。大学生乒乓球协会每年组织全国性的大学生比赛活动，从20世纪90年代开始至今已举办了10余届比赛，比赛的水平越来越高，参赛院校也越来越多，目前拥有会员高校 70 余所，每年举行一次全国大学生乒乓球锦标赛、全国高校大学生阳光体育乒乓球联赛和全国高校校长杯乒乓球比赛，从而推动了高校乒乓球运动的发展。

二、乒乓球运动的特点与锻炼价值

（一）乒乓球运动的特点

1. 易于开展和普及

乒乓球运动技术简单易学，比赛规则容易掌握，器材设备简单经济，室内室外均可进行，运动量可根据各自技术水平的高低来调节，不受年龄、性别和身体条件的限制，具有广泛的适用性和群众性。

2. 易于激发兴趣

乒乓球具有开放性、多样性、精细性三大特征，同时也是智能、技能、体能三者兼容、斗智斗勇的项目，速度快、变化多、击球技巧性强、易于激发兴趣是其运动特征。

（二）乒乓球运动的锻炼价值

1. 乒乓球运动与身体健康

乒乓球运动集健身性、竞技性、娱乐性于一体，具有良好的健身价值。

（1）健脑益智：人的一切活动都是在大脑的指挥、支配、调节下进行的。打乒乓球时，眼要看，耳要听，每秒可以击球 2~3 次，正手攻球只需 0.15 秒就可以到达对方台面，平均球速达到每秒 20 米。在高速运动中，练习者需对变化多端的来球位置、方向、旋转、力量、战术意图等作出判断，并采取相应的步法、手法、旋转、力量及战术方法。在击球的过程中，练习者需要在很短的时间内，对来自眼睛、耳朵的报告进行思考、分析与综合，调动视觉、听觉、各感觉器官、运动中枢及全身肌肉快速工作，选准击球点进行恰如其分的回击。经常从事乒乓球锻炼，可以提高人们对外部刺激的反应速度，同时也可以调节并改善神经系统，使人心情舒畅，活跃和提高大脑的工作效率，增强大脑的指挥功能。

（2）多方位的健身效果：乒乓球是一项能使人得到全面锻炼的运动。有关专家曾做过一项统计，一场紧张的比赛，运动员手臂挥动击球距离可达 1 000 米以上，两脚不停地移动可达 3 000 米左右，心率可从 60 次 / 分上升到 140 次 / 分。这既有助于改善心血管系统的结构和机能，使心肌变得发达有力、心容量增大、每搏输出量增多、心搏趋缓、血压降低，又能使呼吸肌得到锻炼，使胸部发达、肺活量增大。

（3）增强运动系统的功能：长期参加乒乓球锻炼，人体各运动器官都能得到发展，不仅能有效地发展灵敏、反应、速度和力量，而且可以使肌肉发达、结实，使人的反应加快，身手敏捷，四肢灵活、柔韧，人体更健美。

2. 乒乓球运动与心理健康

乒乓球运动是智力、心境和意志的综合，既有娱乐健身的功能，又有竞赛、竞争的功能。经常参加乒乓球活动，有利于增强人的自信心、荣誉感和集体主义精神，培养坚韧性、果断性和自控能力等个性品质，使人性格开朗、乐观，情绪振奋充满生气，有助于人际关系的改善，使人形成一种与人亲近、合作的习惯，有助于消除心理障碍，使消极情绪得到宣泄。

3. 乒乓球运动与社会适应能力

社会适应能力是指人们对外界环境尤其是社会环境的适应能力。独立生活能力、人际交往能力、应对挫折能力是社会适应能力的重要组成部分。人的交往活动能反映出人的健康状态。人与人之间的友好交往是维持心理健康的必要条件和获得心理健康的方法。乒乓球运动对于提高人的社会适应能力具有很好的作用。参加乒乓球活动，可以享受节奏的韵律，尽情发挥个人的特点，使人洒脱奔放、心胸开阔，而更重要的是可以协调人际关系。乒乓球运动在健身、娱乐、竞赛中给人提供了交往的机会，有助于消除文化差异，排除孤独心理，冲破“闭关自守”的生活方式。在乒乓球运动中，战术与体力的较量，意志力和情绪控制能力的较量均能培养人坚持不懈、勇于拼搏的顽强意志。在公平、公正的原则下，可以充分显示出一个人的个性和优良品质，从而提高自身的价值与独立性。热衷于乒乓球运动的人普遍具有竞争心理，在生活中积极探索进取，主动调整自己的情绪，适应社会的变化，从而促进了健康人格的形成和完善。

第二节　乒乓球基本技战术的学习与运用

一、乒乓球基本技术

乒乓球基本技术包括以下 4 项内容：握拍、站位与身体姿势、单项技术（发球、推挡、攻球、弧圈球、削球、搓球）和步法（图 9-2-1）。

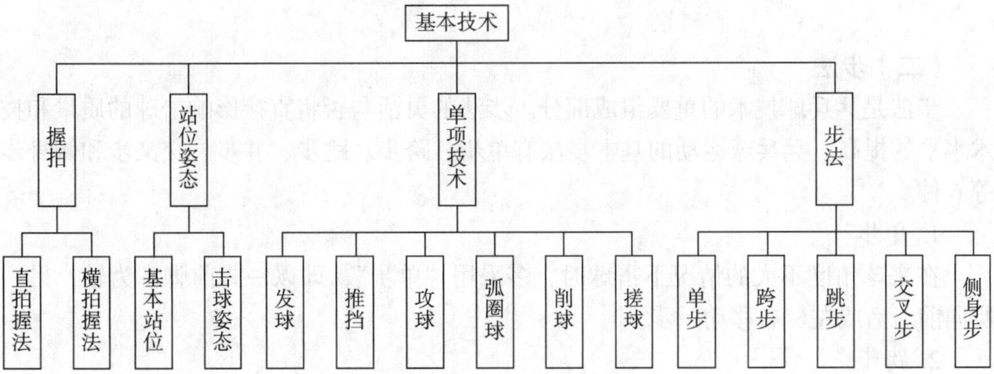

图 9-2-1　乒乓球基本技术分类图

（一）握拍法

1. 直拍握法

特点：出手较快，攻斜线、直线球时拍形变化不大，对手不易判断，便于从速度、球路和力量上取得主动；手腕动作灵活，发球可做较多变化。但反手攻球时，因受身体阻碍较难掌握，不易起重板。

直拍的基本握法：用拇指和食指握住球拍拍柄与拍面的结合部位，即以拇指第一指节与食指第二指节扣住拍柄，虎口贴于拍柄后面，其余三指自然弯曲、重叠，以中指第一指节侧面贴于拍的 1/3 的上端处，用中指、虎口、食指、拇指调节拍形（图 9–2–2）。

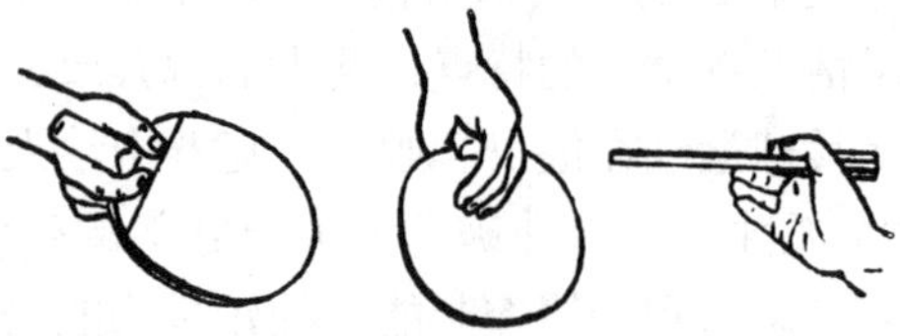

图 9–2–2 直拍握法

2. 横拍握法

特点：照顾的面积比直拍大，反手攻球不受身体阻碍，便于发力，但在还击左右两面来球时需要转动拍面，动作小，影响摆臂速度，台内正手攻球较难掌握。

横拍的基本握法：用中指、无名指和小指自然握住拍柄，虎口贴住拍肩，拇指略弯曲捏拍，在球拍的正面贴于中指旁，食指斜伸在拍的另一面（图 9–2–3）。横拍握法在正手攻球时食指用力，可将食指稍向上移动。反手攻球或快拨时用拇指用力，也可将拇指稍向上移动。正、反手削球时，手指基本不动。

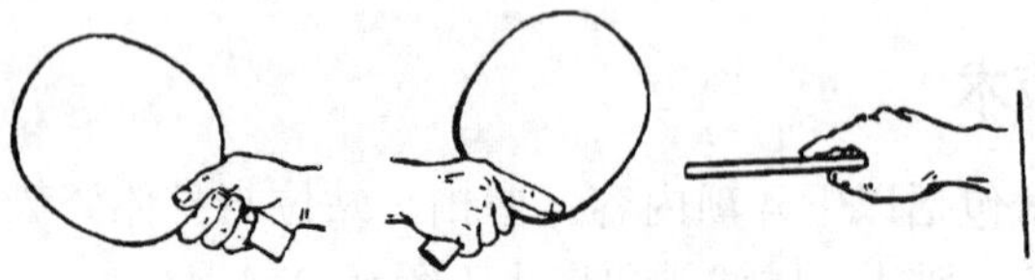

图 9–2–3 横拍握法

（二）步法

步法是乒乓球技术的重要组成部分。步法的灵活与否将直接影响击球的质量和技术水平的提高。乒乓球运动的基本步法有单步、跨步、跳步、并步、交叉步和侧身步等 6 种。

扫一扫，查看单步示范动作

1. 单步

在来球角度不大的情况下击球时，多采用“单步”，即以一脚前脚掌为轴，另一脚向前、后或左、右移动一步。

扫一扫，查看跨步示范动作

2. 跨步

在来球急、角度大的情况下击球时，多采用“跨步”，即先以来球同方向的脚向侧跨一大步，另一脚再跟着移动。

3. 跳步

在来球较快、角度较大的情况下击球时，多采用“跳步”，即用一脚用力蹬地，使两脚几乎同时离地，向左右前后跳动。

4. 并步

两面攻运动员从基本站位向左右移动时多采用“并步”，即一脚向来球方向移动，另一脚随即跟着移动一步。

扫一扫，查看交叉步示范动作

5. 交叉步

在来球远离身体的情况下击球时，多采用“交叉步”，即先以来球反方向的脚向来球方向移动，并超过另一脚，然后另一脚随即向来球方向移动。

6. 侧身步

在来球紧逼身体的情况下击球时，多采用“侧身步”，即左脚先向左跨出一步，然后右脚随即向左后方移动。另一种方法可以用左脚先向前插上，右脚向左后移动。

（三）发球与接发球

发球与接发球是乒乓球运动中攻、防矛盾的两个方面。发球是利用主动以达到先发制人、破坏对方的接球为目的；而接发球则是力避被动，达到以争取转化矛盾、变防为攻的目的。两者既矛盾又统一。

1. 发球

发球的种类很多，主要有平击发球、发侧上（侧下）旋球、高抛发球、下蹲发球等。

扫一扫，查看正手发平击球示范动作

（1）发平击球：正手发平击球时，右脚稍后，身体稍右转，左手掌心托球，置于体前偏右侧，右手持拍，置于身体右侧。当球被向上抛起时，右臂稍向后引拍，接着从身体右后方向前挥，在球下降至近于网高时击球，拍面稍前倾，击球的中上部。反手发平击球时，两脚开立，左脚稍后，身体稍左转，左手掌心托球，置于体前偏左侧，右手引拍于身体左侧。当球向上抛起时，挥拍手从身体的左后方向前挥拍，当球下降高度近于网高时，拍面稍前倾，用小臂和手腕发力，击球的中上部。

特点：速度慢、力量轻、容易掌握，是入门技术和发展基础。

（2）发急球（长球）：正手发急球时，右脚稍后，身体稍向右转，右手持拍于身体的右侧。当球向上抛起时，挥拍手向右后方引拍，待球下落时前臂迅速由后向左前方挥拍，拇指压拍，拍面稍向左偏斜，稍前倾。判断当球下降高度近于网高时，球拍沿球的各侧中部向中上部摩擦。击球后，前臂和手腕随势向前挥动（图 9-2-4）。

图 9-2-4　正手发急球

反手发急球时，右脚稍前，身体稍向左转，左手掌心托球于腹前左侧，右手持拍于身体左侧。抛球后，待球下落时前臂迅速向前挥动。击球点应与网同高或稍低于网高，拍面稍前倾，击球的中上部。击球后，前臂和手腕随势向前挥动（图 9-2-5）。

图 9-2-5　反手发急球

扫一扫，查看正手发左侧上旋球示范动作

特点：速度快、前冲力量大、弧线低。

（3）正手发左侧上（下）旋球：发上旋球时，右脚在后，身体略向右偏斜，左手掌托球于身体右前方。抛球时，持拍手向右上方引拍，当球下落至网高时，手臂迅速向左下方挥动，触球瞬间手腕快速向左上方转动，使拍从球的中部向左侧上方摩擦。发左侧下旋球时，手腕快速向左下方转动，使球拍从球的中下部向左下方摩擦。

特点：侧上（下）旋转力较强，对方挡球时，向其右侧上（下）方反弹，一般站在中线偏左或侧身发球。

扫一扫，查看正手发左侧下旋球示范动作

（4）反手发右侧上（下）旋球：右脚在前，身体稍左转，持拍手向左上方引拍，拍柄略向下。当手抛起的球下落时，持拍手前臂和手腕同时发力，向右下方挥拍。当球下落至网高时，触球瞬间手腕快速向右上方转动，使拍从球的中部略偏下向右上方摩擦。发右侧下旋球时，手腕快速向右下方转动，使球拍从球的中下部向右下方摩擦（图 9-2-6）。

特点：右侧上（下）旋球力强，对方挡住后，向其左侧上（下）反弹。发球落点以左方斜线长球配合中右近网短球为佳。

扫一扫，查看反手发右侧上旋球示范动作

图 9-2-6 反手发右侧上（下）旋球

扫一扫，查看反手发右侧下旋球示范动作

（5）正手发转与不转的球：发转球时，左脚在前，右脚在后，前臂向后上方引拍，拍面略后仰。抛球后，待球下落时前臂迅速向前下方挥动略外旋，手腕用力转动使拍面后仰角度大些，约与网同高时击球，摩擦球的中下部（图 9-2-7）。发不转球时，手臂向前下方挥摆，前臂外旋与手腕的转动要慢，触球瞬间略有内旋，使拍面后仰角度要小些，用球拍下部偏右处向前撞击球，减小向下的摩擦力（图 9-2-8）。

扫一扫，查看正手发转球示范动作

图 9-2-7 正手发转球

扫一扫，查看正手发不转球示范动作

图 9-2-8 正手发不转球

特点：球速较慢，前冲力小，可用相似的发球动作，制造旋转变化去迷惑对方，造成对方接发球失误或为自己抢攻创造机会。

2. 接发球

接发球的站位应根据发球方的位置适当调整自己的基本站位。常用的接发球方法有推、搓、削、拉、攻等，应根据自己的打法特点和来球的性能决定回接的方法，并要与自己的打法特点结合起来，这样才能充分把握比赛的主动权。

（四）推挡球和搓球技术

1. 推挡球

推挡具有站位近、动作小、速度快、变化多的特点。在对攻中运用快速推压技术，结合力量、落点和旋转的变化，可以牵制对方，为进攻取胜创造条件。被动时也可起到积极防御的作用。

（1）挡球：两脚平行站立或右脚稍后，身体靠近球台。击球前，两膝微屈，稍含胸收腹。击球时，前臂向前伸球拍由后向前，拍触球时，拍面与台面近乎垂直，在上升期击球的中部，借助对方来球的反弹力将球挡回。击球后，迅速还原，准备下一次击球（图 9-2-9，图 9-2-10）。

特点：球速慢、力量轻、动作较简单，初学者容易掌握。挡球可以帮助初学者熟悉球性，认识乒乓球的击球规律，提高控制球的能力。

图 9-2-9　挡球 1

图 9-2-10　挡球 2

（2）快推：站位近台，右脚稍后或两脚平行开立，上臂和肘关节靠近右侧身旁。击球前，前臂稍后引。击球时，前臂向前推出，食指压拍，拇指放松，拍面前倾，在来球上升期击球的中上部。击球后，手臂顺势前送（图 9-2-11）。

特点：站位近、动作小、借力还击、速度快、线路变化多，适用于回击一般的拉球、推挡球和中等力量的攻球；在相持中能发挥回球速度快的优势，推压两大角或袭击对方空当，为自己的进攻创造条件。

图 9-2-11　快推

扫一扫，查看快推示范动作

2. 搓球

（1）慢搓：

① 反手慢搓：两脚开立，身体离台稍远，手臂自然弯曲，向左上方引拍。击球

时，前臂内旋配合转腕动作，向前下方用力，拍面后仰，在来球下降期摩擦球的中下部（图 9−2−12）。

扫一扫，查看反手慢搓示范动作

1 2 3 4

图 9−2−12 反手慢搓

② 正手慢搓：两脚开立，右脚稍后，两膝微屈，身体稍向右转，离台稍远。击球前，向右上方引拍，拍面后仰。击球时，前臂和手腕向左前下方挥动，在来球下降期摩擦球的中下部（图 9−2−13）。

扫一扫，查看正手慢搓示范动作

1 2 3 4

图 9−2−13 正手慢搓

（2）快搓：

① 反手快搓：两脚开立，两膝微屈，身体靠近球台。击球时拍面后仰，前臂配合手腕转动动作向前下方切动，在来球上升期摩擦球的中下部，将球快速搓出（图 9−2−14）。

1 2 3 4

图 9−2−14 反手快搓

② 正手快搓：两脚平行站立或右脚稍前，两膝微屈，身体靠近球台。击球前，右手向右上方引拍，拍面稍后仰。击球时，前臂和手腕向左前下方切动，在来球上升期摩擦球的中下部，将球搓出（图 9−2−15）。

1 2 3 4

图 9−2−15 正手快搓

（五）削球

削球是一项重要的防守技术。现在的削球打法融合了更多进攻性技术，创造了削攻结合的新打法。它能通过旋转和落点的改变，直接得分或在调动对方的情况下伺机反攻。

1. 远削

远削是以削为主打法的选手必须掌握的基本技术之一。其特点是击球动作大、球速慢、弧线长，有利于削转球与不转球，并以落点变化来牵制对方。常适用于对付对方的扣杀球、弧圈球和提拉球。

（1）正手远削：两脚开立，右脚在后，身体离台较远，两膝弯曲，上体稍向右转，重心放在右脚，手臂自然弯曲，引拍至右肩侧。击球时，手臂向左前下方挥动，拍面后仰，在拍与球接触时，前臂加速削击，手腕配合转动，在来球下降期摩擦球的中下部。击球后，迅速还原，准备下一次击球（图 9–2–16，图 9–2–17）。

1　2　3　4　5

图 9–2–16　正手远削 1

1　2　3　4

图 9–2–17　正手远削 2

（2）反手远削：两脚开立，右脚在前，两膝微屈，上体略向左转，重心放在左脚上，引拍至左肩侧。击球时，上臂带动前臂向右前下方挥动，拍面后仰，手腕跟着前臂用力方向转动，在来球下降期摩擦球的中下部，将球削出，重心移至右脚。击球后，迅速还原，准备下一次击球（图 9–2–18，图 9–2–19）。

1　2　3　4　5

图 9–2–18　反手远削 1

图 9-2-19 反手远削 2

2. 近削

近削一般用来对付轻拉球和一般的上旋球。其特点是动作幅度小、回球速度快、前进力较强，多用于近削逼角，有一定的威胁，往往能获得主动或直接得分。

（1）正手近削：右脚稍后，身体离台稍近，稍向右转，手臂自然弯曲，引拍约与肩平，拍面稍后仰。击球时，前臂用力向左下方切削，手腕配合下压，一般在来球高点期或刚下降时摩擦球的中部或中下部（图 9-2-20）。

图 9-2-20 正手近削

（2）反手近削：两脚开立，右脚稍前，两膝微屈，身体离台稍近，并略向左转，手臂自然弯曲，向左上方引拍约与肩平，拍面稍后仰。击球时，手臂迅速向右前下方挥动，以前臂和手腕用力为主，在来球高点或刚下降期摩擦球的中部或中下部，将球削出（图 9-2-21）。

图 9-2-21 反手近削

（六）攻球

攻球是最具有威慑力的得分手段，也是最重要的一项基本技术。攻球分为正手攻球和反手攻球，按站位分为近、中、远台攻球，按击球点和击球时间分为拉、抽、拨、扣、杀等方法。

1. 正手近台攻球

正手近台攻球是近台快攻打法的主要技术之一。常用于还击正手位的发球、推挡球、一般的上旋球等，往往使对方措手不及。在对攻中如结合线路和落点的变化，则可调动对方，伺机扣杀。

直拍正手近台攻球时，身体靠近球台，右脚稍后，两膝微屈，上体略前倾。击球时，引拍至身体右侧成横状，上臂和身体约成 35°，与前臂约成 120°。当球从台面弹起时，手臂由右侧向左前上方迅速挥动，以前臂发力为主。击球时，食指放松，拇指压拍，使拍面前倾，并结合手腕内转动作，在来球的上升期击球的中上部（图 9-2-22）。

扫一扫，查看正手近台攻球示范动作

图 9-2-22 正手近台攻球

2. 正手扣杀

两脚开立，右脚在后，重心在右脚。击球前，身体略向右转，引拍至右后方。击球时，上臂带动前臂由后向前用力挥击，结合腿蹬地和转腰力量在高点期击球。来球上旋，击球时拍面稍前倾，击球的中上部；来球下旋，击球前拍面要略低于来球，击球的中部。击球后，球拍随势挥至左胸前，重心前移至左脚（图 9-2-23）。

图 9-2-23 正手扣杀

3. 反手攻球

反手攻球根据握拍法可分为直拍反手攻球和横拍反手攻球，具有动作小、出手快、能抢先上手等特点，可以为正手大力扣杀争得主动机会。以直拍反手近台攻球为例。身体靠近球台，两脚平行开立。击球前，引拍在腹前左侧，肘关节略前出，上臂和前臂约成 180°，拍柄稍向下。击球时，上臂贴近身体，前臂外旋向右前方挥动，配合转腕动作，使拍面略前倾，在上升期击球的中上部。击球后，随势将拍挥至右肩前（图 9-2-24）。

图 9-2-24 反手攻球

（七）乒乓球技术的学习与运用

在平常的乒乓球锻炼中，应注意以下几点：

（1）由易到难、由表及里、由有规律到无规律。

（2）由台下到台上，由单个技术到结合技术，由单线到复线，先上旋、后下旋。

（3）养成眼睛盯球、耳朵听声、手法正确、步法灵活、手法与步法相结合的练习习惯。

二、乒乓球基本战术

乒乓球各类型打法的战术是多种多样的。归纳起来，大致可分为以下几类：发球抢攻战术、对攻战术、搓攻战术、削中反攻战术和接发球战术。由于类型打法和个人技术风格以及作战对象不同，因而在运用战术的具体方法上也各不相同。

（一）发球抢攻战术

1. 快攻类

（1）对付快攻打法的战术：反手发侧上、下旋球至对方中路偏右近网处，配合发大角度长球，伺机抢攻。

（2）对付弧圈球打法的战术：正手发转与不转的球至对方右角或中路近网处，配合发长球至对方左方，伺机抢攻。

（3）对付削球打法的战术：正手发右侧上旋急球至对方右大角或中路，配合发直线近网短球或长球，伺机抢攻。

2. 弧圈类

（1）对付快攻打法的战术：反手发右侧上、下旋短球至对方正手中路，结合发强烈上、下旋长球至两角后抢位或抢冲。

（2）对付弧圈打法的战术：侧向或正手发高、低抛左侧上、下旋球至对方正手近网处，配合底线侧上旋球，伺机抢攻。

（3）对付削球打法的战术：正手或侧身发转与不转球至对方正手中路近网处，配合发侧上、下旋底线长球后抢位或抢冲。

3. 削攻类

（1）对付快攻打法的战术：正手或侧身发高、低抛左侧上、下旋球至对方反手短路或刚出台处，然后抢攻或抢冲其中路或反手。

（2）对付弧圈打法的战术：正手发转与不转球至对方正手中路近网处，然后抢攻或抢冲其中路或反手。

（3）对付削球打法的战术：正手发下蹲或左、右侧上、下旋转至对方中路，然后抢攻。

（二）对攻和拉攻战术

1. 快攻类

（1）对付快攻打法的战术：紧压反手，结合变线，伺机抢攻。

（2）对付弧圈打法的战术：加、减力推压对方中路或反手，伺机抢攻。

（3）对付削球打法的战术：连续拉对方反手后，突击中路或直线，然后扣杀两大角。

2. 弧圈类

（1）对付快攻打法的战术：运用高吊弧圈，拉住对方反手后，找机会抢冲对方正手位。

（2）对付弧圈打法的战术：用近台快拨、快推压对方中路或反手后，伺机反拉或冲、扣。

（3）对付削球打法的战术：拉不同旋转和长、短落点的弧圈球后，伺机冲、扣中路或反手。

（三）搓攻战术

1. 快攻类

（1）对付快攻打法的战术：以快搓加转长球为主，结合拦转与不转短球至对方反手，伺机突击或抢先拉起。

（2）对付弧圈打法的战术：以快搓转与不转短球为主，结合突然搓对方反手底线长球，找机会“快点”或抢攻。

（3）对付削球打法的战术：快搓转与不转球至不同落点，伺机突击中路或两大角。

2. 弧圈类

（1）对付快攻打法的战术：搓加转短球结合搓加转底线两角长球后，伺机拉高吊或前冲弧圈至对方中路或正手位。

（2）对付弧圈打法的战术：搓转与不转短球结合快搓加转底线反手长球后，伺机拉高吊或前冲弧圈至对方中路或反手位。

（3）对付削球打法的战术：以搓对方反手、中路为主，结合搓正手台内短球后，伺机拉高吊或前冲弧圈球至对方中路或反手位。

3. 削攻类

（1）对付快攻打法的战术：搓加转球至对方反手大角后，攻对方中路、正手。配合搓变对方正手后，攻对方的反手、中路。

（2）对付弧圈打法的战术：快搓不同旋转和落点后，突然搓加转长球至对方反手底线，伺机突击或拉弧圈球。

（3）对付削球打法的战术：轮换发球法战术。

（四）接发球战术

1. 快攻类

（1）对付快攻打法的战术：用手削一板或“快点”击对方反手位，配合突然变正手与中路。

（2）对付弧圈打法的战术：以快搓短球为主结合快搓底线长球进行控制，然后抢先拉起或突击。

（3）对付削球打法的战术：用连续摆短球至对方中路或正手，再突然拉起变对方中路。

2. 弧圈类

（1）对付快攻打法的战术：以快搓加转近网短球为主，结合搓两大角长球。

（2）对付弧圈打法的战术：以先拉高吊弧圈至对方反手为主，形成主动拉、冲的局面。

（3）对付削球打法的战术：接发球抢位或抢冲。

3. 削攻类

（1）对付快攻打法的战术：用加转搓球至对方反手大角，配合送转与不转长球至对方正手。

（2）对付弧圈打法的战术：用快搓或攻球控制对方两角后，伺机进攻或后退削球。

（3）对付削球打法的战术：用快攻或接发球抢拉后，再退后削球，形成相持局面。

（五）乒乓球战术的学习与运用

1. 知己知彼，有的放矢

即要在摸清对手球拍的性能、基本打法、技术、战术运用特点和特长技术等情况的基础上，制定出切实可行的战术方案。

2. 主动灵活，随机应变

自己的某种打法或某种战术一旦被对方适应后，就需要采用旋转、节奏、落点等变化，给对方制造新的困难，以达到取胜的目的。

3. 以己之长，制彼之短

每个人都有自己的打法和风格，如有的发球好，有的善于快攻等。在比赛时，要充分发挥自己的长处，抓住对方弱点，力争比赛的主动，争取胜利。

4. 勤于观察，善于分析

乒乓球比赛时，随着场上战局的变化，应注意分析对方的心态，及时调整和改变自己的战术，破坏对方的作战意图，从心理上给对方施加一定的压力。

第三节 乒乓球比赛规则简介

一、场地和器材

1. 球

球为黄色（或白色），直径为40毫米，重2.7克，由赛璐珞或类似的塑料制成。

2. 球拍

球拍的大小、形状或重量不限，底板至少应有80%的天然木料。

3. 球台

球台应为与水平面平行的长方形，长2.74米，宽1.525米，离地面高76厘米。球台四边应有一条2厘米宽的白线。双打时，各台区应由一条3毫米宽的白色中线划分为两个相等的“半区”。

二、乒乓球竞赛通则

（一）定义

（1）回合：球处于比赛状态的一段时间。

（2）球处于比赛状态：从发球时，球被有意向上抛起前，静止在不执拍手掌上的一瞬间，到该回合被判得分或重发球。

（3）重发球：不予判分的回合。

（4）一分：判分的回合。

（5）执拍手：正握着球拍的手。

（6）不执拍手：未握着球拍的手。

（7）击球：用握在手中的球拍或执拍手手腕以下部分触球。

（8）阻挡：对方击球后，处于比赛状态的球尚未触及本方台区也未超过比赛台面或其端线，即触及本方运动员或其穿戴的任何物品。

（9）发球员：在一个回合中，首先击球的运动员。

（10）接发球员：在一个回合中，第二个击球的运动员。

（11）裁判员：被指定管理一场比赛的人。

（12）裁判助理：被指定在某些方面协助裁判员工作的人。

（13）运动员“穿或戴”的任何物品，包括他在一个回合开始时穿或戴的任何物品。

（14）球从突出台外的球网装置之下或之外经过，或回击的球越过球网后又回弹过网，均应视作已“超过或绕过”球网装置。

（15）球台的“端线”包括端线两端的无限延长线。

（二）合法发球

（1）发球时，球应放在不执拍手的手掌上，手掌张开和伸平。球应是静止的，在发球方的端线之后和比赛台面的水平面之上。

（2）发球员须用手把球几乎垂直地向上抛起，不得使球旋转，并使球在离开不执拍手的手掌之后上升不少于16厘米。

（3）当球从抛起的最高点下降时，发球员方可击球，使球首先触及本方台区，然后越过或绕过球网装置，再触及接发球员的台区。在双打中，球应先后触及发球员和接发球员的右半区。

（4）从抛球前球静止的最后一瞬间到击球时，球和球拍应在比赛台面的水平面之上。

（5）击球时，球应在发球方的端线之后，但不能超过发球员身体（手臂、头或腿除外）离端线最远的部分。

（6）运动员发球时，有责任让裁判员或副裁判员看清他是否按照合法发球的规定发球。

（7）如果裁判员怀疑发球员某个发球动作的正确性，并且他或者副裁判员都不能确信该发球动作不合法，一场比赛中此现象第一次出现时，裁判员可以警告发球员而不予判分。

（8）在同一场比赛中，如果运动员发球动作的正确性再次受到怀疑，不管是否出于同样的原因，不再警告而判失一分。

（9）无论是否第一次或任何时候，只要发球员明显没有按照合法发球的规定发球，他将被判失一分，无须警告。

（10）运动员因身体伤病而不能严格遵守合法发球的某些规定时，可由裁判员做出决定免予执行，但须在赛前向裁判员说明。

（三）合法还击

对方发球或还击后，本方运动员必须击球，使球直接越过或绕过球网装置，或触及球网装置后，再触及对方台区。

（四）比赛次序

（1）在单打中，首先由发球员合法发球，再由接发球员合法还击，然后两者交替合法还击。

（2）在双打中，首先由发球员合法发球，再由接发球员合法还击，然后由发球员的同伴合法还击，再由接发球员的同伴合法还击，此后，运动员按此次序轮流合法还击。

（五）重发球

回合出现下列情况应判重发球：

（1）如果发球员发出的球，在越过或绕过球网装置时，触及球网装置，此后成为合法发球或被接发球员或其同伴阻挡。

（2）如果接发球员或同伴未准备好时，球已发出，而且接发球员或其同伴均没有企图击球。

（3）由于发生了运动员无法控制的干扰，而使运动员未能合法发球、合法还击或遵守规则。

（4）裁判员或副裁判员暂停比赛。

（5）在双打时，运动员错发、错接。

可以在下列情况下暂停比赛：

（1）由于要纠正发球、接发球次序或方位错误。

（2）由于要实行轮换发球法。

（3）由于警告或处罚运动员。

（4）由于比赛环境受到干扰，以致该回合结果有可能受到影响。

（六）一分

除被判重发球的回合，下列情况运动员得一分：

（1）对方运动员未能合法发球。

（2）对方运动员未能合法还击。

（3）运动员在发球或还击后，对方运动员在击球前，球触及了除球网装置以外的任何东西。

（4）对方击球后，该球越过本方端线而没有触及本方台区。

（5）对方阻挡。

（6）对方连击。

（7）对方用不符合要求的拍面击球。

（8）对方运动员或他穿戴的任何东西使球台移动。

（9）对方运动员或他穿戴的任何东西触及球网装置。

（10）对方运动员不执拍，手触及比赛台面。

（11）双打时，对方运动员击球次序错误。

（12）执行轮换发球法时，接发球运动员或其双打同伴，包括接发球一击，完成了 13 次合法还击。

（七）一局比赛

在一局比赛中，先得 11 分的一方为胜方，10 平后，先多得 2 分的一方为胜方。

（八）一场比赛

（1）一场比赛一般采用五局三胜制或七局四胜制。

（2）一场比赛应连续进行。但在局与局之间，任何一名运动员都有权要求不超过 2 分钟的休息时间。

第四节　自我锻炼方法实例

在初学乒乓球阶段，有一种非常有效的自我辅助练习——打吊球。

一、吊球方法

将一乒乓球开一小口，内装 10 多粒米（增加重量，降低球速），用一根线一端系一纽扣或一火柴棒，放入乒乓球小口内固定，线的另一端吊于门框或其他高处。乒乓球离地面的高度可依本人的身高设定。

二、吊球练习方法

1. 推挡练习

推球时，站位于离球 50~70 厘米处。击球前，上臂、前臂适当后撤引拍。击球时，前臂迅速前迎，触球刹那手腕外旋，指形前倾，在上升期击球的中上部。挡球时，前臂和手腕稍向前移动，借助球回摆时的力量，在来球的上升期挡击球的中部。若在球拍触球的刹那，球拍略微回缩，即为减力挡。练习时，推一挡，推一减力挡作为组合练习，每组练习 100 次。

2. 攻球练习（右手直拍）

“吊球”练习时，站位于离球 60~90 厘米处。击球前，引拍至身体右侧，左脚稍前，前臂自然放松，球拍呈半横状，上臂与前臂约成 120° 角，与身体约成 30° 角。当球回摆至垂直位时，转腰引拍。回摆至上升期时，右腿微蹬地，左转腰，手臂由右侧向左前上方迅速挥动，同时拇指压指，食指放松，拍面前倾手腕稍内转发力，击球的中上部。每组练习 100 次。

3. 推球—攻球组合练习

“吊球”练习时，推球和攻球的要领同挡球练习和攻球练习，重点在于训练初学者的步法意识。推球时，小臂前送，稍加力。当球回摆至竖直位时，左脚稍前移、内扣，右脚迅速后撤（10 厘米左右），同时躯干右转，引拍。当球加摆至上升期时，右腿微蹬地、转腰、挥斩、击球的中上部，然后左脚后撤（10 厘米），左右脚前移，恢复至推球时的站立姿势。当球回摆至上升期时，推球。如此为一个组合，每组练习 50 次。

三、快乐乒乓球示例

1. 熟悉球性，自娱自乐

（1）连续碰击球：连续向上自碰击球，使球不掉下来，次数尽可能多，也可以高低交替进行。

（2）对墙碰击：练习者向墙连续碰击，反复击球，计板数。

（3）对墙不同区域碰击球：在墙上划出 A、B、C 不同区域，按要求将球击到相应的区域。

2. 游戏练习

（1）两人站立碰球对击：两人相距 2~3 米，用球板直接轻击较大弧线的球，并用计数法（每人击一次为一个回合）进行队与队之间的比赛。

（2）两人站在圈内碰球游戏：两人分别站在半径为 45~50 厘米的圈内，两圈相距 4~5 米，计板数。

（3）两人隔网碰球游戏：两人之间用绳或任何物品拦成一个网，要求能看清对方，高度以超过练习者身高 50~80 厘米为宜，计板数。

（4）两人坐长凳碰击球游戏：长凳长 4.5~5 米，两人共坐一条长凳，相距约 2.5 米，用球板轻击有较大弧线的球，并要求两人在每击一次球时必须向后移动约 10 厘米，共击 8 次球，以不失误并按要求完成移动距离为标准。

案例分析

案例：庄晓是本科二年级的学生，很喜欢打乒乓球。通过乒乓球专项课的学习，庄晓推挡、发球、正手攻球等基本技术提高得很快，但在接发球这一环节上总是掌握不好，打比赛时经常输球，为此他很苦恼。请替他分析一下。

分析：庄晓同学出现的这种情况带有普遍性。在乒乓球比赛中，相对于其他环节，接发球的难度最大，因为它比较多地受发球者的控制，而接发球方对发球者在技术上没有任何限制的方法，从而大大增加了接发球的不可预测性。要解决这一问题，首先要提高判断能力。判断能力是接好发球的首要环节，如对球旋转的变化可从发球者动作的轨迹、球运行的弧线、出手的快慢等加以判断和猜测，对球速度和落点的变化，可依据球第一落点是靠近球网还是靠近对方台面的端线来判断是短球还是长球。其次要加强基本技术的练习，尤其是搓接、挑接、摆短、拉接等要反复练习。再次是要在比赛中摸索总结，提高自信心。

思考题

1. 通过乒乓球运动发展历史的学习，你认为推动乒乓球运动不断发展的因素有哪些？
2. 就乒乓球运动的健身功能，结合自身体会谈谈看法。
3. 你采用哪一种握拍方法？你认为该握拍方法有什么优点？
4. 你认为打好乒乓球的基本要素是什么？
5. 在介绍的几种战术中，你一般采用哪一种？为什么？

第十章 网球运动

学习目标

1. 了解网球运动的发展史及网球重大赛事，提高欣赏水平。
2. 熟悉网球运动的基本技术，培养终身健身意识。
3. 懂得网球运动的基本战术，掌握自我锻炼的方法。

第一节　网球运动概述

一、网球运动的起源与发展

网球运动起源于法国，成熟于英国。12—13 世纪，在法国传教士中流行一种用手掌击球的游戏，方法是在空地上两人隔一条绳子，用手掌将布包着头发制成的球打来打去。当时，这种游戏叫“jeu de paume”（法语，用手掌击球的意思）。

后来，这种运动渐渐从修道院传到了法国宫廷。1358—1360 年，这种供贵族玩的古式网球又从法国传入英国，当时这种球的表皮是用埃及坦尼斯镇所产的著名绒布——斜纹法兰绒制作的，英国人就将这种球取名为“tennis”。

近代网球的历史是从 1873 年开始的。当时，会打古式网球的英国少校 M. 温菲尔德，改进了古式网球的打法，把场地移到了室外草坪上，设计了一种适用于户外、男女都可以从事的网球运动。1875 年，出现了较详细的竞赛规则。1877 年，在英国伦敦郊外的温布尔顿举办了首届全英草地网球锦标赛，当时仅设男子单打一个项目。1879 年，增设了男子双打。1884 年起，开始设女子单打。直到 1913 年，女子双打和混合双打才走进温布尔顿公开赛。

紧随英国之后开展网球运动的国家是美国。1881 年，世界上第一个全国性网球协会——全美草地网球协会诞生，并在罗德岛新港举行了首届比赛，并开始设有男子双打。1887 年，增加了女子单打，1890 年又增加了女子双打，1892 年举行了混合双打比赛。

1878 年以后，草地网球相继传入加拿大、斯里兰卡、瑞典、印度、日本、澳大利亚、南非等国。

1913 年 3 月 1 日，在法国巴黎成立了世界网球的最高组织——国际网球联合会。它的成立，为网球运动的进一步发展开辟了一条更加广阔的道路。至此，现代网球运动逐渐在全球盛行起来，成为一项深受广大群众喜爱的球类运动。

我国网球运动起步也不算晚。约在1885年，现代网球运动传入上海、广州、天津等几个大城市，但仅在教会及教会学校中开展，参加人数较少，运动水平也较低。

新中国成立后，网球运动和其他体育项目一样，得到了迅速发展。1956年10月23日，中国网球协会正式成立。近十年来，我国女子网球进步神速。2004年，郑洁首次晋级法网16强，李婷、孙甜甜获得雅典奥运会双打金牌。2006年，郑洁/晏紫先后拿下澳网、温网两项大满贯双打冠军。2008年澳网，孙甜甜/泽蒙季奇这对跨国组合问鼎混双冠军，这次也是中国选手第一次获得大满贯混双冠军。值得一提的是，李娜勇夺2010年法网女单冠军以及2014年澳网女单冠军，同时，李娜的世界排名最好达到第二位，这一成就足以载入世界网球史册。

二、球场分类

现代网球运动的一个重要特征是在多种不同性能的场地上比赛，无论职业或业余比赛都是如此。根据影响球的反弹程度的不同，网球场大致可分为以下几种：① 慢速球场（黏土、其他土质球场等）；② 中速球场（粗糙的人工合成材料、油漆地板等）；③ 快速球场（草地、光滑的人工合成材料、硬木地板等）。总之，球场越硬、表面越光滑，球速越快。目前，各种球场都有向中速靠拢的趋势，这会使比赛更具观赏性，更有利于技术全面的球员赢得比赛。

三、国际重大网球赛事

（一）四大网球公开赛

温布尔顿网球公开赛、法国网球公开赛、美国网球公开赛和澳大利亚网球公开赛，被称为世界四大网球公开赛，也称为四大满贯赛事。它们都是每年一届的最为重要的世界性网球单项比赛。世界各地的职业选手均视获得这四大比赛桂冠为最高荣誉。

1. 温布尔顿网球公开赛

温布尔顿网球公开赛是现代网球史上最早的比赛，由全英板球和草地网球俱乐部于1877年创办。该比赛于每年6月最后一周至7月初定期举行。到2018年为止，温布尔顿网球公开赛已连续举办了132届，其中，由于两次世界大战影响停赛10次。

2. 美国网球公开赛

美国网球公开赛于1881年在美国罗德岛新港举行，每年通常在8—9月间举行。开始名为“全美冠军赛”，1915年移至纽约林山进行比赛，1970年改名为全美公开赛。1968年被列为四大公开赛之一，是一年中最后举行的大赛。

3. 法国网球公开赛

法国网球公开赛是世界网坛享有盛名的传统比赛，始于1891年，通常在每年5月下旬至6月上旬举行，是继澳大利亚公开赛之后当年第二个进行的公开赛。比赛地点设在巴黎西部一座名叫罗兰·加洛斯的大型体育场内。

4. 澳大利亚网球公开赛

澳大利亚网球公开赛是四大公开赛最晚创建的赛事，但从1905年创办至今也已经有100多年历史，赛地在墨尔本，每年的1—2月举行，它是每年最早开赛的赛事。

扫一扫，查看中国网球公开赛

（二）年终总决赛

ATP 年终总决赛也称大师杯赛，只有获得 ATP 排名前 8 名的选手才有资格参加比赛。2009 年以后，ATP 年终总决赛取消了大师杯的名称，更名为 ATP 世界巡回总决赛。WTA 年终总决赛通常被认为继四大网球公开赛之后，水平最高的女子网球赛事，参加的选手也必须是 WTA 年终排名处于前列的选手，在该项比赛中获得名次的选手，也会获得仅次于大满贯赛事的积分。

（三）ATP 大师赛和 WTA 皇冠明珠赛

ATP 大师赛是男子网球 1 000 分赛事，目前全世界共有 9 站 ATP 大师赛，每年 10 月中旬举办的上海大师赛就属于这一顶级赛事之一。WTA 皇冠明珠赛是女子 1 000 分赛事，全年共有 4 站比赛。

（四）戴维斯杯网球赛和联合会杯网球赛

戴维斯杯网球赛是世界男子网球团体赛，联合会杯网球赛是世界女子网球团体比赛，它们都是每年举办一次，队员代表自己的国家参加比赛。

第二节　网球基本技战术的学习与运用

一、网球基本技术

（一）握拍方法

握拍是所有击球的基础，它间接形成球员的打法特点。在当今网坛中，基本握拍法大致分为 4 类：大陆式、东方式、西方式和半西方式。

握拍时，手掌小鱼际肌要与拍柄底部齐平，掌心和手指应与拍柄最大面积地贴合在一起，拇指环绕拍柄紧贴中指，食指略与中指分开并自然与拍柄贴在一起。整个手型有点像开枪时扣扳机的样子。握拍不宜过紧，只在挥拍击球的瞬间握紧拍就行了。握拍法也不是一成不变的，初学者往往采用东方式握拍，但随着技术的提高，慢慢就转到西方式去了。总之，感觉最舒适的握法就是最适合你的握拍方式。

1. 大陆式握拍

食指和拇指形成的“V”形虎口对准 1 的位置（图 10-2-1）。采用这种握拍方法，打截击球时无需换握。此外，发球、高压球、切削球也都可用此握拍法。

2. 东方式正手握拍

将“V”形虎口对准 2 的位置（图 10-2-1）。它与握手的姿势十分相似。此种握拍法较适合初学者，尤其建议女生初学者使用。

3. 东方式反手握拍

将“V”形虎口对准 8 的位置（图 10-2-1）。这种握拍方法可给手腕提供良好的稳定性。有些优秀选手可通过

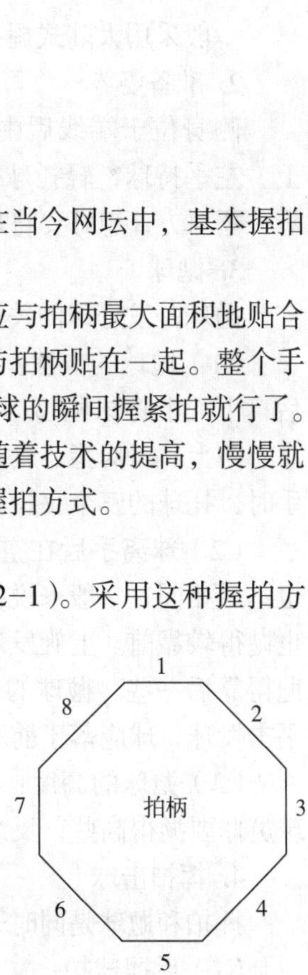

图 10-2-1　拍柄示意图

使拇指伸直来打较高的落地球。

4. 半西方式握拍

将“V”形虎口对准3的位置（图10-2-1）。用此种握拍法，易于击打腰部以上高度的球。它具备西方式握拍的旋转和东方式握拍的力量，倾向于正手主动进攻。这种握拍法不仅适合初学者，更被当代顶尖网球选手广泛运用。建议有一定运动基础的男生采用此握拍法击球。

5. 西方式握拍

将“V”形虎口对准4的位置（图10-2-1）。西方式握拍最显著的特点是正、反手击球使用同一个拍面。喜欢打强烈上旋球的土场选手多采用这种握拍法。

6. 双手反手握拍

一般右手（以右手击球为例）采用大陆式握拍，左手采用东方式正手握拍。与单手反手击球相比，双手反手击球更具稳定性，击球也更有力量，接发球成功率较高。当今世界网坛职业选手中，有70%以上的选手采用双手反拍击球。

（二）发球

扫一扫，查看发球示范动作

发球是网球基本技术之一，也是网球比赛中唯一由自己掌握、不受对方影响的重要技术。发球的好坏直接关系到分数的得失。因此，必须掌握好发球技术。发球一般分为准备姿势、抛球、拉拍、击球和随挥5个阶段。

1. 握拍

一般采用大陆式握拍。

2. 准备姿势

侧身位于端线后中点标记近旁，左肩对着左边网柱（右手握拍），重心在左脚上。左手持球，轻托球拍在腰部，拍头指向前方。呼吸均匀，全身放松，精神集中，看一下对方，想好要将球发向哪里，最好养成发球前拍几下球的习惯。

3. 抛球

抛球是发好球的关键。

（1）抛球的方法：在准备动作的基础上，持球手臂渐渐下落靠近同侧大腿，然后自下而上将球抛起。在整个抛球过程中，手臂保持伸直状态，其走势与地面垂直，掌心向上，以拇指、食指、中指三指将球平稳托起，球在空中的旋转越少越好。球脱手时，托球的三个手指已最大限度地展开，感觉球被轻放到空中。

（2）球离手后在空中的位置：根据不同需要，球在空中相对于身体的前后位置也不尽相同。一般来说，平击发球强调出球的速度与攻击力，击球点较靠前，因此球也抛得较靠前。上旋发球强调球的旋转和稳定，击球点也就相应后移，因此球自然要抛得靠后一些。抛球的位置也可参照球落地后相对于前脚的位置来确定。一般来说，平击发球，球应落于前脚前一个拍头的位置上。

（3）抛球的高度：抛球的高度应在击球点之上。一般来说，发球动作幅度大的球员球要抛得高些，反之则低些。

4. 挥拍击球

挥拍和抛球是同时开始的。挥拍击球的环节包括：

（1）后摆球拍：从准备姿势开始，持拍手贴近身体像钟摆一样将球拍摆至身后。接着当球拍从身后向头上方做大弧度摆动时，身体做转体、屈膝、展肩动作，右肘向后外展约同肩高，拍头指向天空，左侧腰、胯成弓状，肩与球网约成直角。

（2）击球：在屈膝、背弓动作的基础上，球拍继续向上摆起，这时握拍手的肘关节放松，使向前转动的身体和右肩超越手臂和球拍，自然使手臂和球拍形成“搔背”动作。当球下降至击球点时，迅速向上挥拍击球，左脚蹬地，使手臂和身体充分伸展。挥拍击球时，肩、手臂已经回转，双肩与球网平行。同时，持拍手腕带动小臂有一个旋内的“鞭打”动作，拍面对球，将重心前移，蹬地、转体、挥拍等的力量集聚到一点上。

5. 随挥

击中球时，虽然挥拍击球动作已完成，但整个发球过程仍在继续。到达击球点后，球员应顺身体及挥拍的惯性做收腹、转肩和收拍动作，将球拍挥到持拍手臂的异侧，重心移向前方，做到自然跟进并保持平衡。

6. 常用的发球方法

（1）平击发球：平击发球不但力量大，球速快，而且反弹低。如果身材高大就可借助高点击球的空中优势直接攻击对方；如果身材较矮就不宜过多使用平击发球，因为这种发球弧线平，对过网点要求高，命中率较低。

平击发球的击球点应在身体的右眼前上方，以拍面中心平直对准球，击球的后中上部。身体充分向前上伸展，以获得最高击球点，提高发球命中率（图 10–2–2）。

图 10–2–2 平击发球

（2）切削发球：这是一种以右侧旋转（略带上旋）为主的发球。切削发球球的飞行轨迹及弹跳方法很独特，这种发球不但容易提高命中率，还能将对手逼至场外。若和平击发球交替运用，效果更好。

切削发球时，把球抛到右侧斜上方，球拍成一侧角向击球点挥击，击球的中后部偏右，使球产生右侧旋转。

（3）上旋发球：这是一种以上旋为主、侧旋为辅的发球。由于球充分上旋，过网时弧度高，落地后反弹更高，可迫使对方后退接球或抢点接球，因此，接发球的失误率较高。一般优秀男选手的二发都采用上旋发球。

上旋发球时，应把球抛到头后偏左的位置，击球时，身体尽量后仰成弓形，利用杠杆力量对球施加旋转。击球时，球拍快速从左下向右上方挥动，从下向上擦击球的背面，并向右带出，使球产生右侧上旋。

（三）接发球

发球与接发球是一对针锋相对的技术，二者对球员赢得比赛具有同等重要的意义。接发球者在一定程度上受发球员的支配，必须在瞬间之内精准、迅速、到位地把“判断”和“回击”一气呵成地完成。

1. 接发球站位

球员应根据发球员所站的位置来调整自己的站位。一般情况下，取位于单打边线附近，底线后半米至一米的地方。如果偏离单打边线太远（太偏左或太偏右站位），那么就会给自己造成防守上的空虚。

扫一扫，查看接发球示范动作

2. 准备姿势

保持两脚平行站立，比肩略宽，两膝微屈，上体稍前倾。重心位于前脚掌，将球拍置于体前，保持待动状态，并将注意力集中在发球员的抛球动作上，力求在接发球时向前移动击球。

3. 击球动作

根据对方的发球好坏、速度快慢而定，动作一般介于底线正、反拍击球和截击击球动作之间。面对发球差的选手，可用自己的底线正、反拍动作来接对方的发球；而面对发球好、速度快的选手时，可用网前截击的动作顶接对方的发球，这样接出的球近乎平击，很有威胁。

（四）底线正拍击球

1. 动作方法

扫一扫，查看底线正拍击球示范动作

（1）准备姿势：面对球网，两脚向前自然分开，与肩同宽，双膝微屈，身体略向前倾，重心落在双脚前脚掌上，右手握拍，左手轻托拍颈，双肘微屈，球拍舒适地放在身前，拍面垂直，拍头指向对方，两眼注视对方来球，做好击球准备。

（2）后摆引拍（拉拍）：当判断来球需用正拍回击时，转动双脚，左脚跟抬起并向右侧前方上步，右脚向右转 90° 与底线平行，同时转肩，转髋带动右手向后摆动引拍（此为关闭式步法，适用于初学者转体；另一为开放式步法，左脚不必上步，两脚平站但需更多地向右转体动作），引拍时，肘部弯曲，自然下垂，拍头低于膝盖，左手伸向前方，保持身体平衡。后摆引拍时，身体重心移向右脚，左肩对着右侧网柱，手腕固定，挥拍转动约 180°，拍头指向后挡网。

（3）击球动作（前挥击球）：从后摆进而向前，挥动时紧握球拍，手腕后伸、固定，脚用力蹬地，转动身体和挥拍，正拍的击球点在身体的右侧前方不超过腰的高度，击球时的挥拍速度最快，球打在拍面中心，击球时拍头自下而上地挥动使球稍带上旋。

（4）随挥：球触拍后，使拍面平行于网的时间尽量长些，挥拍沿着球飞行的方向前送，重心前移落在左脚，身体也随着转向球网，挥拍动作在左肩上方结束，拍头指向后方高出头部，随挥跟进动作要比后摆动作大而充分，保证击球的稳定性，随挥跟进结束，立即恢复成准备姿势，准备下一次击球。

2. 底线正拍击球方法

（1）底线正拍平击球：正拍平击球具有飞行线路平直、落地弹跳低、冲力大、进攻性强的特点。在底线对拉相持或对攻中，如果平击球技术运用得好，不仅可以为进攻创造条件，而且有时还能直接得分。但由于平击球的飞行线路平直而缺少弧线，所以，该击球的命中率和准确性较低。

采用东方式正拍握拍或半西方式握拍法。充分利用腰部回转和腿部力量，整个手臂挥动要快，用力要集中，球拍击球中后部直接将球击出。击斜线时，应击球的中后偏右部。

挥拍动作不应向上太多，近乎平行地向前挥拍击球，这样便于压住球，并控制好过网的高度（图 10-2-3）。

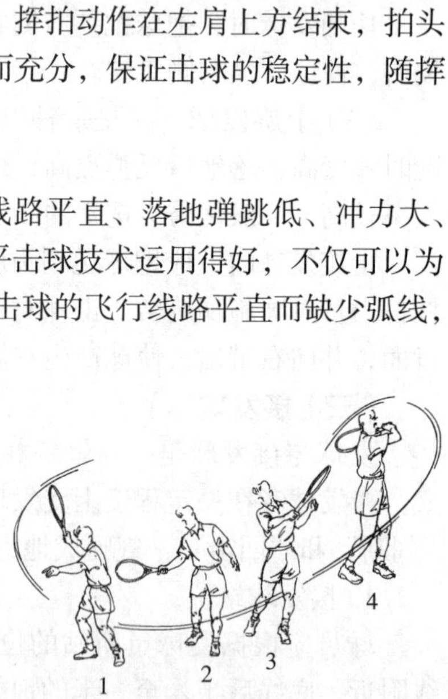

图 10-2-3 底线正拍平击球

（2）底线正拍击上旋球：正拍击上旋球是球

拍自后下方向前上方挥动摩擦整个球体产生球由后下方朝前上方转动。这种打法是在击球时，加大球拍向上提拉挥动的幅度，使球产生较为急剧的上旋。上旋球的特点是球飞行幅度高、下降快、落地弹起的反射角度较小、前冲力较大。打上旋球最大的优点是便于加力控制，是正拍击球中既能发力，又能控制进入场区、减少失误的击球方法。由于在快速跑动中调整精确的击球点很难，而击上旋球有较大的把握性，其他击球法容易失误。另外，正拍上旋球的飞行路线呈彩虹状，过网后有急剧下降的特点，可以打出短的斜线球，可把对方拉出场外回击以取得主动。上旋球还是破坏对方上网的有力武器。较低的上旋球落在对方上网人的脚下，使其难于还击。

正手击上旋球一般采用半西方式或西方式握拍。左脚向来球方向迈进半步至一步，并将重心移至右脚，同时向右转体带动手臂后摆球拍。在后摆动作的基础上，重心由右脚移至左脚，同时蹬地、转体并带动手臂自下而上挥拍迎击来球。到达击球点之前，拍头应低于击球点，然后依靠自下而上向前上方挥拍的力量将球提拉呈上旋出手，持拍手应带动球拍顺着后摆的弧线继续划弧，击球点在身体侧前方，相当于腰部高或略低于腰部的位置上。击球时，拍面稍向地面倾斜。此时，身体重心已移至左脚，身体也已转向出球方向，击球的力量源于转动身体而非手臂。

击球之后，要顺此惯性引导手臂及球拍沿出球方向继续送出，最后在其势末收住球拍，结束击球。尽可能地多送一程，可对出手后的球起到“保护”作用，使球飞行得更加平稳。

（五）底线反拍击球

反拍击球和正拍击球一样，也是网球的基础技术之一。

1. 单手反拍击上旋球

单手反拍击上旋球是对球施加上旋，球过网后下落速度较快，球落地后前冲力较大，给对方造成一定威胁的一种打法。

动作方法：当来球飞向反手方向时，应立即转换球拍的握法，正拍若使用东方式或西方式握法，在打反拍时应变化为相应的反拍握拍法。移动到位的最后一步要保持右脚在前，向左转体，使右肩和胯侧对向来球，球拍向左后挥摆，持拍手臂的肘部保持适当翘起，球拍自左后方向前上方挥击，其他同正拍击上旋球（图 10–2–4）。

图 10–2–4 底线反拍击上旋球

扫一扫，查看底线反拍击球示范动作

2. 单手反拍击下旋球

单手反拍击下旋球即反拍切削球。这种击球法由于球的强烈下旋，使球落地后弹起很低并伴有回弹或前冲现象。下旋球在空中逗留的时间也相对较长，是上网截击前一拍的不错选择。

动作方法：握拍一般用大陆式握法。击球时，拍面略打开，挥拍时由后上方至前下方击打球的后下部产生向下的旋转。击球点相对上旋球稍后些。击球动作结束时，球拍与腰平或稍高于腰的位置。

3. 双手反拍击球

双手反拍击球是许多运动员在底线附近抽击反手球时常用的方法。双手反拍多靠转体配合，拍面的稳定性强，击球的力量也比单手要大，易拉出强烈的上旋球。只是其击球点比单手反拍更近身一些，并且要多跑动一步才能选好合适的击球位置。

动作方法：握拍右手（后手）采用大陆式握法，左手（前手）一般采用东方式正手握拍。当来球飞向反手方向时，移动到位的最后一步保持右脚在前，身体右侧朝向来球方向。双手握拍向左挥摆至腰侧，右臂伸展较大，左臂弯曲，重心在左脚上，眼睛从右肩上方注视来球。在迎球过程中，挥臂与转体动作配合，使球拍由低向高挥动，击球点较单反略靠侧后稍近处。双手握紧球拍，拍面垂直或稍后仰，用拍面中心击球的中后部。击球后，双手随势挥至右侧头部高度或屈肘挥至右肩后上方（图 10-2-5）。

扫一扫，查看双手反拍击球示范动作

图 10-2-5 双手反拍击球

（六）挑高球

挑高球是将还击的球挑过网前对手的头顶落入对方后场区。挑高球有进攻性挑高球（上旋高球）和防守性挑高球（下旋高球）两种。当对方上网时，可采用上旋高球进攻对方，使对手既够不到又追不上来球；当自己处于被动时，可利用下旋高球赢得回位时间。

挑高球动作，前半部分与底线上、下旋球相同，只是在击球后的随挥动作，要突然有向上送球的动作（图 10-2-6，图 10-2-7）。

图 10-2-6 正手挑高球

图 10-2-7 反手挑高球

（七）高压球

高压球可分为凌空高压球、落地高压球等几种。凌空高压球是指不等球落地，在空中就将其扣杀回去，此种球杀伤力极大，但击球者需具备良好的空中定向，判断能力及熟练而精准的脚步移动能力。落地高压球一般是在来球虽高但飘忽不定或很难取到最佳点将其凌空击回的情况下，让球落地反弹后再寻高点扣杀，初学者可以此为练习高压球的手段之一。前场高压，因为位置靠近网前，所以基本上是应该得分的。后场高压一般是在上网后被对方反击一个过头高球情况下的抢救性措施，虽看起来有些被动，但发挥好了仍可以重创对手，甚至得分。

高压球的动作与发球动作相似，握拍也与发球握拍相同。当对方挑高球时，应立即侧身转体并用短促的垫步向后退，同时以最快捷的动作将球拍摆至肩上，非持拍手应指向空中的来球，这样有助于测寻击球点的位置，对保持身体的平衡也有积极的作用。击球与发球时击球一样，击球点在右眼前上方。整个击球过程要做到眼不离球，击球时要果断，不能犹豫。随挥动作与发球类似，击球过后顺势将球拍收于异侧大腿外侧（图 10–2–8）。

图 10–2–8　高压球

扫一扫，查看高压球示范动作

（八）截击球

拦击在空中飞行的球，称为截击或拦网。在网球击球中，截击是一项很重要的技术。截击球分中场截击、近网截击和近身截击。

1. 中场截击

动作方法：握拍采用大陆式。面对球网站立，两脚与肩同宽，屈膝，重心放在前脚掌上。当判断来球在正手侧时，立即转体转肩，左脚向右前方做 45° 跨步，以肩带动球拍后摆，动作不过肩，肘微屈，手腕成 45° 背屈，拍面略开，拍头高于手腕。截击时手腕紧固，击球点在左脚尖的延长线上，以切削的方法击球的中下部，动作跟进要短促有力。

中场反拍截击与正拍截击动作基本相同，只是右脚向左前方跨步击球（图 10–2–9，图 10–2–10）。

图 10–2–9　正手截击

扫一扫，查看正手截击示范动作

扫一扫，查看反手截击示范动作

图 10-2-10 反手截击

2. 近网截击

近网截击的站位比中场截击靠前，位于发球线前 1~1.5 米，是网前得分的主要手段。

动作方法：后引动作很小，拍面垂直，击球的中部或中下部，肘关节与身体不应太远，动作短促且小。

3. 近身截击

当对手朝两侧破网不成功时，往往会朝中路进攻，此时如果准备不充分就会措手不及，造成失误。因此，近身截击的难度就在于反应和步伐移动要快。

动作方法：两膝微屈，面对球网，重心在前脚掌上。拍子放在身前，注视来球；当球朝着偏正拍中路来时，左脚向左侧迅速横移一步，重心在左脚上，右脚跟进同时转体侧身，球拍始终保持在身体前面。击球时，手腕要固定并握紧球拍，根据来球高低向前或向下撞击球。

二、网球基本战术

（一）单打战术

1. 发球战术

（1）右区发球：站在右区发球时，应站在靠近中点发球，第一发球一般采用平击大力发球，发向对手右发球区中线附近，迫使对手用反拍接发球。第一发球发向对手反拍有以下好处：对手用反拍回球较困难，也减少了自己封网的角度，绝大多数选手反拍接发球时打直线，如果自己是用右手握拍，也应当做好反拍截击的准备。如果第一发球失误，则第二发球一般采用侧旋发球，发球速度相对慢些，以避免失误，可发向对手右发球区边线附近，利用侧旋迫使对手离开场区接球，使对手不能打出快速有力的回球，发球上网的选手就很容易上网截击。如果发球不上网，也可以占据场中有利位置等待对手回击。

（2）左区发球：站在左区发球时，应站在离中点 1~1.5 米处发球；第一发球一般应发向对手的左边线附近，即对手的反手边，让对手用反拍来接球。

2. 接发球战术

接发球的站位很重要，一般来说，在右区接发球时，右脚靠近单打边线；在左区接发球时，可以离单打边线远些，因为右手握拍的选手在左区发球时不可能把球拉出很远。接第一发球时，集中精力使它过网，尽量做到少失误；接第二发球时，可以不时地避开反拍而以正拍进攻，把球击向对手端线两角，随即上网截击或留在端线附近接对手的回球。

当对手发球上网时，最有效的方法是在对手上网跑动过程中把球击向他的脚部，即把球击向发球线附近。如果对手上网速度快、已占据了网前有利位置，则有三种破网方法：一是把球斜线击向对手的发球区边线附近；二是直线击向另一发球区边线附近；三是挑高球击向对手左底角附近。

3. 底线对抽战术

在网球比赛中，双方有大部分时间都处于底线对抽局面，这时要不断变换击球方法，如采用上旋和下旋结合，使对手不适应而造成失误；斜线直线结合，用大角度调动对手，使对手左右跑动。不要让对手有规律地移动，有些球交替打两个角，有些则打回头重复落点，使对手总是在猜测，判断。一旦对手打出一个浅球，就向前打随击球上网。

4. 改变不利打法战术

有些选手习惯在端线上很耐心地一拍一拍地将球打过来，对付这样的对手时，应注意改变打法。如处理浅球时，不要总是打随击球，应回打一个浅球或放一个小球，迫使对手上网，如果他的截击技术不是很好，就可以使其失误。放小球会使他感到意外，即使命中率不高，也可以试一下。放小球后，要像打随击球一样，继续向前上网，准备截击得分。

（二）双打战术

双打与单打的区别首先在于场地扩大了、人员增多了，其次在于击球的线路和落点不同，因此，双打时，应注意以下几点：

1. 互相鼓励，协作配合

双打时，要求两个队员配合得像一个人，这样才能把两个人的长处结合起来，打出比任何一个人单打水平都高的比赛。由于双打战术机动灵活，其变化比单打复杂得多。双打战术成功与取胜的关键在于两个队员默契配合。默契配合是建立在双方互相信任的基础上，并通过长期合作锻炼出来的。两个队员要紧密合作，互相鼓励，如同伴打出一个好球就要祝贺他。战术不对头时多商量，切记不要埋怨。因此，双打的根本是两个人如同一个整体，无论如何都要并肩战斗，移动要一致，相互间的距离不能拉开 3.5 米以上。

2. 双打站位

（1）发球、接发球时的双打站位：双打比赛时，一般是能够控制网前的队容易得分。如图 10-2-11 所示，发球员 A 应站在中点和单打线的中间，发球后直接上网。发球员的同伴 B 站在发球线和球网之间稍偏向单打线，应做到只向两侧各移动一步，就能封住单打与双打的狭道以及球场中央的斜线球。接球员 C 在接右区发球时，应站在端线靠近单打线处（以右手为例）；在接左区发球时，则应稍靠中间站一些。接球员的首要任务是将球打过去，然后考虑上网。接球员的同伴 D 应站在发球线前，偏近中线，目的是警戒对方网前选手 B 打来的中路球。当接球员击球后向前时，接球员的同伴应移动到自己那半场的中间靠近球网的位置。

（2）不同水平选手的双打站位：双打比赛讲究的是默契配合。一般来说，正拍较好的选手应站在右区，反拍较好的选手宜站在左区。击球技术更凶狠和更有决断的

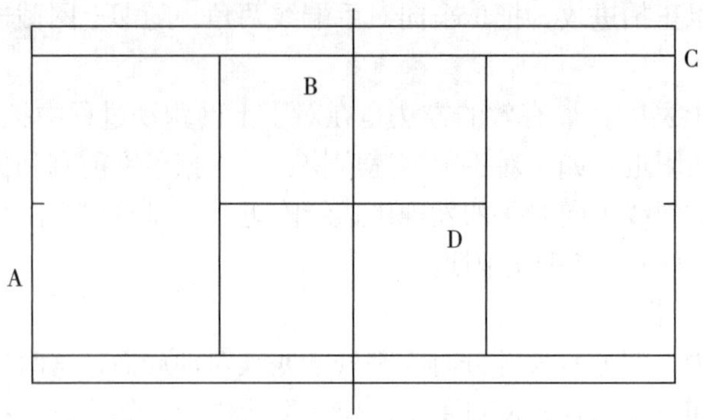

图 10-2-11 双打发球、接发球时的站位

选手应站在左区，而较稳健和不易失误的选手则应站在右区。事先，还要商量好由谁打中间的来球。在通常情况下，正拍选手打中路球，或者站在对方击球者斜对面的选手准备接中路球。虽然双打的关键是控制网前（特别是发球方），但也不要闷着头往前冲，要注意始终盯着球。

第三节 网球比赛规则简介

一、场地规则

网球球场为长 23.77 米，宽 8.23 米的长方形场地。中间由一条挂在最大直径为 0.8 厘米粗的钢丝绳上的球网分开（图 10-3-1）。

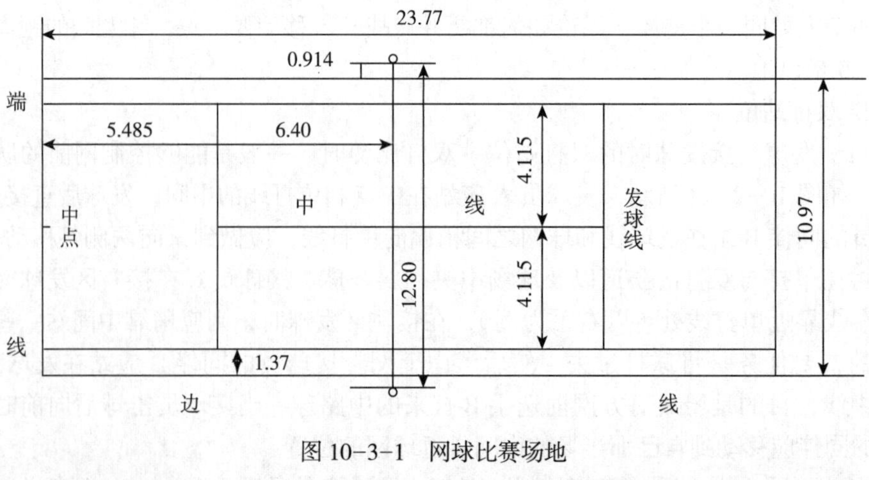

图 10-3-1 网球比赛场地

（1）全场除端线可宽至 10 厘米外，其他各线宽在 2.5~5 厘米之间。

（2）各区的丈量都从各线的外沿计算。中点线长 10 厘米，宽 5 厘米。

（3）网柱高为 1.07 米，球网中央为 0.914 米。

二、竞赛规则

（一）发球

1. 发球前的规定

发球者在发球前应站在端线后、中点和边线的假定延长线之间的区域里，用手将球抛向空中任何方向，在球接触地面之间，用球拍击球。球拍与球接触时，完成球的发送。

2. 发球时的规定

发球员在整个发球动作中，不得通过行走或跑动来改变位置。两脚只准站在规定位置，不得触及其他区域。

3. 发球者的位置

（1）每局开始，先从右区端线后发球，得或失一分后，应换到左区发球。

（2）发出的球应从网上越过，落到对角的对方发球区内或周围的线上。

4. 发球失误

以下情形判发球失误：未击中球；发出的球，在落地前触及固定物（球网、中心带和网边白布除外）；违反发球站位的规定。发球者第一次发球失误后，应在原发球位置进行第二次发球。

5. 发球无效

发球触网后仍落到对方发球区内或接球者未做好接球准备均应重发球，此时判定发球无效。

6. 交换发球

第一局比赛终了，接球者成为发球者，发球者成为接球者。以后每局终了，均互相交换，直至比赛结束。

（二）通则

1. 交换场地

双方应在每盘的第一、三、五等单数局结束后，以及每盘结束双方局数之和为单数时，交换场地。

2. 失分

发生下列任何一种情况，均判失分：

① 在球第二次着地前，未能还击过网。

② 还击的球触及对方场区界线以外的地面、固定物或其他物件。

③ 还击空中球失败。

④ 故意用球拍触球超过一次。

⑤ 运动员的身体、球拍在活球期间触及球网。

⑥ 过网击球。

⑦ 抛拍击球。

3. 压线球

落在线上的球都算界内球。

（三）双打

1. 双打发球次序

每盘第一局开始时，由发球方决定由何人首先发球，对方则同样地在第二局开始时，决定由何人首先发球。第三局由第一局发球方的另一球员发球。第四局由第二局发球方的另一球员发球。以下各局均按此次序发球。

2. 双打接发球

先接球的一方，应在第一局开始，决定何人先接发球，并在这盘单数局，继续先接发球。对方同样应在第二局开始时决定由何人先接发球，并在这盘双数局继续先接发球。他们和同伴应在每局中轮流接发球。

3. 双打还击

接发球后，双方应轮流由其中任何一名队员还击。如球员在其同队队员击球后再触球，则判对方得分。

（四）计分方法

一场网球比赛一般由一至五盘比赛构成，而每一盘比赛又分数局。率先赢得规定局数的选手赢得一盘，率先赢得规定盘数的选手则赢得比赛。

1. 胜一局

运动员每胜一球得 1 分，零分记“零”（love），胜第 1 分记 15（fifteen），胜第 2 分记 30（thirty），胜第 3 分记 40（forty），先得 4 分胜一局。但遇双方各得 3 分时，则为“平分”（deuce）。“平分”后，一方先得 1 分时，为该运动员“占先”（advantage）。“占先”后再得 1 分，才算胜一局。如一方“占先”后，对方又得 1 分，则仍为平分。以此类推，直到一方在“平分”后净胜 2 分结束该局。

2. 胜一盘

（1）一方先胜 6 局为胜一盘。双方各得 5 局时，一方必须净胜 2 局才算胜一盘。

（2）若双方各得 6 局时，一般采取长盘决胜制和平局决胜制两种方法。

长盘决胜制：在奥运会和大满贯的比赛中，决胜盘是采用长盘决胜制，决胜局时一方一定要领先 2 局才能赢得比赛。

平局决胜制：为了控制比赛时间，近年来普遍采用平局决胜制，也称为“抢 7”。平局决胜制记分方法如下：

① 先得 7 分者为胜该局及该盘。若分数为 6 : 6 时，一方必须净胜 2 分才算胜该局及该盘。决胜局全部采用数字记分制。

② 首先由轮到发球的运动员发第 1 分球，然后由对方发第 2 分及第 3 分球，此后轮流交替发球，每人连发两分球，直到决出该局及该盘的胜负。

③ 由轮到发球的运动员在右区发第 1 分球，再由对方依次在左区、右区发第 2 分球、第 3 分球，此后轮流交替发球，每人连发两分球。第 1 分球均在左区发球。

④ 运动员应在比分之和为 6 或 6 的倍数以及决胜局结束时交换场地。

第四节　自我锻炼方法实例

一、准备活动方法

准备活动在任何项目、任何水平的选手中都有着不可忽视的作用。很多学生一到网球场就开始大力击球，显得非常兴奋，实际上这对于技术的提高和身体的健康是很不利的。研究表明，准备活动可以使肌肉逐渐升温，神经系统逐渐兴奋。好的准备活动可以避免伤病，使身体更协调，便于掌握和提高技术动作。

准备活动自我锻炼方法实例：

（1）用球拍向上颠球，待熟练后，加上移动、转圈等。

（2）用正、反拍面依次连续颠球。

（3）两手各抓一球，同时抛起，落地后再用同侧手同时接住。熟练后，同时抛起，同时在空中接住球。

（4）两手各抓一球，同时左手抛向右边，右手抛向左边，在空中同时用两手接住球。

（5）颠球几次后，让球尽快停在球拍上，再将球向上送出，继续颠球。

（6）尝试用拍框颠球。

（7）尝试双手握住拍框，用拍柄击打球。

（8）用球拍将球抛起，下落时用球拍接住，尽量不让球弹起。

（9）小场地击球练习：正手、反手、削球各 5 分钟，要求将球打在发球区以内。

（10）隔网的截击球练习：两人隔网相对，用截击球方法击球，尽量不让球落地，多来回。

二、场外练习方法

在实际锻炼中，学生每次都到网球场进行练习是很困难的。如果没有定期和持续的练习，网球水平又肯定无法提高。针对学生群体的特殊性，场外的一些练习方法必不可少。

场外练习自我锻炼方法实例：

（一）徒手模仿正确动作，进行挥空拍练习

用意念方法，按照动作要求，边默念，边做动作。在挥击时，设想确有其球，保持正确的位置和准确的击球点，由慢到快地反复做徒手挥拍动作的练习，直到熟练、自如地掌握动作，形成动力定型。

（二）对着镜子检查挥拍动作

站在一面大镜子前，挥拍时可看到自己的全身。通过镜子可检查自己后摆时球拍的最远位置、击球点位置以及随挥动作完成的位置。重复做挥拍击球动作，直到头脑里对正确的击球动作有了概念。在球场上，当击球动作不对时，要回想这些概念，这样有助于做出正确的挥拍动作。观察镜子里自己的击球姿势，并纠正那些不正确的动

作，直到获得正确的姿势。

（三）练习抛球的稳定性

找一间天花板高的房间，或在户外靠近建筑物的地方，或者在网球场周围的挡网处练习抛球。先确定一个点，并注意这个点与参照物的关系，然后反复进行抛球练习，使球总能抛到那个点上。并可挥动球拍，以提高两臂的协调性。这一练习有助于改进发球节奏。球抛起后，可让它直接落地，以检查抛球的准确性。

（四）对墙练习，使击球动作定型

练习落地球时，可站在离墙 9 米处，做完整挥拍击球动作，目的是练习击球的稳定性。可在墙上作一记号，记下命中的次数。也可和同伴一起对墙练习，用近似于网球比赛的节奏，并且在击球后也可像比赛中一样移动。对墙进行连续击球时，要注意掌握节奏，不断增加正确击球的次数。

对墙练习是练习基本功的最好方法。几乎所有击球技术都能对着墙练。对墙击球时，不能太用力。

三、利用场地进行的练习

在场地上的练习有一定的针对性，根据问题和水平不同，练习方法和侧重点也不同。

场上练习自我锻炼方法实例：

（1）稳定性练习：在底线对打应尽量减少失误，力量适中，多打来回；提高正手时，尽量将球打到同伴的正手区；练习反手时，尽量将球打到反手区。

（2）直线正手、直线反手、斜线正手、斜线反手的练习。

（3）移动中的击球练习：站在底线中点，然后跑向固定的区域击球，要求每次击球后回到中点再打下一球。正手、反手都可以练习。

（4）小场地发球练习：站在发球线后发球，体会下压的感觉。

（5）站在底线后 1 米的位置发球，体会向前击打的感觉。这对经常发球下网的学生很有帮助。

（6）一人站在网前练习截击球，一人在底线击球。力量适中，落点在规定的范围内。

（7）双打走廊练习：击球必须打在单打和双打线之间的区域。分为正手和反手两项练习。

思考题

1. 网球运动有何健身价值？
2. 发球技术的基本要领有哪些？
3. 网球运动魅力表现在哪些方面？
4. 如何欣赏高水平的网球比赛？

第十一章 羽毛球运动

学习目标

1. 了解羽毛球运动的起源与发展。
2. 羽毛球运动的基本技术和战术。
3. 当好羽毛球裁判。

第一节 羽毛球运动概述

一、羽毛球运动的起源

中国在远古时期就有类似羽毛球游戏活动的存在，这种活动主要分布在我国西南地区。《大不列颠百科全书》也记载，原始的羽毛球游戏活动在 2 000 年前，就已经在中国、日本、印度、泰国等国开展了。

相传在 14—15 世纪时的日本，球拍是木制的，球用樱桃核插上羽毛制成。这种球由于球托是樱桃核，太重，球飞行速度太快，使得球的羽毛极易损坏，加之球的造价太高，所以该项活动时兴了一阵就慢慢消失了。19 世纪 60 年代，一批退役的英国军官把印度孟买的“普那”（Poona，球用圆形硬纸板插上羽毛制成，板是木质的一种类似羽毛球运动的游戏）带回英国。早期羽毛球运动所用的球类似我国民间的毽子，其活动形式是用木拍击打“毽子”球，被人们称为“毽子板”运动。

19 世纪中叶，在英国出现了用羽毛和软木制成的球和用弦穿的球拍击球的活动。1873 年，在英国格拉斯哥附近一位名叫鲍费特的公爵在伯明顿庄园举办了一次游园活动，由于下起了大雨，便改在室内进行的一种游戏，场地呈“葫芦型”，中间狭窄处挂着网。由于这项游戏的趣味性强，参与者个个尽兴而归，于是这项游戏活动便逐渐风行起来，并以“伯明顿”（badminton）命名。

二、羽毛球运动的发展

（一）现代羽毛球运动的发展

1875 年，世界上第一部羽毛球规则在印度普那拟定。1878 年，英国制定了渐趋完善和统一的羽毛球比赛规则。1893 年，英国 14 家羽毛球俱乐部倡议并组成了世界上第一个羽毛球协会，进一步修订规则和规定了统一的场地标准。确定羽毛球用 14~16 根羽毛粘在软木上，重量为 4.6~5.5 克，场地为长方形。1899 年，英国羽毛球协会举办了首届全英羽毛球锦标赛。至此，现代羽毛球竞赛活动诞生了。1934 年，由英国、加拿大、丹麦、爱尔兰、法国、荷兰、苏格兰、威尔士等国家发起并成立了国际羽毛球联合会，总部在英国伦敦。1948 年开始了“汤姆斯杯”赛。1956 年首届“尤伯杯”赛举行。1978 年 2 月，一些不满当时国际羽毛球联合会状况的国家和地区的代表在中国香港成立世界羽毛球联合会。在泰国举行了第一届世界羽毛球锦标赛。1979 年在我国杭州举办第一届世界杯羽毛球赛。1981 年 5 月 25 日，国际羽毛球联合会和世界羽毛球联合会正式合并，此后，国际羽毛球联合会对竞赛做了系统改革，逐步完善竞赛制度、改革记分办法，建立健全裁判制度。1992 年，羽毛球正式被列为夏季奥运会比赛项目。

现在，国际羽毛球联合会建立了由奥运会羽毛球比赛、世界男女团体锦标赛、世界锦标赛、世界团体锦标赛、世界系列大奖赛、世界青少年团体赛和洲际赛组成的世界羽毛球竞赛体制。

（二）我国羽毛球运动的发展

20 世纪 20 年代初，羽毛球运动传入我国，只是在一些城市的教会学校开展。中华人民共和国成立初期，只有东南沿海的少数城市、少数人打羽毛球，技术水平也较差。50 年代末、60 年代初，以侯加昌、汤仙虎、陈玉娘、梁子枚为代表的归侨青年学生，确定了“快、狠、准、活”的技术风格，宣告了我国羽毛球技术发展时代的开始。

1982 年，我国男子首次参加第十二届“汤姆斯杯”并获冠军，此后多次获汤姆斯冠军；1984 年，女子首次参加第十届尤伯杯并获冠军，此后也多次获尤伯杯冠军。在 1996 年亚特兰大奥运会上，我国获得 1 枚女子双打金牌（葛菲 / 顾俊）；2000 年悉尼奥运会获 4 枚金牌（男单吉新鹏、女单龚智超、女双葛菲 / 顾俊、混双张军 / 高崚）；2004 年雅典奥运会获 3 枚金牌（女单张宁、女双杨维 / 张洁雯、混双张军 / 高崚）；2008 年北京奥运会获 3 枚金牌（男单林丹、女单张宁、女双杜婧 / 于洋）；2012 年伦敦奥运会获 5 枚金牌（男单林丹、女单李雪芮、男双蔡赟和傅海峰、女双赵云蕾和田卿、混双赵云蕾和张楠）；2016 年获 2 枚金牌（男单谌龙、男双傅海峰 / 张楠）。

20 世纪 90 年代，我国羽毛球竞赛根据大众羽毛球活动的规律，推出了“荣誉赛”“积分联赛”“轮空抽签定位赛”等新的竞赛方法和赛制，促进了群众羽毛球运动的发展。1998 年，中国羽毛球协会主办了第一届全国“东西南北中羽毛球赛”，此后每年举行一次。目前，该赛事已成为我国群众羽毛球运动的一项传统赛事，同时也是水平最高的群众单项赛事之一。2017 年第十三届全国运动会首次将群众羽毛球运动设立为群众比赛项目之一，共设 13 枚金牌。

三、羽毛球运动的特点与锻炼价值

（一）特点

（1）是一项全身运动项目：无论是进行有规则的羽毛球比赛还是作为一般性的健身活动，都要在场地上不停地进行脚步移动、跳跃、转体，合理运用各种击球技术和步法将球在场上往返对击，这可以增大上肢、下肢和腰部肌肉的力量，加快血液循环，增强心血管系统和呼吸系统的功能。大强度羽毛球运动者的心率可达到每分钟 160~180 次，中强度心率可达到每分钟 140~150 次，低强度运动心率也可达到每分钟 100~130 次。长期进行羽毛球锻炼，可使心跳强而有力，肺活量加大，耐久力提高。此外，羽毛球运动要求练习者在短时间对瞬息万变的球路做出判断，果断地进行反击，可提高人体神经系统的灵敏性和协调性。

（2）不受场地的限制：羽毛球活动对场地设备的基本要求比较简单，只需两个球拍、一个球和一条绳索即可。在户外只要有平整的空地上就可以进行羽毛球活动了。

（3）集体、个人皆宜：羽毛球运动既可单兵作战（两人对练），又可集体会战（双打练习或三人对三人对练）。单人对练时，练习者可以随心所欲地打出任何弧线、任何远度、任何力量、速度、任何落点的球来；集体会战则可以使练习者养成协调配合的习惯，培养集体主义精神。

（4）不受年龄、性别的限制：羽毛球运动游戏性较强，运动量可大可小。年轻人可以将球打得又重又刁，拼尽全力扑救任何来球；年老者可以把球轻轻地击来打去，根据自己的身体情况变换击球节奏，从而达到锻炼身体、延年益寿的功效，既活动了身体，又娱乐了心情。

（二）羽毛球运动的锻炼价值

（1）增进身体健康：羽毛球运动可以全面增强人的体质。前后场的快速移动击球、中后场的大力扣杀球、被动时的扑救球、双打的换位击球等，都需要练习者有较好的力量、速度、耐力、灵敏、柔韧以及快速的反应能力。扣杀需要力量；在双方对拉回合的过程中，为了取得主动需要有较好的速度、耐力和速度耐力；在扑救球时（多半是被动情况）又需要有很好的灵敏和柔韧；双打中又需要极快的反应与判断能力。因此，经常从事羽毛球练习的人可以发展其灵活性、协调性，提高上下肢及躯干的活动能力，改善呼吸系统和心血管系统的功能，提高有氧供能和无氧供能的能力，调节神经系统并提高其抗乳酸的能力，达到增进健康、抗病防衰和调节精神的作用。

（2）调节心理状态：羽毛球活动包括对对方战术意图的揣摩，对各种战机的把握，对自己运用什么战术的选择等智力因素，因此经常从事该项运动可以使人思维敏捷。由于比赛的紧张、竞争的激烈，使练习者的心理素质得到很好的锻炼，在竞争中，强化进取精神，使人的智、勇、技在竞争与对抗中得到升华。经此磨练，能够做到临危不乱，泰然处之，既增长了智慧又陶冶了情操，不仅能在羽毛球活动中应付自如，而且能以良好的形态，正确的人生观去面对事业、家庭、荣辱等。

第二节　羽毛球基本技战术的学习与运用

一、基本技术

羽毛球运动是一项技术动作复杂，技术性很强的运动项目。在比赛中，运动员不仅需要有良好的击球方法，而且还要具备灵活的移动步法。因此，羽毛球运动的基本技术大致可以分为手法和步法两大类（图 11-2-1）。

- 羽毛球基本技术
  - 手法
    - 握拍法
      - 正手握拍
      - 反手握拍
    - 发球法
      - 正手发球：高远球、平高球、平快球、网前短球、
      - 反手发球：网前短球，平快球
    - 击球法
      - 高手击球：击高球、吊球，扣杀球。
      - 网前击球：搓球、推球、扑球、钩球、放网前球
      - 低手击球：挑高球、抽球、接杀球
  - 步法
    - 上网步法：跨步或交叉步上网、垫步上网、蹬跳步上网
    - 后退步法：正手后退步法、头顶后退步法、反手后退步法
    - 两侧移动步法：向右侧移动步法、向左侧移动步法
    - 起跳腾空步法：向右（左）侧移动起跳腾空步法、上网（后退）

图 11-2-1 羽毛球技术分类图

（一）握拍法

握拍法是羽毛球运动最基本、最重要的技术。握拍正确与否，会直接影响击球的准确性，还会影响技术的全面发挥和提高。羽毛球拍的握拍方法有两种：正手握拍法和反手握拍法。以下技术均以右手握拍为例。

1. 正手握拍法

正手握拍法又称“握手”式握拍法。握拍时，先用左手拿住球拍杆，使拍面与地面垂直，再张开右手，使虎口对着球拍拍框的内侧，手掌小鱼际肌靠在球拍柄端，小指、无名指、中指自然并拢，食指和中指稍分开，大拇指的内侧和食指贴在拍柄的两个宽面上将球拍柄握住。握拍时，要使掌心与拍柄保持一定的空隙（图 11-2-2）。

正手发球、身体右侧的放网前球、击肩下球和肩上球以及头顶击球等一般都采用正手握拍法。

2. 反手握拍法

反手握拍法是在正手握拍的基础上的转化，将大拇指伸直，用其第一指节内侧顶贴在拍柄内侧的宽面上，食指收回，与拇指同（或略）高，用大拇指和食指将球拍稍向外转，中指、无名指、小指紧握拍柄，拍柄端靠近小指根部。握拍手与拍柄之间留有空隙，以便能充分利用手腕力量和大拇指的内侧压力击球（图 11-2-3）。

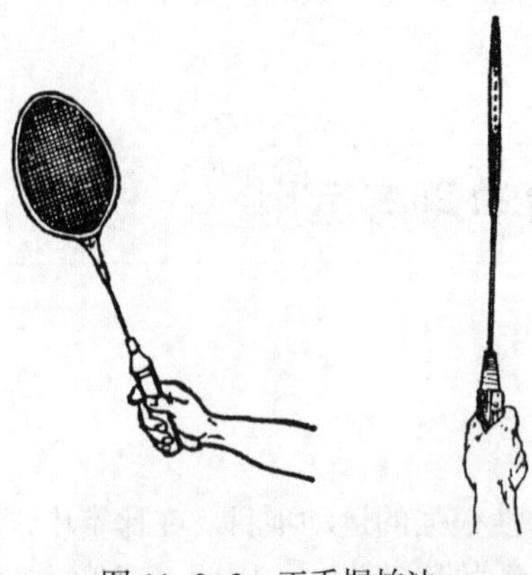

图 11-2-2 正手握拍法

图 11-2-3 反手握拍法

（二）发球与接发球

1. 发球

发球是羽毛球运动一项非常重要的基本技术。发球质量的好与坏，直接关系到比赛的主动与被动，甚至直接关系到比赛的胜与负。

羽毛球的发球技术，按其动作可分为正手发球和反手发球；按球在空中飞行的弧线，可分为发高远球、平高球、平快球和网前短球（图 11–2–4）；按比赛项目划分，则可分为单打发球和双打发球。

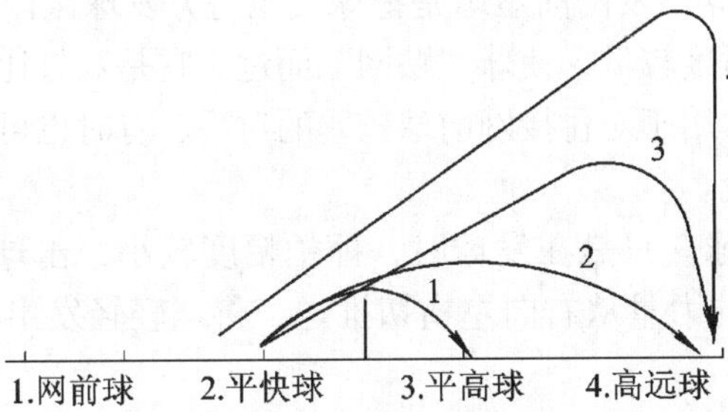

图 11–2–4　羽毛球的几种发球

（1）正手发球

正手发球一般用于单打比赛中的发高远球、平高球、平快球，同时也可用于发网前短球。

① 正手发高远球：发高远球主要是把球发得又高又远，使球飞行到对方底线上空时几乎垂直下落，球的落点在对方场内端线附近。

发球时，左肩侧对球网，左脚在前，右脚在后，脚尖稍向右侧，身体重心在右脚上。右手的上臂和前臂同时向右肩后侧上方举起，肘部微屈，左手持球举在腹部右前方，发球时左手放球下落的同时，球拍由下而上快速挥动，拍击下落球的底部。这时，球借臂力、腕力和球拍的弹力向前飞出（图 11–2–5）。

扫一扫，查看正手发高远球

图 11–2–5　正手发高远球

发高远球时，要注意使身体重心转移的力量和手臂挥动力量以及手腕、手指的爆发力量有机地结合起来，以使发球动作自然协调，出球有力准确。

② 正手发平高球：平高球在空中的飞行弧度稍低于高远球，而飞行速度稍快于高远球，球较快地越过对方身体落在对方场内端线附近。发平高球是发球抢攻的手段之一。

发球时，站位与准备姿势同发高远球。挥拍击球时，不要紧握拍柄，利用小臂挥动力量带动手腕、手指向前上方击球。拍面稍向前推送，使出球仰角小于 45°，球运行到至高点后逐渐下落至对方场内端线附近。

③ 正手发平快球：发平快球又称发平球，是把球发得又平又快，使球快速落在对方场内端线附近。平快球突袭性强，往往能使对手措手不及而造成被动或失误。发平快球往往是发球抢攻的重要手段。

准备姿势同发高远球，站位稍靠后些。击球瞬间紧握球拍柄，利用小臂挥动力量带动手腕、手指力量快速向前击球，拍面仰角小于 30°，使球越网而过直落后场，向对方反手部位或空当飞行。

④ 正手发网前短球：发网前短球是把球发至对方发球区内前发球线附近。球的飞行速度较慢，飞行弧度较低，使球“贴网”而过。它是双打比赛中最常用的发球方法。在单打比赛中，常用于对付接网前球较差的对手，有时也可以作为过渡性的发球或发球抢攻战术的手段。

准备姿势同发高球。只是在发球时，挥拍幅度较小，击球瞬间不需紧握拍柄，而是利用手腕和手指的力量从右向左横切推送，将球轻轻发出，使球贴网而过（图 11-2-6）。

扫一扫，查看正手发网前短球示范动作

1 2 3 4 5

图 11-2-6 正手发网前短球

（2）反手发球

反手发球一般用于发平快球和发网前短球。这种发球，主要是用大拇指发力，以大拇指及其他手指力量来控制球速和落点。所以，有动作小、速度快、一致性强等特点，易迷惑对手。在一般情况下，双打比赛多采用反手发球法。

① 反手发网前短球：反手发球站在发球线后 10~15 厘米及中线附近，也可站在前发球线后及边线附近，面向球网，两脚开立，上体稍前倾，重心在前脚上，右手臂屈肘，用反手握拍横举腰间，拍面在身体左侧腰下。准备击球时，手腕内屈，击球瞬间利用小臂带动手腕、手指力量向前横切推送，将球击出。发球时，挥拍较慢，力量较轻，当球“贴”网而过后即往下坠落在对方发球区内前发球线附近（图 11-2-7）。

扫一扫，查看反手发网前短球示范动作

5 4 3 2 1

图 11-2-7 反手发网前短球

② 反手发平快球：站位与准备姿势同反手发网前短球。击球时手紧握拍柄，掌握好拍面角度，加快挥拍速度，注意“甩”腕与手指动作的配合，使之产生爆发力将球向前或前上方击出。

发球注意事项：

（1）不论发高远球、平高球、平快球，还是发网前短球，都应注意发球姿势和发球动作的一致性，使对手不易发现或看出自己的发球意图，以便取得比赛的主动。

（2）正手发球时，应注意使身体重心转移力量、手臂挥动力量和手腕手指力量有机结合，使发球动作自然、协调、放松、优美。

（3）发球结束后，应迅速站好位置或调整站位，积极做好回击对方来球的思想准备和准备姿势，以免措手不及或被动还击造成失误。

2. 接发球

接发球是羽毛球运动一项重要的基本技术。接发球的质量往往直接影响到一个回合开始的主动与被动。

（1）站位与姿势

① 单打站位：站位于前发球线1.5米处。在右发球区要站在靠近中线的位置；在左发球区则站在中间位置。这样可以防备对手直接进攻反手部位。一般左脚在前，右脚在后，双膝微屈，收腹含胸，身体重心放在前脚上，后脚脚跟稍抬起，身体半侧向球网，球拍举在身前，两眼注视对方（图11-2-8）。

图11-2-8 接发球准备姿势

扫一扫，查看接发球准备姿势示范动作

② 双打站位：由于双打发球区比单打发球区短0.76米，发高远球易被对方扣杀。所以，双打发球以多发网前球为主。接发球时，要站在靠近前发球线的地方，姿势与单打的接发球姿势基本相同，只是身体稍前倾，重心可放在任意一脚，举拍稍高，在来球到网上最高点时击球。

（2）接发各种来球

对方发来高远球或平高球时，可用平高球、吊球或杀球还击；对方发来网前球时，可用平高球、高远球、放网前球、平推球还击，如对方发球质量不好，也可用扑球还击；对方发来平高球时，可用平推球、平高球还击，以快制快，亦可以用高远球还击，以逸待劳；如果要发球抢攻，而自己的防守能力又不强，就可以放网前球或平推球还击，落点要远离对方的站位，控制住球，不让对方进攻；当对方连续发球抢攻时，接发球一定要冷静、沉着，若疏忽麻痹，回球质量稍差，就可能让对方抢攻得手。

（三）击球法

击球是羽毛球运动最重要的基本技术之一。要想打好羽毛球，必须掌握正确的击球方法。根据球与人体的不同位置，击球方法可分为正手击球和反手击球；根据击球点与人体的不同位置，击球方法可分为高手（上手）击球、低手（下手）击球和网前击球。高手击球有击高远球、平高球、吊球、扣杀球；低手击球有挑（拉）球、抽球、接杀球；网前击球有放网前球、搓球、平推球及扑球等。

1. 高手击球

高手击球又称上手击球，是指击球点高于头部的击球。高手击球具有击球点高、速度快、力量大、主动性强、进攻威力大的特点，是快攻打法的最基本技术。在双打比赛中，为了发挥力量和速度，高手击球更具有特殊的作用。

（1）击高球

击高球分为正手、反手和头顶三种手法。

① 正手击高球：判断来球路线和高度，迅速移位使球下落于右肩稍前上空，侧身对网，左脚在前右脚在后，重心在右脚；右手屈臂将球拍举在右肩上，拍面对网，左手屈肘自然举起准备击球；当球下落至接近击球点高度时，胸部舒展，握拍手小臂向后移动，肘部自然抬起使球拍挥至头后，自然伸腕；击球时，右腿蹬地，转体收腹协调用力，大臂带动小臂送肘上举，小臂向前“甩”出（带有内旋动作），击球瞬间，手臂几乎伸直，“闪”动手腕，用手臂、手腕和手指力量将球击出。若拍面向前上方则击高远球，若拍面稍向前上方则击平高球。击球后，手臂顺惯性向右前下方挥摆收拍于上体前，重心由右脚移至左脚（图 11-2-9）。

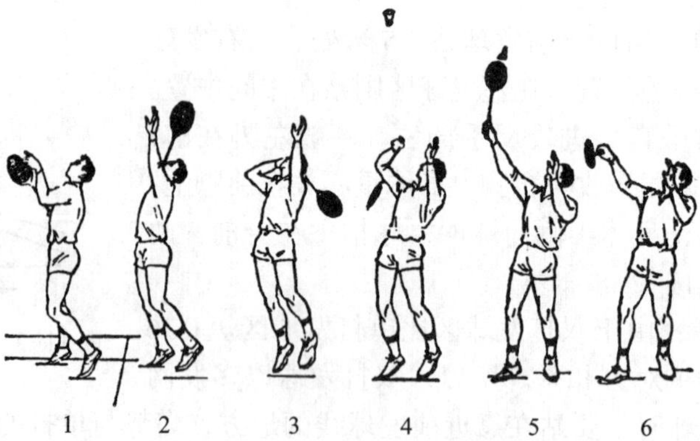

图 11-2-9 正手击高球

② 反手击高球：判断来球路线和高度，迅速移位，最后一步右脚前交叉向左侧底线跨出，背部向网，重心在右脚，举拍于左胸前，双膝微屈准备击球；击球时，下肢由屈到伸用力，持拍手肘关节举高用大臂支撑，当球在右侧上空下落时，大臂带动小臂把肘关节上举与肩同高，以肘关节为轴，小臂伸直并外旋，以小臂带动手腕、手指力量“闪”动，在右侧上方向后击球，击球后迅速转体面向网（图 11-2-10）。

图 11-2-10 反手击高球

③ 头顶击高球。准备姿势与正手击高球相同。击球时，步法移动要快，击球点选择在左肩上方或偏后的位置，身体侧身偏左稍后仰；球拍从右后侧绕过头顶后，由左肩上方向前挥动小臂带动手腕、手指力量，快速“闪”动击球。有一定水平者在主动情况下，多数运用起跳击球法。击球后，左脚在身后落地并立即回蹬，重心移至右脚，迅速回中心位置。

（2）吊球

吊球是指自后场打到对方前场向下坠落的球。吊球在比赛中运用较多，它与高远球、扣杀球结合运用，常能造成对方判断上的困难。吊球具有较大的威胁性，是调动对方、打乱对方阵脚、组织战术配合的一种击球技术。其技术有正手、反手的劈吊、轻吊和拦截吊几种。

① 劈吊：是指对方来球较高时采用的一种向前快劈的吊球动作。劈吊球速较快，离网较高，球的落点在对方前半场离边线 50 厘米左右。

② 轻吊：是指吊球时用力较轻，球速较慢，球的落点在对方前发球线以内 50 厘米左右。轻吊技术带有“切削”动作。

③ 拦截吊：是指把对方击来的平高球拦截回去。其优点是球的落点离球网较近，但球速比劈吊球速慢，球越过网后可垂直下落。

吊球时，准备姿势与击高球、扣杀球相似，只是击球时用力不同。在挥动球拍时，拍面成半弧形，击球瞬间前臂突然减速，快速“闪”动手腕击球托的偏右侧（头顶吊球及反手吊球击球托的偏左侧）。打对角吊球时，当对方来球较高，手腕向下切削的角度要大些，力量稍大些；当对方来球较平时，手腕向前推的动作要大些，向下切削的力量要小一些（图 11-2-11）。

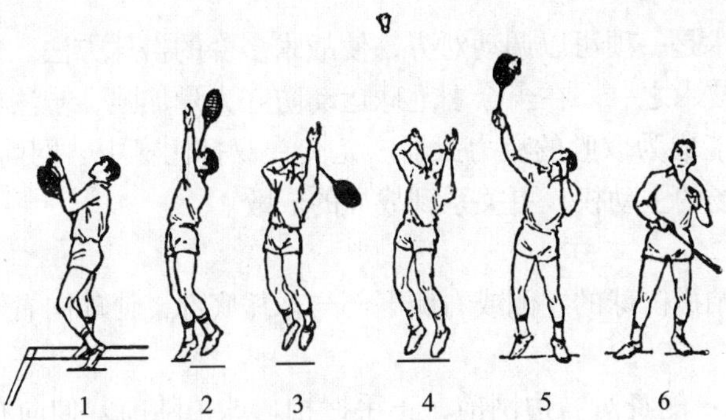

图 11-2-11　吊球

（3）杀球

杀球是指把对方击来的高球，在尽量高的击球点上，用力快速地往对方场区斜压下去。杀球的飞行弧线直、下落速度快、力量大，能给对方造成很大的威胁，是羽毛球比赛重要的得分手段。

① 正手杀球：准备姿势、击球动作与正手击高球大致相同，不同的是在击球瞬间需用全力，充分利用右腿的蹬力、腰腹力、手腕力及重心的转移，迅速将球向前下方击出。球拍触球时，拍面前倾，向前下方用力，手握紧球拍，击球点在右肩稍前上方。击球后，球拍随惯性向左下方摆，身体重心由右脚移至左脚（图 11-2-12）。

扫一扫，查看正手杀球示范动作

图 11-2-12 正手杀球

② 反手杀球：准确判断对方来球，迅速移动步法到合适的击球位置，最后一步右脚向左后侧跨出，背对球网，反手握拍，持拍手屈臂将球拍举至左肩上方准备击球。当球落到右肩上方适当高度时，肘关节向上举高，以肘关节为轴，用左脚蹬力、腰腹力、肩力及大臂带动小臂，手腕、手指快速用力向后击球。击球瞬间握紧球拍，手腕快速用力向前下方扣压。

③ 头顶扣杀球：准备姿势、击球动作与头顶击高球相似。当球恰好落在头顶上空或左肩上空适当高度时，持拍手臂向上举拍并绕头由左肩上，突然加快小臂、手腕的“闪”动并下压，同时右脚向左后方蹬地跳起，左脚后撤，身体成背弓形，利用腰腹力和手部力量协调地向前下方用力将球击出。左脚着地时，要快速蹬地起步回位，准备回击下一个来球。

2. 网前击球

网前击球技术是一项可以调动对方，使战术多变的击球方法。它是羽毛球基本技术中比较细腻的技术之一。在当今羽毛球运动防守力量加强、步法灵活的情况下，网前击球技术往往能成为取胜的有力武器。尤其在双打比赛中，网前击球技术的好坏，不仅关系到前半场的主动权，更关系到战局的成败。

（1）搓球

搓球是用球拍搓击球的左侧或右侧下部与球托底部，使球向右侧或左侧旋转与翻滚过网。

① 正手搓球：侧身对右边网前，正手握拍。球拍随前臂伸向右前上方斜举。举拍在最高点时，前臂向外旋转，手腕由后伸至稍内闪动。握拍手的食指和拇指夹住拍，中指、无名指和小指轻握拍柄，使球拍在手腕和手指的挥摆用力下，搓击球的右下底部，使球旋转翻滚过网（图 11-2-13）。

扫一扫，查看反手搓球示范动作

② 反手搓球：侧身背对网，重心在右脚，握拍手臂向前伸出，出手要快，手腕、手指自然放松，前臂稍上举，手腕前屈，握拍手部高于拍面，反拍迎球。击球时，主要靠前臂的前伸外旋和手腕由内收至展腕的弹力，带动手指离网“提拉”，搓击球托的侧底部，使球呈上旋翻滚过网。

（2）推球

推球是把对方击来的网前球击到对方的后场左底角或右底角。

① 正手推球：准备姿势与网前搓球相似。击球前，肘关节微屈回收，小臂稍外

图 11-2-13　正手搓球

扫一扫，查看正手搓球示范动作

旋，手腕后伸，球拍向后摆。此时，小指、无名指稍松开，使拍柄稍离鱼际肌。击球时，身体稍前移，小臂向前伸并带内旋，手腕、手指控制拍面角度，手腕由后伸直闪动，食指前压，小指、无名指突然握紧拍柄。球拍急速推击球，球沿边线飞向对方后场底角。击球瞬间，拍面几乎与球网平行（图 11-2-14）。

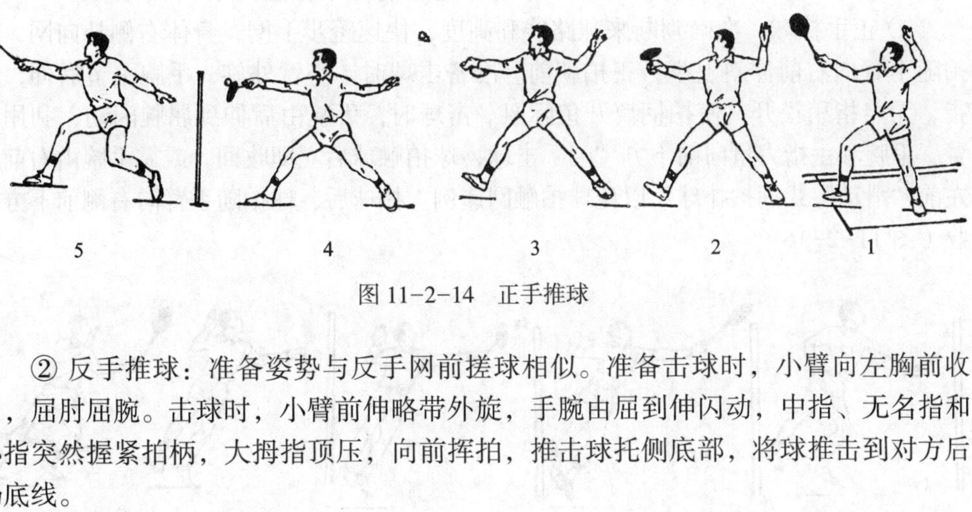

图 11-2-14　正手推球

② 反手推球：准备姿势与反手网前搓球相似。准备击球时，小臂向左胸前收引，屈肘屈腕。击球时，小臂前伸略带外旋，手腕由屈到伸闪动，中指、无名指和小指突然握紧拍柄，大拇指顶压，向前挥拍，推击球托侧底部，将球推击到对方后场底线。

（3）钩球

钩球是把右（左）边的网前球击到对方左（右）边网前去的技术动作。

① 正手钩球：看准来球快速上网，侧身对网，重心在右脚。握拍小臂前伸稍有外旋，手腕稍后伸，手腕、手指自然放松。拍柄稍向外捻动，拇指贴在拍柄宽面，食指第二指节贴在拍柄背面宽面，拍柄不触掌心。击球时，小臂稍内旋，手腕由稍后伸至内收闪腕，肘部略回收，拍面朝对方右网前拨击球托侧底部，球沿网的对角线飞越过网（图 11-2-15）。

扫一扫，查看反手钩球示范动作

② 反手钩球：看准来球，手臂前伸，平举球拍。准备击球时，肘部突然下沉，同时小臂略有外旋。击球瞬间，手腕由屈腕到伸腕闪动，拇指内侧和中指将拍柄向右

扫一扫，查看正手钩球示范动作

图 11-2-15 正手钩球

侧一拉，其余手指突然握紧拍柄，球拍背面朝对方左网前拔击球托侧底部，球沿网对角线飞越过网。

（4）扑球

在对方发网前球或回击网前球时，球刚越过网顶即迅速上网向斜下扑压。

① 正手扑球：准确判断来球路线和高度，快速蹬步上网，身体右侧扑向网，球拍随手臂向右前伸斜上举，正拍朝前。准备击球时，小臂外旋，手腕关节后伸，小指、无名指稍松开，使拍柄离开鱼际肌。击球时，手腕由后伸到屈腕闪动，利用小臂、手腕和手指力量向前下方“闪”击球，球拍触球后立即收回。或靠手腕由右前向左前“滑动”式挥拍扑球，以免球拍触网违例。扑球后，球拍随手臂向右侧前下方回收（图 11-2-16）。

扫一扫，查看正手扑球示范动作

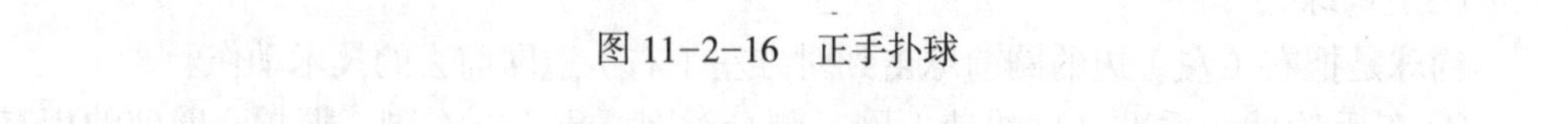

图 11-2-16 正手扑球

② 反手扑球：反手握拍于左侧前，当身体向左侧前方跃起时，持拍手小臂前伸上举，手腕外展，拍面正对来球。击球时，手臂伸直，手腕由外展到内收闪动，手握紧拍柄，拇指顶压，加速挥拍扑击球。击球后即刻屈肘，球拍回收，以免球拍触网违例。

3. 低手击球

低手击球又称下手击球。其特点是击球点低，一般是在被动或防守时采用的击球技术。

（1）抽球

将低于头部的球用抽击的方法还击，称为抽球。

① 正手抽球：准确判断来球，快速移动步法，左脚蹬地，右脚向正手底角跨出，侧身向网，上体向右后倒，重心在右脚。正手握拍，手臂向右举拍，大臂与小臂约成 120°。准备击球时，小臂外旋伸腕，后引球拍，拍面稍后仰。击球时，主要靠小臂带动手腕、手指“抽鞭”式向前挥拍，小臂由外旋到内旋，腕部由伸到屈“闪”动击球（图 11−2−17）。

1　2　3　4

图 11−2−17　正手抽球

② 反手抽球：准确判断来球，快速移动步法，左脚蹬地，右脚向反手底角跨出，上体前倾背对网，重心在右脚。反手握拍将球拍举于左肩上方。击球时，大臂带动小臂、手腕和手指沿水平方向快速向后挥拍，在手臂基本伸直时，小臂外旋，手腕后伸用力“闪”动击球。

（2）挑球

将对方击来的网前球挑高回击到对方后场去，称为挑球。

① 正手挑球：判断来球，快速上网，左脚积极蹬地，右脚跨步向前成弓箭步，侧身对网，重心在右脚。正手握拍，手臂自然向右前方伸出，小臂外旋伸腕，左臂自然后伸起平衡作用。击球时，以肘关节为轴，小臂带动手腕、手指快速由右下方向前上方成半圆形挥拍击球（图 11−2−18）。

5　4　3　2　1

图 11−2−18　正手挑球

扫一扫，查看正手挑球示范动作

② 反手挑球：判断来球，快速上网，左脚积极蹬地，右脚跨步向前成弓箭步，重心在右脚，侧身背对网。反手握拍，手臂向左前方伸出，小臂内旋屈肘屈腕，左臂自然后伸起平衡作用。击球时，以肘关节为轴，小臂带动手腕、手指快速由左下方向前上方成半圆形挥拍击球。

（3）接杀球

把对方扣杀过来的球还击回去，称为接杀球。接杀球一般较多采用挡球、抽球和推球的技术。

① 挡球的方法：两腿屈膝平行站立，两眼注视杀过来的球。身体右侧的来球用正手挡球，身体重心移向右脚（如果球离身体较远，右脚可先向右跨出一步，重心移向右脚），右臂向右侧伸出，放松握拍，拍面略后仰对准来球，将球挡回对方网前区（图 11–2–19）。身体左侧的来球用反手挡球，身体重心移向左脚（如果球离身体较远，左脚可向左移一步，重心移到左脚上；如果球离身体更远，可以左脚为轴，右脚经左脚前向左方跨出一步，成背对网姿势），右臂向左侧伸出，放松握拍，反拍面略后仰对准来球，将球挡回对方网前区。如果接杀自己身边的球，叫接杀近身球。如果是右侧近身球，只需身体向左略躲闪用正手将球挡回（图 11–2–20）。如果是左侧或正对身体的球，一般都用反手将球挡回。

图 11–2–19 挡球

图 11–2–20 挡右侧近身球

一经判定对方杀球的路线和落点，就要快速起动（稍有迟缓，就会接杀失误）。由于杀球力量大、球速快，一般只需将球拍挡住球（或在拍触球的一刹那稍加提拉或稍向下切）即可，主要借来球的力量反弹回去。运用手指控制拍面角度，将拍面对准出球方向（挡直线球），拍面正对网。若挡对角线球，则拍面斜对网（图 11–2–21）。

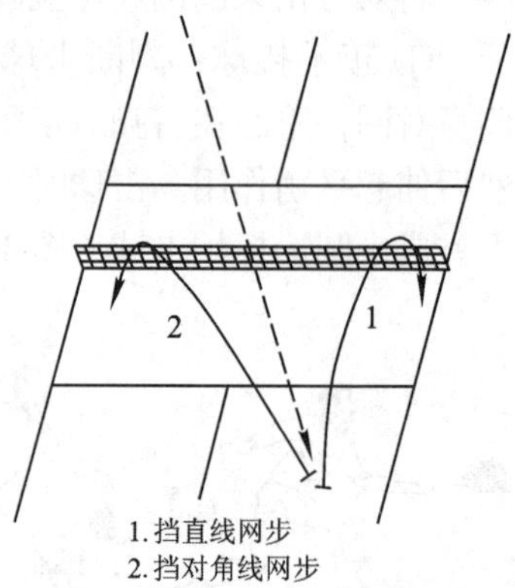

图 11–2–21 挡球路线

② 抽球的方法：根据比赛的实际情况，可以采用抽平球，也可以抽高远球。抽平球是一种比较积极的接杀球方法，由于它速度快，只要回球路线掌握好，就会有相当大的反攻威力。有时也用抽高远球的方法接杀球，其目的是把对方牵制在后场，待杀球质量较差时予以反击。

用于接杀球的抽球方法与挡球的方法相似，区别在于：抽球时，先有一个向后引拍（后引的幅度要小）的预摆动作，握紧球拍，然后以前臂为主，带动手腕向前上方急速挥拍抽球。如果抽平球，挥拍时略带向上提拉即可。如果抽高远球，触球时拍面较后仰，应有较明显的提拉动作。

③ 推球的方法：当对方杀球无力或球过网较高时，可以推球回击，将球推向后场两角，也可视情况推向中场两侧。其方法和挡球方法类似，不同处是：推球在拍触球前的一瞬间要握紧拍子，以前臂和手腕的发力为主向前上方“甩”腕——正手推球时，腕部由伸腕经前臂内旋至屈腕；反手推球时，腕部由展腕经前臂稍外旋至收腕。

（四）步法

在羽毛球比赛中，运动员要在本方场地 35 平方米的范围内奔跑，在球没有落地前将球击到对方场区。因此，步法是各项击球的基础，会直接影响着技战术的质量和技战术的合理运用。基本步法有蹬步、跨步、腾跳步、垫步，加上原有的蹬转步、交叉步、并步、小碎步和单足跳步等，组成了上网步法、后退步法、两侧移动步法、起跳腾空步法。

1. 上网步法

如果站位靠前，可用两步交叉上网（图 11-2-22）；若站位靠后场，可采用三步交叉上网的移动方法，即右脚向右前方迈一小步，左脚接着向前交叉迈过右脚，然后右腿顺着击球方向跨一大步到位（图 11-2-23）；为了加速上网，还可采用垫步上网，即右脚向右前跨出一大步，左脚快速跟进到右脚跟后，利用左脚掌内侧后蹬，右脚向右前跨出一大步（图 11-2-24）。左上网步法同右上网步法，只是方向相反。

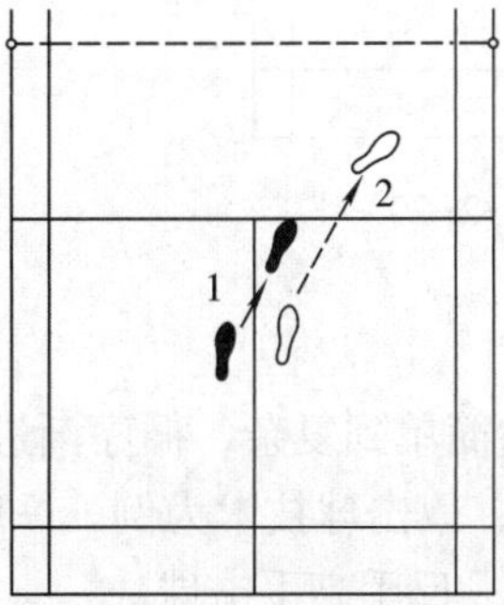

图 11-2-22

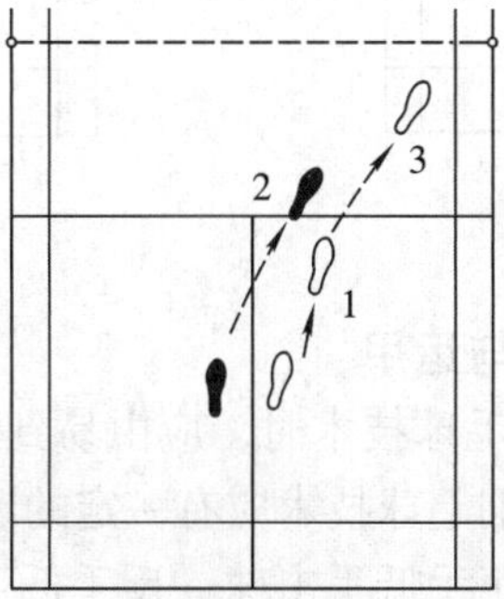

图 11-2-23

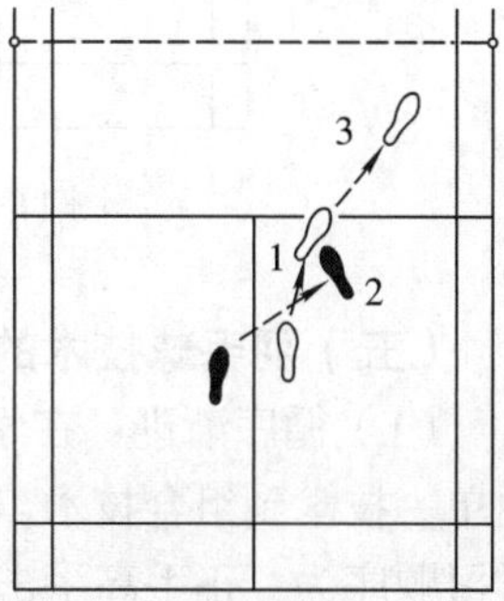

图 11-2-24

2. 后退步法

后退步法分为右后场后退步法和左后场后退步法。这里仅介绍右后场后退步法。右后场后退步法分为侧身后退一步（图 11-2-25）、侧身并步后退（图 11-2-26）和交叉步后退（图 11-2-27）。

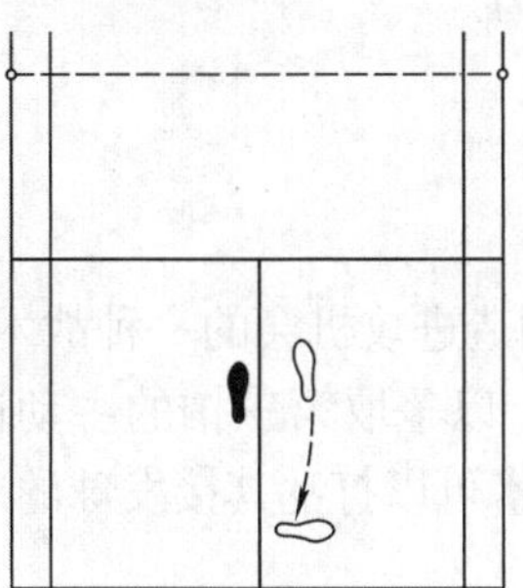

图 11-2-25

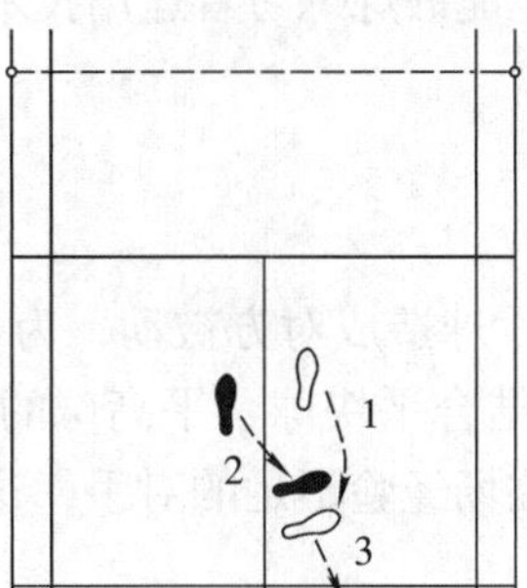

图 11-2-26

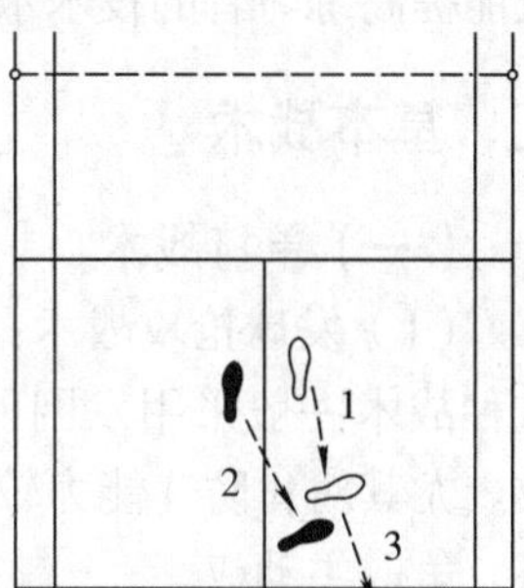

图 11-2-27

3. 侧移步法

（1）向右侧蹬跨步：起动后，左脚掌内侧用力起蹬，同时向右侧转髋，右脚向右侧跨出一大步（重心落在右脚上，脚尖偏向右侧，以脚趾制动），上身略向右侧倒做正手抽、挡球。击球后，以右脚前掌回蹬（图 11-2-28）。

（2）向左侧蹬跨步：起动后，右脚掌内侧用力起蹬，同时向左转髋，左脚向左跨出一步（重心落在左脚上，脚尖偏向左侧，以脚趾制动），上身略向左侧做正手抽、挡球。击球后，左脚脚掌回蹬，回中心位置（图 11-2-29）。

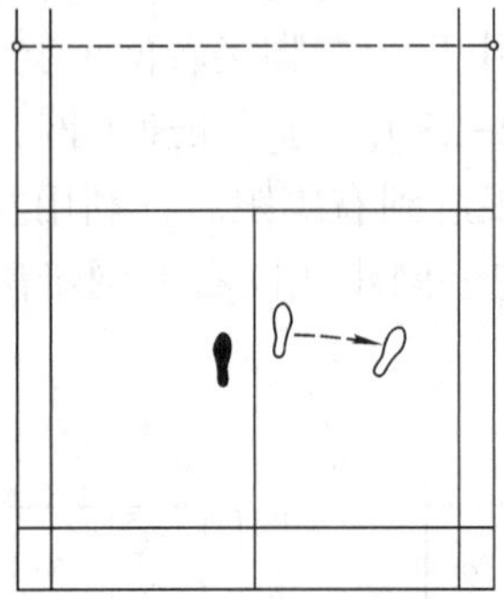

图 11-2-28

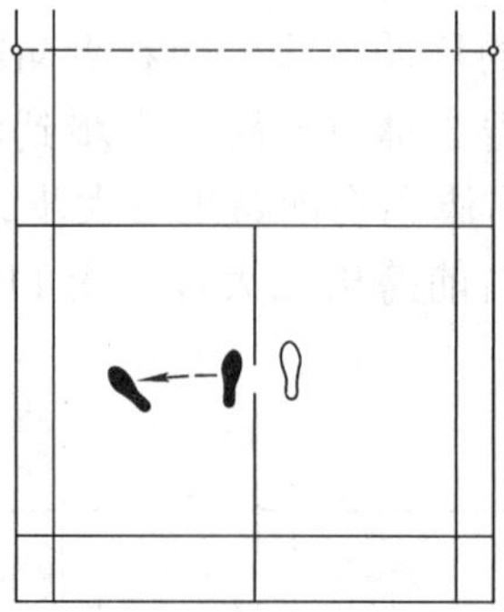

图 11-2-29

（五）羽毛球技术的学习与运用

（1）循序渐进：在学习羽毛球技术时，应由易到难，由简单到复杂，循序渐进，由单一技术到组合技术。学习羽毛球技术应有一定的顺序性，以击球技术为例，一般学习顺序为：正手高手击球—正手低手击球—反手低手击球—反手高手击球。

（2）重复练习：基础技术越扎实，越有利于提高锻炼者的技术水平和打羽毛球的兴趣。因此，必须反复练习基本技术，体会肌肉的感觉，逐渐形成动作定型。例如，击高远球和扣杀球同为高手击球，但在击球瞬间，手臂用力的大小、手腕“闪动”的速度以及大、小臂的用力方向都有所不同。

（3）学、练与竞赛有机结合：技术熟练与否，往往通过平时的练习和比赛的运用充分表现出来。因此，学习和练习之余，多进行小型娱乐竞赛是非常必要的。这不仅能提高练习者的技术水平，也能锻炼练习者运用技术的能力。

二、基本战术

（一）单打战术

（1）发球抢攻战术：利用发球造成对方被动，为自己创造进攻机会的一种战术。这种战术一般采用发网前低球结合平快球、平高球的方式，以争取第三拍的主动进攻。尤其对付防守能力较差或临场经验不足的对手，这种战术可以打乱其接发球的准备，争取主动权。

（2）攻后场战术：这种战术一般通过击高球、重复压对方底线两角，造成对方被动，然后伺机进攻。这种战术用于对付初学者或技术不熟练、后场还击能力不强、后退步法较慢和急于上网的对手较为有效。

（3）打四方球战术：这种战术是以快速、准确的落点攻击对方场区的四个角落，调动对方前后左右奔跑，再伺机向空当进攻。一般用于对付体力差、反应和步法移动慢的对手。

（4）打对角线战术：这种战术无论是进攻还是防守均以打对角线为主。一般用于对付身体灵活性差、转体较慢的对手。由于对方灵活性差、转体慢，来回奔跑左右两侧能使对方重心不稳而被动失误，或为自己创造进攻机会。

（二）双打战术

（1）攻人战术：即“二打一”或避强击弱战术。在双打比赛中，双方两名队员的技术水平一般是不均衡的，这种战术的要点在于集中力量攻击对方较弱的队员，尽量使对方的特长得不到发挥，充分暴露其弱点。但这一战术也要灵活运用。若对方有意保护其弱者，此时，可以两人对付对方的强者，消耗其体力，减弱其进攻威力，再伺机突击空当。

（2）攻中路战术：当对方分边站位时，要尽可能地将球攻到对方两人之间的空隙区，以造成对方争夺回击或相互让球出现失误。这是对付配合较差的对手的有效方法。攻半场战术是攻中路战术的另一种方式。当对方成前后站位时，可将球还击到两人之间靠边线的位置上，这是对付配合欠佳、动作不灵活的对手的有效战术。

（3）软硬兼施战术：这种战术先用吊网前球或推半场球迫使对方被动防守，而后大力扣杀进攻。若硬攻不下，则可重吊网前球，待对方接球欠佳时，再度强攻。此时，攻击对象最好是选择对方刚后退而立足未稳者。

（三）羽毛球战术的学习与运用

战术意识是一个运动员在比赛中，为了克敌制胜，根据主观和客观的实际而采取的作战原则和方法。要想取得比赛的胜利，技术是基础，而战术意识是关键。只有通过平时训练和实践的磨炼，才能提高技术的熟练程度，增强战术意识。

1. 单打战术意识的培养

在单打比赛中，运动员在场上独立作战，这是培养其战斗能力和灵活运用战术能力的最好机会。单打战术意识的培养可分两个阶段：

（1）初级阶段：主要将基本技术训练与培养战术概念结合起来。

① 明确技术动作在战术中的运用，在训练基本技术时，要培养战术意识。

② 在进行各种固定球路的迂回练习中，不仅要熟练基本技术，还要培养战术意识。在进行综合技术练习时，既要提高基本技术水平，又要提高战术意识和战术水平。

③ 平时养成多动脑、多思考的习惯，并将其运用到练习中去。

（2）高级阶段：要求掌握多种球路，为各种打法服务。

① 抓好发球和接发球的训练和战术运用：在练习中，要抓住两个环节：一是重点抓好技术动作的一致性和击球落点的准确性；二是在培养战术意识方面重点抓好发球时间的变化和击球落点的变化。

② 充分发挥自己的技术特长：能否发挥自己的技术特长是关系到比赛胜负的重要因素。

③ 培养洞察能力：要能洞察对方的战术变化，善于抓住对手的优缺点，扬我之长，攻彼之短，以智取胜。

④ 能攻善守：提高控制与反控制的能力。在比赛中，要争取掌握主动，控制对

手。一旦被动，就要以熟练的技术、战术进行反控制，全力夺回主动权。

⑤ 学会多种打法，灵活运用：受身体、手法、步法及临场经验的影响，每个人的手法和步法都不会十全十美，因此，在比赛中要善于观察、判断对方的优劣势，采取灵活的打法和战术克敌制胜。

2. 双打战术意识的培养

（1）选择有利于发挥技、战术的跑位，提高跑位意识：要求运动员从发球、接发球开始就开始考虑自己击球的落点和球路，善于判断对方还击球的落点和球路，果断选择自己的跑位。

（2）根据同伴及对方击球的质量、球路及其规律，选择有利的跑位：当同伴处于击球的主导地位时，另一名队员必须考虑到同伴击出球的落点和球路，并根据对方还击球的落点和球路选择自己有利的跑位。

（3）根据技战术的需要和变化，灵活调换站位：在比赛场中，一旦对方了解我方配对的技术情况，势必想方设法扰乱我方阵脚，运用战术削弱我方攻势，迫使出现漏洞。为此，应根据场上情况，灵活调换站位。

3. 羽毛球战术运用的注意事项

（1）知己自彼：充分了解对方的短处和长处，同时又了解自己的长处和短处，这样，才能避实就虚、扬长避短，制定出正确、合理的战术。若对方后退步法慢、后场攻击球能力差，则可以采用以攻击后扬为主的战术；若对方转身慢、身体灵活性较差，则可以采用攻对角线战术。

（2）以我为主：不论采用哪种战术，都应根据自己的技术情况和身体条件等而定。

（3）以攻为主：羽毛球比赛中的优胜者大部分都是主动进攻的一方。每个人的进攻方式不同。但在对抗中，应设法迫使对手在大部分时间里处于被动防守的状态，让自己控制比赛的主动权。

（4）随机应变：羽毛球比赛场上变幻莫测，选手必须具有灵活运用战术的能力。在比赛中，既要坚持既定的战术，也要注意战术的效果。

第三节　羽毛球比赛规则简介

一、场地

羽毛球场地呈长方形，长 13.4 米，单打场地宽 5.18 米，双打场地宽 6.10 米。球场外面两条边线是双打场地边线，里面的两条边线是单打场地边线，双打边线与单打边线相距 0.46 米。靠近球网 1.98 米与网平行的两条线为前发球线，离端线 0.76 米与底线相平行的线为双打后发球线。球场上各条线宽均为 4 厘米，用白色、黄色或其他易于识别的颜色画出（图 11–3–1）。

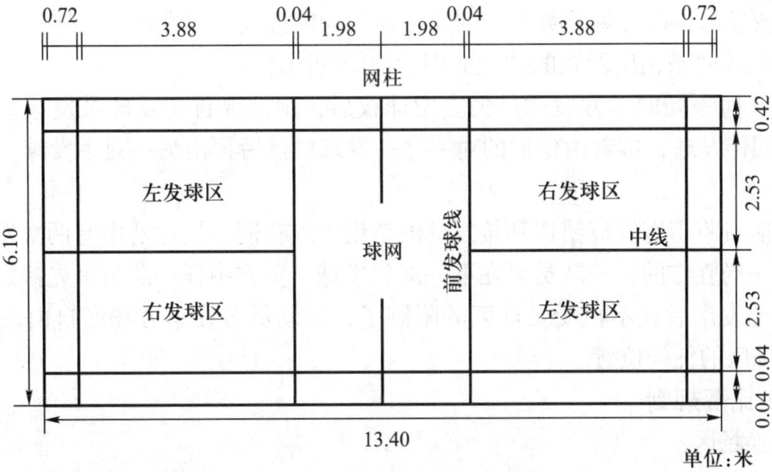

图 11-3-1 羽毛球场地图

二、比赛方法及主要规则

（一）比赛的项目

羽毛球比赛项目分为男子单打、女子单打、男子双打、女子双打、混合双打、男子团体赛、女子团体赛。

（二）比赛的计分方法及规则

（1）比赛采用每球得分、21 分制，即双方分数先达 21 分者胜，三局两胜。每局双方打到 20 平后，一方领先 2 分即算该局获胜；若双方打成 29 平后，一方领先 1 分，即算该局取胜。

（2）得分者方有发球权，如果本方得单数分，从左边发球；得双数分，从右边发球。取消（单打）后发球线。在第三局或只进行一局的比赛中，当一方分数首先到达 11 分时，双方交换场区。

（三）比赛中的站位

1. 单打

（1）发球员的分数为 0 或双数时，双方运动员均应在各自的右发球区发球或接发球。

（2）发球员的分数为单数时，双方运动员均应在各自的左发球区发球或接发球。

（3）如“再赛”，发球员应以该局的总的分数来确定站位。若总分为 15 分（单数），双方运动员均应在各自的左发球区发球或接发球；若总分为 16 分（双数），双方运动员均应在各自的右发球区发球或接发球。

（4）球发出后，双方运动员就不再受发球区的限制而可自由击到对方场区的任何位置，运动员的站位也可以在自己这方场区的界内或界外。

2. 双打

（1）一局比赛开始和获得发球局的一方，都应从右发球区开始发球。

（2）只有接发球员才能接发球；如果他的同伴去接球或被球触及，发球方得一分。每局开始，首先接发球的运动员在该局本方得分为 0 或双数时，都必须在右发球区接发球或发球；得分为单数时，则应在左发球区接发球或发球。

（3）上述两条相反形式的站位适用于他们的同伴。

（4）任何一局的本方发球员失去发球权后，由该局首先发球员发球，然后首先发球员的同伴发球，接着由他们的对手之一发球，然后再由另一对手发球，如此传递发球权。

（5）队员不得有发球错误和接发球的错误，或在同一局比赛中有两次发球。

（6）一局胜方的任一队员可在下一局先发球，负方中任一队员可先接发球。

（7）球发出后就不再受发球区的限制了，运动员可在本方场区自由站位和将球击到对方场区的任何位置。

（四）比赛规则

1. 交换场区

（1）以下情况队员应交换场区：第一局结束，第三局开始，第三局中或只进行一局的比赛至一方达到 11 分时。

（2）队员未按以上规则交换场区，已经发现立即交换，已得分数有效。

2. 合法发球

（1）发球时，任何一方都不允许非法延误发球。

（2）发球员和接发球员都必须站在斜对角线发球区内发球和接发球，脚不能触及发球区的界限；两脚必须都有一部分与地面接触，不得移动，直至将球发出。

（3）发球员的球拍必须先击中球托，与此同时整个球必须低于发球员的腰部。

（4）击球瞬间球杆应指向下方，从而使整个球框明显低于发球员的整个握拍手部。

（5）发球开始后，发球员的球拍必须连续向前挥动，直至将球发出。

（6）发出的球必须向上飞行过网，如果不受拦截，应落入接发球员的发球区。

3. 羽毛球的违例

（1）发球不合法违例。

（2）发球员发球时未击中球。

（3）发球时，球过网后挂在网上或停在网顶。

（4）比赛时：① 球落在球场边线外；② 球从网孔或从网下穿过；③ 球不过网；④ 球碰屋顶、天花板或四周墙壁；⑤ 球碰到队员的身体或衣服；⑥ 球碰到场地外其他人或物体；⑦ 球拍或球的最初接触点不在击球者网的这一方（击球者击球后，球拍可以随球过网）。

（5）比赛进行中：① 队员球拍、身体或衣服触及网或网的支持物；② 队员的球拍或身体以任何程度侵入对方场区；③ 妨碍对手，如阻挡对方仅靠球网的合法击球。

（6）比赛时，队员故意分散对方注意力的任何举动，如喊叫、故作姿态等。

（7）比赛时：① 击球时，球夹在或停滞在拍上紧接着又被拖带；② 同一队员两次挥拍连续击中球两次；③ 同一方两名队员连续各击中球一次；④ 球碰球拍继续向后场飞行。

（8）队员违反比赛连续性的规定。

（9）队员行为不端。

扫一扫，了解羽毛球礼仪知多少

4. 重发球

（1）遇到不能预见或意外的情况，应重发球。

（2）除发球外，球挂在网上或停在网顶，应重发球。

（3）发球时，发球员和接发球员同时违例，应重发球。

（4）发球员在接发球员未做好准备时发球，应重发球。

（5）比赛进行中，球托与球的其他部分完全分离，应重发球。

（6）司线员未看清球的落点，裁判员也不能做出决定时，应重发球。

（7）重发球时，最后一次发球无效，原发球员重发球。

5. 死球

（1）球撞网并挂在网上，或停在网顶上。

（2）球撞网或网柱后开始在击球这一方落向地面。

（3）球触及地面。

（4）“违例”或“重发球”。

6. 发球区错误

（1）发球顺序错误。

（2）从错误的发球区发球。

（3）在错误的发球区准备接发球，且对方球已发出。

第四节　自我锻炼方法实例

一、羽毛球自我锻炼注意事项

参与羽毛球锻炼，要从培养兴趣开始，逐渐提高技战术水平，如可先熟悉羽毛球的球性，再学习近距离相互击球的高手击球技术（球的飞行高度较低、球速较慢），再结伴进行小型竞赛等，逐步提高体能、技术和战术配合能力。

（1）明确目标：采用自我评定方法，了解自己的体能状况，在此基础上，制定自己的体能锻炼目标。如可以用12分钟跑作为测试和评价心肺耐力水平的标准。如果你的测试等级为“一般”，那可把下一步目标设定为“较好”。

（2）循序渐进：每次体能和技术练习的运动量和强度应逐渐增加，并保持一定水平。

（3）练习与游戏相结合：尽可能将体能和技术练习融入有趣的游戏和单项比赛中去。

（4）活动与比赛相结合：将一般性的羽毛球活动与小型羽毛球比赛结合起来，以提高练习的兴趣。

（5）有氧与无氧两种供能方式并存：有氧供能与无氧供能这两种供能方式对增强体能，尤其是提高心肺耐力均有直接作用。一般的羽毛球活动大都为有氧活动，在羽毛球锻炼过程中，应在不断提高有氧供能能力的基础上，逐步提高无氧供能能力，以保持和增进体能。

（6）持之以恒：每周锻炼不少于 3 次，是保持已有体能的基本要求。以下列出了一周内的体能锻炼方法（仅供参考）：

① 1~2 长跑，3 000~5 000 米，时间控制在 20~30 分钟。

② 1~2 次步法练习，每次 10~15 分钟。

③ 1~2 次跳绳，单跳每次 10 分钟左右，可分三组完成，每组 5 分钟；双摇跳，2 分钟为一组。

④ 可根据自己体能的实际情况对上述计划进行增减。

二、羽毛球基本技术的练习方法

（1）球路练习：把两项或两项以上基本技术通过一定的路线结合在一起进行练习的方法称为球路练习。球路练习可以是定点、定路线，也可以不固定路线进行。但在一般情况下，这种练习往往由简单到复杂，由固定路线到不固定路线。如单线固定球路的迂回练习、高吊球球路练习（图 11-4-1，图 11-4-2）。

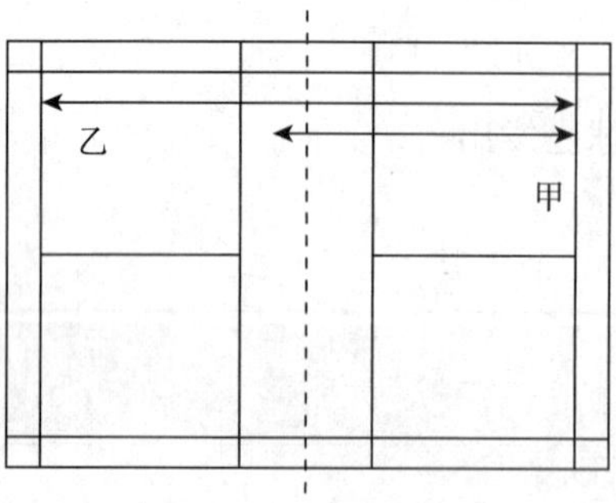

图 11-4-1 高吊直线

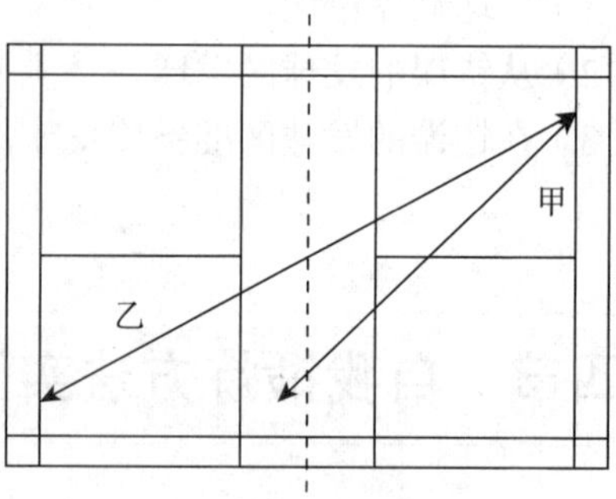

图 11-4-2 高吊斜线

（2）综合性基本技术练习：由几个单项技术综合在一起进行训练的方法称为综合性基本技术练习。根据个人的技术特点和风格等有针对性地进行练习，可采用一对一形式。若需要增加练习难度，加大练习密度和运动负荷，可采用为“二一式”（两人陪一人）或“三一式”（三人陪一人）的练习方式。

（3）多球练习：用多球在球场内进行单项技术练习或结合步法进行练习称为多球练习。采用这种练习方式，练习者可连续不间断地反复击球和移动步法。其特点是针对性强、密度大、效果好，但在运用时要注意因人制宜、方法妥当、安排合理。

三、自我评价

经过一个阶段（如一个学期）的羽毛球锻炼后，可采用与运动前相同的测试方法进行自我评价。

（1）体能测试标准可依据《国家学生体质健康标准》。

（2）心肺耐力水平可依据“12 分钟跑”测量评价标准。

（3）羽毛球锻炼（技战术）能力可依据《自我测评标准》。

自我测评

依据你自己的认识与能力，对下列问答做出实事求是的选择	是	否
1. 能力争在身体前上方击球，不在球落至颈部以下高度击球	□	□
2. 握拍手能尽可能保持放松，能最大限度地发挥手腕的力量	□	□
3. 在前场回击高球时，能尽量采用扣球	□	□
4. 能做到在底线处不击出弧度高且落至对方 2 米线内的球	□	□
5. 正手或反手击球后，能将身体向击球方向转动	□	□
6. 吊球落点能尽可能贴近球网	□	□
7. 扣球落点能尽可能远离对手或直接命中对手的肩胸部	□	□
8. 单打时，每次击球后能立即回到场区中心位置	□	□
9. 双打发网前球后能立即封网	□	□
10. 双打接发球，高举球拍时迫使对方发低球	□	□
11. 双打与同伴平行站位是为了防守	□	□
12. 双打与同伴前后站位是为了进攻	□	□

评分细则：每题选择“是”记 2 分，选择“否”记 0 分，将各题得分相加，算出总分。

20~24 分：你完全具备打好羽毛球的知识和能力；

12~16 分：你具备打好羽毛球的知识和能力；

6~12 分：你具备打好羽毛球的一般知识和能力；

0~4 分：你还没有入门，要想打好羽毛球还需努力。

案例分析

案例一：严治辉同学进入大学后才接触到羽毛球项目。通过一年的羽毛球选修课学习，加之课后参与羽毛球锻炼，他在班上已属于技术掌握程度较好的学生。但在班级的对抗赛上，他却总是输给一些技术掌握程度不如他的同学，导致他开始怕打比赛了。请帮他分析。

案例二：曲正刚同学是羽毛球迷，他不仅喜欢观摩各类羽毛球比赛，更喜欢打羽毛球。但令他感到困惑的是，在后场回击球时，球总是被对方扣死；在前场回击球时，球总是出界。请分析一下导致这种情况的原因。

思考题

1. 羽毛球运动给你的大学生活带来了哪些变化？
2. 结合自身学习羽毛球技术动作的感悟对即将接触羽毛球运动的学习者给些建议。

第十二章 武术运动

学习目标

1. 了解武术运动的特点与锻炼价值。
2. 通过习武活动获得和保持好的情绪。
3. 掌握基本的武术套路。

第一节　武术运动概述

一、武术的概念

在漫长的历史进程中，不同的时期，对武术概念的表述不尽相同。武术的内涵和外延是随着社会历史的发展和武术本身的发展而发展变化的。

武术是中国传统的技击术。它以踢、打、摔、拿、击、刺等技击动为主要内容，通过徒手或借助器械的身体运动来表现攻防格斗的能力。无论是对抗性的搏斗运动，还是势势相承的套路运动，都是以中国传统的技击方法为技术核心的。

武术是体育项目。它明显区别于使人致伤致残的实用技击技术。套路运动中尽管包含丰富的技击方法，但其宗旨是通过演练以提高人的身体素质和攻防能力，进行功力与技巧上的较量，在技术要求上与实用技术有一定的区别。

扫一扫，查看太极拳5大流派

武术是优秀的民族文化。任何体育项目都含有一定的文化意义，但是，没有任何项目像武术这样具有浓郁的文化特征和民族色彩。武术是传统的，它在民族文化的总体氛围中孕育、产生、衍化发展，融汇了易学、哲学、中医学、伦理学、兵学、美学、气功等多种中国传统文化思想和观念，逐步形成了独具民族风貌的武术文化体系。它内涵丰富，寓意深邃，既具有体育运动强身健体的共同特征，又具有东方文明所特有的哲理性、科学性和艺术性，集中体现了我国人民在体育领域的智慧。

二、武术与传统文化

武术是中华民族在长期的生产劳动过程中创造并形成的一种民族传统体育，武术在其发展过程中，深受中国文化的滋润，形成了不同于现代西方体育项目的独特的东方体育文化表现形式。由于受中国传统文化的影响，武术在各方面都带有浓厚的中国传统文化色彩。

（一）武术体现了刚健有为、自强不息的民族精神

中华民族自强不息、刚健有为的精神，不仅在我们民族兴旺发达时期起过积极的作用，在我们民族危难之际，也是激励人们起来进行反侵略、反压迫斗争的强大精神力量。

（二）尚武对培养中华民族精神有着重要作用

1. 武术可以培养现代人的竞争意识

武术是锻炼体魄、防身自卫的一项身体运动。强健的体魄能保证机体承受社会劳作的苦累，抵御严寒、酷暑、疾痛对人体的侵袭，在艰苦的环境中求生存。防身制敌技能还可以抵御敌对者的武力侵犯，更好地保护自己。当今社会竞争日趋激烈，人们的心理大多在竞争的过程中承受着巨大的压力。武术文化深受儒家文化的影响，追求礼让的竞争观，长期练习武术，有利于提高个人素质，调节不良情绪，缓解竞争压力，对培养正确的竞争意识有着独特的作用。

2. 武术可以培养现代人建立正确的人生观与和谐人际关系

重义轻利，历来是武术文化所推崇的武德信念。大学生要建立起国家和民族的利益高于一切的信念，热爱祖国，热爱人民，当国家和人民利益受到损害时，要奋不顾身，挺身而出，“见义勇为”。学习武术对现代人建立正确的人生观有着积极的影响。武术文化追求和谐，注重处理人与人、人与自然的关系，表现出极强的“人际和谐”的价值取向。武术文化是刚柔相济的，既表现出宽厚待人的思想，又追求积极进取精神，既可以让练习者做到“己欲立而立人，己欲达而达人”，学会关心人、帮助人、成就人，认真为社会做贡献；又能够教化人，学会宽容人、体谅人、尊敬人，不损害他人和社会的利益。武术文化的这种内在教化和要求，对现代人建立正确和谐的人际关系无疑可起到促进作用。

3. 武术可以培养现代人的意志品德

习武是一个艰辛的过程，在此过程中，习武者需要经受身体上的痛苦和意志上的考验。常年的磨炼，对人的意志品质的形成有着很好的培养作用。

（三）尚武崇德是武术文化的重要内涵

武术在形成和发展过程中，突出强调道德修养的作用，并以传统的崇德扬善道德观来协调习武者与他人、社会之间的关系，以达到德与“艺（武技）”的统一。我们提倡的武德要把习武同弘扬祖国文化联系起来，培养强烈的民族自豪感，维护中华民族的尊严，建立起新型的社会主义道德观，形成爱祖国、爱人民、以国家和集体利益为重的武德思想。习武者应树立理想，为国争光；尊师爱生，团结互助；爱国爱民，见义勇为；修身养性，遵纪守法；文明礼貌，举止端庄，自觉做有理想、有道德、有文化、有纪律的社会主义公民。

三、武术运动的特点和锻炼价值

（一）武术运动的特点

1. 技击性

武术最初是一种军事训练手段，与古代军事斗争紧密相连，其技击性是显而易见的，目的在于杀伤、制服对方。它常常以最有效的技击方法，迫使对方失去反抗能力。

2. 内外合一，形神兼备

既讲究形体规范，又讲求精神传意、内外合一，是中国武术的一大特色。所谓内，是指心、神、意等心志活动和气息的运行；所谓外，是指手、眼、身法、步等形体活动。内与外、形与神是相互联系统一的整体。

武术“内外合一、形神兼备”的特点主要通过武术功法和技法来体现。“内练精气神，外练筋骨皮”是各家各派练功的准则，如太极拳主张身心合修，要求“以心行气，以气运身”；形意拳讲究“内三合，外三合”；少林拳也要求精、力、气、骨、神内外兼修。此外，武术套路在技术上往往要求把内在精气神与外部形体动作紧密结合、完整一气，做到“心动形随”“形断意连”“势断气连”，以“手眼身法步，精神气力功”八法的变化来锻炼身心。

3. 适应性

武术的练习形式和内容丰富多样，有竞技对抗性的散手、推手、短兵，有适合演练的各种拳术、器械和对练，还有与其相适应的各种练功方法。不同的拳种和器械有不同的动作结构、技术要求、运动风格和运动量，适应不同年龄、性别、体质习武者的需求。另外，武术对场地、器材的要求较低，俗称“拳打卧牛之地”，练习者可以根据场地的大小变化选择练习的内容和方式，即使一时没有器械，也可以徒手练拳、练功。

（二）武术运动的锻炼价值

1. 提高体能，健体防身

经常进行武术练习，对发展体能有着很好的作用，可使人的身心都能得到全面发展。武术运动讲究调息行气和意念活动，对调节人体内环境的平衡、调养气血、改善人体机能、健体强身十分有益。

武术套路运动和搏击运动是以技击作为中心内容的。通过攻防练习、拳打、脚踢、快摔等动作的运用，并在交手中扬长避短，攻彼弱点，避彼锋芒，讲究得机、得时、得势，可以提高判断力和应变能力，提高人们克敌制胜和防身自卫的能力。

2. 锻炼意志，培养品德

习武对意志品质的考验是多方面的。武术练习讲究“夏练三伏，冬练三九”，有利于磨炼意志。武术对练有利于培养勇敢无畏、坚韧不屈的战斗意志。长期习武可以培养人们勤奋、刻苦、果敢、顽强、虚心好学、勇于进取的意志品德。

习武者讲究武德，重礼仪、讲道德，倡导互教互学、以武会友、切磋技艺，讲礼守信、见义勇为、不凌弱逞强等品德。

3. 观赏比赛，丰富生活

武术运动具有很高的观赏价值，无论是套路表演，还是散手比赛，历来为人们喜闻乐见。套路表演可以展现武术功力与技巧；散手对抗则展现出双方斗智斗勇的状态，场面引人入胜，给人以美的享受，具有很高的观赏价值。

4. 交流技艺，增进友谊

武术运动内涵丰富，技理相通。群众性的习武活动，是人们切磋技艺、交流思想、增进友谊的良好手段。随着武术运动在世界范围内的广泛传播，武术对于促进国际交流、增进友谊也起着十分重要的作用。

扫一扫，查看长拳技术的8个要素

>>> **知识窗**

武术图解是记录武术动作和套路的主要方式，它由文字说明和插图两部分组成。文字说明叙述动作的详细过程和要领，插图描绘动作姿势和身体各部分（包括器械）的运动路线。

第二节　武术基本功与套路的学习与运用

一、基本功

（一）手型和步型

1. 手型

（1）拳：五指握紧，拇指压在食指、中指的第二指节上。拳面要平，腕要直（图 12–2–1）。

（2）掌：四指伸直并拢、向后伸张，拇指屈靠于虎口处或外展（图 12–2–2）。

（3）勾：五指捏拢屈腕（图 12–2–3）。

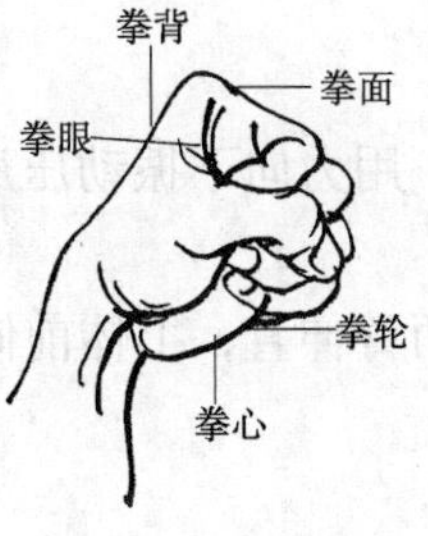

图 12–2–1　拳

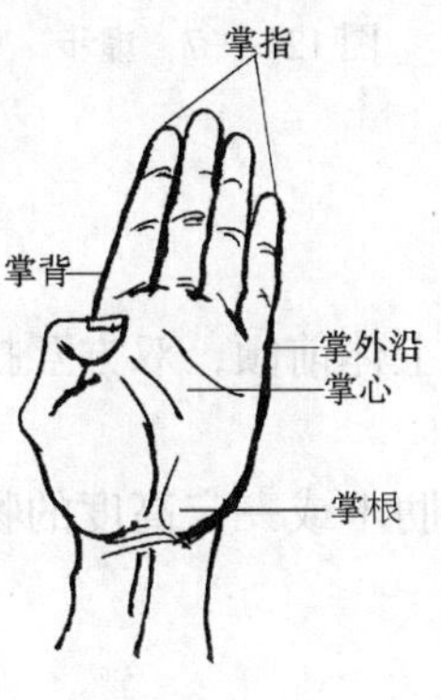

图 12–2–2　掌

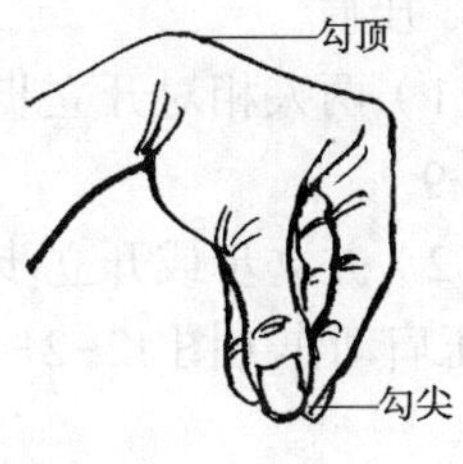

图 12–2–3　勾

2. 步型

（1）弓步：两脚前后开立一大步，为本人脚长的 4~5 倍，前腿屈膝，膝与脚尖垂直，后腿挺直，脚尖外撇约 45°，两脚全脚着地。上体正对前方，眼平视，两手抱拳于腰间（图 12–2–4）。弓右腿为右弓步，弓左腿为左弓步。

（2）马步：两脚平行开立（约为本人脚长的 3 倍），脚尖正对前方，屈膝半蹲，大腿接近水平，膝不超过脚尖，全脚着地，身体重心落于两腿之间，两手抱拳于腰间（图 12–2–5）。

图 12–2–4 弓步

图 12–2–5 马步

（3）仆步：两脚左右开立，一腿全蹲，大小腿靠紧，臀部接近脚跟，全脚掌着地，膝、脚尖外展（约 45°）；另一腿伸直平仆，脚尖内扣，全脚着地。两手抱拳于腰间，眼向仆腿方向平视（图 12–2–6）。仆左脚为左仆步，仆右脚为右仆步。

（4）虚步：两脚前后开立，后脚尖外展 45°，屈膝半蹲，左脚跟离地，脚面绷直，脚尖稍内扣，虚点地面，重心落于后腿上，两手叉腰，眼平视（图 12–2–7）。左脚在前为左虚步，右脚在前为右虚步。

（5）歇步：两腿交叉靠拢全蹲，前脚全脚着地，脚尖外展，后脚前脚掌着地，臀部坐于后小腿接近脚跟处，两手抱拳于腰间（图 12–2–8）。左脚在前为左歇步，右脚在前为右歇步。

图 12–2–6 仆步

图 12–2–7 虚步

图 12–2–8 歇步

（二）肩臂功

1. 压肩

（1）两人相对开立步站立，上体前倾，双方互扶肩部，用力向下振动压肩（图 12–2–9）。

（2）并立步或开立步，面对肋木或一定高度的物体，两臂伸直，上体前倾，做下振压肩动作（图 12–2–10）。

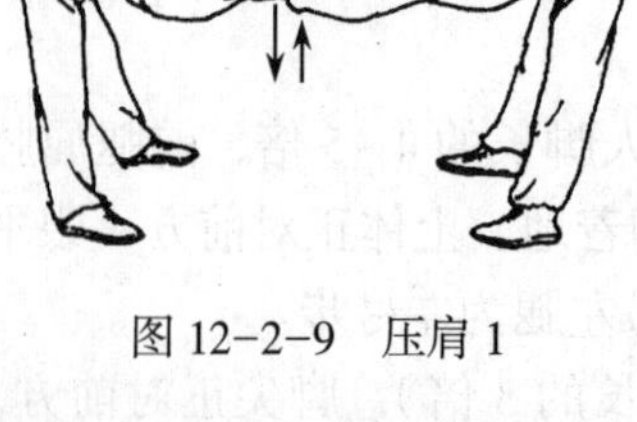
图 12–2–9 压肩 1

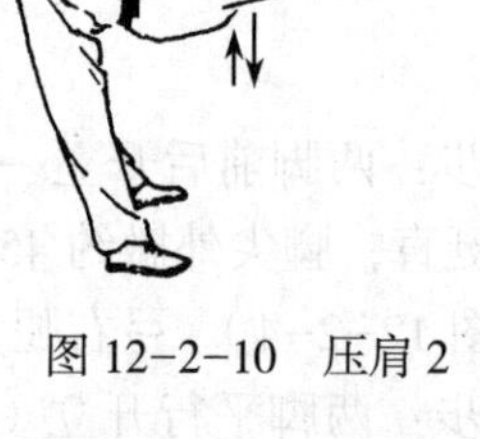
图 12–2–10 压肩 2

2. 单臂绕环

弓步站立，一手按于膝上，另一臂伸直做向前、向后绕环动作（图 12–2–11）。

图 12-2-11　单臂绕环

3. 双臂绕环

开立步站立，两臂同时或依次做向前、向后绕环动作（图 12-2-12）。

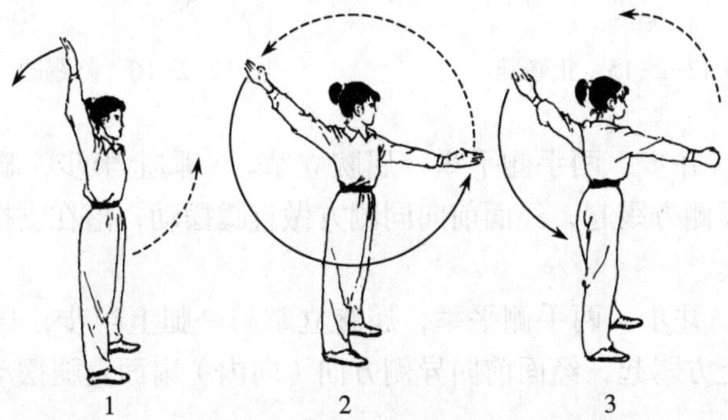

图 12-2-12　双臂绕环

（三）腿功

1. 压腿

（1）正压腿：一腿前伸放于架上，脚尖勾紧，支撑腿脚跟着地，上体前俯，两手抱紧前脚掌，以下颌尽力接近脚尖。或者可利用肋木，一脚在肋木上，脚尖勾紧，两手按在膝上，两腿伸直，体前屈下压，两臂屈肘（图 12-2-13）。

（2）侧压腿：身体侧对肋木等物体，将一腿伸直，脚放于架上，脚尖勾紧；支撑腿挺直，脚内侧正对肋木，上体向被压腿侧侧屈（图 12-2-14）。

图 12-2-13　正压腿

图 12-2-14　侧压腿

2. 腿法

（1）正踢腿：并步，两臂侧平举，屈腕立掌或两手叉腰。一脚上前半步，直立支撑；另一腿脚尖勾紧轻快有力地向前额处踢起，下落成并直立（图 12–2–15）。

（2）侧踢腿：并步，两臂侧平举，屈腕立掌。右脚向前上半步，脚尖外撇，身体微右转，左脚尖勾紧，向左侧脑后踢起。同时，右臂上举，左臂屈肘立掌于右肩前或体前按掌，落下时脚跟靠拢支撑脚（图 12–2–16）。

图 12–2–15 正踢腿

图 12–2–16 侧踢腿

（3）外摆腿：并步，两手侧平举，屈腕立掌。一脚上半步，腿自然伸直，全脚着地；另一腿向异侧方踢起，经面前向同侧方做直腿摆动，落在支撑腿旁，眼平视前方（图 12–2–17）。

（4）里合腿：并步，两手侧平举，屈腕立掌。一腿上半步，自然伸直，全脚着地；另一腿向侧上方踢起，经面前向异侧方向（向内）扇面直腿摆动，落于支撑腿外侧（图 12–2–18）。

图 12–2–17 外摆腿

图 12–2–18 里合腿

（5）弹腿：并步，两手叉腰，右腿屈膝摆起，大腿与腰平，右脚绷直。提膝接近水平时，猛力向前平踢，力达脚尖，高于腰平，左腿伸直或微屈支撑，眼视前方（图 12–2–19）。

（6）蹬腿：动作与弹腿相同，唯脚尖勾起，力点达于脚跟。

（7）侧踹腿：两脚左右交叉，右脚在前，微屈膝，接着右腿蹬直或稍屈支撑，左腿屈膝提起，脚尖勾起内扣，脚跟用力向左侧上方踹出，稍高于腰，上体向右侧倾，眼视左侧方（图 12–2–20）。

图 12-2-19　弹腿

图 12-2-20　侧踹腿

（四）腰功

1. 俯腰

并步，两手五指交叉，两臂上举，手心翻上，上体前俯，两手尽量贴地。然后两手松开，抱住两脚跟腱使胸部贴近大腿。还可以向左、右两侧俯腰，两手在脚外侧贴触地面（图 12-2-21）。

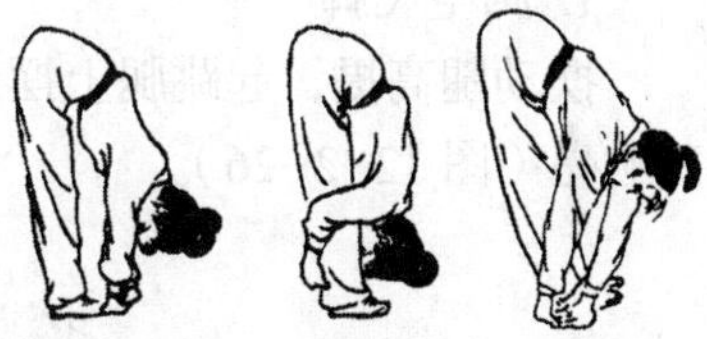

1　2　3

图 12-2-21　俯腰

2. 甩腰

开步，两臂上举，以腰髋为轴，上体做前后屈甩动，后屈时要抬头、挺胸、挺腹（图 12-2-22）。

3. 涮腰

两脚开立，略宽于肩，两臂自然下垂。以腰髋为轴，上体前倾，经右侧屈、后屈、左侧屈绕环一周，两臂随之绕动（图 12-2-23）。

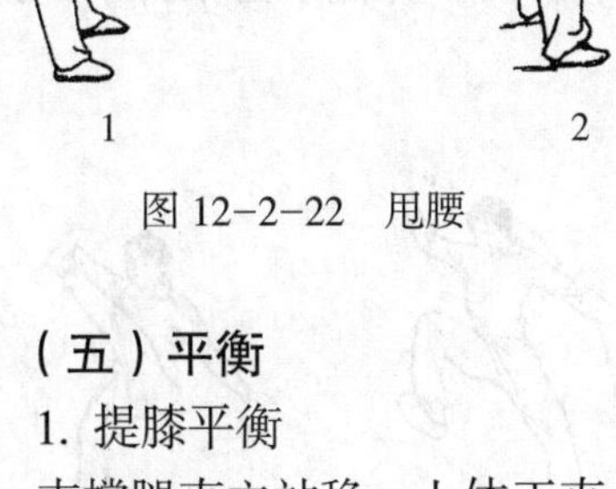

1　2

图 12-2-22　甩腰

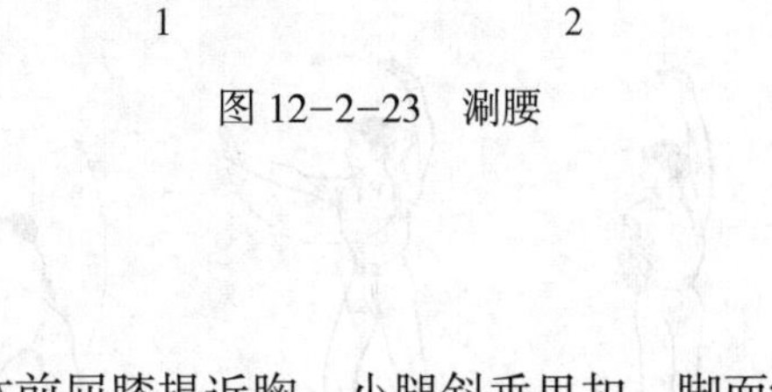

1　2

图 12-2-23　涮腰

（五）平衡

1. 提膝平衡

支撑腿直立站稳，上体正直，另一腿在体前屈膝提近胸，小腿斜垂里扣，脚面绷平内收（图 12-2-24）。

2. 望月平衡

支撑腿直立站稳，上体侧倾拧腰向支撑腿同侧方上翻，挺胸塌腰。后举腿在身后向支撑腿的同侧方上举，小腿屈收，脚面绷平（图 12-2-25）。

图 12-2-24 提膝平衡

图 12-2-25 望月平衡

（六）跳跃练习

1. 腾空飞脚

摆动腿高提，起跳腿上摆伸直，脚面绷平，脚高过肩，击手和拍脚连续快速、准确响亮（图 12-2-26）。

图 12-2-26 腾空飞脚

2. 旋风脚

摆动腿直摆或屈膝，起跳脚伸直，向内腾空转体 270°，异侧手击拍脚掌，脚高过肩，击拍响亮，转体 360° 落地（图 12-2-27）。

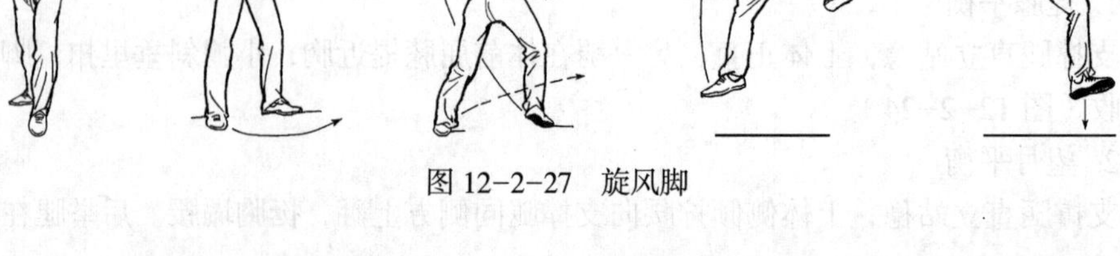

图 12-2-27 旋风脚

二、初级长拳三路

（一）动作名称

组别	动作名称			
起势	1. 并步站立	2. 虚步亮掌	3. 并步对拳	
第一段	1. 弓步冲拳	2. 弹腿冲拳	3. 马步冲拳	4. 弓步冲拳
	5. 弹腿冲拳	6. 大跃步前穿	7. 弓步击掌	8. 马步架掌
第二段	1. 虚步栽拳	2. 提膝穿掌	3. 仆步穿掌	4. 虚步挑掌
	5. 马步击掌	6. 叉步双摆掌	7. 弓步击掌	8. 转身踢腿马步盘肘
第三段	1. 歇步抡砸拳	2. 仆步亮掌	3. 弓步劈掌	4. 换跳弓步冲拳
	5. 马步冲拳	6. 弓步下冲拳	7. 叉步亮掌侧踹腿	8. 虚步挑拳
第四段	1. 弓步顶肘	2. 转身左拍脚	3. 右拍脚	4. 腾空飞脚
	5. 歇步下冲拳	6. 仆步抡劈拳	7. 提膝挑掌	8. 提膝劈掌弓步冲拳
收势	1. 虚步亮掌	2. 并步对拳	3. 并步站立	

（二）动作说明及图解

起势

1. 并步站立（图 12-2-28）

两脚并步站立，两臂垂于身体两侧，眼向前平视。

要点：头要端正，颌微收，挺胸、塌腰、收腹。

2. 虚步亮掌（图 12-2-29）

右脚向右后方撤步成左弓步，右掌向右向上向前划弧，左臂屈肘，左掌提至腰侧，掌心向上，目视右掌。

右腿微屈，重心后移，左掌经胸前从右臂上向前穿出伸直，右臂屈肘，右掌收至腰侧，掌心向上，目视左掌。

重心继续后移，左脚稍向右移成左虚步，左臂内旋向左、向后划弧成勾手，右手继续向后向右向前上划弧，屈肘抖腕，在头前上方屈腕亮掌，目视左方。

要点：三个动作必须连贯。成虚步时，重心落于右腿上，左脚尖点地。

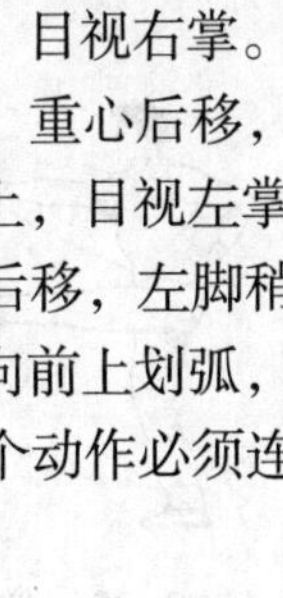

图 12-2-28 并步站立

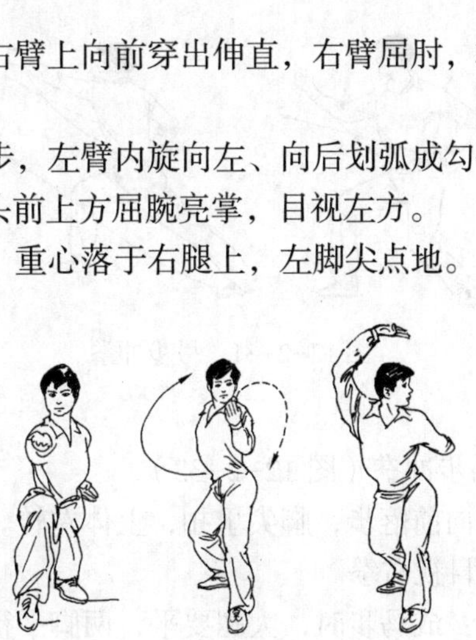

图 12-2-29 虚步亮掌

3. 并步对拳（图 12-2-30）

右腿蹬直，左腿提膝，上肢姿势不变。

左脚向前落步，重心前移。左臂屈肘，左勾手变掌经左肋前伸，右臂外旋向前下落于左掌右侧，掌心向下。

右脚向前上一步，两臂下垂后摆。

左脚向右脚并步，两臂向外向上经胸前屈肘下按停于小腹前，目视左侧。

要点：并步后挺胸、塌腰；对拳、并步、转头要同时完成。

扫一扫，查看起势示范动作

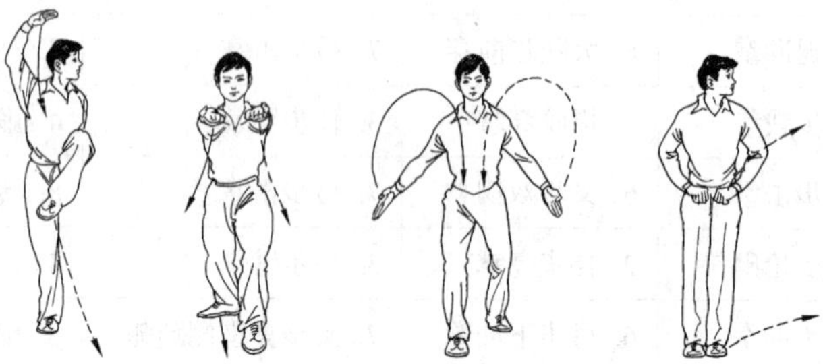

图 12-2-30 并步对拳

第一段

1. 弓步冲拳（图 12-2-31）

左脚向左上一步，脚尖向斜前方，右腿微屈，成半马步。左臂向上向左格打，右拳收至腰侧，拳心向上，目视左拳。右腿蹬直成左弓步，左拳收至腰侧，拳心向上，右拳向前冲出，高与肩平，目视右拳。

要点：成弓步时，右腿充分蹬直，脚跟不要离地；冲拳时，尽量转腰顺肩。

2. 弹腿冲拳（图 12-2-32）

重心前移至左腿，右腿屈膝提起，猛力向前弹出伸立，高与腰平。右拳收至腰侧，左拳向前冲出，目视前方。

要点：支撑腿可微屈，弹出的腿要用爆发力，力点达于脚尖。

图 12-2-31 弓步冲拳

图 12-2-32 弹腿冲拳

3. 马步冲拳（图 12-2-33）

右脚向前落步，脚尖里扣，上体左转。左拳收至腰侧，两腿下蹲成马步，右拳向前冲出，目视右拳。

要点：成马步时，大腿要平，两脚平行，脚跟外蹬，挺胸、塌腰。

4. 弓步冲拳（图 12-2-34）

上体右转 90°，右脚尖外撇向斜前方，成半马步。右臂屈肘向右格打，目视右拳。左腿蹬直成右弓步，右拳收至腰侧；左拳向前冲出，目视左拳。

要点：与本节的弓步冲拳相同，唯左右相反。

图 12-2-33　马步冲拳

图 12-2-34　弓步冲拳

5. 弹腿冲拳（图 12-2-35）

重心前移至右腿，左腿屈膝提起，猛力向前弹出伸直，高与腰平。左拳收至腰侧，右拳向前冲出，目视前方。

要点：与本节的弹腿冲拳相同。

图 12-2-35　弹腿冲拳

6. 大跃步前穿（图 12-2-36）

左腿屈膝，右拳变掌以手背向下挂至左膝外侧，上体前倾，目视右手。

左脚向前落步，右掌继续向后挂，左拳变掌，向后向下伸直，目视左掌。

右腿屈膝向前提起，左腿立即猛力蹬地向前跃出，两掌向前向上划弧摆起，目视左掌。右腿落地全蹲，左腿随即落地向前铲出成仆步，右掌变拳抱于腰侧，左掌由上向右向下划弧成立掌，停于右胸前，目视左脚。

要点：跃步要远，落地要轻。

图 12-2-36　大跃步前穿

7. 弓步击掌（图 12-2-37）

右腿猛力蹬直成左弓步。左掌经左脚面向后划弧至身后成勾手，右拳由腰侧变掌向前推出，目视右掌。

要点：推掌、勾手与弓步一致；左手向后上勾时不要挟上臂；不要弓腰、突臀、上体前倾。

8. 马步架掌（图 12-2-38）

重心移至两腿中间，左脚脚尖里扣成马步，右臂向左侧平摆，同时左勾手变掌由后经左腰侧从右臂内向前上穿出，目视左手。

右掌立于左胸前，左臂向左上屈肘抖腕亮掌于头部左上方，目右转视。

要点：马步同前。

扫一扫，查看第一段示范动作

图 12-2-37　弓步击掌

图 12-2-38　马步架掌

第二段

1. 虚步栽掌（图 12-2-39）

右脚蹬地，左腿伸直，以前脚掌为轴向右后转体 180°，右掌由左胸前向下经右腿外侧向后划弧成勾手，左臂随体转动并外旋，目视右手。

右脚向右落地，重心移至右腿上，下蹲成左虚步。左掌变拳下落于左膝上，拳心向后，右勾手变拳，屈肘向上架于头右上方，拳心向前，目视左方。

要点：右手勾挂要贴近右膝外侧，虚步右腿要蹲成水平。

2. 提膝穿掌（图 12-2-40）

右腿稍伸直，右拳变掌收至腰侧，左拳变掌由下向左向上划弧盖压于头上方，掌心向前。

右腿蹬直，左腿屈膝提起，右掌从腰侧经左臂内侧向右前上方穿出，左掌收至右胸前成立掌，目视右掌。

要点：支撑腿与右臂充分伸直。

3. 仆步穿掌（图 12-2-41）

右腿全蹲，左腿向左后方铲出成左仆步。右臂不动，左掌由右胸前向下经左腿内侧，向左脚面穿出，目随左掌转视。

要点：穿掌时，两臂要成一条直线，切忌右臂下垂。仆步左脚尖要向内扣紧。

图 12-2-39　虚步栽掌

图 12-2-40　提膝穿掌

图 12-2-41　仆步穿掌

4. 虚步挑掌（图 12–2–42）

右腿蹬直，重心前移至左腿，成左弓步。右掌稍下降，左掌随重心前移向前挑起。

右脚向左前方上步成右虚步，身体随上步左转 180°，同时，左掌由前向上向后划弧成立掌，右掌由后向下向前挑起成立掌，目视右掌。

要点：上步要快，虚步要稳。

5. 马步击掌（图 12–2–43）

右脚落地，脚尖外撇，重心稍升高并右移，左掌变拳收至腰侧，右掌俯掌向外搪手。

左脚向前上一步，以右脚为轴向右后转体 180°，两腿下蹲成马步。左掌从右臂上成立掌向左侧击出，右掌变拳收至腰侧，目视左掌。

要点：右手做搪手时，先使臂稍内旋，手掌向下向外转，接着臂外旋，掌心经下向上翻转，同时抓握成拳。收拳和击掌动作要同时进行。

图 12–2–42　虚步挑掌

图 12–2–43　马步击掌

6. 叉步双摆掌（图 12–2–44）

重心稍右移，两掌向下向右摆掌，目视右掌。

右脚向左腿后插步，两臂继续由右向上向左摆，停于身体左侧，均成立掌，右掌停于左肘窝处，目随双掌转视。

要点：两臂要划立圆，幅度要大，摆掌与后插步配合要一致。

7. 弓步击掌（图 12–2–45）

两腿不动。左掌收至腰侧，掌心向上，右掌向上向右划弧，掌心向下。

左腿后撤一步，成右弓步。右掌向下向后伸直摆动成反勾手，左掌成立掌向前推出，目视左掌。

要点：击左掌、右勾手与后撤左步、蹬腿成弓步要完整一致。

图 12–2–44　叉步双摆掌

图 12–2–45　弓步击掌

8. 转身踢腿马步盘肘（图 12-2-46）

两脚以前脚掌为轴向左后转体 180°，左臂向上向前划半立圆，右臂向下向后划半圆。

上动不停，右臂由后向上向前划半圆，左臂由前向下向后划半立圆。

上动不停，右臂向下成反勾手，左臂向上成亮掌，右腿伸直向额前踢。

右脚向前落地，脚尖里扣。右手不动，左臂屈肘下落至胸前，目视左掌。

上体左转 90°，两腿下蹲成马步，同时左掌向前向左平掳变拳收至腰侧，右勾手变拳，由体后向右向前平摆至体前时屈肘，拳心向下，目视肘尖。

要点：两臂抡动时要划立圆，动作连贯。盘肘时要快速有力，右肩前顺。

扫一扫，查看第二段示范动作

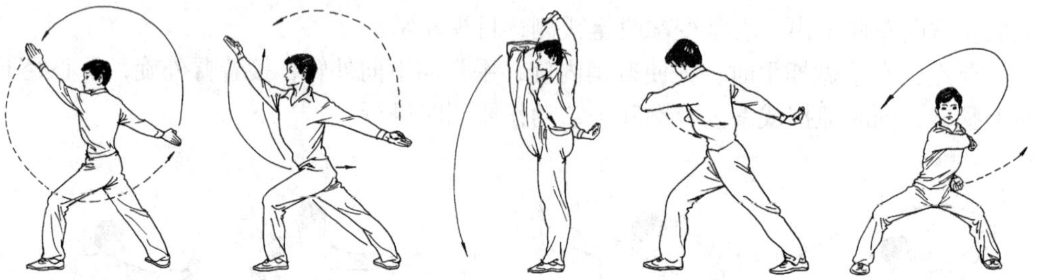

图 12-2-46 转身踢腿马步盘肘

第三段

1. 歇步抡砸拳（图 12-2-47）

重心稍升高，右脚尖外撇。右臂由胸前向上向右抡直，左拳向下向左，使臂抡直，目视右拳。

上动不停，两脚以前脚掌为轴向右后转体 180°。右臂向下向后抡摆，左臂向上向前随身体转动。

紧接上动，两腿全蹲成歇步。左臂随身体下蹲向下平砸，拳心向上，肘部微屈，右臂伸直向上举起，目视左拳。

要点：抡臂动作要连贯完成，划成立圆。歇步要两腿交叉全蹲，左腿大、小腿靠紧，臀部贴于左小腿外侧，膝关节在右小腿外侧，右脚尖外撇，全脚着地。

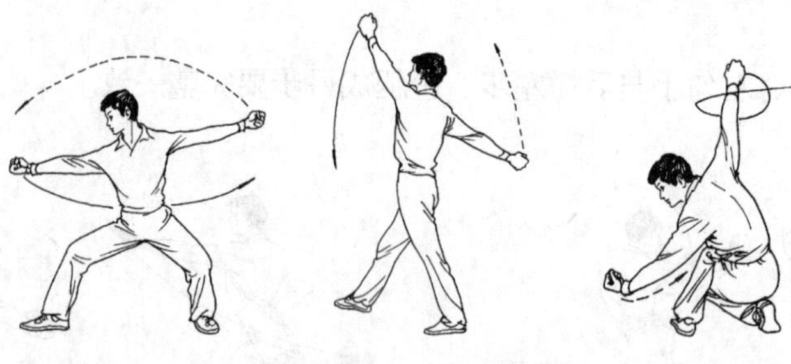

图 12-2-47 歇步抡砸拳

2. 仆步亮掌（图 12-2-48）

左脚由右腿后抽出上前一步成右弓步，左拳收至腰侧，右拳变掌向下经胸前向右横击掌，目视右掌。

右脚蹬地屈膝提起，上体右转。左拳变掌从右掌上向前穿出，右掌平收至左肘下。

右脚向右落步成左仆步，左掌向下向后划弧成反勾手，右掌向右向上划弧微屈，抖腕成亮掌，头随右手转动，亮掌时，目视左方。

要点：仆步时，左腿充分伸直、脚尖里扣，右腿全蹲，两脚脚掌全部着地。上体挺胸、塌腰，稍左转。

图 12-2-48 仆步亮掌

3. 弓步劈拳（图 12-2-49）

右腿蹬地立起，左腿收回并向左前方上步，右掌变拳收至腰侧，左勾手变掌由下向前上经胸前向左掳手。

右腿经左腿前方向左绕上一步，左腿蹬直成右弓步。左手向左平掳后再向前挥摆。

右拳向后平摆，然后再向前向上做抡劈拳，左掌外旋扶右前臂，目视右拳。

要点：左右脚上步稍带弧形。

图 12-2-49 弓步劈拳

4. 换跳步弓步冲拳（图 12-2-50）

重心后移，右脚稍向后移动，右拳变掌，臂内旋，以掌背向下划弧挂至右膝内侧，左掌背贴靠右肘外侧，目视右掌。

右腿自然上摆，上体稍向左扭转，右掌挂至体左侧，左掌伸向右腋下，目随右掌转视。

右脚以全脚掌用力向下震跺，与此同时，左脚急速离地提起。右手由左向上向前掳盖而后变拳收至腰侧，左掌伸直向下向上向前屈肘下按，目视左掌。

左脚向前落步成左弓步，右拳向前冲出，左掌藏于右腋下，目视右拳。

要点：换跳步动作要连贯、协调。震脚时，腿要弯曲，全脚掌着地，左脚离地不要高。

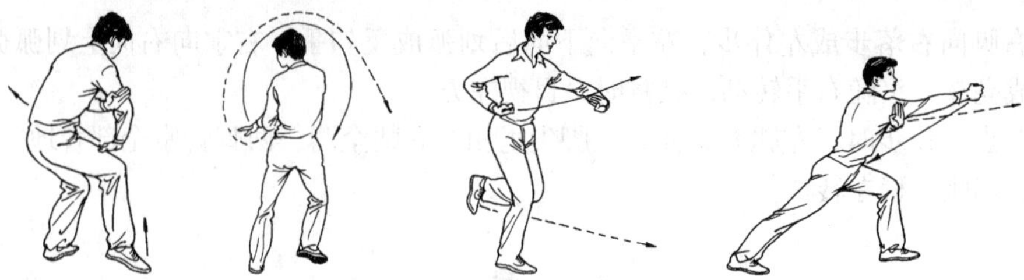

图 12–2–50 换跳步弓步冲拳

5. 马步冲拳（图 12–2–51）

上体右转 90°，重心移至两腿中间成马步。右拳收至腰侧，左掌变拳向左冲出，目视左拳。

要点：马步与冲拳要同时进行。

6. 弓步下冲拳（图 12–2–52）

右脚蹬直，左腿弯曲，上体稍向左转，成左弓步。左拳向下经体前向上架于头左上方，右拳自腰侧向左前斜下方冲出，目视右拳。

要点：拧腰转髋蹬右脚成左弓步要与架冲拳同时完成，以求动作完整。

图 12–2–51 马步冲拳

图 12–2–52 弓步下冲拳

7. 叉步亮掌侧踹腿（图 12–2–53）

左拳变掌由头上下落于右手腕上，右拳变掌，两手交叉成十字，目视双手。

右脚蹬地并向左腿后插步，左掌由体前向下向后划弧成反勾手，右掌由前向右向上划弧抖腕亮掌，目视左侧。

重心移至右腿，左腿屈膝提起，向左上方猛力蹬出，目视左侧。

要点：插步时上体稍向右倾斜，腿、臂的动作要一致。侧踹高度不能低于腰，大腿内旋，着力点在脚跟。

图 12–2–53 叉步亮掌侧踹腿

8. 虚步挑拳（图 12–2–54）

左脚在左侧落地，右掌变拳稍后移，左勾手变拳由体后向左上挑。

上体左转 180°，左拳继续向前向上划弧上挑，右拳向下向前划弧挂至右膝外侧，同时右膝提起，目视右拳。

右脚向左前方上步成右虚步，左拳向后划弧收至腰侧，右拳向前屈臂挑出，拳眼斜向上，与肩同高，目视右拳。

要点：臂前摆与右腿提摆要协调一致，右拳上挑与右脚前点成虚步要协调一致，力点达于虎口。

图 12–2–54 虚步挑拳

扫一扫，查看第三段示范动作

第四段

1. 弓步顶肘（图 12–2–55）

重心升高，右脚踏实，右臂内旋向下直臂划弧以拳背下挂至右膝内侧，左拳不变，目视前下方。

左腿蹬直，右腿屈膝上抬。左拳变掌，右拳不变，两臂向前向上划弧摆起，目随右拳转视。

左脚蹬地起跳，身体腾空，两臂继续划弧至头上方。

右脚先落地，左脚向前落步，以前脚掌着地。同时两臂向右向下屈肘停于右胸前，右拳变掌，左掌变拳，右掌心贴靠左拳面。

左脚向左前上一步成左弓步，右掌推左拳，以左肘尖向左顶出，目视前方。

要点：交换步时不要过高，但要快。两臂抡摆时要成圆弧。

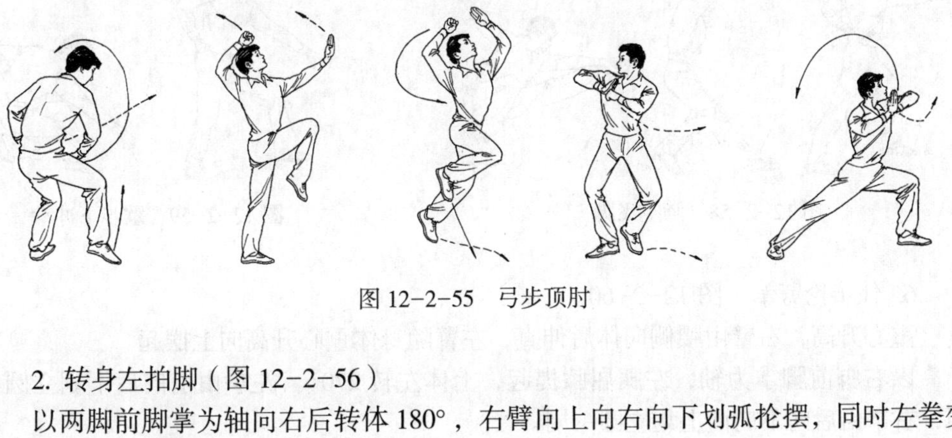

图 12–2–55 弓步顶肘

2. 转身左拍脚（图 12–2–56）

以两脚前脚掌为轴向右后转体 180°，右臂向上向右向下划弧抡摆，同时左拳变掌向下向后向前抡摆。

左腿伸直向前上踢起，左掌变拳收至腰侧，右掌由体后向上向前拍击脚面。

要点：右掌拍脚时手掌稍横过来，拍脚要准而响亮。

3. 右拍脚（图 12-2-57）

左脚向前落地，左拳变掌向下向后摆，右掌变拳收至腰侧。

右腿伸直向前上踢起，左拳变掌由后向上向前拍击右脚面。

要点：与本节的转身左拍脚相同。

图 12-2-56 转身左拍脚

图 12-2-57 右拍脚

4. 腾空飞脚（图 12-2-58）

右脚落地。

左脚向前摆起，右脚猛力蹬地跳起，左腿屈膝继续前上摆。同时右拳变掌向前向上摆起，左掌先上摆而后下降拍击右掌背。

右腿继续上摆，脚面绷平。右手拍击右脚面，左掌由体前向后上举。

要点：蹬地要向上冲，不要太向前冲，左膝尽量上提。击响要在腾空时完成，右臂伸直成水平。

5. 歇步下冲拳（图 12-2-59）

左、右脚先后相继落地。左掌变拳收至腰侧。

身体右转 90°，两腿全蹲成歇步。右掌抓握、外旋变拳收至腰侧，左拳由腰侧向前下方冲出，目视左拳。

要点：歇步要稳，冲拳要脆。

图 12-2-58 腾空飞脚

图 12-2-59 歇步下冲拳

6. 仆步抡劈拳（图 12-2-60）

重心升高，右臂由腰侧向体后伸直，左臂随身体重心升高向上摆起。

以右脚前脚掌为轴，左腿屈膝提起，上体左转 270°。左拳由前向后下划立圆一周，右拳由后向下向前上划立圆一周。

左腿向后落一步，屈膝全蹲成右仆步。右拳由上向下抡劈，左拳后上举，目视右拳。

要点：抡臂时一定要划立圆。

7. 提膝挑掌（图 12–2–61）

重心前移成右弓步，右拳变掌由下向上抡摆，左拳变掌稍下落，右掌心向左，左掌心向右。

左、右臂在垂直面上由前向后各划立圆一周，右臂伸直停于头上，掌心向左，左臂伸直停于身后成反勾手，同时右腿屈膝提起，目视前方。

要点：抡臂时要划立圆。

图 12–2–60　仆步抡劈拳

图 12–2–61　提膝挑掌

8. 提膝劈掌弓步冲拳（图 12–2–62）

右掌由上向下猛劈伸直，停于右小腿内侧，左勾手变掌，屈臂向前停于右上臂内侧，掌心向左，目视右掌。

右脚向右后落地，身体右转 90°，同时左掌变拳收至腰侧，右臂内旋向右划弧做掳手。

上动不停，左腿蹬直成右弓步，右手抓握变拳收至腰侧，左拳由腰侧向左前方冲出，目视左拳。

要点：提膝劈掌重心要稳，掳手冲拳劲力要足。

扫一扫，查看第四段示范动作

图 12–2–62　提膝劈掌弓步冲拳

收势

1. 虚步亮掌（图 12–2–63）

右脚扣于左膝后，两拳变掌，两臂右上左下屈肘交叉于胸前，目视右掌。

右脚向右后落步，上体稍右转，同时右掌向上向右向下划弧停于左腋下，左掌向左向上划弧停于右臂上，目视左掌。

右腿下蹲成左虚步，左臂伸直向左向后划弧成反勾手，右臂伸直向下向右向上划弧抖腕亮掌，目视左方。

要点：扣腿时做舞花手；右脚后落时，两臂分摆，勾手亮举与虚步同时完成。

图 12-2-63　虚步亮掌

2. 并步对拳（图 12-2-64）

左腿后撤一步，同时两掌从两腰侧向前穿出伸直，掌心向上。

右腿后撤一步，同时两臂分别向体侧下摆。

左脚后退半步向右脚并拢。两臂由后向上经体前屈臂下按，两掌变拳，停于腹前，拳心向下，拳面相对。目视左方。

要点：同起势动作 3。

3. 并步站立（图 12-2-65）

两臂自然下垂，目视正前方。

扫一扫，查看收势示范动作

扫一扫，查看全套动作示范

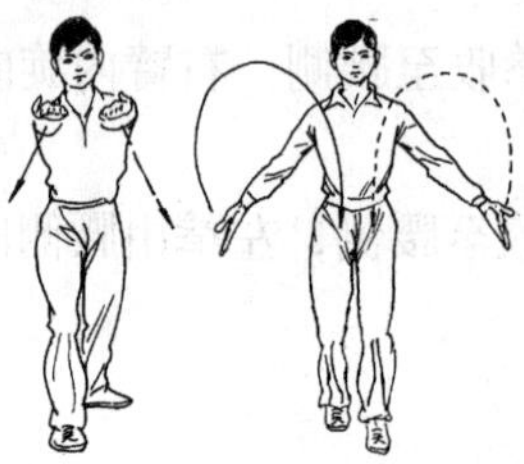

图 12-2-64　并步对拳

图 12-2-65　并步站立

三、简化太极拳

简化太极拳是在 1956 年由原国家体委运动司整理编定的套路。它取材于我国流传面和适应性最广泛的传统杨式太极拳，按照简练明确、删繁就简、突出重点的原则整编而成。此拳分为 8 组，共 24 个动作，故又称“二十四式太极拳”。全套动作结构合理、易学易懂，是初学者入门学习掌握的基础套路。练习者可连贯演练，也可以选择单式或分组练习。整个套路的动作练习，每一举手、一投足都应遵循以下几点：① 虚领顶领；② 沉肩、坠肘、塌腕；③ 松腰胯；④ 上下相随；⑤ 立身中正；⑥ 节节贯穿；⑦ 以意导动；⑧ 连绵不断；⑨ 保持一身备五弓的绷劲；⑩ 意气少，内外合一。

（一）动作名称

组别	动作名称			
第一组	1. 起势	2. 左右野马分鬃	3. 白鹤亮翅	
第二组	4. 左右搂膝拗步	5. 手挥琵琶	6. 左右倒卷肱	
第三组	7. 左揽雀尾	8. 右揽雀尾		
第四组	9. 单鞭	10. 云手	11. 单鞭	
第五组	12. 高探马	13. 右蹬脚		
第六组	14. 双峰贯耳	15. 转身左蹬脚	16. 左下势独立	17. 右下势独立
第七组	18. 左右穿梭	19. 海底针	20. 闪通臂	
第八组	21. 转身搬拦捶	22. 如封似闭	23. 十字手	24. 收势

（二）简化太极拳套路介绍

第一组

1. 起势（图 12–2–66）

动作要点：两肩下沉，两肘松垂，屈膝松腰，两臂下落和身体下蹲的动作要协调一致。

图 12–2–66　起势

2. 左右野马分鬃（图 12–2–67）

动作要点：两臂始终要保持弧形，身体转动时要以腰为轴，弓步动作与分手的速度要均匀一致；做弓步时，膝不要超过脚尖，后面的脚要向后蹬转，前后脚尖夹角成 45°～60°，两脚之间的横向距离应保持在 10～30 厘米之间。

攻防含义：用一手化解对方攻击之手臂，另一手攻击对方。

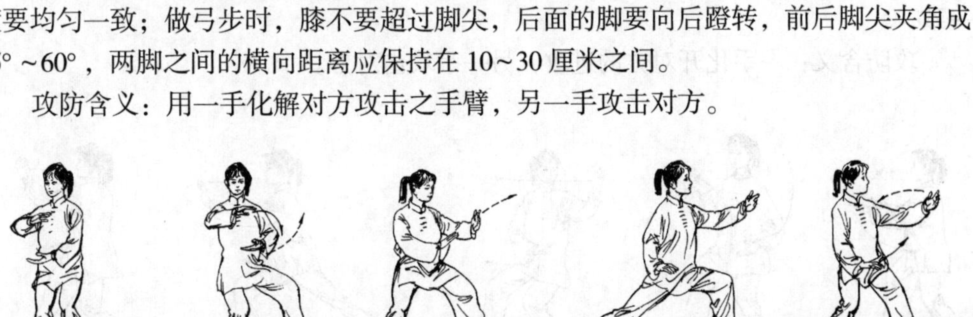

图 12-2-67 左右野马分鬃

3. 白鹤亮翅（图 12-2-68）

动作要点：两臂上下保持半圆形，左膝微屈。身体重心后移，右手上提，微向左转腰，左手下按成左虚步。动作要协调一致，并注意以腰带臂。

攻防含义：可用右手防止对方的上面攻击，左手化解对方下部的攻击。

图 12-2-68 白鹤亮翅

第二组

4. 左右搂膝拗步（图 12-2-69）

动作要点：上步时，脚跟先着地，重心要稳；向前推手时，身体不可前俯后仰，要松腰松胯；推掌时要沉肩垂肘，坐腕舒掌，同时须与松腰、弓腿上下协调一致。

攻防含义：一手化开对方的进攻，另一手攻击对方。

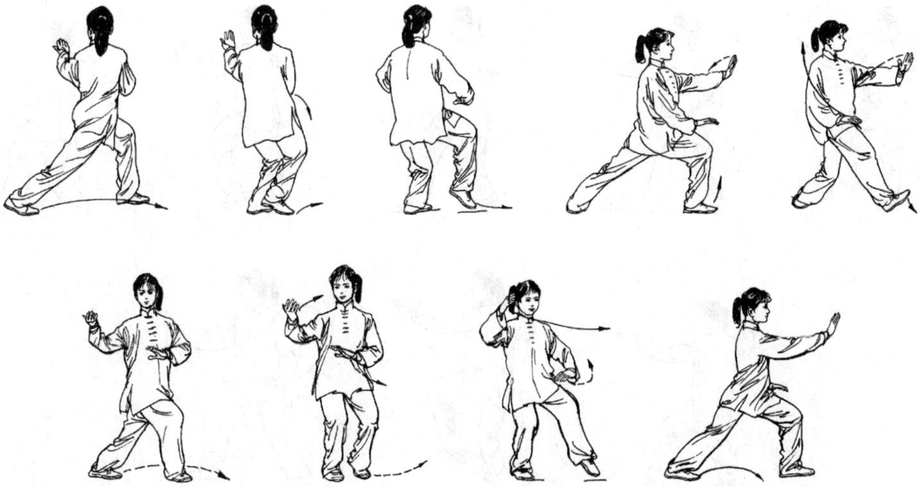

图 12-2-69　左右搂膝拗步

5. 手挥琵琶（图 12-2-70）

动作要点：定势时要沉肩垂肘，胸部放松；左手上起时不要直向上挑，要由左向上向前，微带弧形；右脚跟进时，脚掌先着地，再全脚踏实；身体重心后移和左手上起、右手回收要协调一致。

攻防含义：用右手防止对方的进攻，同时左手攻击对方。

图 12-2-70　手挥琵琶

6. 左右倒卷肱（图 12-2-71）

动作要点：两臂始终保持弧形，前推时要转腰松胯，两手的速度要一致，避免僵硬。退步时，脚掌先着地，再慢慢全脚踏实；同时，前脚随转体动作以脚掌为轴扭正。退左脚略向左后斜，退右脚略向右后斜。

攻防含义：化解对方的攻击。

图 12-2-71 左右倒卷肱

第三组

7. 左揽雀尾（图 12-2-72）

动作要点：掤出时，两臂均保持弧形，分手、松腰、弓腿三者必须协调一致；下捋时，上体不可前倾，臀部不要突出，两臂下捋须随腰旋转，仍走弧线，左脚全脚掌着地；向前挤时，上体要正直，挤的动作要与松腰、弓腿相一致；向前按时，两手须走曲线，手腕部高与肩平，两肘微屈下沉。

攻防含义：用左手向对方掤出，并用两手顺势捋拉对方，待对方失去重心或回撤时，挤按攻击对方。

图 12-2-72 左揽雀尾

8. 右揽雀尾（图 12-2-73）

动作要点：同左揽雀尾。

图 12-2-73　右揽雀尾

第四组

9. 单鞭（图 12-2-74）

动作要点：上体保持正直，松腰；定势时，右肘稍下垂，左肘与左膝上下相对，两肩下沉。

攻防含义：用右手化解对方的进攻，左手攻对方胸、面部。

图 12-2-74　单鞭

10. 云手（图 12-2-75）

动作要点：身体转动要以腰脊为轴，带动两臂，身体重心要平稳，不可忽高忽低；两臂转动要自然圆活，速度要缓慢均匀；移动时，脚掌先着地再踏实，脚尖向前；目随云手而移动。

攻防含义：用两手拨开对方的攻击。

图 12-2-75 云手

11. 单鞭（图 12-2-76）

动作要点：与前“单鞭”相同。

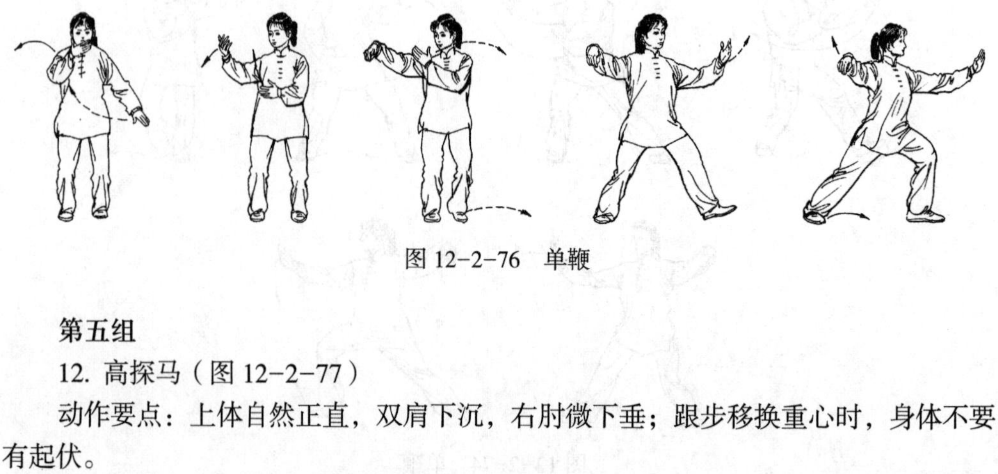

图 12-2-76 单鞭

第五组

12. 高探马（图 12-2-77）

动作要点：上体自然正直，双肩下沉，右肘微下垂；跟步移换重心时，身体不要有起伏。

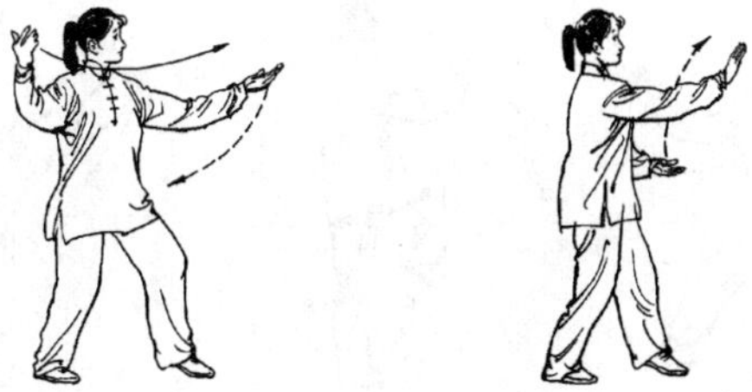

图 12-2-77 高探马

攻防含义：左手撤防，用右手攻击对方。

13. 右蹬脚（图 12-2-78）

动作要点：支撑腿膝微屈，以保持身体重心稳定，上体不可前俯后仰；两手分开时，腕部与肩齐平，右臂和右腿上下相对；蹬脚时，右脚尖回勾，力达脚跟；分手和蹬脚须协调一致。

攻防含义：用两手向外分开对方的进攻，同时用右脚蹬击对方胸、腹部。

图 12-2-78 右蹬脚

14. 双峰贯耳（图 12-2-79）

动作要点：定势时头颈正直，松腰松胯，两拳松握；沉肩垂肘，两臂保持弧形。

攻防含义：双拳下落化开对方攻击，随之双拳合击对方耳部。

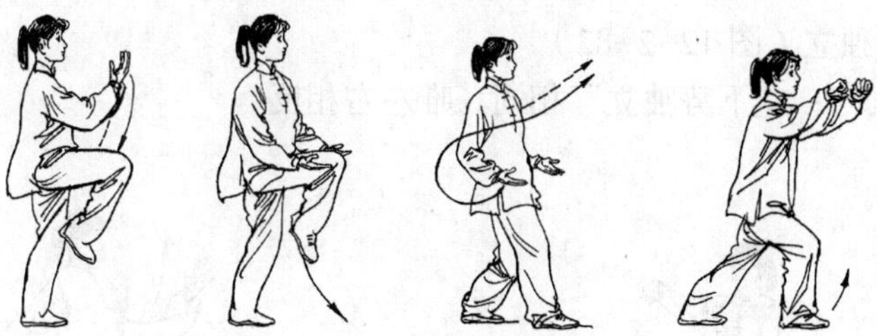

图 12-2-79 双峰贯耳

15. 转身左蹬脚（图 12-2-80）

动作要点：左蹬脚与右蹬脚方向为 180°，左手与左脚蹬出的方向要一致。

攻防含义：同右蹬脚，唯左右相反。

图 12-2-80 转身左蹬脚

第六组

16. 左下势独立（图 12-2-81）

动作要点：上体要正直，支撑腿膝微屈，提膝腿的脚尖自然下垂。

攻防含义：用右手牵带对方的进攻，并用右膝、右手进攻对方。

图 12-2-81 左下势独立

17. 右下势独立（图 12-2-82）

动作要点：与“左下势独立”相同，唯左右相反。

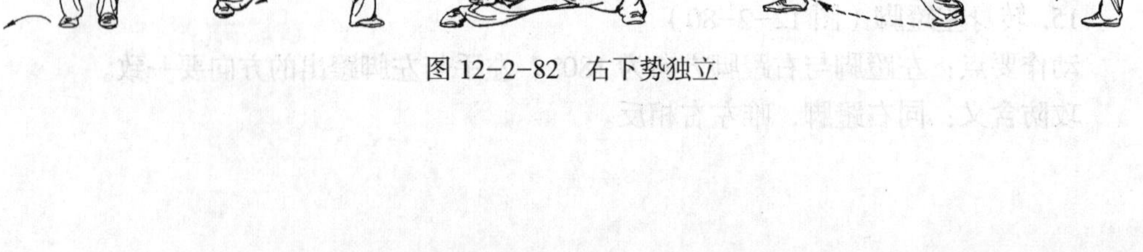

图 12-2-82 右下势独立

第七组

18. 左右穿梭（图 12-2-83）

动作要点：两个定势分别面向右侧前方和左侧前方；手推出后，上体不可前俯；手上举时，不要耸肩；两手动作与弓步要协调一致。

攻防含义：一手向上架开对方的进攻，另一手推击对方。

图 12-2-83　左右穿梭

19. 海底针（图 12-2-84）

动作要点：在右手前下插掌时，手腕稍向上提，上体稍前倾，收腹敛臀。

攻防含义：化解对方的进攻，顺势进攻对方。

图 12-2-84　海底针

20. 闪通臂（图 12-2-85）

动作要点：定势时，上体不可过于侧倾，两臂均保持微屈。

攻防含义：右手上架，左手攻对方胸部。

图 12-2-85　闪通臂

第八组

21. 转身搬拦捶（图 12-2-86）

动作要点："搬"应先按后搬并与右腿伸落相配合；"拦"应以腰带臂平行绕动向前平拦；"捶"应与弓步配合，上下肢协调一致。

攻防含义：在两手搬、拦开对方的进攻后，右拳攻对方胸部。

图 12-2-86 转身搬拦捶

22. 如封似闭（图 12-2-87）

动作要点：在身体后坐时，上体不要后仰，臀部不可凸出；在两手推出时，上体不得前倾。

攻防含义：用两手化解开对方的进攻后推击对方。

图 12-2-87 如封似闭

23. 十字手（图 12-2-88）

动作要点：在两手分开合抱时，上体不要前俯；站起后，身体自然正直，头微向上顶，下颌稍向后收；两臂环抱时须圆满舒适，沉肩垂肘。

攻防含义：可用两手推架对方的进攻。

图 12-2-88 十字手

24. 收势（图 12-2-89）

动作要点：在两手左右分开下落时，要注意全身放松，同时气也徐徐下沉（呼吸略加长）。呼吸平稳后，慢慢把左脚收到右脚旁。

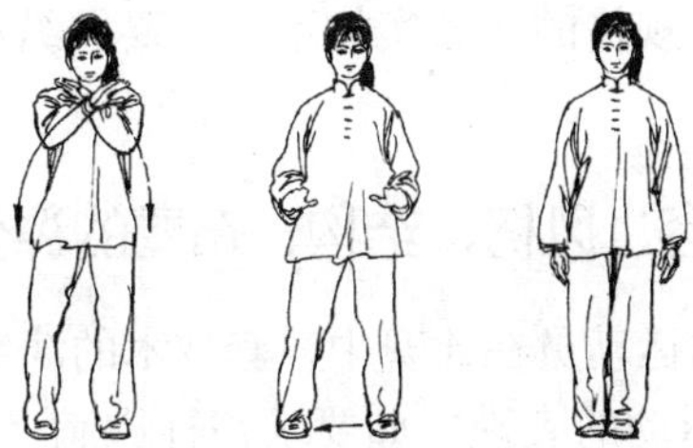

图 12-2-89　收势

扫一扫，查看二十四式简化太极拳全套动作示范

第三节　武术比赛评分规则简介

武术裁判评分由裁判员依据规则，对运动员临场发挥的技术水平进行评分。它以10分为满分，采用减分制的方法。

根据竞赛规则，评分概括为4个方面的内容：① 对动作规格的评分；② 对劲力、协调的评分；③ 对精神、节奏、内容、结构、风格、布局的评分；④ 对其他错误的扣分。

其中①、④两项是对技术动作中出现的错误、失误和违例进行具体性扣分，即每出现一次即扣一次；②、③两项是在整套演练中表现的功力、技巧上的不足的扣分，采用综合比较的方法。

一、对动作规格的评分

对动作规格的评分是对整套比赛中的每一个技术动作完成质量的评定。

一个完整的技术，通常由“型”和“法”组成。“型”主要指各种手型、步型，“法”则指各种手法、腿法、步法、身法、眼法以及器械方法。

一个动作中出现多种错误，最多扣分不超过0.3分，手型中习惯性错误多次出现，根据规则，可一次扣除。

对动作规格的扣分，要求边看边记，具体实扣。为适应快速多变的临场比赛，可预先设计一些简单的符号，便于眼见手记，把握每一瞬间，准确而无疏漏。

二、对劲力、协调的评分

劲力——指技术动作中的表现能力。如用力是否顺达，发力是否完整，刚柔是否得当，定势时也有劲的要求，如长拳中要内含劲道，动作散软是劲力不佳的表现。

协调——指运动中身体各部位相互间的配合以及身体各部位与器械方法的配合。如上下要相合，手眼要相随，身与步、身与手配合要巧妙自如等。通常运动中身法的体现是评判协调功力的一个重要标志。

对劲力协调的评分，不仅要看在每一动作中的表现，更要纵观全局，整体评判，确定属于哪一个技术档次，与相同档次的运动员进行比较，作相应的扣分。

对劲力协调的评分，应将两个方面综合起来进行，不要分割开来。

该类动作的评分与动作规格的具象实扣不同，要求纵观全局，综合判断、整体比较，按档次扣分。

三、对精神、节奏、内容、风格、结构、布局的评分

该类的评分，主要是对运动员在比赛中整套技术的演练技巧和编排技巧的评判。

精神——指内在心智活动的表现。如要求精神饱满、意识集中，具有攻防意向，赋有气势。通常面部神态和目光是表现精神的一个重要“窗口”。

节奏——指整套动作的时间变化，对动与静、快与慢的处理技巧。通常长拳节奏鲜明多变，南拳明快铿锵，太极拳柔缓均匀，但都应有韵律，平淡无味和杂乱无章的节奏处理是不当的。

内容——主要指整套技术内容是否充实、丰富和全面，还要看是否属于武术动作。

风格——指整套技术演练的风貌和格调。评判中，首先要看对武术基本风格体现如何；其次看是否符合该项目的基本技术风格；还要看整套风格是否和谐一致，具有个性特征。

结构——指整体动作的衔接与编排，如结构是否合理，紧凑，衔接是否顺畅巧妙，起伏转折的连贯变化如何等。

布局——指整套动作的空间变化。如场地的运用是否合理、均衡，布局是否充实而赋有变化。局限、偏重、呆板的布局应酌情扣分。

以上 6 个方面，不同的拳种项目有不同的特点和规律，评判中应注意各自的要求。

该类内容的评分方法与劲力、协调的评分方法基本一致，采用纵观全局，综合判断、整体比较按档次评分。

四、其他错误扣分

其他错误的扣分，是指在比赛中出现的技术性失误或技术违例。如中途退场、遗忘，器械变形、折断或掉地、出界、失去平衡，起、收势不符合规定，动作组别不合规定、助跑不符合规定，时间不足或超出规定等等。

该栏目的扣分在 10 分中不占分值，根据规则出现上述情况，则按情节酌情扣分，裁判长和裁判员应熟记各项条款和扣分标准，准确判断，及时记录，合理扣分。

第四节 自我锻炼方法案例

一、快乐武术

1. 马步对推

两人一组，相对而立，相距两臂距离。以马步站立，两人手臂前伸，立掌使手心相对，然后用力前推。在推的过程中可真用力，也可假用力，以迷惑对方。脚先动者为输方。该练习可提高平衡能力。

2. 单臂角力

两人一组，面对站立，脚前后分开，两人前脚相抵，两手掌互握。双方用力向对方推，可向前、向侧、向后推或拉，使对方脚离开原来的位置。先离开者为输方。

3. 两拳两掌

两人相对站立（或马步），相距一臂距离，两脚左右开立，与肩同宽。甲方以右拳击打乙方腹部，乙方以右臂向左下方弧形下摆压捋在甲方右拳的外侧，同时乙用左掌侧摆击打甲方的右耳，甲方右拳被挡后迅速后撤上格乙方左掌，同时甲方冲左拳击乙方腹部，乙方左掌被格挡后迅速弧形下压捋在甲方左拳的外侧，同时以右掌击向甲方的左耳侧，甲方迅速后撤左拳向上格挡……如此循环往复。此练习可不断变化身体的位置（如采用马步，然后改变为站立，再改为马步）。

二、自我评价

经过一个阶段（如一个学期）的武术学习后，采用以下方法进行自我评价：

1. 体能测试标准可依据国家学生体质健康标准。

2. 依据你自己的认识与能力，对下列问答做出实事求是的选择。

	是	否
（1）知晓武术的概念。	□	□
（2）了解武术的文化内涵。	□	□
（3）基本掌握了武术的基本手型和步型。	□	□
（4）能完整完成一套初级长拳。	□	□
（5）感觉身体变得健壮结实了。	□	□
（6）每天都想练一套太极拳。	□	□
（7）身体的协调性和柔韧性有了显著改善。	□	□
（8）感觉自己更加沉稳、精神更加饱满、目光有神。	□	□
（9）感觉体质比以前好了些、不易感冒了，学习劲头足了。	□	□
（10）难度太大、耗费体力、不适合自己。	□	□

评分细则：每题选择“是”记2分，选择“否”记0分，将各题得分相加，算出总分。

16~20分：你完全具备练好武术的兴趣和知识能力；

10~14分：你具备练好武术的兴趣和知识能力；

4~8分：你在武术的知识和能力方面有待进一步挖掘；

0~2分：你还没有入门，要想练好武术还需努力。

案例分析

案例：大一女生小余课上听老师讲了出震脚、缠腕、冲拳的组合动作和技击方法后，很有兴趣地回家与她的父亲小试身手，结果面对被其父抓住的拳，无论如何也无法转腕，更无法擒拿，结果小余失败了，非常沮丧。

分析：请分析这是什么原因。

思考题

1. 你认为武术运动的乐趣在哪里？
2. 如何通过武术运动保持和增进体能？
3. 创编一组自己最喜欢的武术动作。

第十三章
女子防身术

学习目标

1. 学习女子防身术的基本技术和技能，掌握几手“绝招”。
2. 培养学习积极性和兴趣，提高防身自卫意识。
3. 增强自信心，增进身心健康，培养对突发事件的应对能力。

第一节 女子防身术概述

在现实生活中，我们经常会遇到一些突发性犯罪事件，其中，作为相对弱势的女性群体，往往成为不法分子重点侵害的目标。为此，广大女性应掌握一定的防身技能，提高自身的防卫能力，这样，一旦面对突发事件，就能够从容以对，尽可能地减少人身和财物遭受侵害。

一、女子防身术概述

防身术，是指人身受到别人侵害时所采取的一种防卫手段和方法。女子防身术是一项供女性学习的技术，主要指导女性在遭到侵犯时，如何在势单力薄的险情下，巧妙地把握时机，充分运用踢、打、抓、摔、拿等实用技击方法，摆脱或制服对方，保护自己。它是根据女子的心理和生理特点，精选了中国传统武术中攻防技击的实用动作而创编的一套防身体系。女子防身术内容丰富，实用性强，是一项既能防身又能健身的运动。其训练包括格斗技术、力量、速度、灵敏性、耐力和心理素质等，是对女性身体的综合训练。通过学习女子防身术，可以增强女性的防身意识，提高自我防卫能力。长期坚持练习，可以增强爆发力，提高反应速度和攻击速度，有效地增强体质，改善心理素质，增进实战能力，达到健身和御敌防身的目的。

二、女子防身术的起源和发展

早在1880年前后，美国就已经有了自卫防身的相关研究，1905年，第一本自卫防身的著作正式出版。20世纪40年代，西方出版了专门针对女子防卫的著作，主要内容是教授女性如何在突发危险时运用柔术和柔道来规避侵害。1980年以后，“自卫防身”课程在德国的高校中受到欢迎，随后在欧美其他发达国家广泛普及。90年代，女子防身术课程在美国高校开始普及。我国系统教授防身术课程起步较晚，尤其是高校的女子防身术课程。1999年，北京体育大学面向学院路地区15所高校大学生推出了自身防卫术课程。2002 年，北京大学开设了“安全教育与自卫防身”课程。2002 年，在教育部主办的全国高校体育部主任培训班上呼吁开展自卫防身学课程。现在全国有较多高校开设了女子防身术课程，同时女子防身术也逐渐走进了中学生的课堂。

三、女子防身术与健康

长期坚持女子防身术训练，可以有效地减少体内多余的脂肪，强化心肺功能，增强身体的柔韧性、协调性和爆发力等身体素质，同时也可以提高女性的自信心和应变能力，有助于培养女性的心理稳定性。

1. 女子防身术与身体健康

（1）增强心肺功能：女子防身术的动作时间短、强度大、爆发力强，往往在一瞬间完成，长期练习，可以发射性地增强肌肉收缩力，技术动作的爆发性快速完成，使得心脏负荷增强，通过增加心肌收缩的方式来维持高水平的每秒输出量。长期训练，会使心脏经常承受大负荷刺激，从而出现心肌纤维增粗的适应性变化，使室壁增厚，心脏逐渐肥大，心搏有力。此外，由于训练时肌肉活动需要更多氧气，因而使呼吸次数增加，深度加深，肺通气大大增加，呼吸肌的耐力提高，心肺功能提高。

（2）有利于提高女子的力量、柔韧性、灵敏性和协调性等身体素质：在女子防身术的训练过程中，力量训练是非常重要的，它不仅可以减少脂肪，而且可以提高肌肉的灵活性和弹性。在自卫反击时，力量的增大可以加大制胜的概率。女子防身术的力量训练，主要集中在手臂、腿和腰腹部。

2. 女子防身术与心理健康

女子防身术不仅能增进身体健康，而且能使练习者的意志品质得到充分的磨炼。经常练习女子防身术，可以使不良情绪得到及时宣泄，有效降低抑郁和焦虑状态，减缓心理压力。经常从事女子防身术锻炼，不仅能提高技术和战术能力，还可以培养良好的个人行为习惯，塑造积极向上的自我形象，陶冶性情，保持健康的心态。

另外，经常练习女子防身术，还可以促进大脑的开发，使右脑得到充分锻炼，使记忆力和抽象思维能力得到提高，并能使大脑的功能区交替休息，消除脑力劳动所产生的疲劳，提高学习效率。

经常练习女子防身术，还可以使练习者在面临危险情况时，能有效地控制自己的心理状态，克服恐惧、心悸气短、四肢无力、大脑空白等现象，增强自信心，使自己能从容地摆脱甚至制服侵犯者。

第二节 女子防身术基本技术的学习与运用

在女性遭受侵犯、自身处于弱势的险情下，必须巧妙地把握时机，充分运用拳打、脚踢、摔拿等实用技击方法，摆脱或制服对方来保护自己。

一、基本格斗姿势

基本格斗姿势是指平时练习所采用的最有利于防守或进攻的格斗姿势。基本格斗姿势主要是保持自己身体的重心稳定、平衡，尽量减少自己暴露的面积，并有利于摆脱对方或及时回击。

动作要点：两脚前后开立，左右脚横向距离稍宽于肩，前脚掌稍内扣，两膝微屈；含胸收腹，上体前倾，重心落于两腿之间；沉肩垂肘，两臂自然弯曲，左臂肘关节的夹角约成 90°，两手自然半握拳，拳面斜向前，拳心向内；头略低，下颌微收，牙齿咬紧，嘴唇闭合，目视前方。

二、人体要害部位及攻击方法

人体要害部位是指人体遭受打击或挤压最容易造成昏迷、伤残、致死的部位。了解并学会攻击这些要害部位，再加上勇气和信心，就能给来犯歹徒以有力打击，这是最积极的自我防卫。

人体的主要要害部位有眼（可运用拳法猛击歹徒眼眶，或以食指和中指的前端指尖刺入歹徒双眼）、太阳穴（可运用掌外侧、拳、肘击打，如歹徒已倒地，可用脚尖踢击）、咽喉（可运用手指猛戳咽喉下部的凹陷处）、后脑（可运用拳横击或劈砍，也可用肘击）、锁骨（可运用掌外侧由上往下猛力砍劈）、心窝（可运用拳或肘尖猛击）、腹部（可运用拳打、膝顶、肘击或脚踢）、裆部（可运用膝顶、脚踢或用手捏）、脊椎（可运用脚踢、膝顶或肘击）、指关节（将其手指扳直后向后猛折）、腕关节（可运用擒拿术中的卷腕、缠腕、切腕等技法）等。

拳、脚、肘、膝是惯常用于攻击对方的部位。中国武术有“头锋”、“肩锋”、“臀锋”的说法，实际上就是指用头、肩、臀打人。头部前额用于迎面撞击，如果要领掌握得当，贯注全身之力，威力是很大的，女性完全可以用于自卫防身。

三、徒手反击基本技法（图 13-2-1）

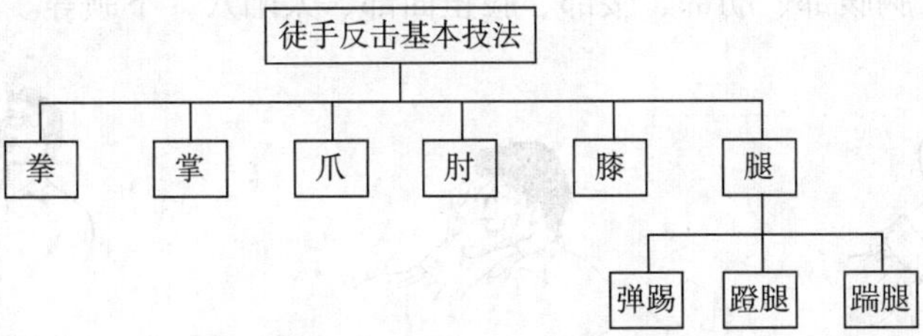

图 13-2-1　徒手反击基本技法

当遇到歹徒侵犯时，在不能逃脱的情况下，首先应尽可能地抓住一切可能的“武器”，这不仅可以给对方造成一定的威慑作用，也能增强自己的信心和勇气。注意，只有在万不得已或紧急情况下才可徒手与歹徒搏斗。即使在徒手与歹徒周旋或搏斗的过程中，也要伺机寻找可用之物。

1. 直拳

拳是格斗中比较常用的，但使用时要把握时机和方法。出直拳时，腰部先发力，

掌心伸直，拇指置于食指侧面，腕部平直（图 13-2-2）。

攻击部位：鼻子、眼睛、心窝、太阳穴。

2. 半拳

握拳时，第二指关节突前，掌心伸直，拇指置于食指侧面，腕部平直（图 13-2-3）。打击方法同直拳，主要攻击颈喉部（图 13-2-4）。

攻击部位：颈喉部。

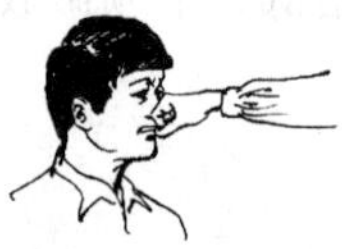

图 13-2-2 直拳

图 13-2-3 半拳

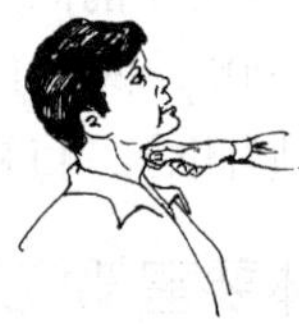

图 13-2-4 半拳

3. 掌

利用小指到手掌中部肉厚的边缘部位进行攻击。

攻击部位：喉部、颈部、裆部、人中、太阳穴、耳根等。

4. 爪

手指分开并外张，指节微屈（图 13-2-5）。打击目标时，像鹰爪挖抠（图 13-2-6）。

攻击部位：面部、眼睛。

5. 肘法

肘法是在近距离格斗中使用的主要技法。其特点是运动路线宽、速度快、威力猛。

（1）横肘：握拳，手臂抬平，腕关节保持伸直状态，拳心向下，手臂回屈夹紧，以腰发力，肩部放松，横向前摆手臂，以肘关节击打歹徒胸腹部、肋部、腰部、太阳穴、脸正面部、下颌骨处（图 13-2-7）。

攻击部位：胸腹部、肋部、腰部、脸正面部、太阳穴、下颌等。

图 13-2-5 爪

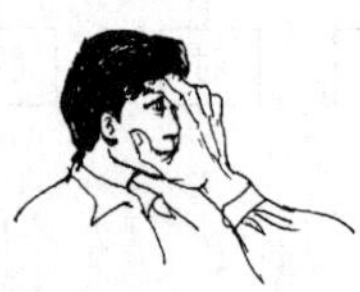

图 13-2-6 爪面部

图 13-2-7 横肘

（2）挑肘：握拳，手臂屈肘夹紧，自然下垂，以腰发力，肩部放松，自然张开双臂，从侧面将手臂抬起，以肘尖部挑击歹徒（图 13-2-8）。

攻击部位：主要攻击从侧面袭击的对方下颌、胸窝、太阳穴等。

6. 膝法

膝法攻击距离短、迅速，攻击角度小，较隐蔽。两腿前后或左右稍分开站立，稳定重心。提腿之前，将重心移到另一腿支撑，猛蹬地，大腿发力屈膝提起，膝关节朝正前上方顶击（图 13-2-9）。

攻击部位：裆部、胸部、腹部、肋部、头部等。

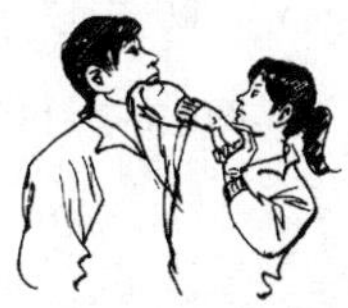

图 13-2-8　挑肘

图 13-2-9　顶膝

7. 腿

腿法是最常用最主要的技法，运用时既能远攻，又能近踢，隐蔽性好，力量大，杀伤力大。

（1）弹踢腿：小腿屈膝提起，脚尖下压，以大腿带动小腿向前猛力弹踢，力达脚尖，脚踢出后迅速收回（图 13-2-10）。

攻击部位：裆部、小腹、肋部、小腿、膝关节、踝关节。

（2）蹬腿：出击腿屈膝提起，脚尖内勾，以脚跟为着力点，对准目标猛力蹬出（图 13-2-11）。

攻击部位：面部、胸腹部、裆部、肋部、腿部等。

图 13-2-10　弹踢腿

图 13-2-11　蹬腿

（3）踹腿：出击腿提膝抬起，小腿内屈，脚掌对准目标，并勾起外翻，展髋、挺膝向前踹出，力达脚掌。

攻击部位：头部、胸腹部、腿部等。

四、常见防身技法

（一）单腕被抓解脱

如果一手手腕被歹徒抓住（图 13-2-12），解脱的方式有两种：一是转动手臂从歹徒虎口处滑脱，二是从虎口滑脱时手臂屈肘收臂，加大力量。如果歹徒腕力较大，多数女性靠单臂动作是无法解脱的。此时，侧身站好，左脚向后撤一步，随之用左手虎口张开朝下，猛推歹徒右手腕，同时右手上提即可解脱（图 13-2-13）。

动作要领：推腕与提臂动作要协调一致，用力要猛，移动步法和身体，以加大解脱力量。

图 13–2–12

图 13–2–13

（二）左肩被右手正面抓解脱

当被歹徒用右手从正面抓住左肩时（图 13–2–14），佯装害怕，用右手去抓住歹徒右手，表情放松，不让对方察觉自己的攻击意图，将左手握拳上举，随后身体稍向右转，注意身体右转时右手控制歹徒右手要牢固。上述动作不停，左臂屈肘垂直下砸，将歹徒右手腕折伤（图 13–2–15）。

动作要领：下砸要有爆发力，双腿可屈膝，以加强下击速度和力量。歹徒被迫下蹲屈体后，可以用膝或脚继续攻击。

图 13–2–14

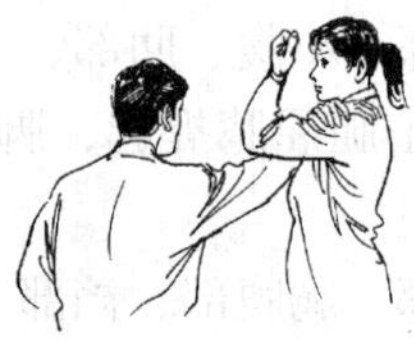

图 13–2–15

（三）左肩被右手从背后抓解脱

如果被歹徒用右手抓住左肩时，马上用右手按住歹徒手背（图 13–2–16），左脚后撤一步，身体向左转，同时握左拳，抬起手臂，随身体转动之际抡砸歹徒手臂（图 13–2–17），随之用左臂抡转顺势夹其右臂，左脚向前移动一步，用右手猛击歹徒喉结（图 13–2–18），然后右脚上步绊住对方双脚，将其摔倒。

动作要领：砸时要狠、准、有爆发力，夹臂、击喉、上步、绊摔一气呵成。

图 13–2–16

图 13–2–17

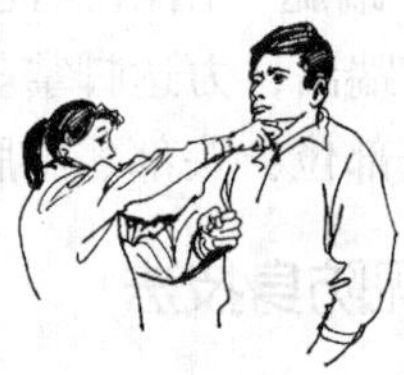

图 13–2–18

（四）单手摸前胸解脱

当被歹徒用右手摸胸部时（图 13–2–19），可用右手抓住其右手背，同时左手也协助抓其右腕，然后挺胸稍上左步，将歹徒右手牢牢固定在胸前，随后身体猛向右转，折伤歹徒右手腕（图 13–2–20）。

动作要领：抓腕、挺胸动作要快，转体、折腕要有爆发力。

图 13–2–19

图 13–2–20

（五）头发被正面抓住解脱

对付头发被抓，首先要采取措施减轻对方手腕的拉扯力。如果歹徒用右手从前面抓住头发（图 13–2–21），赶快用右手抓紧歹徒右手掌，用左手握牢其右手腕，不让对方的右手肆意抓扯。然后，右脚向后撤一大步，身体随之前俯，双手控牢歹徒右手，并向下屈压其手腕，结合身体重心下降前俯动作，向右侧猛扭身体，让歹徒右手腕被折受伤（图 13–2–22）。

动作要领：控腕要牢固，俯身屈压和扭身折腕动作要有爆发力。

图 13–2–21

图 13–2–22

（六）被正面双手掐颈解脱

如果被歹徒用双手掐住脖子，并往墙上或其他物体上推时（图 13–2–23），应借势将左脚向后退步，同时右臂向左抡转（图 13–2–24），靠较大的抡转力量折压歹徒左手腕关节，迫使其松手（图 13–2–25）。然后，将右臂再迅速向回挥动，用反背拳击打歹徒右太阳穴（图 13–2–26）。

动作要领：抡臂动作要快，上臂夹紧，反背拳要用爆发力出拳。

图 13–2–23

图 13–2–24

图 13–2–25

图 13–2–26

（七）被从侧面搂住脖子解脱

如果被歹徒用左臂搂住脖子时（图 13–2–27），不动声色，用左手抓住其左手背，使其不易察觉，抓手时可假装触摸，猛然抬起右臂用拐肘方法狠击歹徒面部（图

13–2–28）。

另一种方法，是用左手抓住歹徒左手后，用勾手方法扣其裆部（图 13–2–29），上述肘击和扣裆可配合使用。

动作要领：拐肘、扣裆动作要狠、准、有爆发力。

图 13–2–27

图 13–2–28

图 13–2–29

（八）后衣领被抓

当被歹徒从背后用左手抓后衣领时（图 13–2–30），应立刻左脚向前上步，同时身体向左后转身（图 13–2–31），同时挥起左臂用砍掌方法猛砍歹徒右颈动脉（图 13–2–32），然后顺势用双手搂其脖子下拉，以左膝正顶其裆部（图 13–2–33）。

动作要领：转体快，砍掌有力，顶膝迅猛。

图 13–2–30

图 13–2–31

图 13–2–32

图 13–2–33

（九）倒地骑上

如果被歹徒摔倒在地上并骑压在身上，被其双手正掐脖子时（图 13–2–34），可用左手抓住歹徒右手腕，右手伸过来从上抓住其右手背（图 13–2–35），看准时机，右臂用力夹紧，同时身体向右侧翻滚，将歹徒右手腕反扭（图 13–2–36），并借势将歹徒右臂背屈控制（图 13–2–37）。

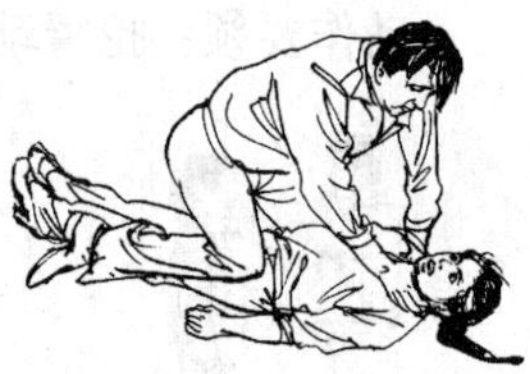

图 13–2–34

动作要领：翻身、扭臂动作协调，夹臂要有爆发力。

图 13–2–35

图 13–2–36

图 13–2–37

五、女子防身术自我锻炼

女子防身术严格来讲不是一种武术或格斗技，而是一种有针对性的打击方法。但要想真正在实战中能自如发挥，还需要持之以恒地练习基本动作，并加强身体素质（如力量、速度、柔韧、反应等）和心理素质（如意志品质、情绪调节、自我控制、实战心理等）的练习。女子防身术的目的，是让女孩子从坏人手中逃脱，所以身体的一切部位和动作都可以使用，还可以利用女孩子的一些特点，例如高跟鞋踩对方脚趾就是非常有效的防身术，咬人和踢下裆等，也要善于利用身边的各类尖锐物品防身，如钥匙、笔、发夹等。另外，女生可以随身携带必要的防身工具如喷雾、伸缩甩棍、强光手电、防身电棍等。需要强调的是，在没有绝对把握的情况下，千万不要贸然出手，更不可和对方缠斗。你的目的是迅速逃脱对方的胁迫控制，而不是抓捕罪犯。在得以逃脱的情况下，尽快向人群聚集地靠近，寻求路人帮助并及时报警。

思考题

1. 你认为大学生开展女子防身术的学习有无积极的现实意义？
2. 你在参与了女子防身术的学习之后得到了哪些乐趣和收获？
3. 你对大学生开展女子防身术课有何建议？
4. 体会并掌握各种情况下的实战防卫技法，并思考针对这种情况下的其他防卫法。
5. 试列举周围环境可用作“武器”的物品并简述其使用要点。

第十四章 游泳

学习目标

1. 了解游泳运动的特点与锻炼价值。
2. 学习爬泳和蛙泳的基本技术方法和练习方法。
3. 掌握简单的水上救生技能和急救常识。

第一节 游泳概述

游泳是一种靠自身肢体动作的配合，利用水的自然特性，使身体在水中移动的技能活动。游泳是人类一种有意识的技能活动，是人类在长期适应自然的过程中产生和发展起来的，它不是人类天生的本能，而是后天形成的技能。

一、游泳的起源与发展

游泳是人类最古老的体育活动之一，起源于远古时代。居住在江、河、湖、海一带的远古祖先们，为了生存，需在水中捕猎鱼类等食物，通过观察和模仿鱼、蛙等动物的动作，逐渐学会了游泳。

游泳是人类在与大自然斗争中产生和发展而来的。我国最早的诗歌集《诗经》中就有了描写游泳的诗句："就其深矣，方之舟之；就其浅矣，游之泳之。"军事文献《六韬》载："奇技者，所以越深水，渡江河。"考古出土的"战国宴乐渔猎攻战纹铜壶"（现藏于故宫博物院），壶体绘有战船上士兵搏斗和水中持有兵器的战士在水中游泳的场景。敦煌莫高窟北魏、隋代和唐时期的洞窟壁画中，均绘有形象生动的游泳场面。另外，古埃及考古学者发现在出土的原始时期的陶器上就绘有人潜在水中捕捉水鸟的场景。

现代游泳运动起源于英国。17 世纪中叶，英国许多地区广泛开展游泳活动。1828 年，英国在利物浦码头修造了第一个室内游泳池，之后在英国各大城市相继出现了游泳池。1837 年，在英国伦敦成立了世界上第一个游泳组织，同时举办了游泳比赛。1869 年，英国成立了大城市游泳俱乐部联合会（现英国业余游泳协会前身）。1896 年，游泳被列为奥运会竞赛项目。1912 年，女子游泳被列为奥运会竞赛项目。自 1900 年开始，相继出现了仰泳、蛙泳。1956 年，又出现了蝶泳，从此游泳运动分为 4 种姿势。今天，游泳已成为令人瞩目的大项之一，奥运会的游泳比赛发展到 7 个大项 34 个小项。国际游泳联合会从 1937 年开始，每四年举行一次世界游泳锦标赛，每两年举行一次世界杯游泳比赛。

当今世界，欧美国家的游泳实力处于领先地位。中华人民共和国成立后，全民游泳活动迅速普及，技术水平不断提高，旧中国的游泳纪录早已全部被刷新。我国运动员不畏强手，勇于进取，科学训练，为祖国争得了荣誉。从1953年吴传玉在第一届国际友谊运动会荣获男子100米仰泳冠军后，1957—1960年间，戚烈云、穆祥雄、莫国雄三人，先后5次打破男子蛙泳世界纪录。进入20世纪80年代，改革开放政策为游泳运动腾飞创造了最佳机遇和良好的外部环境，也使得我国游泳水平有了显著的提高，一跃成为亚洲游泳强国，实现了在世界大赛中金牌“零”的突破。特别是女子游泳运动成绩，保持了持续上升的趋势，这预示着我国游泳运动进入了一个新的历史阶段。

随着游泳运动的发展，其分类和内容的划分也越来越细。如过去的花样游泳和潜泳，现都相继与游泳运动分开，成为独立的运动项目。目前，游泳可分实用游泳、竞技游泳两大类（图14-1-1）。

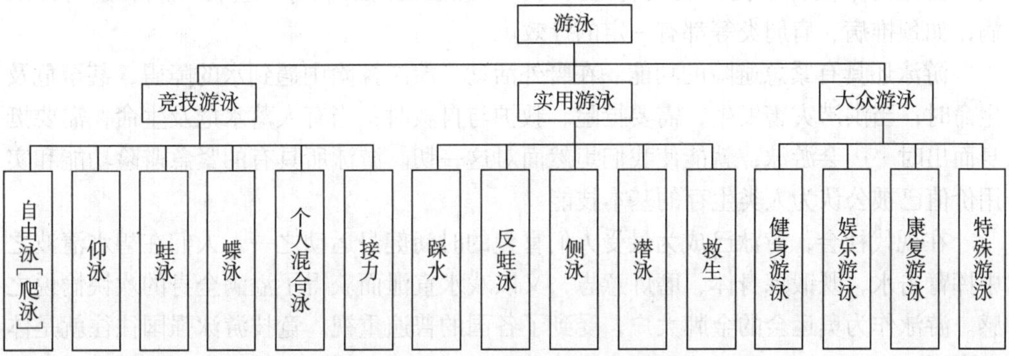

图14-1-1 游泳的分类图

扫一扫，查看游泳比赛项目

二、游泳的锻炼价值

游泳是一项具有悠久历史和广泛的群众基础、深受人们喜爱的运动项目。与其他运动项目相比，游泳具有更强的健身性、健美性、娱乐性和社交性。游泳又是一项终身体育运动，是主动获取健康的“百岁工程”。游泳在世界上享有“21世纪最普及、时尚的运动”的美誉。

> 游泳是一项全身运动，无论采取哪种姿势，人在水中其肢体都必须不停地运动，伴随着周期性的肌肉收缩与放松，关节的弯曲与伸展，能有效地促进人体的新陈代谢，维护和提高健康水平。

游泳为何如此受到人们的青睐呢？这是因为游泳是在阳光、空气和水相结合的自然环境中进行的体育运动项目，尤其是水的一些物理特性会对人体的健康产生极为有益的影响。

• 水的压力——能使人的胸廓在呼吸时承受12~15千克水的压力，促使呼吸肌力量增强，肺活量增加，呼吸机能得到提高。

• 水的浮力——使人体在水中保持水平运动的姿势，不仅可为血液循环创造良好的条件，还可使全身肌肉都得到充分的锻炼和平衡发展。

• 水的阻力——能加大运动负荷，不仅对人体心血管系统功能的增强具有实质性的影响，而且还能增强骨骼肌的力量。

• 水的导热性——能消耗人体多余的热量，既能促进代谢和消化机能的提高，又有利于减肥和保持健美的体形。

• 水的低温——能改善人的体温调节机能，增强人体的抗寒能力；能促进血管进行反射性的收缩和舒张，增强血管弹性，延缓血管的衰老。

游泳也是医疗体育的一个重要方面。它能促进骨的生长，使骨密度增加，对发育有着良好的影响；能使人的胃肠蠕动增强，有助于食物的消化与吸收；能调节和提高中枢神经的功能；能够借助水的浮力和压力促使血液循环旺盛，恢复身体机能。因此，游泳对于发育不良、吸收消化疾病和神经系统的疾病等一些慢性病和退行性疾病，如颈椎病、肩周炎等都有一定的疗效。

游泳还具有紧急避险的功能。在野外活动、旅游探险中遇到水的障碍，甚至危及生命时；当洪涝灾害发生，需要抢险、救护与自救时；当有人落水危及生命，需要挺身而出时……会游泳，就能使我们坦然面对这一切。游泳所具有的紧急避险功能和实用价值已被公认为人类生存的基本技能。

在现代社会，游泳已成为最受人们喜爱的时尚健身运动之一。人们在碧水清波之中挥臂击水，既锻炼身体，磨炼意志，又以戏水宣泄而获得了溢满全身的欢快愉悦之感。游泳作为奥运会的金牌大户，受到了各国的普遍重视。竞技游泳强国往往就是体育强国。

第二节 游泳基本技术的学习与运用

一、熟悉水性

熟悉水性是游泳技术学习的开始。对于游泳初学者来说，尽快地适应水中环境，熟悉水的压力、浮力和阻力，逐渐克服怕水的心理，培养水感，可以大大缩短对游泳技能掌握的时间，便于掌握正确、规范的技术动作。

（一）水中行走练习

水中行走是熟悉水性的第一步。练习的目的是使初学者初步体会并适应水的浮力和阻力，初步掌握在水中站立和行走时维持身体平衡的方法，消除怕水的心理。

（1）扶池边行走：双手扶池边和水槽向两侧行走。

（2）拉手行走：集体拉手在水中行走。

（3）划手行走：双手在水中向后拨水向前行走，双手在水中向前拨水后退行走，双手向侧拨水向相反方向行走。

（4）扶池边跳跃：双手扶池边或池槽，双脚蹬池底，向上跳起。

（5）徒手跳跃：水中站立，两臂平放于水中，两手臂向下压水，两脚蹬池底，向上跳起。

（6）单独进行各种方向的走、跑、跳跃练习。

（二）呼吸练习

呼吸训练是熟悉水性阶段的重点。练习的目的是使学生掌握正确的游泳呼吸技术，防止出现喝水、呛水现象，克服怕水心理。

1. 呼吸练习的要点

人们平时的呼吸动作是无意识的，用鼻子吸进呼出。水中的呼吸则不同，是用嘴吸、嘴呼或嘴吸、嘴鼻同时呼。一个呼吸动作是由吸气→憋气→吐气组成的。

游泳呼吸时，最重要的是用力吐气，这和平时岸上不同，只有把气吐光，才能充分吸进新的空气，游泳的吸气是一种“被动式”吸气。

2. 呼吸练习的方法

（1）陆上练习：

① 闭气练习：直立，两手下垂，全身放松，闭气10~20秒后吐气，重复3~5次。

② 扶墙换气练习：双手伸直扶墙，头夹在两臂之间，头后仰用力吐气，吸气后低头稍憋气，然后慢慢吐气，快吐完时再仰头用力吐气开始下一个循环。

（2）水中练习：

① 水中闭气：扶池边（池槽）或拉同伴的手，深呼吸后闭气，慢慢下蹲，把头浸入水中，睁开眼睛，停留片刻后起立，在水面上换气（图14-2-1）。反复练习，逐渐延长每次水下闭气的时间。

② 水中呼气：扶池边（池槽）或拉同伴的手，深呼吸后闭气，慢慢下蹲，把头浸入水中，睁开眼睛，停留片刻后起立，用口、鼻慢慢呼气，直至呼尽，然后起立在水面上用口呼气（图14-2-2）。

图14-2-1　水中闭气

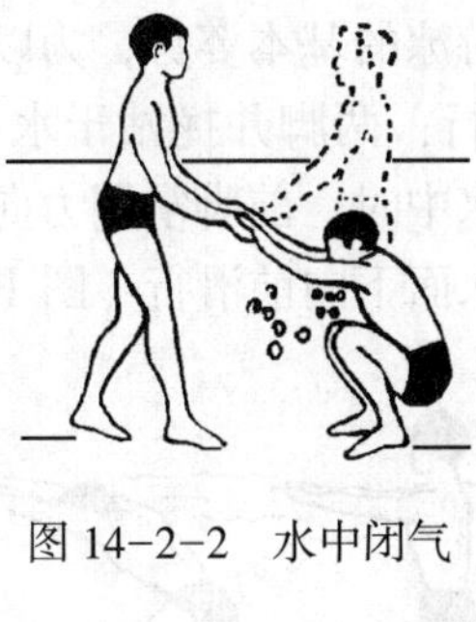

图14-2-2　水中闭气

（三）漂浮练习

通过漂浮练习，可以进一步熟悉水性，体会水的浮力，适应身体无固定支撑的悬浮姿势。练习的目的是体会水的浮力，初步掌握在水中浮起、维持身体平衡的能力，进一步消除怕水心理，增强学会游泳的信心。

（1）抱膝浮体：并腿站立，深吸气后，低头含胸，同时两脚轻蹬池底，提膝、收腹、团身、抱腿，呈抱膝姿势自然漂浮于水中。站立时，两手松开，两臂前伸，手掌向下压水并抬头，同时两腿下伸，脚触池底后站立，两臂在体侧拨水维持身体平衡（图 14–2–3）。

图 14–2–3 抱膝浮体

（2）展体浮体：两脚开立，两臂放松前伸，深吸气后，身体前倾并低头，屈膝下蹲，两脚轻蹬池底，两腿放松上浮成俯卧展体姿势漂浮于水中。站立时，收腹、屈膝、收腿，两臂向下压水并抬头，同时两腿下伸，脚触池底后站立，两臂在体侧拨水维持身体平衡（图 14–2–4）。

图 14–2–4 展体浮体

（四）滑行练习

滑行练习是熟悉水性阶段的重点。它可以帮助初学者掌握在漂浮状态下维持身体平衡的能力，体会游泳的基本姿势，为以后学习各种泳姿技术打下基础。

（1）蹬池底滑行：两脚并拢站于水中，两臂前伸并拢。深吸气后上体前倾并屈膝，当头和肩没入水中时，前脚掌用力向后下蹬离池底，随后两腿并拢，使身体成俯卧、流线型姿势在水面下向前滑行（图 14–2–5）。

图 14–2–5 蹬池底滑行

（2）蹬池壁滑行（浅水池）：背对池壁，一手拉池槽或扶池边，一臂前伸，同时一脚站立，一脚紧贴池壁。深吸气后低头，上体前倾，提臀，向上收支撑腿，两脚贴紧池壁，臀部后移，两臂前伸、并拢，头夹于两臂之间，两脚用力蹬池壁，使身体成俯卧、流线型姿势在水面下向前滑行（图 14–2–6）。

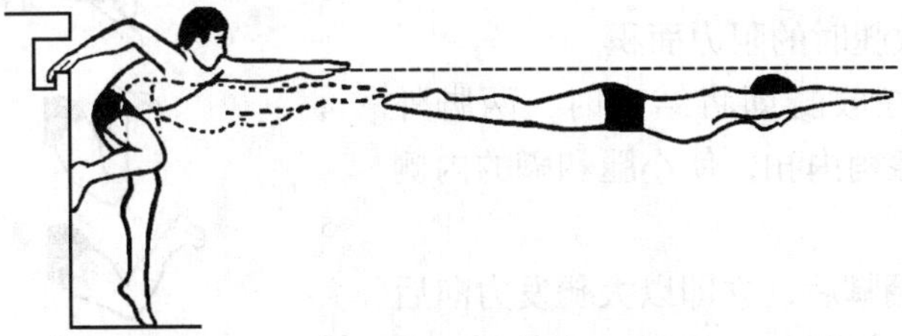

图 14–2–6　蹬池壁滑行

二、蛙泳

蛙泳是模仿青蛙动作的一种游泳姿势，有着很高的锻炼价值和实用价值，在民间广为流传。蛙泳在游进过程中，身体位置随手腿动作不断变化，两臂和两腿的动作同时对称地进行。蛙泳的内部技术结构是 4 种泳姿中最复杂的，由于手臂动作和腿部动作的变化方向多，与其他泳姿的差别很大，所以较难掌握。蛙泳也是 4 种泳姿中速度最慢的一种，水下移臂和收腿会给身体带来很大的阻力，使身体前进速度下降。但蛙泳也有其独特的优点，蛙泳的呼吸比较容易掌握，而且每个动作周期后都有一定的滑行放松时间，所以比较容易学会。

（一）身体姿势

蛙泳的身体姿势不是固定不变的，而是随着臂、腿及呼吸动作的周期性变化而不断改变着的。

蛙泳时，身体呈水平俯卧于水中，两臂向前伸直并拢，两腿自然向后伸直并拢，同时上体稍挺起，头略抬，使身体与前进方向成 5° ~10° 角（图 14–2–7 之 1）。吸气时，上体向前上方抬起，肩和背部的一部分上升露出水面，此时躯干与水平面的角度较大（图 14–2–7 之 2）。这种流线型的姿势，既能减少前进的阻力，又可以充分发挥手、臂、腿的作用，加快游速。

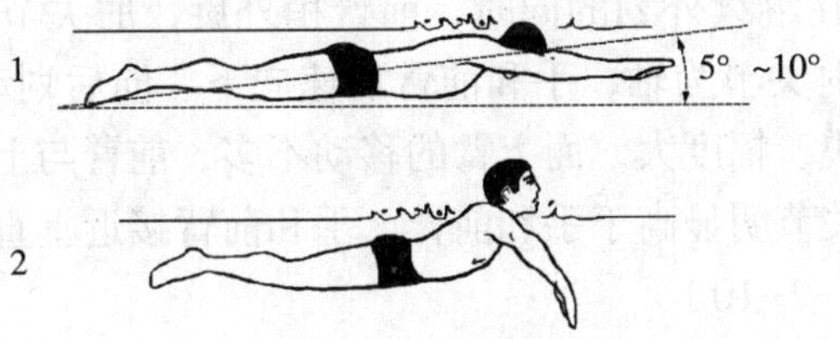

图 14–2–7　蛙泳身体姿势

扫一扫，查看蛙泳身体姿势示范动作

（二）腿部技术

蛙泳的腿部动作不仅起到保持身体平衡的作用，还可以产生较大的推进力。蛙泳腿部动作由收腿、外翻、蹬夹和滑行 4 个部分组成（图 14–2–8）。

扫一扫，查看蛙泳腿部动作示范

（1）收腿：开始收腿时，两腿随吸气动作自然向下，两膝自然分开，小腿向前回收，脚跟向臀部靠拢，边收边分；收腿结束时，大腿和躯干成 130° ~140°，脚跟靠近臀部，使小腿处于垂直部位。在收腿过程中，小腿要藏在大腿后面，以减少收腿时的阻力面积。

（2）翻脚：在收腿即将结束时，两脚外翻，勾脚尖，两膝稍内扣，使小腿和脚的内侧对准水。

（3）蹬夹：翻脚后，立即以大腿发力向后蹬夹水，要先着力伸髋，再伸膝，以大腿、小腿和脚掌内侧面向后做加速有力的弧形蹬夹水动作。蹬夹水即将结束时，足背伸踝并拢做鞭打动作。

（4）滑行：蹬夹结束后，由于蹬腿的惯性作用，两腿有一个短暂的滑行阶段。滑行时，两腿应尽量伸直并拢，腿部肌肉和踝关节自然放松，为下一个动作周期做好准备。

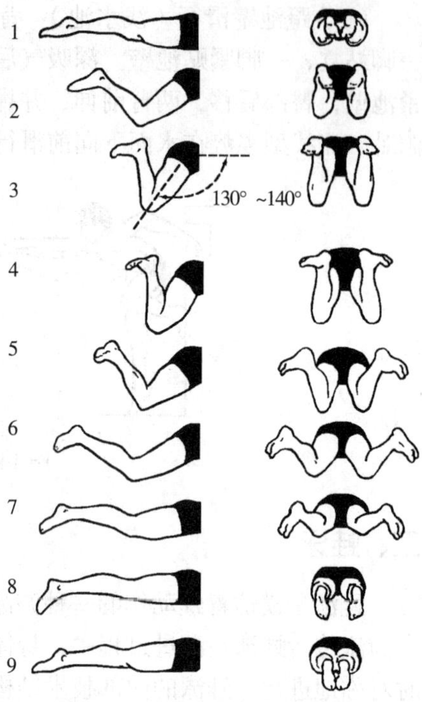

图 14-2-8 蛙泳腿部动作

（三）臂部动作

现代蛙泳技术，臂部划水产生的推进力越来越占主要地位，其特征是高肘划水、快频率。臂部动作可分为外划、下划、内划、划水和前伸 5 个阶段。

（1）外划：从两臂前伸并拢、掌心向下的滑行姿势开始。外划时，两臂内旋，两手掌心转向外斜下方，略屈腕，两臂向外横向划动至两手间距离约为两倍肩宽处（图 14-2-9）。

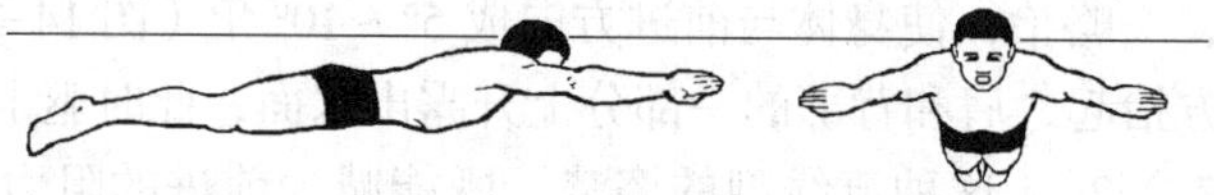
图 14-2-9 外划

（2）下划：手臂在继续外划的同时，前臂稍外旋，肘关节开始弯曲，转腕使掌心转为朝后下方，以肘关节为轴，手和前臂加速向下、向后划动。在下划的过程中，手和前臂的运动速度快、幅度大，而上臂的移动不多，前臂与上臂之间的夹角迅速缩小。下划结束时，肘关节明显高于手和前臂，手和前臂接近垂直于游进方向，肘关节约屈成 130° 角（图 14-2-10）。

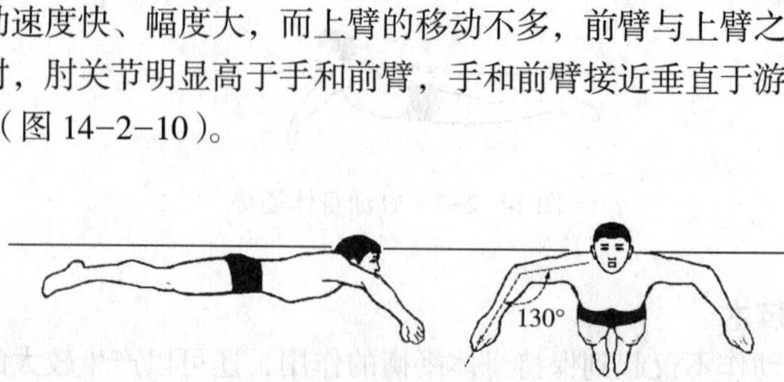

图 14-2-10 下划

（3）内划：是手臂划水产生推进力的主要阶段。随着下划的结束，掌心迅速转向内后方，手臂加速由外向内并稍向后横向划动，屈肘程度进一步加大，肘关节也同时向下、向后、向内收至胸部侧下方，两手划至胸前时几乎靠在一起（图 14–2–11）。

图 14–2–11　内划

（4）前伸：当内划接近完成时，两手在继续向内、向上划动的过程中逐渐转为向上、向前弧形运动至颌下。此时两手靠拢，两掌心逐渐转向下，手指朝前。接着，肘关节不停顿地沿平滑的弧线前移，推动两手贴近水面向前伸出。与此同时迅速低头，将头夹于两臂之间。伸臂动作完成时，两臂充分伸直、并拢，两手掌心向下，呈良好的流线型向前滑行（图 14–2–12）。

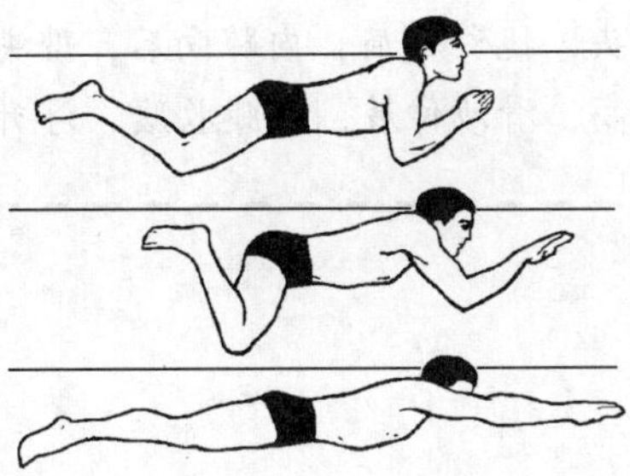

图 14–2–12　前伸

扫一扫，查看蛙泳手臂动作示范

（四）呼吸与完整动作配合

蛙泳的配合技术比较复杂，一般在一个动作周期中呼吸一次。呼吸方法分为早呼吸和晚呼吸两种。早呼吸是当两臂开始划水时吸气，吸气时间较长，当收手和移臂时，开始低头呼气。早呼吸方法适合初学者，易于掌握。晚呼吸是当划水结束收手时才吸气，随移臂低头呼气，呼气时间较短，一般被高水平运动员采用。

蛙泳的臂、腿配合是动作协调连贯和速度均匀的关键。现在世界上广泛采用的配合动作是臂和腿动作连续不断的配合方法，即划水结束时，抬头吸气，同时膝关节开始弯曲，当收手前伸时迅速收腿和蹬腿。在配合中应避免配合动作不协调或中间停顿现象。

蛙泳完整的配合技术如图 14–2–13 所示。

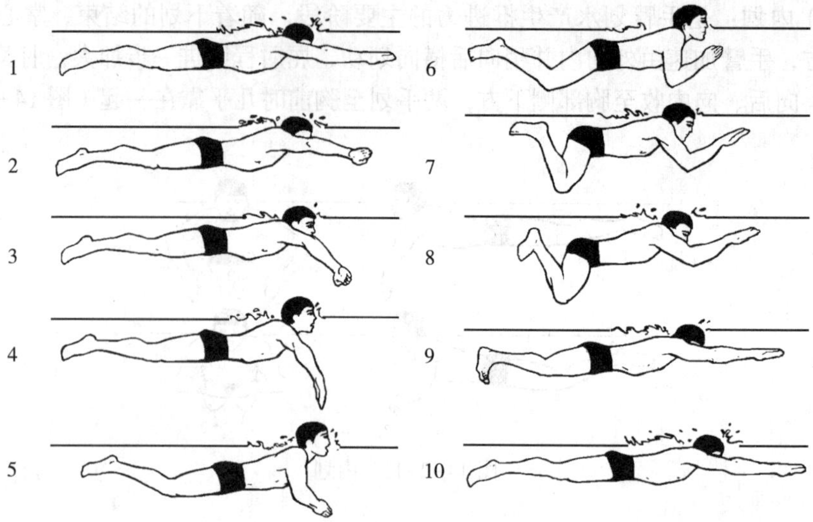

图 14-2-13 蛙泳完整配合动作

知识窗

蛙 泳 口 诀

分手压腕，双锚拉纤，高肘抱水，翻掌起肩。
梗颈出水，蛇腰拖髋，收垂双膝，两足外翻。
入水隐头，拢臂藏肩，内踝向后，蹬夹下旋。
前低后高，滑沙伸展，绷腿收腹，浮升水面。

（五）蛙泳练习方法

1. 腿部动作练习

（1）陆上模仿练习：

① 跪撑翻脚压腿练习：两脚分开跪于垫上，两膝间的距离同肩宽，勾脚，脚尖朝外，小腿和脚内侧贴地，两手后撑，慢慢振压。

② 俯卧模仿蹬夹：俯卧凳上或出发台上，模仿蛙泳腿的收、翻、蹬夹动作。

③ 仰坐模仿蹬夹：坐池边，上体后仰，两手后撑，模仿蛙泳腿的收、翻、蹬夹动作。

④ 站立模仿蹬夹：陆上原地站立，一腿支撑，另一腿模仿蛙泳腿的收、翻、蹬夹动作。

（2）水中练习：

① 扶边蹬夹：一手抓池槽，另一手手指朝下在水下撑住池壁，身体俯卧水中，做蛙泳腿的收、翻、蹬夹动作。

② 滑行蹬夹：蹬边滑行后继续低头闭气，做蛙泳腿的蹬夹动作向前游进，体会连贯的收、翻、蹬夹和滑行的动作。

③ 扶板蹬夹：俯卧水中，两臂前伸，两手扶在打水板的两侧，做蛙泳腿的动作向前游进。可配上呼吸动作，逐渐增加练习距离。

2. 臂与呼吸动作配合

（1）陆上模仿练习：陆上站立，上体略前倾，模仿蛙泳两臂划水动作，着重体会“桃心形”划水路线和屈臂高肘技术。

（2）水中练习：

① 原地划臂：两脚开立，站在齐胸深的水中，上体略前倾，做蛙泳两臂划水的动作，体会屈臂高肘技术和“桃心形”划水路线。

② 扶托划臂：帮助者站在侧面托住练习者的髋部，练习者俯卧水中，做蛙泳两臂划水与呼吸的配合动作。

扫一扫，查看蛙泳完整配合动作示范

③ 夹板划臂：仰卧水中，大腿夹住浮板使下肢上浮，做蛙泳两臂的划水动作向前游进，可闭气练习或配上呼吸，体会划水时身体被拉引向前的感觉。

3. 完整配合练习

（1）陆上模仿练习：原地站立，两臂上举并拢，掌心向前。先按四拍做两臂和单腿配合的蛙泳模仿动作：① 两臂向侧下方划动，腿不动；② 两臂向内划至胸前，一腿屈膝上提做收腿和翻脚动作；③ 两臂向上伸直；④ 腿向下弧形蹬夹，还原成预备姿势。再逐步过渡到连贯动作。

（2）水中练习：

① 臂、腿分解配合游：蹬壁滑行后继续低头闭气，做蛙泳臂、腿分开的动作向前游进。两臂做一次划水动作前伸并拢后，两腿再做一次收、翻、蹬夹动作，臂、腿交替进行，建立先伸臂再蹬夹的动作概念。

② 臂、腿连贯配合游：蹬壁滑行后继续低头闭气，做臂、腿连贯配合的蛙泳动作向前游进，着重体会臂、腿动作配合的正确时机。

③ 完整配合游：在臂、腿连贯配合蛙泳的基础上，加上抬头吸气的动作，形成完整配合技术。

三、爬泳

爬泳又称自由泳。由于这种泳势游进时两臂轮换划水很像爬行，所以称为爬泳。在自由泳比赛中，规则规定可以采用任何一种泳姿。因为爬泳的速度最快，所以在自由泳比赛中，一般采用爬泳这种姿势。

（一）身体姿势

游爬泳时，身体俯卧水中与水面几乎平行；身体纵轴与水面成3°~5°，头稍抬起，与身体纵轴成20°~30°。游进中，两臂交替划水和转动吸气动作，使躯干有节奏地围绕身体纵轴左右转动，转动时，肩轴与水平面成35°~45°（图14-2-14）。

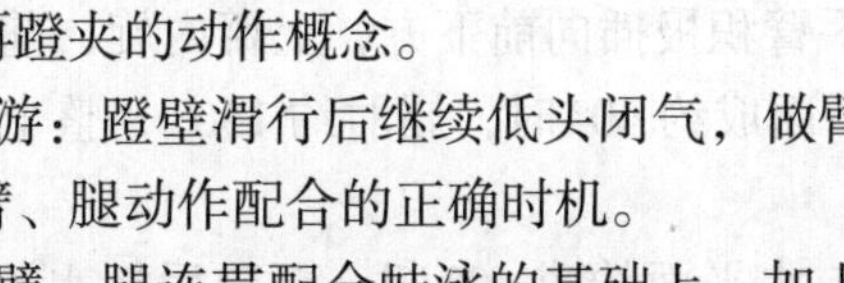

图14-2-14　爬泳身体姿势

扫一扫，查看爬泳身体姿势示范动作

（二）腿部动作

两腿自然伸直，两脚尖稍内扣成八字形。向下打水时，从髋关节开始，由大腿发力带动小腿和脚，进行鞭状打水动作向下踢水；往上提时要放松，脚跟不要露出水面，但可溅起一点水花。打水时，上下两脚的距离 30~40 厘米，自然屈膝约 160°（图 14-2-15）。

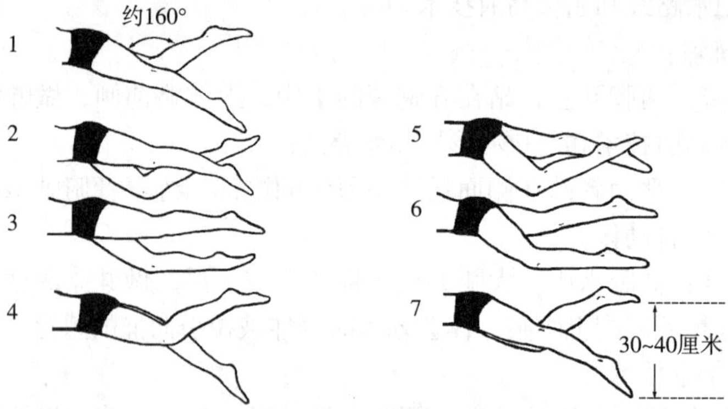

图 14-2-15 爬泳腿部动作

扫一扫，查看爬泳腿部动作示范

（三）臂部动作

爬泳臂划水是推动身体前进的主要动力。它由入水、抱水、划水、出水、空中移动 5 部分组成。

（1）入水：肘关节弯曲高于手，掌心稍向外，五指伸直并拢，在肩的延长线臂长 2/3 处插入水中。

（2）抱水：入水后手臂积极插向前下方，上臂内旋，前臂尽快向垂直平面过渡，保持高肘。当手臂与水平面成约 40° 时，屈肘约 150°，整个手臂像抱一个大球一样，给划水创造有利条件。

（3）划水：指手臂与水平面约成 40° 起，至向后划水与水平面成 15° ~20° 时的动作过程，是产生推进力的主要阶段。以垂直面为界，前为拉水，后为推水。

① 拉水：一个屈臂的过程。拉水时前臂速度比上臂快。当屈肘至水平面时，手在体下身体中线处，屈肘为 90° ~120° 。

② 推水：通过屈臂到伸臂来完成。为保持最大面积推水，在推水中肘关节要向上，向体侧靠拢。

拉水与推水动作要连贯、加速，手划的轨迹开始在肩前、中间在胸腹下、后在大腿旁，呈“S”形（图 14-2-16）。

图 14-2-16 爬泳的划水路线

扫一扫，查看爬泳手臂动作示范

（4）出水：划水结束后，手臂由于惯性的作用很快靠近水面，这时由上臂带动肘部向外上方做“提拉”动作，将前臂和手提出水面，掌心向后上方。出水动作要柔和、迅速而又不停顿。

（5）空中移臂：手臂出水后，整个臂要放松，由肩带动向前移臂，在手臂刚出水时，肘关节领先前臂和手的前移，臂移至肩部时，手和前臂赶上肘部，并逐渐向前伸出，掌心也从后上方转向前下方，接着做入水准备动作。在整个移臂过程中，肘部始终保持高于肩的位置。

（四）两臂的配合

爬泳两臂的正确配合是前进速度均匀性的重要条件之一。划水时，依照两臂所处的位置不同可分为三种不同的配合方式，即前交叉、中交叉、后交叉。

（1）前交叉配合：一臂入水时，另一臂处于肩前方（图 14-2-17 之 1）。

（2）中交叉配合：一臂入水时，另一臂处于肩下垂直部位（图 14-2-17 之 2）。

（3）后交叉配合：一臂入水时，另一臂划水至腹下方（图 14-2-17 之 3）。

以上三种配合形式都有各自的特点，对初学者来说，可采用前交叉配合，以便掌握爬泳动作，做好呼吸配合。

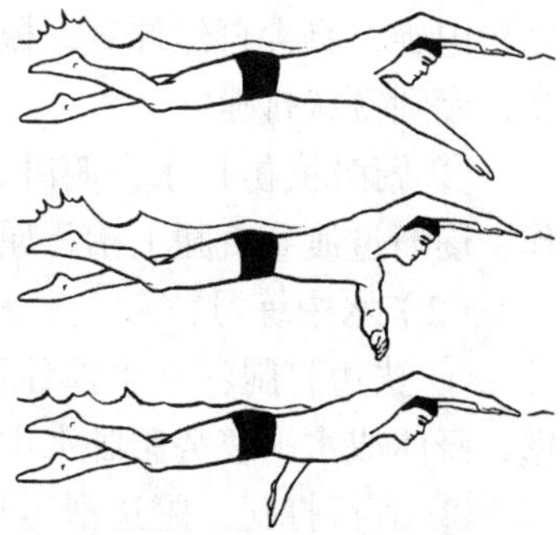

图 14-2-17　手臂配合方式

（五）呼吸与完整动作的配合

爬泳采用转动吸气的方法，一般在两臂各划水一次做一次完整的呼吸。如果头的位置正确，只要在同侧手臂空中移臂时，转头同时歪嘴，就能在头前浪形成低于水面的波谷中吸到气。

爬泳呼吸、臂和腿的配合目前常见的主要有三种：一种是 1∶2∶6 配合，即呼吸一次，两臂各划水一次，两腿各打水三次，适用于短距离项目；另一种是 1∶2∶4 配合，即呼吸一次，两臂各划水一次，两腿各打水两次；再一种是 1∶2∶2 配合，即呼吸一次，两臂各划水一次，两腿各打水一次。后两种适合于中长距离的项目。爬泳的完整配合技术如图 14-2-18 所示。

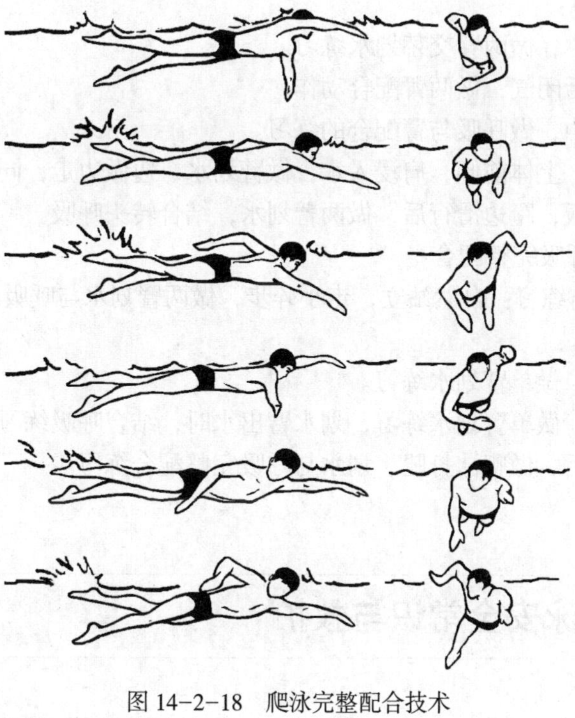

图 14-2-18　爬泳完整配合技术

（六）爬泳练习方法

1. 腿部动作

（1）陆上模仿练习：

① 仰坐模仿大腿：坐在池边或地上，上体稍后仰，两手后撑，两腿伸直，两脚

掌稍内旋，脚尖自然伸直，模仿爬泳的打腿动作。先直腿练习，然后膝关节放松，逐步过渡到鞭状打腿。

② 俯卧模仿打水：俯卧在凳上、池边或出发台上，直腿模仿爬泳上下打腿的动作，逐渐过渡到直腿上抬、屈膝下打的鞭状动作。

（2）水中练习：

① 扶边打腿：一手抓住池边，前臂贴在池壁上，另一手指尖朝下在水下撑住池壁，身体成水平姿势俯卧水中，两腿伸直，做上下交替打水练习。

② 滑行打腿：蹬边滑行后继续低头闭气，两臂前伸并拢，头夹在两臂之间，做两腿交替的鞭状动作向前游进。

③ 扶板打腿：身体成水平姿势俯卧水中，两臂前伸，双手扶住打水板，略抬头，两腿做鞭状打水动作向前游进。

2. 臂部技术及臂与呼吸配合

（1）陆上模仿练习：

① 原地模仿划臂：原地站立，上体略前屈，一臂前伸不动，另一臂模仿爬泳的划水动作，初步体会动作后，左右臂交换练习。然后，左右臂轮流做划水动作，要求划水臂前伸与另一臂并拢后，再换另一臂划动。最后，做两臂连贯交错的划水动作。

② 呼吸与臂的配合：双臂前伸，一臂划水时呼气，臂划至肩下向后推水时，同时上体带动头向同侧转动并加速呼吸，臂出水后张口吸气。

（2）水中练习：

① 站立浅水中，做两臂交替划水练习。

② 蹬边滑行后闭气，做两臂配合动作。

③ 站立浅水中，做呼吸与臂配合的练习。

④ 站立水中，上体前倾，肩浸入水，做臂划水，边做边走，同时转头呼吸。

⑤ 腿夹打水板，蹬边滑行后，做两臂划水，结合转头呼吸。

3. 臂、腿、呼吸完整配合

（1）陆上模仿练习：自然站立，走小碎步，做两臂划水与呼吸配合的练习。

（2）水中练习：

① 扶板打腿，做单臂划水练习。

② 扶板打腿，做单臂划水练习，划水臂出水时，结合呼吸练习。

③ 蹬边滑行后，做爬泳打腿、划水与呼吸完整配合练习。

扫一扫，查看爬泳完整配合技术动作示范

第三节 游泳安全常识与救护

一、游泳安全常识

（1）牢牢树立“安全第一”的思想意识：游泳活动是在水中这个特殊环境中进行的，溺水是人们在游泳活动中最容易发生的事故。在游泳场所，除了要注意硬件设施、场地器材等的安全外，游泳者本身也要树立“安全第一”的思想观念，而不能有一丝麻痹大意。

（2）游泳前应进行全面的身体检查：凡患有心脏病、高血压、癫痫、活动性肺结核、传染性肝炎、皮肤病、红眼病、精神病、中耳炎、发烧、开放性创伤者，都不宜游泳。妇女在月经期游泳要采取卫生措施，未采取措施不宜下水。

（3）做好准备活动和整理活动：游泳者下水前，要做好准备运动，以增加热量，同时使颈、肩、腰、髋、膝、踝等主要关节部位和全身肌肉活动开，以免发生关节损伤和肌肉拉伤，同时也能提高人体神经系统的兴奋性，有助于人体从静止状态过渡到运动状态。游泳后，做一些简单的整理活动，有利于身体的恢复。

（4）饭前饭后忌游泳：空腹游泳会影响食欲和消化功能，也会在游泳中发生头昏乏力等意外情况；饱腹游泳亦会影响消化功能，还会产生胃痉挛，甚至呕吐、腹痛现象。

（5）剧烈运动后忌游泳：剧烈运动后马上游泳，会加重心脏负担；而入水后，由于体温的急剧下降，会使抵抗力减弱，易引起感冒、咽喉炎等。

（6）游泳后注意身体的清洁和卫生：游泳后，最好冲一个热水淋浴，认真清洗眼睛和身体，特别是在泳池中的游泳者，由于池水中投药消毒等，所以更要注意身体的清洁和卫生。耳朵进水后，可用软棉棒和毛巾清除，或倾斜头部把水控出，避免引发炎症。

（7）不要在不熟悉的水域游泳：游泳者下水前，一定要了解泳池的深浅区域。在天然水域游泳时，不要贸然下水。凡水域周围和水下情况复杂的都不宜下水游泳，以免发生意外。

（8）不做易导致伤害事故的活动：在游泳场所及游泳活动中，不要追逐打闹，或把人推入水中，或刻意用水撩拨他人，或抬人扔下水等。游泳时，不要进行有危险的活动，如水下潜水、嬉闹、打水仗等。这些不良行为，极易导致呛水、碰伤甚至溺水等意外的发生。

二、游泳时的自我救助

1. 呼救

如遇到危险、身体不适、肌肉痉挛等突发情况时，需要及时通过紧急呼救或其他醒目的方式，呼唤救生员或周围人前来救援。当因身体难受、体力不支等因素无法呼救时，最好的方法是放松身体，仰卧于水面上，然后招手请求救援。救援人员未到时，要设法慢慢靠岸，等待施救。

2. 水上漂浮休息

由于受伤、肌肉痉挛、体能下降等原因不能继续游进时，采用水上漂浮休息等待救援是一种非常好的自救方法。

（1）仰卧漂浮休息：身体仰卧于水面，向上伸展双臂，两腿向外分开。吸气要深而短，呼气要缓慢，然后稍微屏气。如腿部下沉，可将手臂露出水面并屈腕，若仍然下沉，还可通过两肘慢慢屈伸，摸索调节身体平衡的最佳位置。

（2）身体垂直漂浮休息：这种方式可不做任何动作就能休息。但与仰卧漂浮休息法相比，身体垂直漂浮休息法难度较大，颈部肌肉容易疲劳。

3. 靠池边自救

遇到险情时，首先不要慌张，应保持镇静，采用积极的自我保护方式，在身体条件许可的情况下，努力向池边靠近，同时高声呼救，尽量节省体力。靠池边后，应尽快找到能支撑自己的支撑物，仰卧水面或垂直水中放松休息，等待救援。

4. 肌肉痉挛自救

肌肉痉挛是游泳中常见的一种突发状况。解救肌肉痉挛的有效办法是设法将痉挛部位的肌肉拉长伸展，然后配合按摩让痉挛缓解。

（1）手指肌肉痉挛解救法：先将手握拳握紧，然后用力伸开、伸直，反复几次，痉挛即能解除。

（2）小腿前部肌肉痉挛解救法：先用一只手抓住脚趾，然后用力下按、上扳，反复几次，痉挛即能解除。

（3）小腿后部肌肉痉挛解救法：先伸直患腿，一手按住膝盖或小腿部位，屈踝关节，一手抓住脚趾用力后扳并蹬直患腿，反复几次，痉挛即能解除。

（4）脚趾肌肉痉挛解救法：做脚趾伸和屈的动作，反复几次，痉挛即能解除。

（5）腹部肌肉痉挛解救法：人体浮在水面伸直，腿和头部尽量向后挺伸，拉长腰腹，并用双手配合按摩腹部，反复几次，痉挛即能解除。

三、水上救生技术

1. 间接赴救

间接赴救是指在泳池内利用救生器材（如救生竿、救生圈、救生浮标、手援或其他救生器材等），对刚刚发生溺水事故还有行为意识、正在挣扎的溺水者，在池岸上，经过准确判断，在保证自身安全的前提下，优先选择的一种赴救技术。

2. 直接赴救

直接赴救是指在距离池边较远处发生溺水事故，对尚有行为意识、正在挣扎或无行为意识的溺水者和在不能采用救生器材的情况下，直接入水进行的救护。救护者在入水前，应迅速脱去妨碍游泳的衣物，从岸上距溺水者较近的地方入水接近溺水者，首先把其口鼻露出水面，同时用语言安定溺水者，再配合救护。对于紧张挣扎的溺水者，应避免被其抓住或抱住。如被抓或被抱，应迅速果断地进行解脱后再行拖带和施救。在救护时，一旦被溺水者抓住或抱住，解脱方法如下：

（1）虎口解脱法：当两臂任何部位被抓时，都可采用虎口解脱方法，即顺着被对方抓握手的食指和拇指方向迅速解脱。解脱后，立即扭转和上托溺水者。

（2）扳指解脱法：被溺水者从背后抓抱，但两臂未被束缚时，可采用反扳溺水者中指的方法解脱。

（3）推托、扭转法：凡被溺水者从前面抱住，但两臂未被束缚时，可采用推托溺水者下颌或扭转溺水者颈部的方法解脱。

（4）托肘解脱法：凡被溺水者从前方或后方把身体和两臂都抓、抱时，可采用把溺水者的肘部上脱的方法解脱。

水中拖带溺水者，多采用反蛙泳或侧泳技术，但要时刻注意使溺水者脸部露出水面。出水后，可用单手或双手托住溺水者的后脑勺或肩、腋部位拖带到安全地点。

3. 心肺复苏术（CPR）

猝死、溺水、触电、窒息、中毒、失血过多时，常会造成心脏停搏。如果抢救不及时或抢救方法不得当，极易产生不良后果。此时，运用心肺复苏术（包括人工呼吸和胸外心脏按压）抢救病人至关重要。心肺复苏术是针对由于各种原因导致的心搏骤停，在4~6分钟内所采取的急救措施之一，即以人工呼吸代替病员的自主呼吸，以心脏按压形成暂时的人工循环，并诱发心脏的自主搏动。目的是避免脑细胞在缺氧状态下坏死（4分钟以上开始造成脑损伤，10分钟以上即造成脑部不可逆之伤害），因此，施救时机越快越好。

（1）人工呼吸：当发生意外伤害，病员呼吸困难甚至停止时，应迅速做口对口人工呼吸，以帮助病员进行呼吸，使其恢复自主呼吸。

操作方法：首先，将病员置于空气流通处，松开衣领和裤带，清除口腔内的异物。然后使病员仰卧，救护者一手托起病员下颌，使头后仰，口张开，并保持呼吸道畅通，另一手捏住病员的鼻孔，救护者深吸一口气对着病员口部用力吹入，吹完后立即松开捏鼻孔的手，让其自行呼吸（图14-3-1）。如此反复进行，每分钟进行12~16次。

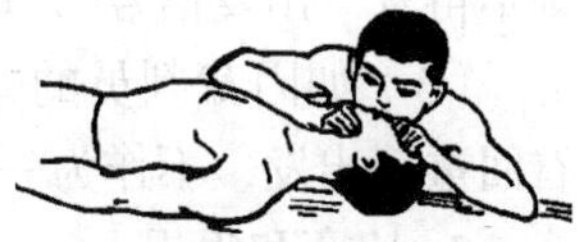
图14-3-1 口对口人工呼吸

如果病员张口困难或口腔有严重损伤，可采用口对鼻人工呼吸的方式，即对其鼻孔吹气（必须堵住口），救护者吹气力量的大小，依病员的具体情况而定，一般以吹进气后病员的胸廓稍微隆起为宜。

（2）胸外心脏按压：胸外心脏按压是通过按压胸骨下端而间接地压迫左右心室腔，使血流流入主动脉和肺动脉，从而建立有效的大小循环，为心脏自主节律的恢复创造条件。一般只要病员突然昏迷，颈部动脉和股动脉摸不到，就应马上进行胸外心脏按压，尽快恢复病员的血液循环。

操作方法：使病员仰卧，救护者双手重叠，用掌根部按于病员胸骨下半段，肘关节伸直，用适当的力量有节奏并带有冲击性地下压，使胸、肋骨下陷3~4厘米（儿童相对要轻些），每次按压后随即将手放松，使胸部复位，以利于心脏舒张（图14-3-2）。成年人每分钟按压100次，儿童可稍快些。

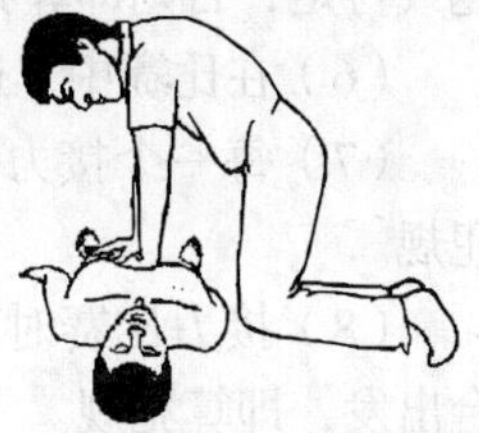
图14-3-2 胸外心脏按压

第四节 游泳比赛规则简介

一、比赛通则

1. 出发

（1）自由泳、蛙泳、蝶泳的各项比赛都应从出发台上出发；仰泳应在水中出发。当听到发令员发出长哨声信号后，运动员应站到出发台的后半部等候；仰泳运动员下水，面对出发台，两手握住握手器或池端水槽，两脚蹬池壁，两脚和脚趾不许露出水面或蹬在水槽上，当发令员发出第二声长哨声时，仰泳运动员在水中做好出发准备。

当所有运动员都做好准备时，发令员发“各就位”口令，当所有运动员身体都处于稳定静止时，发令员发“出发信号”（鸣枪、鸣哨、电笛或口令）。运动员听到出发信号后才能做出发动作。

（2）运动员如在“出发信号”发出前出发，应判抢码犯规。第一次出发抢码犯规，发令员应召回运动员并组织重新出发。第一次出发抢码犯规以后，第二次出发无论哪个运动员抢码犯规（不论该运动员是第几次犯规），均取消其比赛资格或录取资格。如果在“出发信号”发出之后发现运动员抢码犯规，应继续比赛，在该组比赛结束后取消犯规运动员的录取资格。如果在“出发信号”发出前发现运动员抢码犯规，则不再发“出发信号”，取消抢码犯规运动员的比赛资格后，再次组织出发。

（3）如因裁判员的失误或器材失灵而导致运动员抢码犯规，发令员应将运动员召回重新出发，不作为一次抢码犯规。

2. 比赛和犯规

（1）运动员必须在自己的泳道内比赛完毕，否则即算犯规。

（2）游出本泳道或以其他方式干扰、阻碍其他运动员者应取消其录取资格。

（3）由于某运动员犯规而影响了被干扰、阻碍的运动员获得优良成绩时，则应准许受干扰阻碍的运动员补测成绩，或直接参加决赛。如在决赛中发生上述情况，应令该组重新决赛（犯规运动员除外）。

（4）在比赛中，运动员转身时必须使身体某一部分触及池壁。转身必须从池壁蹬出，不得在池底跨越或走步，否则即算犯规。

（5）在比赛中，除自由泳可在池底站立外，其他泳式（包括自由泳）均不得跨越或行走，否则即算犯规。

（6）在比赛中，运动员不得使用或穿戴任何有利于其速度、浮力的器具。

（7）每一个接力队应有 4 名队员，在接力比赛中，任何一名队员犯规即算该队犯规。

（8）接力比赛时，如本队的前一名运动员尚未触及池壁，而后一名运动员即离台出发，即算犯规。

二、各项泳式的比赛规定

1. 自由泳

（1）在自由泳比赛中，可采用任何泳式。

（2）转身和到达终点时，可用身体任何部位触及池壁。

2. 蛙泳

（1）身体应保持俯卧，两肩须与水面平行。

（2）两臂和两腿的所有动作应始终同时并在同一水平面上进行，不得有交替动作。

（3）每次转身和到达终点时，两手应在水面上或水面下同时触壁，两肩应保持水平位置。

（4）在蹬腿过程中，两脚必须做外翻动作，不允许做剪夹、上下交替打水或向下的海豚式打水动作。只要不做向下的海豚式打腿动作，允许两脚露出水面。

（5）在每次转身和到达终点时，两手应在水面、水上或水下同时触壁，触壁前两肩应与水面平行。在触壁前的最后一次向后划水动作结束后，头可以潜入水中，但在触壁前的一个完整或不完整的配合动作中，头应部分地露出水面。

（6）在每个以一次划臂和一次蹬腿顺序完成的完整动作周期内，运动员头的某一部分应露出水面。只有在出发和每次转身后，运动员可在全身没入水中时，做一次手臂充分的向后划至腿部的动作和一次蹬腿动作。

3. 蝶泳

（1）两臂要同时并对称地向后划水和提出水面经空中向前摆。

（2）身体应俯卧，两肩须与水面平行。

（3）两腿动作必须同时，允许做垂直上下打水，两脚或两腿可以不在同一水平面上，但不允许有交替动作。

（4）在每次转身和到达终点时，两手应在水面、水上或水下同时触壁，触壁前两肩应与水面平行。

（5）在出发和每次转身后，允许运动员在水下做一次或多次打水动作和一次划水动作，每次划水动作必须使身体升到水面。

4. 仰泳

（1）在出发入水、转身后和整个游程中，身体必须保持正常的仰卧姿势。

（2）正常仰卧姿势是指身体与水平面不超过 90°，头部位置不受此限。

（3）在整个游进过程中，运动员身体的某部分必须露出水面。在转身过程中，允许运动员完全潜入水中。但在出发和每次转身后，运动员潜泳距离不得超过 15 米，在 15 米前运动员的头必须露出水面。

（4）在转身过程中，当运动员肩的转动超过垂直面后，可进行一次连续单臂划水或双臂同时划水动作，并在该动作结束前开始滚翻。一旦改变仰卧姿势，就不允许做与连续转身动作无关的打水或划水动作。运动员必须呈仰卧姿势蹬离池壁。转身时，运动员身体的某部分必须触壁。

（5）运动员在到达终点时，必须以仰泳姿势触壁。

5. 混合泳

（1）个人混合泳须按照下列顺序进行比赛：蝶泳、仰泳、蛙泳、自由泳（蛙泳、仰泳及蝶泳以外的任何泳式）。

（2）混合泳接力须按照下列顺序进行比赛：仰泳、蛙泳、蝶泳、自由泳（蛙泳、仰泳及蝶泳以外的任何泳式）。

案例分析

一位同学在练习水中呼吸时，不是感觉气没吸进去，就是老“呛水”或“喝水”。请分析下这位同学的换气练习存在什么问题？

思考题

1. 就游泳运动的健身功能，结合自身体会谈谈看法。
2. 试述蛙泳腿部技术动作要点。

第十五章 健美操、形体训练

学习目标

1. 了解健美操、形体训练的概念及特点。
2. 掌握健美操、形体训练的基本动作。
3. 懂得成套健美操的编排方法。
4. 理解健美操的竞赛规则与裁判方法。
5. 掌握形体训练、健美操的自我锻炼方法。

第一节 健美操、形体训练概述

一、健美操的起源与发展

健美操的起源应追溯到2000多年前，古希腊人对人体美的崇尚举世闻名。他们认为，在世界万物之中，只有人体的健美才是最匀称、最和谐、最庄重、最有生气和最完美的。古希腊人喜爱采用跑跳、投掷、柔软体操和健美舞蹈等各种体育项目进行人体美的锻炼。他们提出了“体操锻炼身体，音乐陶冶精神”的主张。

现代健美操运动是在基本体操的基础上发展起来的，最初是美国太空总署医生库珀（Cooper）博士为宇航员所设计的体能训练内容。后来又加入了音乐伴奏和特殊器材等，从而使得这种训练带有娱乐性且简单易学，并逐渐成为具有独特体系的运动。

健美操作为独立的体育运动始于20世纪70年代末，其标志是“简·方达健美操”的出现。作为电影明星，简·方达为了追求健美的身体曾用过“节食减肥”“自寻呕吐法”“服用减肥药”等方法塑身，结果导致体质下降。20世纪70年代，简·方达总结编排了一套健美操，并坚持锻炼，收到了理想的塑身效果。后来，由她编写的《简·方达健身术》一书出版后一直畅销不衰，被译成20多种语言在世界30多个国家出售，这推动了健美操运动在世界范围的传播与推广。

首届国际健美操比赛于1983年在日本举办。1994年，国际体操联合会接受健美操为其正式的比赛项目，并于1995年开始举办健美操世界锦标赛。20世纪80年代，健美操热传到了我国，在高校首先得到发展。1986年，北京体育学院编写了我国第一部“健美操试用教材”，并正式在本科生中开设了健美操选修课。1992年，中国健美操协会在北京成立。同年，中国大学生体协健美操、艺术体操分会成立。自此，我国健美操运动进入了一个崭新的发展阶段。

二、健美操的分类与特点

1. 健美操的分类

健美操是在音乐的伴奏下，以身体练习为基本手段，以有氧运动为基础，达到增进健康、塑造形体和娱乐为目的的一项体育运动。健美操可分为健身健美操、竞技健美操和表演健美操三大类。

健身健美操（通常称为大众健美操）以健身为目的，动作难度不大，音乐速度可控制，锻炼全面且达到一定的运动强度。其动作多有重复，并以对称的形式出现。健身健美操按练习形式可分为徒手健美操、轻器械健美操和特殊场地健美操可编排 5 分钟到 1 小时（表 15-1-1）。

表 15-1-1 健身健美操的分类

徒手健美操	轻器械健美操	特殊场地健美操
有氧健美操	有氧踏板车	水中健美操
搏击健美操	有氧哑铃操	功率自行车
拉丁健美操	轻型杠铃操	固定器械健美操
瑜伽健身术	橡皮筋操	
健身街舞	健身球操	
	踏板操	

竞技健美操是在健身健美操的基础上发展起来的，它以竞技为目的，有特定的比赛规则和评分方法，需完成一些特定动作，对人的身体素质、技术技能和艺术表现能力有着较高要求。竞技健美操分为男子单人、女子单人、混合双人、三人、五人操和有氧舞蹈、有氧踏板。目前，国际上规模较大的竞技健美操比赛有“健美操世界锦标赛”、“世界健美操冠军赛”和“健美操世界杯赛”；我国正式的竞技健美操比赛有“全国健美操锦标赛”、“全国健美操冠军赛”和“全国健美操青少年锦标赛”，时间 1 分 20 秒（正负 5 秒）。

除了健身性健美操和竞技健美操，在我国还有一种表演性健美操。表演性健美操的主要练习目的是“表演”，人数不限，时间一般为 2~5 分钟。表演性健美操的动作较健身性健美操的动作复杂，为了保证一定的表演效果，动作较少重复，也不一定是对称的。

2. 健美操的特点

健美操与其他项目相比较，其主要特点在于高度的艺术性、强烈的节奏性、广泛的适应性和健身美体的实效性。

（1）高度的艺术性：健美操的艺术性主要表现在其“健、力、美”的项目特征上。“健康、力量、美丽”是人类追求的身体状况的最高境界。健美操动作协调、流畅、有弹性，练习者不仅可以锻炼身体、增强体质，而且从中也能得到“美”的享受，提高审美意识和艺术修养。

（2）强烈的节奏性：健美操的音乐一般取材于迪斯科、爵士、摇滚等现代音乐和具有上述特点的民族乐曲，体现出一种鲜明的现代韵律感。健美操动作与音乐强烈的节奏性使健美操练习极具感染力，也使得健美操比赛和表演更具观赏性。

（3）广泛的适应性：健美操练习形式多样，运动负荷可大可小，对场地、器材条件要求不高，不同年龄、性别、身体素质、技术水平的人都适宜，各类人群都能从中找到适合自己的方式，具有广泛的群众性。

（4）健身美体的实效性：健美操是根据人体解剖学、运动生理学、体育美学等多学科理论，为使人体健康健美地发展而编排的。在全面锻炼身体的基础上，健美操还可以对身体某一部位进行针对性的锻炼，如胸部健美操、腰部健美操、臀部健美操、形体健美操等，使人们在锻炼身体的同时健美身体形态。这种健身美体的实效性正是当代人从事体育锻炼的选择与追求。

三、形体训练

形体训练起源于芭蕾、舞蹈、体操的基本功训练，它以人体科学理论为基础，以美化体态、提高灵活性、增强可塑性为目的，是通过徒手或利用各种器械进行形体素质练习和表现舞蹈艺术的技巧训练。形体训练是一项优美、高雅的健身项目，主要通过舒展、优美的舞蹈基础练习（以芭蕾为基础），结合古典舞、身韵、民族民间舞蹈进行综合训练，可塑造人们优美的体态，培养高雅的气质，纠正生活中不正确的姿态。可以说，它是所有舞蹈健身运动项目的基础。它既能通过人体的外在表现形式展示出形体美，也能通过艺术表现手段培养人们内心精神世界的细腻情感以及深刻的思想和美的情操。

（一）形体训练的内容

形体训练的基本内容包括徒手练习、持轻器械练习和专门性器械练习三大部分。

1. 徒手练习

徒手是对身体形体进行系统的专门训练，是形体动作的主要练习形式，它包括基本姿态练习、基本形体素质与姿态控制练习、把杆练习和基本步伐练习以及这些动作的组合练习。徒手练习可以是单人练习，也可以是双人练习，既可作为体育教学内容，又可以作为舞台上的表演形式。

（1）基本姿态练习：包括坐、立、行、卧练习。当这些基本姿态呈现在人们眼前时会给人一种感觉，如身体形态所显示的端庄、挺拔与高雅给人的印象是赏心悦目的美感（包括日常活动的全部）。

（2）基本形体素质与姿态控制练习：包括手臂基本动作、躯干基本动作、腿部基本动作，并通过各种动作基本功的控制，表现出显示人体力量和耐久力的优美的形体动作。

（3）把杆练习：是对身体形态进行专门系统训练的一种方法，也是进一步提高和改善身体形态及控制能力的重要内容，强调在完成动作过程中的协调性、灵活性和应变能力。通过训练，可以增强腰、腿部的力量和柔韧性，逐步形成正确的站姿、坐姿、走姿和卧姿，培养身体动作的协调性、节奏感和表现力以及动作姿态的优美性，促进体态美的形成。

（4）基本步法练习：包括走、跑、跳以及各种舞步练习，可有效地培养练习者的协调性、节奏感及运动表现力。

2. 持轻器械练习

持轻器械练习是指手持一定器械进行有针对性的练习，它是在采用徒手动作的基础上，根据训练所要达到的目的和手持器械的性能特点有选择性地进行的一种训练。如小哑铃和橡皮带练习对发展上肢各部位关节的柔韧性、灵活性和完成动作时肌肉的控制能力有较强的锻炼作用；球、绳的练习有助于加大动作幅度，对增强身体各部位的柔韧性、灵活性和完成动作时肌肉的控制能力有极大的帮助。

3. 专门性器械练习

器械训练就是通过器械的重量、形状和性能，增加对肌肉的阻力和身体动作的限制，从而使肌肉受到刺激而增长其耐受力，达到消耗脂肪，增强关节的柔韧性、灵活性和控制力的目的。特别是利用音乐配合练习时，能提高练习者的兴趣，降低疲劳感，提高身体的协调性。

（二）形体训练的特点

1. 是以自然性动作为基础的节奏运动

自然性动作是指按照人体自然状态下的运动规律和人体运动的自然法则所进行的运动。形体训练是以人体自然性动作为主要活动形式的练习，在完成动作时，无论是上肢、下肢还是躯干动作，都是根据人体的自然法则，从胸、腰、腹的中线开始发力，传递到各个部位，而且每个动作都有其起点和终点。形体训练的节奏在于内在节奏（呼吸和对音乐的理解）和外在节奏（动作大小、快慢交替、动作强弱）的有机统一，各种形体动作按照音乐的速度、幅度的对比和变化，形成节奏的完美统一。

2. 广泛的群众性和针对性

形体训练适合的人群比较广泛，不同性别、年龄、职业、能力、爱好的人都可以参加。形体训练不仅能使机体新陈代谢旺盛，各器官功能得以改善，增强体质，延年益寿，同时也可以有针对性地改善身体某一部分（发达肌肉、祛脂减肥、矫治畸形），使体形匀称、协调、优美。

3. 内容和方法的多样性

形体训练的基本动作十分丰富，有用于身体局部练习的系列动作，有用于身体整体练习的单个动作，有健身系列的成套动作以及矫治康复的专门动作，有用来强身健体的健美性锻炼和训练正确的坐、立、行、走姿势的专门练习，还有适合中老年人强身健体的练习，适合瘦人发达肌肉、丰腴健美的练习，适合肥胖人减肥的练习以及适合疗疾康复的练习。形体训练的器械繁多，有专门的单项器械、联合器械，还有自制的娱乐器械。从锻炼形式来看，有单人、双人、集体的练习项目，也有徒手、持轻器械的练习；有站姿、坐姿练习，还有垫上练习；有柔和的慢节奏练习，也有动感很强的快节奏练习；有局部练习，也有全身性练习。练习者可根据不同的训练目的和各自的水平、年龄和性别选择不同的方法。

4. 优美性和艺术性

形体训练追求人体身、心、美的统一，不仅能提高练习者的兴趣，而且能发展练习者的想象力和表现力，培养动作的节奏感，促进身心的全面发展，同时还能使练习者在练习中达到忘我的境界。练习者根据不同的音乐节奏和风格，创编出不同风格和形式的形体动作，可使形体训练更加富有感染力。在美妙动听的音乐中进行形体训练，能使练习者身心得到健康发展，有利于培养“美”的形体和高雅的气质，并使练习者得到艺术美的熏陶。

第二节 健美操、形体训练基本动作的学习与运用

一、健美操基本动作

（一）基本步伐

根据人体运动时对地面的冲击力的大小，健美操基本步伐可分为三种：无冲击力动作、低冲击力动作和高冲击力动作。许多低冲击力动作也可以做成高冲击力动作。而根据动作完成形式的不同，健美操基本步伐又可分为交替类、迈步类、点地类、抬腿类和双脚类等 5 类（表 15-2-1）：

扫一扫，查看健美操教学视频

表 15-2-1 健美操常用基本步伐体系

类别	原始动作	动作形式		
		低冲击力	高冲击力	无冲击力
交替类	踏步 （March）	踏步（March） 走步（Walk） 一字步（Easy walk） V 字步（V step） 漫步（Mambo）	跑步（Jog）	
迈步类	并步 （Step touch）	侧并步（Step touch） 迈步点地（Step tap） 迈步吸腿（Step knee） 迈步后屈腿（Step curl） 侧交叉步（Grapevine）	并步跳（Step jump） 小马跳（Pony） 迈步吸腿跳（Step knee jump） 迈步后屈腿跳（Step curl jump） 侧交叉步跳（Grapevine jump）	
点地类	点地 （Touch step）	脚尖点地（Touch tap） 脚跟点地（Heel）		
抬腿类	抬腿 （Lift step）	吸腿（Knee lift/up） 摆腿（Leg lift） 踢腿（Kick）	吸腿（Knee lift jump） 摆腿跳（Leg lift jump） 踢腿跳（Kick jump） 弹踢腿跳（Flick jump） 后屈腿跳（Leg curl jump）	
双腿类			并腿跳（Jump） 分腿跳（Squat jump） 开合跳（Jump jack）	半蹲（Squat） 弓步（Lunge） 提踵（Calf raise）

（1）踏步：两腿原地依次抬起、落地。

技术要点：在下落时，踝、膝、髋关节依次有弹性地缓冲。

（2）走步：1–4 拍向前 4 步或向后 4 步。5–8 拍方向相反。

技术要点：向前走时，脚跟先落地，过渡到全脚掌；向后走时相反。落地时，膝、踝关节有弹性地缓冲。

（3）一字步：1–2 拍左脚向前一步，右脚并于左脚；3–4 拍依次还原；5–8 拍重复。

技术要点：向前迈步时，脚跟先着地，然后过渡到全脚掌；前后均要有并腿过程，每一拍动作膝关节始终有弹性缓冲。

（4）V 字步：1 拍左脚向左前侧方迈一步，2 拍右脚向右前侧方迈一步，成两脚开立，屈膝；3–4 拍依次退回原位；5–8 拍重复。

技术要点：两腿膝、踝关节始终保持弹动状态，分开后成分腿半蹲，重心在两脚之间。

（5）漫步：1–2 拍左脚向前迈出，屈膝，重心随之前移，右脚稍抬起，然后原地落下；3–4 拍左脚向后撤一步，重心后移，右脚稍抬起，然后原地落下；5–8 拍重复。

技术要点：两脚始终保持交替落地，身体重心随动作前后移动，但始终在两脚之间。

（6）跑步：两腿经过腾空，依次落地缓冲，两臂屈肘摆臂。

技术要点：落地屈膝缓冲，脚跟尽量落地。

（7）并步：1–2 拍左脚向左迈出，右脚并排屈膝点地；3–4 拍反方向；5–8 拍重复。

技术要点：两膝始终保持弹动，动作幅度和力度可随风格而定。

（8）迈步点地：1–2 拍左脚向左侧迈一步，两腿经屈膝移重心，右脚向前、侧或后用脚尖或脚跟点地；3–4 拍反方向；5–8 拍重复。

技术要点：两膝同时有弹性地屈伸，重心移动轨迹呈弧形，上体不要扭转。

（9）迈步吸腿：1–2 拍左脚向左迈出一步，右腿屈膝抬起；3–4 拍反方向；5–8 拍重复。

技术要点：经过屈膝半蹲，抬膝时支撑腿稍屈膝。

（10）迈步后屈腿：1–2 拍左脚向左侧迈出一步，右腿后屈；3–4 拍反方向；5–8 拍重复。

技术要点：经过屈膝半蹲，支撑腿稍屈膝，后屈腿的脚跟靠近臀部。

（11）侧交叉步：1–4 拍左脚向左侧迈一步，右脚在左脚后交叉，左脚再向左侧迈一步，右脚并拢，屈膝点地；5–8 拍反方向。

技术要点：第一步脚跟先落地，身体重心快速随着脚步而移动，保持膝、踝关节的弹动。

（12）脚尖点地：1 拍右腿稍屈膝站立，左腿向前或者向侧、向后点地伸出，脚尖点地；2 拍还原到并腿屈膝姿势；3–4 拍反方向；5–8 拍重复。

技术要点：支撑腿始终保持屈膝站立，并且随动作有弹性地屈伸。

（13）脚跟点地：1 拍右腿稍屈膝站立，左腿伸出，脚跟点地；2 拍还原到并腿姿势；3–4 拍反方向；5–8 拍重复。只做向前和向侧的脚踏点地。

技术要点：支撑腿始终保持屈膝站立，并且随动作有弹性地屈伸。

（14）吸腿：一腿屈膝抬起，落下还原。

技术要点：支撑腿保持屈膝弹动，大腿上抬超过水平，上体保持正直。

（15）踢腿：一腿稍屈膝站立，另一腿抬起向前或向侧踢，然后还原。

技术要点：抬起腿不需很高，但要有控制；保持上体正直。

（16）弹踢腿（跳）：1–2 拍右腿站立（跳起），左腿先向后屈，然后向前下方弹踢并还原；3–4 拍反方向；5–8 拍重复。也可以向侧弹踢，通常以高冲击力的形式出现。

技术要点：腿弹出时要有控制，保持上体正直。

（17）后屈腿（跳）：1 拍右腿站立（跳起），左腿向后屈膝，放下腿还原；2 拍反方向；3–8 拍重复。通常以高冲击力的形式出现。

技术要点：支撑腿保持弹性，两膝并拢，脚跟靠近臀部。

（18）并腿跳：两腿并拢跳起。

技术要点：落地缓冲有控制。

（19）分腿跳：分腿站立，屈膝半蹲，向上跳起，分腿落地，屈膝缓冲。

技术要点：屈膝半蹲时，大、小腿夹角不要小于 90°，空中注意身体的控制。

（20）开合跳：1 拍并腿跳起，分腿落地；2 拍再分腿跳起，并腿落地；3–8 拍重复。

技术要点：分腿屈膝蹲时，两脚自然分开，膝关节沿脚尖方向屈，膝关节夹角不小于 90°，脚跟落地。

（21）半蹲：1 拍两腿有控制地屈；2 拍伸；3–8 拍重复。可分为并腿半蹲和分腿半蹲。

技术要点：分腿半蹲时，两腿左右分开稍大于肩（或与肩同宽），脚尖稍外开，屈膝时关节角度不得小于 90°，膝关节对准脚尖方向，臀部向后 45° 方向下蹲，上体保持直立。

（22）弓步：1 拍左腿向前迈步分开，两脚平等站立、蹲下；2 拍还原；3–4 拍反方向；5–8 拍同 1–4 拍。

技术要点：半蹲时，后腿膝关节向下，大腿垂直于地面；重心始终在两脚之间。

（23）提踵：两腿脚跟抬起，落下脚跟稍屈膝。

技术要点：两腿夹紧，重心上提时，收紧腹部；落下时屈膝缓冲。

（二）常用上肢动作

不同的上肢动作既能使动作变化多样，又能调整动作的强度和难度。例如，手臂在肩以上的动作强度就大于手臂在肩以下的动作强度；手臂动作变化多的一组动作就难于手臂动作变化少的动作组合。

基本手型

1. 掌型

（1）并掌：五指伸直并拢。

（2）开掌：五指用力分开伸直。

（3）花掌：又叫西班牙手型。在分掌的基础上，从小指依次内旋，形成一个扇面。

（4）立掌：手掌用力上屈，五指指关节自然弯曲。

2. 拳型

握拳，拇指在外。

3. 上肢动作

（1）举：臂伸直向某方向抬起。

（2）屈臂：前臂与上臂角度不断减小。

（3）伸臂：前臂与上臂角度不断增大。

（4）屈臂摆动：屈肘在体侧自然摆动。可依次和同时进行。

4. 上提

直臂或屈臂由下至上抬起，如屈臂前伸、直臂侧提。

5. 下拉

臂由上举或侧上举拉至身体两侧。

6. 胸前推

立掌，臂由肩部向前推。

7. 冲拳

屈臂握拳，由腰间猛力向前冲拳。

8. 肩上推

立掌，屈臂由肩部向上推。

9. 摆动

以肩关节为轴，手臂做 180° 以内的运动。

10. 绕和绕环

以肩关节为轴，手臂向内、外、前、后做 180° ~360° 的运动为绕；做大于 360° 以上的圆周运动为绕环。

11. 交叉

两臂重叠成“X”形。

（三）躯干动作

1. 头颈部

（1）屈：头颈关节角度的弯曲，包括前屈、后屈、左屈、右屈。

（2）转：头颈部绕身体垂直轴的转动，包括左转、右转。

（3）绕：头以颈部为轴心的弧形运动，包括左绕、右绕。

2. 胸部

（1）含展胸：直臂或屈臂做内收动作，通常与臂的外展结合进行。

（2）左右移胸：两臂侧平举，胸部左右水平移动。

3. 肩部

（1）提肩：肩胛骨做向上的运动。

（2）沉肩：肩胛骨做向下的运动。

（3）绕肩：以肩关节为轴做小于 360° 的运动。

4. 背部

（1）外展：屈臂或直臂做外展动作，通常与臂的内收结合进行。

（2）上举下拉：两臂由侧上举下拉至髋侧。

5. 腰腹部位

（1）腰屈：髋部不动，上体前屈或后屈。

（2）屈髋：上肢不动，髋向前或侧屈。

（3）转腰：下肢不动，上体沿垂直轴的扭转。

（四）基本动作组合（4 个八拍）

1. 第一个八拍（图 15-2-1）

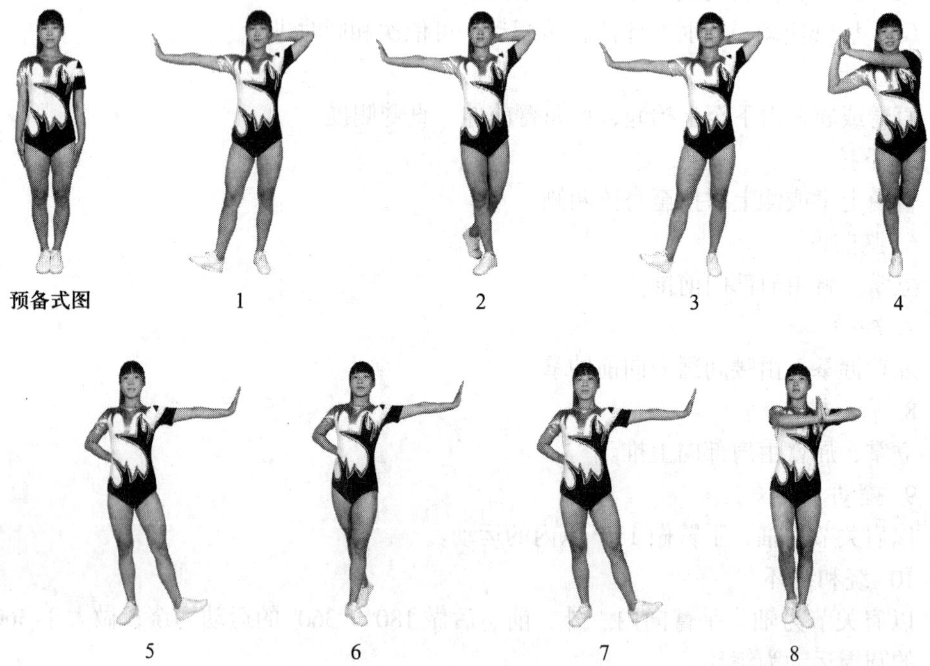

图 15-2-1

节拍		下肢步伐	上肢动作
一	1-4	向右交叉步接后屈腿	左臂肩侧屈，右臂侧平举，4 拍双手击掌
	5-8	向左交叉步	8 拍双手胸前合十向左推

2. 第二个八拍（图 15-2-2）

图 15-2-2

<table>
<tr><th colspan="2">节拍</th><th>下肢步伐</th><th>上肢动作</th></tr>
<tr><td rowspan="2">二</td><td>1-4</td><td>向右前方、左前方上步吸腿</td><td>手臂向侧前方伸出后胸前屈</td></tr>
<tr><td>5-8</td><td>A 字步接下蹲还原</td><td>手臂依次肩侧屈后经侧平举还原</td></tr>
</table>

3. 第三个八拍（图 15-2-3）

图 15-2-3

<table>
<tr><th colspan="2">节拍</th><th>下肢步伐</th><th>上肢动作</th></tr>
<tr><td rowspan="2">三</td><td>1-4</td><td>1-2 向右侧并步，3-4 两拍一动</td><td>胸前平屈接右臂侧上举左臂侧下举</td></tr>
<tr><td>5-8</td><td>左脚上步转体接左脚上步并步</td><td>胸前屈经侧平举接胸前屈</td></tr>
</table>

4. 第四个八拍（图 15-2-4）

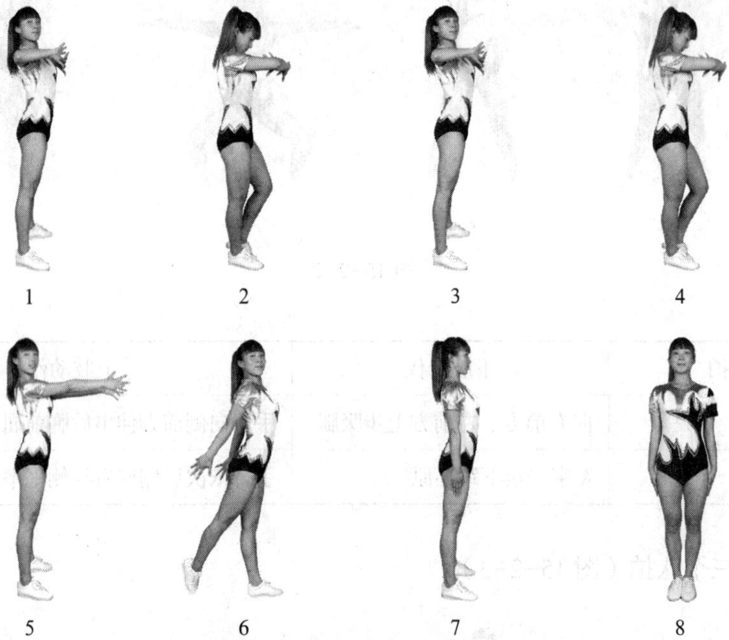

图 15-2-4

节拍		下肢步伐	上肢动作
四	1-4	右脚向右并步	胸前平屈，含胸展胸
	5-8	左交叉步，8 拍向左脚并腿转体 90°	前平举接侧下举还原

（五）健美操成套动作

健美操成套动作参照全国健美操大众锻炼标准第三套。

二、形体训练基本动作

（一）基本姿态控制练习

形体美的锻炼首先要从最基本的姿态开始，包括站姿、坐姿、走姿练习。正确的坐立行走姿势，不仅使内脏能进行平衡的活动，而且对健康有益。

1. 站立姿态的控制练习

（1）靠墙立：在立正姿态的基础上，双腿夹紧，收腹、挺胸、立腰、立背、紧臀，双肩后张下沉，下颌略回收，头向上顶，脚跟、腿、臀、肩胛骨和头紧靠墙（图 15-2-5）。此练习是借助于墙的平面来培养和训练站立时上体挺拔，保持头、躯干和腿在一条垂线上的良好习惯，一次控制 4×8 个拍，反复做 8~10 次。

（2）分腿立：两腿在小八字立的基础上分开，与肩同宽，双手叉腰，双肘微向前扣，收腹、挺胸、立腰、立背，双肩后张下沉（图 15-2-6）。此练习主要训练臀、腹及上体的正确感觉，夹臀与收腹协同紧张。

（3）单腿立：在正确的立姿的基础上，一腿支撑，另一腿屈膝上抬绷脚尖，贴于支撑腿，双手叉腰，上体微微向侧转（图 15−2−7）。

图 15−2−5

图 15−2−6

图 15−2−7

2. 坐立姿态的控制练习

（1）盘腿坐：重心落在臀部上，挺胸收腹，立腰提气，肋骨上提，头颈向上伸，微收下颌，两腿弯曲，两脚脚心相对盘于腹前，双肘放松，手腕搭于膝上，也可双手背于身后（图 15−2−8）。

（2）正步坐：上体姿势同盘腿坐，两脚并拢，脚尖正对前方，两膝稍分开，两臂自然弯曲，两手自然扶于大腿处，上体正直，微向前倾，肩放松下沉，立腰，头、肩、臀在一条线上（图 15−2−9）。

（3）侧坐：上体姿势同盘腿坐，上体微向侧转，两臂自然放松，扶于腿处。两腿弯曲并拢，双膝稍移向一边，靠外侧的脚略放在前面，这样臀部和大腿看起来比较苗条，会给人以美的感觉（图 15−2−10）。

图 15−2−8

图 15−2−9

图 15−2−10

3. 步态控制练习

（1）站立提踵或负重提踵：用力踮起脚尖，膝关节伸直，尽量提起脚跟至最大限度，然后脚跟下落还原。可连续做，或提踵后稍停顿再继续做，做 25~30 次后放松。

（2）足尖、足跟、足外侧交替走：直立，双手叉腰，用足尖、足跟、足外侧交替行走，膝关节伸直，每个动作走 5~6 米后放松。

（3）垫上练习：

① 脚背屈伸练习：直角坐，双手撑地，两腿并拢伸直，脚背屈伸。

② 脚踝绕环练习：姿势同上，两脚由内向外，或由外向内绕环。绕环时，脚踝幅度尽量加大。

4. 基本姿态控制综合练习

在以基本姿态基础动作为主要内容的基础上，选用其综合的组合练习，可以发展练习者的柔韧性、稳定性、灵活性、协调性和力量等形体素质，提高节奏感、音乐的表现能力和形体的表达能力。

形体姿态操

通过形体姿态的综合练习，培养头颈部位、手臂、躯干、腿部的控制力，提高姿态的表现意识和柔韧及灵活性，规范并美化身体姿态。

预备姿势：立姿，两臂下举，目视左前方。

1×8 拍

1–2 拍：右脚向右前斜方上步，经屈膝移重心至右脚站立，左脚后点地，同时右手臂小波浪一次，头看左手。

3–4 拍：经屈膝向前移重心成右脚站立，左脚前点地，同时手臂经侧向前绕环至头上举，眼看左脚尖。

5–6 拍：经屈膝向前移重心的同时抬头，双手向前推手臂波浪至上举位置。

7–8 拍：两脚前后开立，左脚后点地，双手至体侧。

2×8 拍

1 拍：右脚向右侧方一小步，同时双手胸前交叉。

2 拍：右脚起踵立，下旁腰，双手拉开一位手。

3 拍：拍同 1 拍动作。

4 拍：大幅度右脚起踵立，右手右斜上举，左手左斜下举。

5–8 拍：双手从体侧至胸前插上，上举，同时转 360°。

3×8 拍

1 拍：右脚在前，屈双膝向前移重心，双手体侧摆动，左手向前，右手向后。

2 拍：右脚在前，左脚后点地直立，双手摆成左手在前的前后七位手。

3–4 拍动作同 1–2 拍，方向相反。

5–8 拍：右脚开始向前，足尖走三步成右脚在前，左脚后点地，双手在体侧划右手向后、左手向前的立圆成六位手。

4×8 拍同 3×8 拍动作，方向相反。

5×8 拍

1 拍：右脚开始向右后方迈步，同时右手带动，左手叉腰，右侧下旁腰，屈左膝。

2 拍：右手继续划弧（平行于胸前的）至上举位置，同时右起踵立，左脚在旁收腿。

3–4 拍、5–6 拍同 1–2 拍。

7–8 拍：右脚向右迈步成右弓步，左手前平举，右手侧平举。

6×8 拍

1–2 拍：双脚屈膝并立，双手臂从左侧经胸前带动腰摆动至右侧成右手叉腰，左手点右肩。

3–4 拍：动作同 1–2 拍，方向相反。

5–7 拍：左脚屈膝，右脚一侧点地，左手点肩，右手侧平举下旁腰，以左脚为轴，一拍一转动 90°。

8 拍：还原成立正姿势。

7×8 拍

1–2 拍：左转 90°，同时左脚向前上一步，右脚后点地，同时左臂经前绕至侧举，掌心向上，跟随左臂而动，目视左侧方。

3–4 拍同 1–2 拍，方向相反。

5–6 拍：两腿微屈，两臂摆至腹前下举，含胸低头。

7–8 拍：直立，两臂摆至侧举，挺胸抬头，目视正前方。

8×8 拍

1–4 拍：左腿经侧收腿，接着两脚立踵，脚尖碎步后退，两臂经后向下绕至上举至三位臂，上体经前含胸至直立，目视前方。

5–8 拍：脚尖碎步右转 360°，右臂左肩前立掌，左臂侧上举，掌心向外，上体右侧屈，目视右后下方。

9×8 拍、10×8 拍、11×8 拍、12×8 拍：同 5×8 拍、6×8 拍、7×8 拍、8×8 拍。

13×8 拍

1–2 拍：右脚绷脚尖擦地出去，同时向前移重心成右脚直立，左脚后点地（柔软步），双手置于体侧，头看右侧。

3–4 拍：同 1–2 拍，方向相反。

5–8 拍：一拍一动柔软步。

14×8 拍

1–4 拍：左转 45° 面向左前方，左腿经前举向前上一大步。右腿经屈膝半蹲向左脚并一步成两脚起踵立，两臂经侧后举绕至上举（三位），上体经挺胸抬头至含胸低头，接着上体直立、收腹、立腰，目视前上方。

5–8 拍：左腿屈膝半蹲，右腿前伸，腿尖点地，两臂前举（二位），上体前屈，臀部后坐，挺胸抬头，目视前方。

15×8 拍

1 拍：左手体侧波浪，右手从左侧至上举。

2 拍：双手小波浪，同时双脚起踵立。

3–4 拍：向左侧碎步快速移动，双手在左侧小波浪。

5–8 拍：起踵立同时转体 360°，双手一拍一动上下大波浪，眼看下举的手。

16×8 拍

1–2 拍：右脚前点地，左脚直立，双手左六位手。

3–4 拍：右脚后点地，左脚直立，双手右六位手。

5 拍：右脚在前的足尖步，双手直臂摆动。

6 拍：左脚在前的足尖步，双手直臂摆动。

7–8 拍：同 1–2 拍。

17×8 拍

同 16×8 拍，方向相反。

18×8 拍

1 拍：左脚从左侧屈脚，右脚屈膝立，双手从左侧绕环。

2 拍：左脚起踵直立，右收腿，双手绕环至右上举，下旁腰。

3–4 拍：右脚向左侧一步成右弓步，双手臂侧上举。

5 拍：双手臂侧波浪，同时带动上体下压一次。

6 拍：同 5 拍。

7–8 拍：右脚收回至左脚后面成双屈膝，双手经胸前屈肘，内绕环至上举，右手微屈肘，左手直臂在上。

19×8 拍、20×8 拍、21×8 拍、22×8 拍、23×8 拍、24×8 拍同 13×8 拍至 18×8 拍。

结束姿势。

（二）基本形体素质练习

1. 腿部力量和柔韧性练习

腿部练习是基本功训练的主要部分，重点是加强髋关节、膝关节、踝关节的坚固性和灵活性，以提高站立姿态的腿部支撑能力和体型的优美程度。

（1）弹踢腿绷面练习：平躺于地毯上，挺胸、收腹，双腿伸直，双手心向下置于体侧。迅速向正上方收左腿，左小腿弹直成举腿状态。屈膝回收后，迅速弹踢至斜上方，然后还原。左侧收左腿，大小腿紧贴地面。左小腿弹直，使大小腿、脚尖成一条直线。屈膝回收后，迅速弹踢侧斜下方，还原（图 15–2–11）。

图 15–2–11

要求：保持身体的基本形态，收腿时大小腿要夹紧，绷腿面脚尖点地；弹腿时，大腿不动小腿弹直；在侧弹腿时，骨盆固定紧贴地平躺于地毯上，挺胸、收腹，双腿伸直，双手心向下置于体侧。

（2）直腿屈体压腿练习：立正站好，双臂伸直，十指体前交叉，手心向下。用力下振，后半拍上体稍抬起，双腿并拢伸直，腰发力向下振，动作幅度逐渐增大。蹋腰、挺胸做动作时，要抬头（图 15–2–12）。

（3）坐姿压腿练习：直角坐在地毯上，立腰、立背，头向上顶，双手屈臂放在大腿两侧。胸腹部尽量贴近大腿面，双小臂贴近地面。做动作时，应控制好双腿伸直，呈绷脚面的形态，上体前压时，胸腹应贴近大腿面，侧压时应双肩水平侧倒，带动上体完成动作（图 15–2–13）。

2. 腰、背部力量和柔韧性练习

腰背部力量的强弱和柔韧性的好坏，直接关系到站立姿势的形成和优美程度。良好的腰背部力量和柔韧性，给人以肌肉结实而富有弹性，身姿曲线充满动感的感觉，体现出一种充满活力的青春美。因此，在形体训练中，腰背部力量和柔韧性是不可忽视的，也是必不可少的。

（1）坐式背部伸展动作：坐在地毯上，保持背部平直，挺胸、收腹，手分别放在身体两侧的地毯上，屈右膝，并让右脚平踩在左腿的地面上。在做动作时，保持正常的呼吸，并使头部与脊椎骨保持在一条直线上，双眼视线要高于肩部（图 15–2–14）。

图 15-2-12

图 15-2-13

图 15-2-14

（2）双膝跪地双手撑地弓背练习：双膝跪地（双膝与臀部处在一条直线上），双手撑地（双手与肩部处在一条直线上），保持背部平直，收腹。头部和脊椎骨要保持在一条直线上，同时注意呼吸的协调配合（图 15-2-15）。

（3）跪姿下胸腰练习：跪立上体正直，双手三位。保持抬头、挺胸姿态，下腰时头向后，起腰时，要用腰带动上体挑起（图 15-2-16）。

（4）背飞：俯卧在地毯上，双腿伸直分开，双手置于体侧。在做动作时，双臂带动上体和双腿尽量抬高，成最大反背弓（图 15-2-17）。

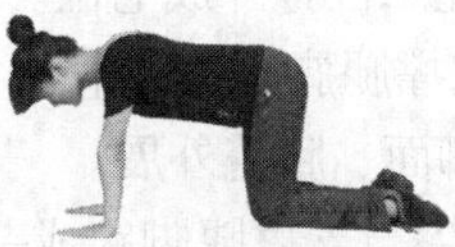

图 15-2-15

图 15-2-16

图 15-2-17

3. 胸、腹部力量练习

胸、腹部力量的强弱，决定了一个人形体控制能力的好坏和体型的优美程度。要提高胸、腹部练习的质量，使之更安全、更有效，最重要的是用科学的方法进行练习。

（1）俯撑：面对墙分腿站立，或跪立俯撑，或跪膝俯撑，两手的距离大于肩部宽度约 60 厘米。在做动作时保持背部的平直，收腹并使头部与脊椎骨保持在一条直线上（图 15-2-18）。

（2）平躺举哑铃（杠铃）：脸朝上平躺在训练长凳上，双脚分开平踩地上，双手分开约肩宽 1.5 倍，紧握哑铃（杠铃）。做动作时使头部和脊椎骨保持在一条直线上。如果是杠铃，把杠铃放在胸部的中间部位的上方，当上举时高度等于手臂向上伸直的长度，但不要让肘部过于用力。

（3）两头起练习：开肩仰卧平躺在地毯上，双腿并拢伸直，绷脚尖。用力收腹，使上体和双腿同时抬起超过 45° 角，双手与脚在最高点接触。保持抬头、挺胸、立背的形态，双腿并拢伸直，绷脚尖，用收腹的力量控制两头翘动作（图 15-2-19）。

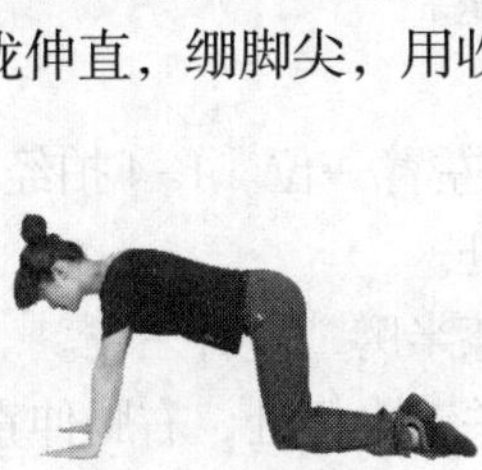

图 15-2-18

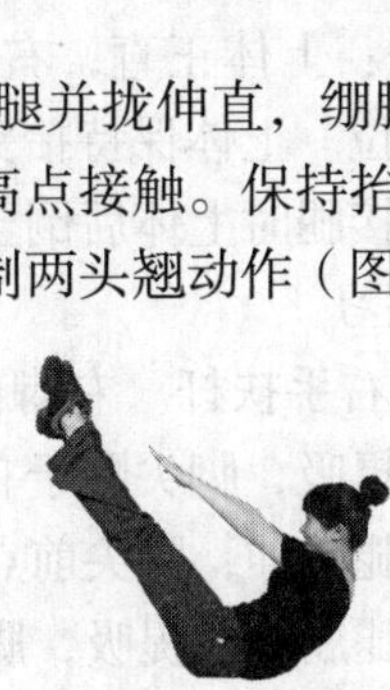

图 15-2-19

（三）把杆练习

把杆练习常用的方法有三种：面对把杆双手扶把、侧对把杆单手扶把、背对把杆双手扶把。无论采用哪种扶把方式，都要求扶把的手轻轻地放在把杆上，而不能抓把杆或身体不必要地靠在把杆上。

1. 站立练习

面对把杆，双手屈臂扶把，一位脚站立，立踵、落踵，再换二位、三位、四位、五位脚依次练习。要求脚尖始终向两侧外展，内侧肌群收紧，身体与地面保持垂直，重心落在两腿上。

2. 下蹲练习

侧对把杆，右手扶把，一位站立，左臂一位，经二位打开成七位，双膝逐渐弯曲平稳地下蹲至半蹲，髋和两膝向外打开，两膝伸直还原。然后双膝再次逐渐弯曲平稳地下蹲至全蹲，两脚提踵，左臂下落至一位，两膝伸直还原。换二位脚重复练习，注意全蹲时，脚跟紧贴地面。下蹲起立时要缓慢，两腿要有牵制。上体正直不能展腹或撅臀，两膝外展。提踵立时，收腹、挺胸、立背，两腿伸直。

3. 擦地练习

侧对把杆，右手扶把，左脚前五位站立，左臂一位，经二位打开成七位。

（1）向前擦地：左脚向前擦出，脚跟先行，脚尖与支撑腿脚跟成一直线，左臂七位。左脚沿原线擦地收脚尖主动向支撑腿的脚跟靠拢，脚面、膝盖外展。

（2）向侧擦地：左脚全脚掌向侧用力擦地绷脚面，脚尖与支撑腿脚跟成一直线，左臂三位。左脚沿原路线擦地收回的同时脚跟逐渐下压着地至前五位。

（3）向后擦地：左脚向后擦出，脚尖先行，脚尖与支撑腿脚跟成一直线，左臂二位。左脚擦地收回的同时脚跟逐渐下压着地至后五位。要求擦地迅速有力，两腿伸直绷紧，脚面绷直外展，髋固定，身体重心落在支撑腿上。向前擦地时，点地脚面外展；向侧擦地时，脚面、向侧方向；向后擦地时，用大拇指内侧点地，脚面、膝盖外展。

4. 压腿练习

（1）正压腿：正对把杆，上体保持抬头、挺胸、立腰、立背姿态，压腿时腹部尽量贴近大腿。

（2）侧压腿：侧对把杆，上体直立，左腿支撑脚一位。右腿绷脚面放在杆上，右手扶杆，左手三位。上体保持抬头、挺胸、立腰、立背姿态，侧压腿时上体侧屈，双腿伸直，不要前倾后仰。

（3）压后腿：上体正直，右侧对把杆，左脚支撑，右腿向后伸直放杆上，右手扶把杆，左手三位。上体保持抬头、挺胸、立腰、立背姿态，动作舒展，支撑腿屈膝上提不前倾，后接腿时上体后倒至最大限度压腿。

5. 弹踢腿练习

侧对把杆，右手扶杆。左脚前五位站立，左臂一位。1–4 拍经二位打开成七位，同时左腿屈膝前提吸，脚尖贴于右膝关节内侧处。

1–2 拍：左腿前伸，脚尖前点地，右腿屈膝半蹲，左臂三位。

3–4 拍：左腿屈膝前提吸，脚尖贴于右膝关节内侧处，右腿伸直站立。

5 拍：左腿小腿向前弹踢伸直前举。

6 拍：还原，同 3–4 拍。

7–8 拍：同 5–6 拍。

侧踢动作相同，方向向侧。上体保持抬头、挺胸、立腰、立背的姿态；踢腿时，脚尖绷直，膝盖不能屈；侧踢时，髋关节不能晃动，不能收胯或送胯。

（四）基本步伐练习

1. 柔软步

八字脚站立，两臂自然下垂于体侧。左脚向前一步，脚面、膝盖绷紧、外展，右脚尖过渡到全脚掌着地，身体重心前移至左腿上，右腿自然弯曲，同时右臂前摆至前下举，右臂摆至后下举，接着换右腿做，两腿依次交替进行。要求摆动腿自然向前伸出，不宜抬举过高，重心随出腿方向前移。髋部放松，收腹、立腰，两臂前后摆动，动作自然、连贯、柔和。

2. 足尖步

左腿膝和脚面绷直向前伸出，由脚尖过渡到前脚掌落地支撑，重心前移，两腿交替进行。身体正直，收腹、立腰，步幅均匀，支撑腿脚踝充分向上立。要求步幅不宜过大，要均匀，提踵高，两脚在一直线上走。

3. 弹簧步

两脚并立提踵、两手叉腰（以左脚为例）：

1 拍：左脚向前一步，同时稍屈膝半蹲，重心移至左腿。

2 拍：左腿伸直提踵，同时右腿向前下伸，膝与脚面绷直。

3–4 拍：动作同 1–2 拍。

要求：两脚重心交替连贯、协调。

（五）持轻器械练习

持轻器械练习是在徒手练习的基础上，根据形体训练所要达到的目的和器械的性能特点，而有选择地进行的一项练习。它不仅可以促进身体的正常发育，发达肌肉，强健体魄，还可以矫正身体形态的某些不足。

拉拉带练习

拉拉带练习是通过拉拉带的阻力作用，增大练习者的锻炼负荷，从而有效地加强形体机能的训练。它可以促进中老年和青少年的体能增强，使形体更健美，同时肥胖者通过拉拉带锻炼，能有效地消除体内多余的脂肪，达到减肥的目的。

（1）上肢练习：直立，两手握拉拉带两头，自然下垂。屈膝并立，双手胸前平拉带子至两侧。直立，并腿，双手胸前屈肘。屈膝并立，左手上举，右手下举拉带。并腿直立左手经侧至下举，右手经侧至上举。反复练习 8×8 个拍。

要求：双手拉带时，肘关节要拉直。膝的屈伸要有弹性和节奏。

（2）坐撑四肢练习：屈膝坐撑于垫上成 90°，一端套在左脚，另一端握在左手上，屈肘约 70°，右手在体左后方撑垫。左腿伸直前举，左臂屈肘用力向后拉带。左腿落下，手臂放松还原成预备姿势。

第三节 健美操编排与竞赛规则

一、健身健美操的编排

（一）编排原则

1. 合理性原则

健美操动作顺序的设计必须遵循人体活动的变化规律，使人体负荷由低到高。成套健美操的结构包括准备部分、基本部分和结束部分。合理的成套结构是健美操编排应遵循的第一条原则。

2. 针对性原则

不同年龄、性别、职业、身体状况、运动水平、文化层次的练习者对健身健美操的需求、爱好及接受能力有所不同，因此，在创编时要根据不同对象的生理、心理特点，在内容、风格、难度、速度及运动负荷等方面有所区别。在编排组合动作时，一定要考虑学员的现有水平，尤其要了解协调性、方向性、平衡感、身体的肌肉力量等影响动作完成质量的几个因素。

3. 安全有效原则

在编排成套动作时，要注意使每个动作的幅度、速度和角度等符合人体解剖学原理和生理特征。健美操运动中，计算最高心率的方法为：220－年龄＝最高心率。当运动者的运动强度达到最高心率的 60%~80% 时，能获得较理想的锻炼效果。

4. 艺术性原则

在动作设计上，要健美、大方，注意多方向、多角度、多层次地展开动作，使空间利用、节奏变化、人员的组织与调动、路线等实现多样化。此外，音乐是健美操的灵魂，它影响着操的风格、结构、速度和节奏等。在选配音乐时，要注意音乐风格与动作风格相统一。编排时对服装、灯光、舞台美术的充分考虑，能使健美操的艺术性更加完美地展现出来。

（二）健美操的编排

1. 动作的编排

健美操的编排是以基本动作和组合动作为内容来进行的，以 32 拍为单位，即 4 个 8 拍动作为一组，与音乐的结构相一致。

（1）基本动作的拍节：

1 个踏步＝1 拍，1×8 拍可做 8 次；

1 个侧并步＝2 拍，1×8 拍可做 4 次；

1 个侧交叉步＝4 拍，1×8 拍可做 2 次；

要求无论动作如何，组合都要保持 32 拍动作的完整性。

（2）组合动作（32 拍）的组合方式：

在一个 32 拍的组合中，可以包含不同数量的基本步伐，步伐越多，可能的组合方式也越多。一般来说，2~4 种步伐的组合动作适合于初学者，而 5~6 种步伐的组合为中等难度。步伐还可以适当加入一些变化。

（3）编排中的变化因素：

① 方向变化：根据身体正面朝向的不同，有 10 种不同的方向：正面、后面、左侧面、右侧面、对角线中的左前对角线、右前对角线、左后对角线、右后对角线，还有向顺时针方向转（包括 90°、180°、360°）、逆时针方向转（包括 90°、180°、360°）。

② 节奏变化：这一变化因素与音乐的节拍及动作速度的变化有关。常见的是一个动作由半拍或两倍节奏完成。例如，跑步一般 1 拍 1 动，可以放慢动作变成 2 拍 1 动，也可以加快动作变成 1 拍 2 动。国外现在流行街舞、拉丁舞，这些特殊的舞蹈动作有特有的节奏，节律变化更为明显，有些甚至 1 拍 3 动。

③ 动作重复次数的变化：指重复单侧身体动作以后才换到反方向。重复次数常有 1 次、2 次、3 次、4 次甚至 6 次。例如，1 个 16 拍的动作组合，左腿后屈腿 1 次（2 拍）+ 右腿后屈腿 2 次（4 拍）+ 左腿后屈腿 3 次（6 拍）+ 左腿一个 V 字步（4 拍），然后换成反方向动作。这时的后屈腿就有 1 次、2 次、3 次的变化，这对培养节奏感非常有意义。

④ 动作移动的变化：指身体从原地出发移动到不同方向的不同点。常用的有向前移动、向后移动、向侧移动、旋转。此外，可以不通过移动而改变动作方向，如 4 个 V 字步，每个 V 字步转 90°；也可以不通过移动而改变动作方向，如交叉步接 4 个并腿跳，这样向侧共移动了 8 步。

⑤ 运动杠杆的变化：如将大幅度的侧平举改成小幅度的侧平举；将提膝改成直腿踢腿。动作杠杆长度的增加，在加大动作幅度时也加大了练习强度。

⑥ 单、双侧动作的变化：单侧动作是指一次只练习一侧上肢和腿部动作；双侧动作是指一次同时练习双侧上肢和腿部动作。

⑦ 动作模式的改变：指冲击力步的难度水平，既可以是无冲击力步或低冲击力步，也可以是高冲击力步。运用不同冲击力的步伐可以改变难度水平和运动强度。

⑧ 动作平面的改变：指上肢和腿部运动时所属的运动平面，运动平面有水平面、额状面和矢状面。如脚跟前点、脚尖侧点的运动平面有所不同。

加入上述 8 种变化因素，可使健美操运动更加丰富。此外，充分地利用图形规律也能达到同样的效果。

2. 音乐的选择与剪辑

（1）选择音乐：选择音乐时，首先要看音乐能否感动你，如果打动你，特别是能激发你的想象与灵感，那就是理想的音乐。

（2）聆听音乐：反复聆听音乐，感受其意境。要注意音乐是怎么开始、发展和结束的，尤其应注意乐句之间是怎么过渡的。

（3）给音乐划分段落：在确定所需要的音乐段落后，应考虑如何使这些段落衔接得自然、流畅、有特色及如何编排出激动人心的新颖的开始与结束。

3. 创编过程

创编过程是指在创编健美操的实际操作时的先后步骤和流程。有序地进行这些步骤，可以提高创作的效率和质量，同时有利于我们对其结构及形式进行分析以便于下一步的修改工作。创编过程可以有多种，但主要有两种：

第一种：制定目标→音乐的选择与剪辑→素材的选择与确定→建立基本结构，按创编原则组合动作与分段→按成套顺序完成成套动作的组合→评价与修改。

第二种：制定目标→构思成套的结构→素材的选择与确定→按原则组合动作与分段→按顺序组合成套→音乐的创作与剪辑→评价与修改。

创编的第一步应是制定目标，只有目标明确，才能使创编具有目的性，才能尽可能地少走弯路或不走弯路。应明确创编的是竞技健美操、表演健美操还是健身健美操，他们具体的目的是什么，还要明确套路的风格，它决定着动作的个性和艺术价值。创编的第二步要根据创编的目标选择音乐，根据成套动作的结构或具体要求确定音乐的长短和起伏；或根据音乐的长短和起伏确定成套动作的结构。

动作素材收集工作主要靠平时的学习与积累。当目标确定后，创编者应首先考虑那些有代表性的、风格明显的动作，然后选择主体动作，把这些动作组成一个一个的动作组合，而这些组合应该是和音乐的段落相对应的。最后按音乐段落的先后顺序将动作进行组装、修改。

二、竞技健美操的比赛规则

1. 竞赛项目

男子单人操、女子单人操、混合双人操、三人操、五人操。

2. 竞赛分组

成人组（18 岁以上含 18 岁）、年龄二组（15~17 岁）、年龄一组（12~14 岁）、预备组（9~17 岁）。

3. 竞赛内容

徒手自编套路：指各种符合规则及规程要求的成套动作。

轻器械自编套路：指运动员利用个人能手持移动的器械所创编的符合规则及规程要求的成套动作。

4. 成套动作的时间

计时由第一个可听到的声音开始（不包括提示音），到最后一个可听到的声音结束。所有比赛时间均为 1 分 20 秒正负 5 秒。

5. 音乐

参赛队自备比赛音乐，并将音乐录制在高质量 CD 光盘的第一曲。

6. 场地

（1）国家预备组：单人操、混合双人操、三人操为 7×7 平方米，五人操为 10×10 平方米。

（2）年龄一组：男子单人、女子单人为 7×7 平方米，混合双人操、三人操、五人操为 10×10 平方米。

（3）年龄二组：所有项目均为 10×10 平方米。

7. 轻器械

运动员个人能手持移动的器械称作轻器械。轻器械的运用要体现安全性与美观性，不允许使用刀、枪、剑等较锋利的、具有伤害性的器械。

8. 着装、仪容

运动员须着适合运动的服装（如背心、短袖和长袖的紧身服，上下连体、分体等服装均可）和鞋，着装应整洁美观。不准戴任何首饰和手表。女运动员的头发必须梳系于后，发不遮脸，允许化淡妆。

9. 比赛程序

风采赛、组合赛和集体赛分为预赛和决赛。凡参赛队均须参加预赛，参加预赛的队数决定进决赛的数量。

三、裁判组及评分办法

裁判组设高级裁判组 3 人、裁判长 1 人、艺术裁判 3~5 人、完成裁判 3~5 人、视线裁判 2 人、计时裁判 1 人、辅助裁判若干人（基层比赛可以不设高级裁判组）。比赛采取公开示分的方法，成套动作满分为 10 分。裁判员评分精确到 0.1 分，运动员最后得分精确到 0.01 分。

得分项目	最后艺术分	最后完成分
减分项目	裁判长减分	视线减分
（最后艺术分 + 最后完成分）-（裁判长减分 + 视线减分）		

第四节　自我锻炼方法实例

一、锻炼注意的事项

（1）进行必要的热身：每次锻炼前应做 5~10 分钟的热身准备活动，让身体微微出汗，使踝关节、腿部肌肉和肌腱充分活动开，使心脏输出的血液增多，以避免肌肉、韧带拉伤和心悸气短。

（2）做好整理活动：锻炼后的整理活动，是通过肌肉放松而有节律地收缩，可以改善肌肉血液循环，使缺氧的感受和积聚的代谢产物迅速消散。整理活动一般采用慢跑、深呼吸、各关节肌肉的自我按摩等方式，使机体逐步恢复相对安静状态，全身感到舒适，锻炼后能够沐浴放松则更好。

（3）合理安排练习时间：一般来说，早上和晚上都可以锻炼；每周的练习次数可根据各自的体质、工作和学习情况而定；饭前锻炼后要休息半个小时才能用餐，饭后最好休息一个小时后再练习。

（4）把握好练习负荷：进行健美操锻炼，总的原则是运动强度由小到大、由低到高，保持一定的时间后，再大、中、小有节奏地调整处理。中小强度的身体锻炼取得的锻炼效果最佳。

（5）注重饮食搭配和睡眠：参加健美操锻炼者需要多于平常时的能量补充，饮食种类、成分要多方面搭配组合，多吃新鲜蔬菜、水果，并保证睡眠，使身体得到充分的放松和恢复。

（6）持之以恒：健身健美操锻炼和其他运动项目一样，必须进行不间断练习才能收到理想的效果。要取得成效，贵在持之以恒。

（7）及时补充水分：在锻炼过程中注意及时补充水分，以保证身体健康和正常机体的需要，补充水分的方法最好是少量多次，随时保持体内水的平衡。

二、自我锻炼实例

1. 垫上塑身运动实例

要想通过运动达到塑身效果，需配合饮食、睡眠，持之以恒地进行科学健身运动，每次运动时间至少 20 分钟以上。

第一式（全蝗虫式）：俯卧，大小腿呈 90°，吸气时，上身和双腿尽量抬高，呼气还原，重复数次。

第二式（船式）：仰卧，吸气时，抬高上身和双腿，呼气时还原，重复数次。

第三式（收腹举腿）：仰卧，吸气时，双腿向上抬高 90°，呼气还原，还原时动作要慢，重复数次。

第四式（后举腿）：跪立垫上，手撑垫，单腿向后上方伸腿，有控制地收回，重复数次。

第五式（仰卧提臀）：仰卧，把双腿弯曲。吸气，把臀部离开地面，呼气，臀部还原，重复数次。

第六式（上斜角度的仰卧起坐）：仰卧，双腿向上举起成 60° 角左右，双手放在脑后，抬起上身，用左手手肘碰右膝盖，再换右手动作，重复数次。

第七式（俯卧支撑）：俯卧，两小臂肩下支撑，脚尖撑地，身体挺直，收紧腰腹，从头到脚呈直线，控制一定时间。

第八式（蛇式伸展）：俯卧，双腿伸直，双手屈肘放于胸侧，掌心贴地。吸气的同时，双臂推直，头、颈、肩、胸、腹慢慢离地，感觉脊柱一节节翻卷起来，保持均匀的呼吸，呼气时身体一节一节慢慢放下，重复数次。

2. 腿形修饰操

（1）直立，双脚齐肩宽，脚尖和膝盖尽量分向两边，双手贴身，骨盆先右后左转动。回到准备姿势，踢右腿，可弯曲，同时左腿半蹲，再踢右腿，不准弯曲，同时双手在头顶上击掌。换左脚再做。

（2）仰卧，双脚微微抬离地面，轮流弯曲和伸直。

（3）屈膝仰卧，脚掌着地，脚掌不离地面，膝盖分向两边再合拢。

（4）坐在椅上，双腿伸直，然后抬起，越高越好，并尽量保持这个姿势几秒钟，缓慢放下。

（5）仰卧，转动伸直的双脚，先向里，膝盖互相靠近，再朝外。

（6）仰卧，先弯双腿贴近胸，然后缓慢向上伸直双腿，与身体垂直回到开始姿势，重复做。

（7）坐在地板上，弯曲双腿，脚掌尽量贴近大腿，双手放在身后支撑地面，缓慢转动膝盖，尽量碰到地面。

（8）仰卧，双脚完成蹬自行车的动作，速度越快越好。

（9）侧卧，一条腿压另一条腿，膝盖弯曲成直角，一手撑头，另一手在胸前撑地。向上抬一条腿，抬得越高越好，然后这条腿在空中划弧，尽量让膝盖碰到地面。做 6~12 次后，换方向再做。

（10）站立，双手扶椅背，缓慢向两侧抬腿，先右后左。

（11）站立，双手叉腰，双脚轮流做前弓箭步，也可以向两边做侧弓箭步。

（12）站立，侧身贴近支柱，一只手抓住支柱，向前向后使劲踢腿，换腿再做。

思考题

1. 为一名要求腰、腹部减肥的健身者设计一套健美操。
2. 在进行健身健美操锻炼时应注意哪些事项？请举例说明。
3. 举例说明如何创编成套健美操。
4. 形体训练应注意哪些问题？人体肥胖的原因是什么？
5. 当今社会时尚前卫的减肥运动有哪些？它们有何特点和作用？

第十六章 健美运动

学习目标

1. 了解健美运动的特点与锻炼价值。
2. 理解健美运动的基本原理。
3. 懂得欣赏、参与健美运动。

第一节　健美运动基础知识

一、健美运动的概念

健美运动是一项通过徒手和各种器械，运用专门的动作方式和方法进行锻炼，以发达肌肉、增强体力，改善形体和陶冶情操为目的的运动项目。它是举重运动的一个分支，也是一个独立的竞赛项目。健美运动可以采用各种徒手练习，如各种徒手健美操、韵律操、形体操以及各种自抗力动作。也可采用各样轻重不同的运动器械来进行练习，如杠铃、哑铃、壶铃等举重器械，单杠、双杠等体操器械，以及弹簧拉力器、滑轮拉力器、橡皮筋带和各种特制的综合力量练习器等。健美运动的动作方式也是多种多样，既有成套的各种徒手健美体操，也有球、棒等轻器械体操，这些主要用于女子健美训练，借以减肥和改善体形体态，提高韵律感。更有许多能发达身体各部位肌肉的举重练习动作和其他动作，这些动作主要用于男女竞技健美训练。为了达到健美的目的，这就需要有专门的训练方法。例如，采用举重等器械做各种动作时，在器械的轻重，动作的做法、次数、组数、速度等方面，就都有特殊的要求和安排。健美运动作为一个运动项目，除了具有一般体育活动所共有的能锻炼身体、增进健康、增强体质的作用外，还特别能发达全身各部位的肌肉，增长体力，改善体形体态，以及陶冶美好的情操。它不仅强调“健”，而且强调“美”，把体育和美育融为一体。健美运动是举重运动的一个分支。在长期的发展过程中，广义的举重运动已经一分为三，发展成为三个相对独立的运动项目。即竞技举重，又称奥林匹克举重，通称举重；健美运动，又称健身运动；力量举重。其中健美运动也是一个独立的竞赛项目，它有自己的竞赛动作及世界锦标赛和国际组织。

二、健美运动的锻炼价值

长期进行健美锻炼，能够发达肌肉、增长力量；增进健康、增强体质；改善体形体态、矫正畸形；调节心理活动，陶冶美好情操；提高神经系统机能，培养顽强意志品质。

1. 发达肌肉，增长力量

健美运动的一个突出作用是可以有效地发达全身肌肉，增长力量。在人体中，由肌肉、骨骼、关节和韧带等共同组成了运动器官，使有机体得以进行各种各样复杂精细的运动，而一切运动的原动力就是那些大大小小的肌肉。由于健美比赛中评分的主要标准之一是肌肉的发达程度，所以，健美训练中要经常采用各种各样的杠铃、哑铃等负重动作，对全身各部位肌肉进行锻炼，特别是每次练习几乎都是极限练习，因此能够使肌肉得到强烈的刺激，从而使肌纤维增粗，肌肉中的毛细血管网增多，肌肉的生理横断面增大，肌肉变得丰满结实而发达，也就是通常所说的肌肉块头增大了。此外由于中枢神经系统调节机能的改善，特别是神经过程的强度和集中能力的提高；在力量训练的影响下，肌细胞内的肌动蛋白和肌球蛋白等收缩物质含量的增加；脂肪的减少，从而使肌肉的黏滞性减小。所有这些变化的结果，导致了肌肉力量的很大增长。特别是某些局部肌肉群的力量，能达到相当高的水平。例如，某些最轻级别健美运动员的卧推成绩竟能达到100千克以上，个别健美运动员甚至能用90千克的杠铃做弯举和颈后臂屈伸动作，由此可见其惊人的臂力。

2. 增进健康，增强体质

经常从事健美锻炼，能对心血管系统、呼吸系统和消化系统等各内脏器官的功能产生良好的影响。健美锻炼可使心肌增强，心脏容量增大，血管弹性增强，从而提高心脏的收缩力和血管的舒张能力，使心搏有力，心输出量增加。心跳次数也可减少到约60次 / 分，这样增加了心脏休息的时间，出现了节省化的现象。由于心脏的工作能力和储备能力的提高，可承受更大的负担量。健美锻炼还能使血液中的红细胞、白细胞和血红蛋白增加，从而提高身体的营养水平、代谢能力和对疾病的抵抗能力。健美锻炼对呼吸系统的机能也有良好的影响，它能提高呼吸深度。增加每次呼吸时的气体交换量，这既有利于呼吸肌的休息，又可提高呼吸系统的功能储备，从而保证在激烈运动时满足气体交换的需要，提高机能水平。健美锻炼还能提高消化系统的机能，因为肌肉活动时要消耗大量的营养物质（尤其是能源物质），这就需要及时的补充，同时，肌肉的活动可促使胃肠的蠕动增强，消化液分泌增多，使消化和吸收能力得到提高，食欲增加。健美运动能有效地增进人体的健康水平，增强体质。

3. 改善体形体态

体形主要是指全身各部位的比例是否匀称、协调、平衡和谐，以及主要肌肉群是否具有优美的线条。体态主要是指整个身体及各主要部位的姿态是否端正优美。我国自古以来就很重视体态，强调一个人要站有站相，坐有坐相，俗话说“站如松、生如钟”。如果长时间不注意体态端正，就可能影响某些骨骼的正常生长和发育，如脊柱的侧屈以及含胸驼背等，影响体态美。健美运动的各种动作能给予身体某些部位的生长发育以巨大的影响，促使骨骼的生长和肌肉的发展。科学的训练还可减少肌肉中的脂肪含量，达到消脂减肥的目的。这些变化都能够有效地改善人的体形体态，如三角肌发达了，肩部就显得宽阔；背阔肌增大了，能使身体呈美丽的倒三角形。

正因为健美运动的各种动作能给予身体某些相应的部位以巨大的影响，所以，当一个人的体态出现某些缺陷的时候，就可以有针对性地选择某些适当的动作来进行锻炼以达到矫正畸形的作用。例如，四肢肌肉比例不对称时，可以采用先重点练弱的一侧；含胸驼背者，可多练些卧推举和扩胸动作，经过半年左右的锻炼，胸廓自然就会挺拔，肌肉也会发达起来。健美运动也用于医疗康复领域，以期恢复肢体的某些功能。

4. 促进心理健康

人的心理活动，其本质乃是大脑对外界客观事物的反映。现代生活的紧张节奏，会使人产生紧迫感、压抑感，而紧张的体力劳动和脑力劳动又会使人产生疲劳感。出现上述情况，可以通过休息、睡眠、沐浴、放松按摩等恢复措施使疲劳得以消除。对神经疲劳而引起的深度疲劳的主要因素，因此，除采用上述方法外，还可通过卓有成效的健美运动的锻炼效果来吸引人的注意力，如经过一段时间锻炼后，机体的肌肉含量增长了，多余的脂肪减掉了，体形健美了，人在心理上就会产生一种深层次的满足感，从而达到消除疲劳的目的。通过优美明快的音乐，节奏鲜明而又愉快的形体练习方法，来调节人的心理活动，松弛一下紧张的神经，转移和消除人的疲劳感、压抑感，使大脑得到积极的休息。健美运动还可以陶冶人的美好情操。爱美之心人皆有之，如果一个人执着地追求健与美，追求生活中真、善、美，就能自觉地抵制假、恶、丑的现象，感到生活很充实。因而在工作和学习中就会精神振奋、精力充沛、注意集中、充满信心。健美训练所带来的形体美、姿态美的良好变化。也使人变得活泼开朗、朝气蓬勃。所以，健美运动是一种青春常在的运动，它可以调节人的心理活动，陶冶人的美好情操。

5. 提高神经系统机能

中枢神经系统由脑和脊髓构成，而最高指挥机关则是大脑皮质。它一方面担负着管理和调节人体内部各器官系统的活动，保持人体内部环境的平衡，另一方面则维持人体与外部环境的平衡。健美运动是在中枢神经系统的支配调节下进行的。反过来，进行健美锻炼也能提高中枢神经系统的机能水平。健美运动能够提高神经系统的功能，提高其均衡性和灵活性，从而提高有机体对内外环境的适应能力。经常坚持健美锻炼的人，一般能睡得熟、睡得深，很少患神经衰弱症。健美训练中，肌肉经常要工作到极限，运动员要经常克服由于大运动量训练所带来的疲劳，长期的刻苦训练，持之以恒，坚持不懈，就可以培养顽强的毅力，培养不怕苦、不怕累、不怕疼痛、不怕枯燥的顽强意志品质。

三、健美运动的特点

健美运动是一项有着自己特点的体育活动，概括起来主要有以下 4 点：

（1）既可锻炼身体，增进健康，又可陶冶情操：美化身心，将体育和美育融为一体。健美运动既要求“健”，又要求“美”，其练习方法，以至比赛的内容和评分标准等，都体现了这一点。所以，在练习中应注意改善自己的体形体态，使其匀称、协调、优美。练习时不仅要注意体形体态的仪表美，而且要自觉陶冶自己美好的情操，加强思想修养，注意语言美、行为美、心灵美。真正把体育和美育，外在美和内在美很好地融合在一起。

（2）能有效地发达肌肉：健美训练的主要目的之一是发达身体各部位肌肉，健美比赛也是以全身肌肉发达程度为主要评分条件之一。因此，健美训练中应经常采用各种各样的动作方式，进行反复多次的负重练习，每次练习的次数几乎都要接近或达到极限，给肌肉以强烈的刺激，从而促进新陈代谢活动，加强超量恢复过程，使全身各部位的肌肉得到最大程度的发展。

（3）设备简单，易于开展：健美运动可以徒手或依靠自抗力进行练习，也可利用各种简单的轻重器械进行练习，还可采用一些自制的土器械乃至简单的家具进行锻炼。健美运动对场地的要求则更低，只要有几平方米的地方就可以，因而比较容易开展。

（4）练习方式方法灵活、机动、多样，男女老少皆宜：健美练习的方法多种多样，有徒手抗阻练习和自抗力动作，有利用轻重器械做的各种练习，即使是重器械，也可根据需要自由调节重量、次数、组数，自由调节运动量。所以，能充分满足男女老少及不同健康状况的人的各种不同需要。

四、国际健美运动发展简况

不同时代对美的追求是不一样的，公元前 8 世纪至公元前 6 世纪，氏族社会解体以后的古希腊，为了战胜敌人，就需要强壮、矫健和耐久的斗士。于是身体结实、身手矫健的人物，就成了人们崇拜的对象。古希腊人认为：健美的人体是呼吸宽畅的胸部，灵活而强壮的脖子，虎背熊腰的躯干和块块隆起的肌肉。著名的古希腊哲学家苏格拉底（公元前 469—前 399 年）认为，人的一切活动不能脱离身体，身体必须保持高效率的工作，力量与肌肉的美只有通过身体才能得到。衰弱是耻辱。他这样说也这样做，一生坚持运动。另一位希腊哲学家苏格拉底的学生柏拉图（公元前 427—公元前 347）说，要为保卫城乡而练就体魄刚健的战士，为造就完美和发展的人而献身。柏拉图的学生著名哲学家亚里士多德（公元前 384—公元前 322）说：要养成健美的体格而不是野蛮兽性的性格。古希腊人主要是通过体育运动来塑造和培养健美人物的，四年一届的古代奥林匹克运动会等场所，就是炫耀力量和人体健美的场所，运动会桂冠获得者将受到英雄般的欢迎。古希腊人喜欢欣赏裸体人力量、健康、活泼的形态和姿势；在艺术上如绘画和雕塑，则塑造健、力、美三结合的人体。著名的《掷铁饼者》雕塑，就是这一时期的健美代表作，那灵活跳动的肌肉，充满了生命的活力。

古罗马著名医生盖伦，倡导健身运动。他将运动分为臂部、躯干和腿部运动，列举一些运动项目，如搬动和高举重物、爬绳、鹤嘴锄挖掘等。

到了 18 世纪，德国著名体育活动家艾泽伦（1792—1846），开设了培训体育师资的课程，创造了哑铃、环等运动。这些形式的锻炼，既是现代竞技举重的起源，也是现代健美运动和力量举的起源。那时人们主要追求力量的增长，而在体形上并无特殊的要求，这些大力士们力大无比、肩宽腰粗，肌肉非常发达。

生于 1868 年的山道（Sandow）是健美运动的创始人，集健、力、美精华于一生。他既是体育家，又是表演家、艺术家。山道幼时体弱多病，后为古代角力士雕像的雄健体魄所吸引，每天锻炼身体，并从实践中摸索出一整套锻炼肌肉的方法，终于练就了一身“赫格尔斯型”的功夫。到 22 岁时，他的全身肌肉已非常发达。此后，他到英国、澳大利亚、新西兰和南美洲等地表演各种健美技艺和力的技巧，演毕即显露其全身发达的肌肉，并塑造各种姿势的人体形象，受到广泛的赞誉。山道还开设体育学校，宣传健美运动，创立健身函授班，向世界各地的健美爱好者传授健身训练方法。

并著有《体力养成法》等著作。山道于1901年组织了世界首次健美大力士的比赛，晚年创办了世界第一所健美运动学校。山道为创建和发展现代健美运动作出了卓越的贡献。

20世纪初期，健美运动在英美等国得到了广泛的开展，《肌肉发达法》和《力之秘诀》等专著以及《体育》《力》《大力士》《健与力》《超人》等健身杂志相继出版，英国《体育》健身杂志主编的麦克法登著健身著作50余本，对健美运动的开展作出了巨大贡献。1946年，加拿大人本·韦特和其弟弟健美大师裘·韦特一道发起创建国际健美协会，制订了健美比赛的国际规则，并开始举行正式的国际业余健美锦标赛。该组织目前已举行了43届健美锦标赛，拥有133个会员国（含地区）。由于本·韦特的卓越贡献，他被推举为该组织的终身主席。

女子健美是在20世纪40年代才兴起的运动项目。开始主要比身段、体姿和容貌。着游泳衣进行“选美”比赛，获得冠军授予“××小姐”或“××皇后”的称号。40年代中期，美国著名女体育家阿勃依·斯托克登经常在《力与健》杂志上发表关于女子应进行力量训练发达肌肉的文章，引起了各国的重视。50年代，在男子健美比赛后，往往安排一些女子健美表演，女子进行肌肉训练已被越来越多的人所承认。到了60年代，美国一些大学中已把女子健美作为体育选修课的内容之一。70年代，已有了正式的女子健美比赛，1977年10月，在美国俄亥俄州举行了世界上第一次穿“比基尼”三点装的比赛。1980年，国际健美协会正式成立了妇女委员会。国标健美协会的竞赛规则规定，女子健美比赛是按身材比例，体型、体态的匀称性、平衡性，肌肉发达程度，皮肤，容貌和造型表演的艺术性6个方面作为综合评分的标准。

20世纪80年代初期，健美运动以形体练习（包括发达肌肉的练习）为基础，以舞蹈、体操动作配以迪斯科音乐节奏为主要内容的综合运动项目风靡世界，成为最受欢迎的体育运动项目之一。

第二节 主要肌群的练习方法

一、人体大肌肉群分布（图16-2-1）

二、健美练习动作

（一）颈部肌群的练习动作

颈部肌肉主要有：胸锁乳突肌、头夹肌、头半棘肌等。

1. 单手侧压颈屈伸

重点锻炼部位：胸锁乳突肌。

开始位置：右手按头右侧，左手叉左侧腰间，坐立均可。

动作过程：右手用力把头向左侧推压，而颈部则用力顶住，右手逐渐用力，将头

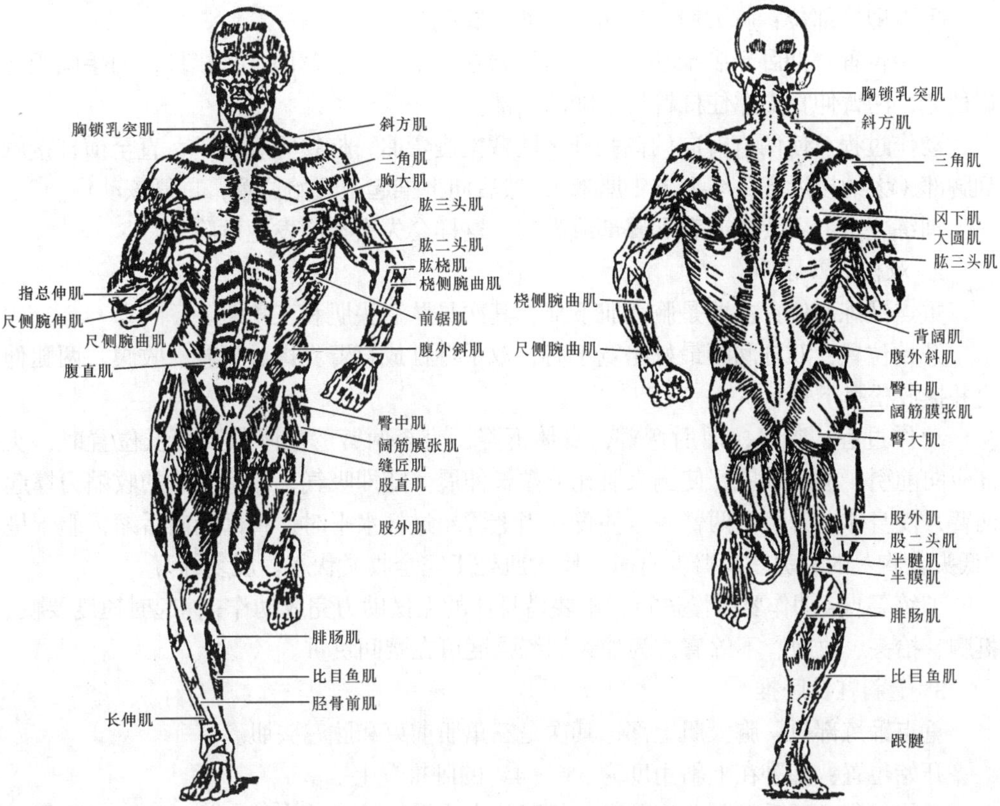

图 16-2-1 人体肌肉分布图

压向左侧肩上部。然后，颈部用力把头向上向右抬起，而右手则用力压住头部，不让其轻易抬起。如此反复多次，直到颈部感到酸胀。练完一侧，换练另一侧。

呼吸方法：手用力侧压头部时吸气，压到底时呼气。

训练要点：注意不要用过大过猛的抗力，前几次用力要小些，再逐渐加大，以避免颈部扭伤。切勿让颈部旋转，只是屈伸练习。

2. 双手正压颈屈伸

重点锻炼部位：胸锁乳突肌、斜方肌。

开始位置：双手十指交叉置于脑后。

动作过程：双手用力下压头部，使其向前下屈，颈部则用力顶住，不让轻易下压，但逐渐被压到颈部触及锁骨柄。然后，颈部用力把头向上抬起，而两手则用力压住头部，不让其轻易抬起，但逐渐抬到原位。

呼吸方法：两手用力压头时吸气，压到底时呼气。头部上抬时吸气，抬到原位时呼气。

训练要点：头部屈伸时，身体不要前俯后仰，注意不要用过大过猛的抗力，前几次用力要小，再逐渐加大，以避免颈部扭伤。切勿让颈部有任何旋转，而只是屈伸。

（二）胸部肌群的练习方法

胸部肌肉主要有：胸大肌、胸小肌、前锯肌等。

1. 杠铃仰卧推举

重点锻炼部位：胸大肌、三角肌和肱三头肌。

开始位置：仰卧于卧推凳上，两脚平踏在地上。两手掌向上握横杠，两手间距比肩稍宽，两臂伸直支撑住杠铃位于胸的上部。

动作过程：使两直臂向两侧张开，两臂慢慢弯曲，杠铃垂直落下，直至横杠接触到胸部（大约接近乳头线上方 1 厘米），然后向上推起至开始位置，重复该动作。

训练要点：不要拱起背和臀部或憋气，这样会失去控制发生危险。

2. 双杠双臂屈伸

重点锻炼部位：主要是胸大肌下部，其次是肱三头肌和三角肌。

开始位置：双杆间距最好略宽于肩，双手握杠成直臂支撑、挺胸、收腹，两腿伸直并拢放松呈下垂状。

动作过程：呼气，屈肘弯臂，身体下降，直至两臂弯曲降低到最低位置时，头部应向前引，两肘外展，使胸大肌充分拉长伸展。随即吸气，以胸大肌的收缩力撑起两臂，使身体上升直至两臂完全伸直；当上臂超过杆水平时，臀部稍向后缩，躯干呈“低头含胸”的姿势。两臂伸直时，胸大肌处于完全收紧状态。反复练习。

训练要点：动作要缓慢进行，不要借身体的振摆助力完成动作；撑起时速度要快、挺胸、抬头、收腹、不耸肩；为加大训练强度可在腰间负重。

3. 上斜杠铃卧推

重点锻炼部位：胸大肌上部，其次是三角肌前束和肱三头肌。

开始位置：仰卧在上斜角度为 35° ~45° 的卧推凳上。

动作过程：两手间距比肩稍宽，两臂伸直支撑杠铃位于肩的上部。放下至胸部上方（接近锁骨处）时吸气。当横杠一接触胸部时，即做上推动作，上推时呼气。

训练要点：一般都采用较宽的握距，横杠放下在锁骨处，这种方法使胸部肌肉更用得上力。

4. 平卧哑铃飞鸟

重点锻炼部位：胸大肌和三角肌。

开始位置：仰卧于卧推凳上，两手各持哑铃，掌心相对，外展至两臂伸直，支撑在胸部上方。

动作过程：两手持哑铃平行地外展，手肘稍微弯曲，哑铃落下至胸部两侧肌肉有充分的拉伸感，并使上臂落下至低于肩部水平线。当哑铃落下时，要深吸气。持铃循原路举起回原位时呼气。

训练要点：如果哑铃向两侧外展，两臂如呈伸直状态，胸部肌肉便很难感受到拉伸和收缩。

5. 上斜哑铃飞鸟

重点锻炼部位：上胸和三角肌。

开始位置：仰卧在上斜的卧推凳上，两手各持哑铃，掌心相对，推起至两臂伸直。

动作过程：两手持哑铃平行地向两侧外展，手肘微屈，哑铃落至胸部两侧肌肉有充分的拉伸感时。当哑铃落下时深吸气。持铃循原路举起回原位时呼气。

训练要点：如果哑铃向两侧落下时，两臂如呈伸直状态，胸部肌肉便很难得到拉伸和收缩的感觉。

6. 站姿双臂侧下拉夹胸

重点锻炼部位：胸大肌。握把相碰的位置高，健美的是上胸部；握把的位置在中部或下部，健美的是中胸部或下胸部肌群。

开始位置：两脚开立与肩同宽，身体站在拉力器的下方，两臂侧上举，肘关节稍微弯曲，两手心向下分别握住拉力器的各一端把柄。重心方向应该由上向下成 45°（不小于 30°）。

动作过程：吸气，上体稍前倾，两臂由上往下斜线用力夹至胸前呈交叉状，直至两拉力器把柄相碰。稍停 2~4 秒，然后再呼气，缓慢还原。反复练习。

训练要点：上体始终保持稍前倾，不许前后摆动助力；要充分伸展胸肌，动作需缓慢而有节奏地进行；完成动作时两臂均衡用力，防止猛拉或突然性还原动作。

（三）背部肌群的练习方法

背部肌肉主要有：斜方肌、菱形肌、背阔肌、大圆肌、小圆肌、冈下肌、背长肌和背短肌等。

1. 颈前宽握引体向上

重点锻炼部位：背阔肌和肩部肌群。

开始位置：两臂单杆悬垂，两手宽握距，正手握紧横杆，使腰背以下部位放松，背阔肌充分伸长，两小腿弯曲抬起。

动作过程：吸气，集中背阔肌的收缩力，屈臂引体向上至颈前锁骨处，使之接近或触及单杠，稍停 2~3 秒。然后呼气，以背阔肌的收缩力量控制住，使身体慢慢下降还原。反复练习。

训练要点：动作过程中身体不许前后摆动利用惯性给予助力；全身下垂时，肩胛部要放松，使背阔肌充分伸长。

2. 颈后宽握引体向上

重点锻炼部位：背阔肌和肩部肌群。

开始位置：两臂单杆悬垂，两手宽握距，正手握紧横杆，使腰背以下部位放松，背阔肌充分伸长，两小腿弯曲抬起。

动作过程：吸气，集中背阔肌的收缩力，屈臂引体上开至颈后，使之接近或触及单杠，稍停 2~3 秒。然后呼气，以背阔肌的收缩力量控制住，使身体慢慢下降还原。反复练习。

训练要点：动作过程中身体不要前后摆动利用惯性给予助力；全身下垂时，肩胛部放松，使背阔肌充分伸长。

3. 杠铃俯立划船

重点锻炼部位：主要是锻炼上背部最大的肌肉群——背阔肌，其次是斜方肌、冈下肌、挺直脊柱、三角肌后束、肱二头肌和前臂部有效。

开始位置：两脚开立同肩宽，上体前屈与地面平行，两膝稍屈使下背肌群没有拉紧感。两手掌心向内，间距同肩宽，两臂下垂伸直持铃。

动作过程：使两上臂移向两侧，横杠贴身提起，直到横杠接触上腹部，然后慢慢放下，还原，反复做。

训练要点：采用较宽的握距，可使不同部位的肌群受到刺激。在提铃时，应感到运用背部肌群的收缩力，而不是只是把重量向上提而已。

4. 坐姿颈前下拉

重点锻炼部位：上背部肌肉。

开始位置：坐在拉背练习机的固定座位上，两手分别握住上方横杠两端的把柄。

动作过程：吸气，从头上方位置垂直下拉横杠至胸前，稍停 2~3 秒。然后呼气，沿原路缓慢还原，反复做。

训练要点：注意完成动作时两臂均衡用力，防止猛拉或无控制地突然还原。采用宽握距抓握把柄。

5. 坐姿颈后下拉

重点锻炼部位：上背部肌肉。

开始位置：坐在拉背练习机的固定座位上，两手分别握住上方横杠两端的把柄。

动作过程：吸气，从头上方位置垂直下拉横杠至颈后与肩平，稍停 2~3 秒。然后呼气，沿原路缓慢还原。反复做。

训练要点：注意完成动作时两臂均衡用力，防止猛拉或无控制地突然还原。采用宽握距抓握把柄。

6. 哑铃俯立划船

重点锻炼部位：上背肌群，特别是背阔肌。

开始位置：一腿屈膝跪在长凳上，一手扶在凳面上。另一手拳眼向前握住哑铃下垂于体侧，另一腿伸直站立，以及上体前屈与地面平行。

动作过程：持铃贴近腿侧向上提起至肩前或更高些，提铃上拉时，集中用背阔肌肉的收缩用力。然后循原路慢慢放下还原。反复做。一手练完，再换另一只手。

训练要点：当哑铃提起至最高点（肩前高度）时，同时使上体稍稍向另一侧转体，这样会更有利于背部肌群的彻底收缩。

7. 坐姿划船

重点锻炼部位：背阔肌和上背肌群。

开始位置：坐在垫子上，两手握住拉力器的把手，上体前屈，同时屈膝，脸朝下置于两臂之间。

动作过程：吸气，收缩目标肌群带动两臂向后方拉动牵引绳，同时上体后仰，挺胸。当拉力器的把手触及胸腹部后，稍停 2~3 秒。然后呼气，缓慢还原。反复练习。

训练要点：动作做得要完整，肌肉收缩要充分，防止猛拉或猛放动作。

8. 俯卧挺身

重点锻炼部位：下背部肌群。

开始位置：俯卧垫上或鞍马上，上体前屈，两足固定，两手抱头或肩负杠铃。

动作过程：吸气，上体向前慢慢弯下，然后再以腰背肌肉的力量，挺身还原，还原后再自然呼吸。反复练习。

训练要点：在动作过程中，腰背部必须始终挺直，不准松腰含胸弓背；上体前屈时，尽量慢些，切忌突然快速屈体，防止腰背部肌肉拉伤。

（四）肩部肌群的练习

肩部肌肉主要有：三角肌。它包括前束、中束、后束三部分，围绕肩部形成一个半球形。

1. 颈前推举

重点锻炼部位：三角肌和肱三头肌。

开始位置：两手握住横杠，间距比肩宽，把杠铃提起至肩上，掌心向上。

动作过程：把杠铃贴脸向上推起至两臂伸直在头顶上方。然后慢慢循原路放下至肩上。反复做。

训练要点：上推时，上体不要后仰。

2. 颈后推举

重点锻炼部位：三角肌、肱三头肌。

开始位置：把横杆置于颈后肩上。

动作过程：两手握距比肩稍宽，把杠铃推起至两臂伸直。然后再慢慢放下至颈后肩上。

训练要点：改变两手间的握距，就可锻炼到不同的部位的肌肉。宽握对锻炼三角肌较有利，窄握则集中锻炼肱三头肌较为有效。

3. 哑铃推举

重点锻炼部位：三角肌、肱三头肌。

开始位置：双手持铃握于头部两侧。

动作过程：两手垂直方向把哑铃推起至两臂伸直。然后再慢慢放下至起始位置。

训练要点：哑铃握法比杠铃有很大的自由度，收缩更充分。

4. 前平举

重点锻炼部位：上胸部和三角肌前束。

开始位置，自然站立，两手各持哑铃或杠铃下垂于腿前。

动作过程：把哑铃或杠铃向前上方举起（肘部稍屈），直至与视线平行高度。然后慢慢放下还原，反复做。

训练要点：如果用哑铃练习时，以拳眼向前，持铃于体前上举。这种方法是单独集中锻炼三角肌前束。

5. 侧平举

重点锻炼部位：三角肌中束。

开始位置：自然站立，两手各持哑铃下垂体前，两肘部稍弯曲，拳眼向前。

动作过程：两手持铃同时向两侧举起，直到举起至与头部齐高位置。然后慢慢地循原路落下回原位，再反复做。

训练要点：在持铃提起和放下过程中，使肘和腕部始终稍微弯曲，对三角肌的收缩更为有效。当哑铃向两侧提起时，同时使手腕向上转起至比大拇指稍高些，直到提起至最高位置。哑铃落下时手腕再转回。

6. 俯立侧平举

重点锻炼部位：三角肌后束和上背肌群。

开始位置：两脚分开站立同肩宽，两手掌心相对持哑铃，上体向前屈体至与地面平行，两腿稍屈，使下背部没有拉紧感。

动作过程：两手持哑铃向两侧举起，直至上臂与背部平行（或略为超过），稍停，然后还原。反复做。

训练要点：在持铃向两侧举起时，肘和腕部稍微弯曲，使三角肌群获得更好的收缩感。在整个动作过程中，思想要集中在收缩的肌肉群上。

7. 直立划船

重点锻炼部位：三角肌和斜方肌。

开始位置：自然站立，手背向前握住横杠中间，间距15厘米左右，两臂下垂腿前。

动作过程：持铃慢慢贴身提起，两肘上提始终处于握手上方，直到上拉至接近颈前水平位，稍停。然后循原路慢慢贴身放下至下垂于腿前。反复做。

训练要点：每次放下杠铃要慢些，上提时要比放下时还要慢，这样训练效果会更好。

8. 提铃耸肩

重点锻炼部位：肩侧斜方肌、颈肌和上背肌群。

开始位置：自然站立，两手背向前，持杠铃或哑铃，下垂在腿前。

动作过程：两肩同时向上耸起，然后在这个顶点位置上慢慢地使两肩向后转，再慢慢由后向下转至两臂下垂的位置。反复做。在耸肩过程中，不要屈肘。

训练要点：手腕稍屈，两肘尖向外转，这对肩侧斜方肌的收缩更有效。

（五）臂部肌群的练习

上臂肌肉分前后群，前群（屈肌群）有肱二头肌、喙肱肌、肱肌；后群（伸肌群）有肱三头肌、肘肌等。

1. 肱二头肌的锻炼

（1）杠铃弯举：

重点锻炼部位：肱二头肌、前臂肌群。

开始位置：自然站立，掌心向前，两手间距与肩同宽，在整个动作过程中，两上臂始终贴于体侧，杠铃下垂在腿前。

动作过程：以肘关节为支点，前臂由腿前向上成半圆状弯起至肩前。然后，慢慢地循原路放下至腿前。

训练要点：当杠铃弯起时，上臂不移动，在举杠铃的同时，使躯干稍微向后仰起。弯起至完全收缩后，杠铃再循原路放下。放下动作要慢些，当杠铃放下还原时，前臂要下垂伸直。每次弯举必须做到完全伸展和彻底收缩。

（2）坐姿哑铃交替弯举：

重点锻炼部位：肱二头肌。

开始位置：正坐凳的一端，两手各持哑铃下垂于体侧。

动作过程：一手持铃弯起至肩前，然后慢慢放下，同时另一手持铃弯起，两手交替做弯举。

训练要点：开始练习时掌心向内，弯起时，使手腕向外转至肩前，放下时再转回还原。

（3）俯坐弯举：

重点锻炼部位：肱二头肌。

开始位置：正坐凳的一端，上体稍向前倾，一手握哑铃下垂于一腿内侧，另一手臂自然屈肘，以手掌或肘部放在一侧大腿上。

动作过程：持铃慢慢屈肘向上弯起至胸前，上臂不移动，紧贴大腿内侧。

训练要点：持铃弯起，腰背部不能放松。当持铃弯起至胸前时，肱二头肌尽量收紧，并保持静止 3 秒，然后，再慢慢放下。也可以站姿进行。

（4）坐姿斜托双臂反握弯举：

重点锻炼部位：肱二头肌等屈肘肌群。

开始位置：身体骑坐在固定凳，上体稍前倾，两臂伸直搁在斜板上，使腋窝卡在斜板的上沿，拳心向前，两手反握杠铃与肩同宽。

动作过程：吸气，两臂以肘关节为轴，用力弯举至锁骨，稍停 2~3 秒，然后呼气，两臂放松还原，反复练习。

训练要点：屈臂上举时，上臂保持不动，伸臂时要缓慢且充分伸直。做此动作时因受斜板的限制，不可能借用身体其他部位的力量，所以对肱二头肌的训练效果显著。

（5）坐姿哑铃锤式弯举：

重点锻炼部位：肱肌和肱二头肌肌群。

开始位置：直立或坐姿，两手臂伸直自然下垂，手握哑铃，虎口朝前。

动作过程：两上臂同时以肘为轴经体侧弯起，上、前臂用力收紧，稍停 2~3 秒，然后呼气，持铃缓慢放下还原至体侧，反复练习。

训练要点：对握弯举时，两上臂固定不动，直腕握铃，不得借助上体摆动的惯性力。

（6）站姿拉力器单臂反握弯举：

重点锻炼部位：肱二头肌和肱肌。

开始位置：自然站立，两脚间距与肩同宽，挺胸收腹紧腰。右臂向下伸直置于体侧，掌心向前握住把柄一端。

动作过程：吸气，屈肘慢慢向上拉开拉力器置右手接近右肩部，稍停 2~3 秒，然后呼气，缓慢还原，反复做。

训练要点：上拉时，上体要保持平直，肘部不要前后摇动。

2. 肱三头肌的锻炼

（1）窄握推举：

重点锻炼部位：胸大肌的内侧部位，三角肌前束和肱三头肌。

开始位置：俯卧在长凳上，两脚平踏在地上，以维持身体平衡。两手握住横杠中间，间距 10~15 厘米，两臂伸直持铃支撑在两肩上方。

动作过程：两臂慢慢弯曲落下至横杠触及胸部。然后向上推起至开始位置，反复练习。

训练要点：宽握卧推举主要是锻炼胸大肌。

（2）仰卧后撑：

重点锻炼部位：肱三头肌、胸大肌、三角肌和大圆肌等。

开始位置：身体仰卧，两手背后撑在稍高的凳子上，两脚放在地上或较矮的凳子上，身体其他部分悬空。

动作过程：呼气，两肩放松，两臂慢慢屈肘，身体尽量下沉（尤其要沉臀），稍停 2~3 秒，然后吸气，用力伸两臂撑起身体还原。反复做。

训练要点：臂屈伸时中速平稳，身体要直，两肘要向内夹臂。抬高脚的高度或负重可提高训练难度，加大负荷刺激。

（3）仰卧屈臂上拉：

重点锻炼部位：胸大肌、肱三头肌、前锯肌和背阔肌。

开始位置：仰卧在长凳上使头部露出凳端，后脑靠在凳的端面，两脚着地支撑。两手握住横杠中央，两手间距比肩稍窄，两手持铃放在头后地上，使下背部稍挺起。

动作过程：稍屈臂持铃，把杠铃上拉起至胸部上方。然后屈臂循原路放下至杠铃在头后稍离地面（杠铃不接触地面）。再用力上拉提起。反复做。

训练要点：用较大重量做屈臂上拉，并做直臂上拉比较一下，这样会收到较大的训练效果。

（4）坐姿颈后臂屈伸：

重点锻炼部位：肱三头肌。

开始位置：正坐长凳的一端，两手正握或反握杠铃，上臂屈曲固定在头的两侧。

动作过程：吸气，以肘关节为轴，用力将前臂伸直上举，稍停2~3秒，然后吸气，屈臂慢慢落下还原至颈后。反复练习。

训练要点：上臂紧贴耳侧，两肘夹紧，上臂保持与地面垂直状，两肘尖垂直向上，不要向前后移动借力。

（5）俯立臂屈伸：

重点锻炼部位：肱三头肌。

开始位置：自然站立在凳的一端，上体前屈至背部与地面平行，左手掌支撑在凳上，右手持哑铃，屈肘，使右上臂紧贴体侧与背部平行，前臂下垂。

动作过程：手持铃，上臂贴身，固定肘部位置，持铃向后上方举起至臂伸直，再慢慢放下还原。只有前臂上下活动。

训练要点：采用“孤立训练原则”，持铃至全臂伸直时，使肱三头肌彻底收缩，保持静止并默数3秒，然后再放下，还原。

（6）站姿双臂胸前屈肘下压：

重点锻炼部位：肱三头肌。

开始位置：面对臂力训练机，两脚分开站立，身体呈挺胸收腹紧腰状，屈臂两手紧握阻力杠两端把柄，两手间距小于肩宽。肘关节紧贴体侧。

动作过程：吸气，小臂用力向下压撑阻力杠，使臂伸直，稍停2~3秒。然后呼气，缓慢还原。反复练习。

训练要点：注意动作舒展，肘关节紧贴体侧，防止猛压或压到中途未能完成动作，身体不要借力。

3. 前臂肌肉的锻炼（腕屈举）

重点锻炼部位：前臂屈肌群。

开始位置：两手反握杠铃蹲坐，将前臂贴放在大腿上，把手腕向前伸出，垂于膝关节前，两手也可正握杠。反握主练前臂内侧肌肉，正握主练前臂外侧肌肉。也可把上臂贴靠在平板或斜板上做或用哑铃左右轮流做。

动作过程：前臂平贴大腿，只把手腕尽力向上、向内屈转（收缩屈指肌），直到不能再屈转时，静止1秒。放松前臂肌肉，让手腕向前回落。

呼吸方法：屈转手腕时吸气，回落时呼气。

训练要点：屈转到最后时，一定要尽力收缩前臂肌肉（屈指肌）1秒，再逐渐放松。

（六）腹部肌群的练习

腹部肌肉有腹前壁的腹直肌、腹外斜肌，深层的腹内斜肌、腹横肌等。

1. 仰卧起坐

重点锻炼部位：腹直肌、髂腰肌。

开始位置：仰卧长凳或垫上，两腿伸直并拢平放于凳面，两手的位置可根据腹直肌力量的强弱，采用手扶头或两臂后伸与身体成直线状。

动作过程：前屈上体，两手指尽量触及脚趾，稍停还原。反复练习。

训练要点：在动作过程中，上体前屈要快而充分，向后还原的速度要缓慢。为了增大难度，可在斜板上（头置于斜板下端，两脚固定于上端）进行练习，此练习也可以负重的方式完成。

2. 空中蹬车

重点锻炼部位：腹直肌。

开始位置：仰卧，下背部紧贴地面。手放头侧，手臂打开。

动作过程：将腿抬起，缓慢进行蹬自行车的动作。呼气，抬起上体，用右肘关节触碰左膝，保持姿势 2 秒后，还原。再用左肘关节触碰右膝，同样保持 2 秒，然后慢慢回到开始姿势。

3. 健身球卷腹

重点锻炼部位：上腹部。

开始位置：平躺在健身球上，双脚平放地上，手放头侧，手臂打开。

动作过程：下颏向胸前微收，呼气，收缩腹肌抬起上身约 45°，稍停，然后慢慢回到开始姿势。为了保持平衡，两脚可以多分开些。如果增加难度，可以将双脚并起来做。

4. 举腿卷腹

重点锻炼部位：下腹部。

开始位置：仰卧在地板上，下背部紧贴地面。手放头侧，手臂打开。

动作过程：双腿抬起与上身呈 90°，双腿交叉，膝关节微屈。呼气，收缩腹肌，抬起上身，下背部不能离地，稍停，然后慢慢回到开始姿势。要注意保持下颏向胸前微收。

5. 负重体侧屈

重点锻炼部位：此练习可发展体侧脊柱屈肌和伸肌。

开始位置：两脚自然开立与肩同宽，一手拳眼向前持握哑铃，手臂放松下垂于体侧，另一手叉腰。

动作过程：上体向持铃一侧尽量屈体，稍停，再向另一侧屈体。两臂轮换练习。

训练要点：在动作过程中，两腿伸直，上体不得前倾。

6. 负重转体

重点锻炼部位：此练习可有效地发展腹外斜肌和腹内斜肌。

开始位置：将杠铃置于颈后肩上，两手握紧杠铃两端的铃片，全身直立，两脚自然开立与肩同宽。

动作过程：向右侧用力充分转体，稍停，再向左侧充分转体。

训练要点：在动作过程中，两腿伸直，两脚不动，动作缓慢平稳。

（七）腿部肌群的练习

腿部肌肉主要有：臀大肌、大腿后群（股二头肌、半腱肌、半膜肌）、大腿前外侧肌群（股四头肌、缝匠肌、阔筋膜肌、股薄肌等）、小腿前群肌（胫骨前肌、趾长伸肌、拇长伸肌等）、小腿后群肌（腓肠肌、比目鱼肌等）。

1. 颈后深蹲

重点锻炼部位：大腿肌群、臀大肌。

开始位置：把杠铃置于颈后肩上，两手握住杠的两端，使杠铃重心两边平衡。两脚分开与肩同宽，脚尖稍向外分开。

动作过程：两眼始终目视向前。两膝慢慢弯曲，下蹲至全蹲的位置。在整个下蹲和起立的过程中，躯干挺直，背部保持平直，头部稍微抬起（始终看在一点上）。当大腿起立超过水平位置时，即慢慢伸直至原位，两脚始终平踏在地上。

训练要点：如果脚踝放松或脚跟离地，在深蹲过程中很难掌握身体重心的平衡，可采用两脚跟站在高度合适的垫木上进行练习。

2. 斜卧负重腿举

重点锻炼部位：股四头肌和臀大肌群。

开始位置：身体斜躺在“腿举架”的靠背板上，两腿斜上举起，屈膝，两脚掌朝斜上蹬在阻力板上。

动作过程：吸气，两腿用力向斜上蹬阻力板，直至两腿完全伸直，同时尽力收缩股四头肌群，稍停 3~4 秒。呼气，慢慢屈膝让阻力板下降到预先设定的高度。反复练习。

训练要点：阻力板的下降高度要与预先设定高度相适应。蹬板时，要让整个脚底平贴住阻力板，屈膝时应控制阻力板的下降速度。

3. 腿屈伸

重点锻炼部位：股四头肌。

开始位置：坐在装有伸腿架的卧凳上，两脚背面分别紧托在伸腿架的下托垫棍的下缘。两手握住凳的两边，使上体正坐在凳上。

动作过程：以股四头肌的收缩力慢慢使两腿伸直，保持这个静止收缩状态，稍停，然后放下还原。反复做。

训练要点：可一条腿单独练，也可两脚背绷直练，还可把脚跟转向内向外练。

4. 硬拉

重点锻炼部位：下背、臀部、股二头肌。

开始位置：两脚开立同臀宽，两手一正一反握杠（增强手握力），间距同肩宽。屈膝蹲下握杠，使杠贴近身体处于脚背上方，挺胸收腹，腰背挺直，目视前方。

动作过程：集中用腿和腰背肌群力量，使杠铃离地提起至身体直立。横杠要尽量贴近身体。然后慢慢放下还原。反复做。

训练要点：当熟悉动作后，可改做直腿硬拉。

5. 腿弯举

重点锻炼部位：股二头肌。

开始位置：俯卧在伸腿架的卧凳上，使膝盖正好抵住凳端，两腿伸直使脚跟紧贴在上托垫棍的下缘。两手握凳前端两侧。

动作过程：集中以股二头肌的收缩力使小腿向上弯起至股二头肌彻底收紧，稍停，然后循原路慢慢回到起点。反复做。

训练要点：可坐在伸腿机上用一条腿单独练，也可两脚背绷直来练，还可把脚跟转向内转向外练。

6. 站立负重提踵

重点锻炼部位：小腿三头肌。

开始位置：肩负杠铃并腿直立，两脚掌前脚垫一块厚约 5 厘米的木板。

动作过程：小腿三头肌收缩提踵，使两脚跟向上提起至最高点，稍停慢慢落下脚跟，伸展小腿三头肌。反复练习。

训练要点：提踵过程中，两脚跟应始终并拢。

第三节　健美练习的基本方法与要求

一、健美练习应遵循的原则

（1）个体需要的原则：每个健美爱好者身体条件不完全相同，在安排练习时，要根据个体的需要，适当多安排相对较弱部位的练习动作，使肌肉全面发达，匀称。

（2）循序渐进的原则：肌肉由小到大，力量由弱到强，需要逐步加大运动负荷及运动强度，不能突然加大运动量，否则，只能事倍功半。

（3）科学性原则：动作设计要科学，锻炼效果才好；运动量安排要符合人体解剖学和生理学原理，才能取得事半功倍的效果。

（4）全面发展的原则：锻炼过程中，既要有无氧代谢，又要有有氧代谢；既要有上肢练习，又要有下肢练习，才能使肌肉线条清晰、发达、匀称。

（5）持续性原则：科学研究表明：每锻炼一次，大脑皮质和身体其他器官的功能就增强一次，这种良好的状态可保持两天左右，持续锻炼，人体机能会逐步提高。若过了两天仍然没有新的锻炼、新的刺激，良好的状态就会消退，锻炼的效果也就无从谈起。

二、健美锻炼的方法

（一）保护与帮助法

（1）单人保护：保护者根据练习的动作特点，站在练习者的身前或背后的正中位，需要帮助时，迅速以双手抓杠提起。

（2）双人保护：帮助者站在杠铃的两端，实施保护与帮助时，两人动作与用力一定要协调一致。

（3）自我保护：主要借助身体其他部位的力量，将杠铃抛、推离身体位置。

（二）肌肉力量、体积练习法

（1）肌肉力量增长方法：采用大重量、多组数、少次数的肌肉练习法；局部肌肉练习每周安排不超过3次，一次安排2~3个动作，组数和次数不宜过多，以8次为限；强度应从70%开始，直到助力下完成105%的强度，次数为1~3次；每组练习间歇120~180秒。

（2）肌肉体积练习法：

① 循环练习法：要求把多个练习动作按照顺序编排起来，练习者依次完成每个动作，为一个循环，周而复始。

② 塔式练习法：某动作练习若干组时，练习重量逐组增加，完成次数逐组减少，直至最大重量完成最少次数。然后，再逐组减重，逐组增加次数。

③ 集中练习法：把锻炼某部位肌肉的若干作用相同的动作集中进行练习。通过多动作练习，使被练部位的深浅、屈伸、大小肌群都得到充分锻炼。

④ 慢速动力练习法：有意识地缓慢完成动作，在做动作时不要使用爆发力收缩，不论收缩或还原都要缓慢进行，使神经、肌肉始终处于高度紧张状态，可使肌肉高度膨胀，线条明显。

⑤ 固定练习法：选用若干动作，采用固定的重量、次数、组间间歇等做若干组，可提高肌肉耐力，快速增大肌肉体积。

⑥ 重点训练法：在多肌群参加工作的练习中，大小肌群所出现的疲劳时间是不相同的，往往小肌群疲劳出现早，大肌群疲劳出现晚。若单用一个动作来锻炼某一大肌群，会由于小肌群无力继续工作，大肌群又无法达到足够的刺激，而影响大肌群的锻炼效果。因此，要使被练大肌群获得足够的刺激强度，就必须选用多个对某大肌群作用相同而小肌群不同的动作进行练习，使大肌群得到充分的锻炼。

三、健美锻炼中应注意的问题

（1）做好准备活动，防止肌肉、关节受伤。

（2）动作要正确规范。

（3）动作幅度尽量大，以加大对肌肉的刺激。

（4）适时增加负荷重量，始终保持锻炼最佳的重复次数。

（5）防止锻炼过量。

（6）锻炼负荷要适中，使每组最后1~2个的重复次数的完成出现吃力感，获得最大刺激效果。

（7）要有自信，要持之以恒，不半途而废。

（8）肌肉锻炼要有序。大肌肉群的锻炼先于小肌肉群；初学者不宜进行两个相同性质的练习；同肌群的练习交替进行；各大肌肉群锻炼编排顺序一般胸、肩、背、大腿在前，上臂、前臂练习居中，小腿、踝和腹肌编排在后，新手应把上肢练习编排在前，下肢练习编排在后。

（9）循序渐进增加负荷重量，不逞强好胜。

（10）掌握正确的呼吸方法，保证完成动作。

（11）锻炼过程中口渴时不可饮用热水。

（12）锻炼前应先检查器械是否完好牢固。

（13）采取必要的保护措施。

（14）锻炼前先检查身体，保证健康安全。

思考题

1. 结合自己的体验，谈谈健美运动的魅力？

2. 结合自己锻炼的实际，简述健美运动对自己的身体、心理、社会适应等方面产生了哪些良好的影响？

3. 在健美训练中，必须用大重量的练习来刺激肌肉，以促进肌肉体积的增加。肌肉力量和肌肉的生理横截面是成正比吗？

第十七章 跆拳道

学习目标

1. 了解跆拳道的特点与锻炼价值。
2. 理解跆拳道的基本原理。
3. 懂得欣赏、参与跆拳道运动。

第一节 跆拳道概述

一、跆拳道的起源与发展

跆拳道（TAEKWONDO）是朝鲜半岛古老的民间技击术，是一项运用手脚技术进行搏击格斗的朝鲜民族传统的体育项目。跆拳道是在引进与吸收中国传统武术及日本空手道的基础上创新与发展起来的一门独特技击术，具有较高的防身自卫及强壮体魄的实用价值。它通过竞赛、品势和功力检测等运动形式，使练习者增强体质，掌握技术，并培养坚忍不拔的意志品质。

（一）古代跆拳道的产生与发展

跆拳道的产生缘起于人类远古祖先的生存需要。在原始社会生产力极为低下的社会条件下，人类为了生存，必须同自然界的野兽搏斗，这就产生了搏斗的各种方法。随着社会的发展，不断变化的生活环境和不同种族之间的斗争，要求人们具有强健的体魄并掌握一定的搏斗技能，这样才能保障生活的安定，这便是跆拳道的雏形。经过漫长的岁月，人们本能的强健体魄和自卫而产生的搏击逐渐演化为有意识的技击活动，从而产生了朝鲜民族特有的运动形式——跆拳道。

（二）现代跆拳道运动的发展

1966 年，国际跆拳道联盟（ITF）成立，崔泓熙任首届联盟主席。1973 年 5 月，世界跆拳道联盟在韩国汉城成立（WTF），金云龙当选为主席。1975 年，世界跆拳道联盟被正式接纳为国际体育联盟会员。1980 年，国际奥委会正式承认了世界跆拳道联盟。此后，跆拳道运动在世界范围内得到了迅猛发展。目前，世界上有 200 多个国家的 3 000 多万人在进行跆拳道练习。第一届世界跆拳道锦标赛和第一届亚洲跆拳道锦标赛分别于 1973 年和 1974 年在韩国汉城举行。在 1986 年第十届亚运会上，跆拳道被列为正式比赛项目。1994 年 9 月，国际奥委会通过决议，将跆拳道列为 2000 年奥运会正式比赛项目，设男、女各 4 个级别。

（三）我国跆拳道运动的发展

1992 年 10 月 7 日，中国跆拳道筹备小组成立，这标志着我国跆拳道运动的正式开始。1994 年 5 月，在河北保定举行了首届全国跆拳道教练员和裁判员学习班。1994 年 9 月，在云南昆明举行了第一届全国跆拳道比赛，当时共有 15 个单位 150 多名运动员参加了比赛。1995 年 5 月，共有 22 个单位 250 多名运动员参加了在北京体育大学举行的第一届全国跆拳道锦标赛，从此，跆拳道运动在中国迅速发展起来。1999 年 6 月 7 日，在加拿大埃特蒙多举行的世界跆拳道锦标赛上，我国女运动员王朔战胜多名世界强手，获得了女子 55 公斤级冠军，这是我国运动员获得的第一个跆拳道世界冠军。

二、跆拳道的含义、特点及锻炼价值

（一）跆拳道的含义

跆拳道一词中，跆（TAE）意为以脚踢、摔撞；拳（KWON），是指以拳头打击；道（DO），是一种艺术方法。跆拳道是以脚法为主的搏击方式，其脚法占 70%。跆拳道的套路共有 24 套，另外还有兵器、擒拿、摔锁、对拆自卫术等 10 余种基本功夫。跆拳道是经过东亚文化发展的一项朝鲜武术，以东方心灵为土壤，承继长久传统，以“始于礼，终于礼”的武道精神为基础。

扫一扫，查看腰带的颜色

（二）跆拳道的特点

（1）以腿法为主，拳脚并用，主要关节武器化：由于竞赛的需要、规则的限制和跆拳道进攻方法的特点，使得跆拳道是以腿法攻击为主。据统计，在跆拳道技术当中，腿法约占总技法的 70%。腿击无论在攻击范围、攻击力量等方面都远远超过拳法的攻击，而拳法的招式，一般偏重于防守和格挡，人体的手、肘、膝、脚等关节，是跆拳道实战中最常用最有效的击打部位。

（2）方法简捷，刚直相向，少用躲闪守法：无论是比赛还是在实战中，跆拳道的进攻方式都是十分简捷而实效的。对抗时，双方都是直接接触，以刚制刚，用简捷硬朗的方法击打对方，防守时很少用躲闪防守法，追求硬拼硬打，尽可能在近距离拼斗中争取比赛或实战的胜利。

（3）内外兼修，方法独特，以功力验水平：跆拳道理论认为，经过专门训练，人的关节部位能产生不可思议的威力，特别是手、肘、膝、脚 4 个部位。长期练习跆拳道，可使人达到内外合一的境界，即内功和外力达到统一的巅峰。功力测验是跆拳道训练水平、晋级考试、表演和比赛的一个重要内容，以此显示出跆拳道独特的功法和特点。

（三）跆拳道的锻炼价值

（1）修身养性，培养优秀的意志品质：跆拳道深层内涵的精神，要求学员在练习时要做到“以礼始，以礼终”，在练习中要以“礼义廉耻，忍耐克己，百折不挠”为宗旨。经常练习跆拳道可以培养人顽强果断、吃苦耐劳的精神，磨炼人坚忍不拔、积极向上的品质，培养礼让谦逊、宽厚待人的美德。

（2）强身防身，健全体魄：跆拳道紧张激烈，对抗性强，可使人强壮筋骨，提高各关节的灵活性及肌肉的伸展性和收缩能力，提高人的速度、反应、灵活、力量和耐力素质，提高人体内脏器官的机能和人体神经系统的灵活性，增强人体的击打和抗击打能力。

（3）观赏竞技，享受击打艺术的美感：在跆拳道比赛或实战中，高超的技艺展示，不仅给人以美的享受，还能激发人的斗志，鼓舞人奋发向上的精神，陶冶人的道德情操，使人在欣赏跆拳道竞技比赛的同时，潜移默化地受到良好的意志品质教育。

（四）高校女生练习跆拳道的优势和锻炼价值

目前，在高校体育教学中，女生也热衷于跆拳道。女生练习跆拳道具有一定的优势和作用。

（1）性别的优势：跆拳道的动作多以腿部动作为主，相对于男生而言，女生有较好的柔韧性，这对于学习跆拳道有优势，女生在完成下劈踢、高横踢等动作时要比一般男生的动作更加到位，也更加漂亮。

（2）内在的锻炼价值：

健美减肥——改变形体，达到修长、健美体形的效果。

强身健体——增强体质，使动作灵活迅速，提高心肺机能。

气质高雅——意志磨炼，培养特有的气质。

防身自信——提高自我防身能力，增加自信心。

坚忍不拔——培养勤奋好学、坚持不懈、果敢顽强的优秀品质和内在素养。

调解平衡——减轻学习和工作压力，宣泄情绪，调节生理平衡。

礼貌待人——通过礼始礼终，培养以礼待人、谦虚谨慎的习惯。

表演展示——通过帅气、潇洒的表演，展示动人的青春。

扫一扫，查看跆拳道等级划分

第二节　跆拳道基本功的学习与运用

跆拳道技术包括发声、基本功以及套路、对打、防身术等。

一、发声

发声是每个跆拳道练习者都要训练并熟练掌握的。发声也是跆拳道的特色之一。在跆拳道习练中，虽然没有严格规定发什么音是正确的，但一个原则是发出的声音要给对方以威慑力，并提高自己的信心。发声的作用主要有：兴奋自己，集中注意力；威慑对手，提高自信心；干扰对方情绪，降低对方信心；增加自身力量，勇往直前。

二、跆拳道基本功

（一）实战姿势

左脚在前为左势，右脚在前为右势（以下以左势为例）。

动作规格：两脚前后开立与肩同宽，前脚尖45°斜向右前方，后脚跟抬起，膝关节微屈，重心落在两脚之间；上身自然直立，45°斜向右前方，双手握拳，拳心相对，

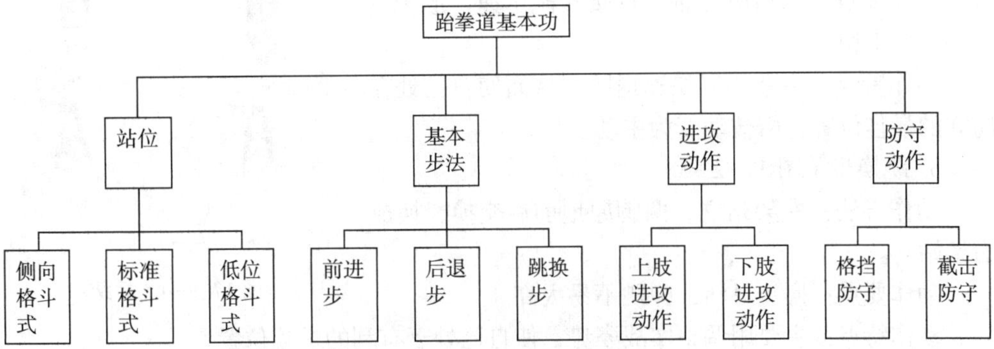

图 17-2-1　跆拳道基本功分类

两臂弯曲置于胸前；头部直立向前，目视正前方。

动作要领：身体自然，肌肉放松；膝关节松而不懈，富有弹性；心无杂念，以无意为有意。

（二）基本步法

在跆拳道习练中，步法训练非常重要。能否合理运用腿法，准确和强有力地击打对方，主要是通过机动、灵活、稳固的步法来实现的。

1. 上步（图 17-2-2）

动作方法：实战姿势（左势）站立，后脚朝前上一步，换为实战姿势（右势）。

动作要点：以前脚为轴，拧腰转髋迅速，上步时上体保持平稳。

动作特点：主要用于快速进攻，使自己处于有利的进攻位置。

2. 前跃步（图 17-2-3）

动作方法：左架站立，两脚同时向前跃出一步，保持左架姿势。

动作要点：移动时两脚距离保持不变，两脚离地不要过高，滑步稳，跟步快。

动作特点：常用于调整与对手之间的距离，使自己处于有利的进攻位置。

图 17-2-2　上步

图 17-2-3　前跃步

3. 后跃步（图 17-2-4）

动作方法：两脚同时向后撤一步。

动作要点：两脚稍离开地面即可，重心保持平稳。

动作特点：主要用于调整与对手之间的距离，躲闪对方进攻或配合技术反击。

4. 后撤步（图 17-2-5）

动作方法：右架站立，左脚迅速由前向后退一步，成左架站立。

动作要点：以后脚为轴，拧腰转髋迅速，退步时重心保持平稳。

动作特点：主要用以快速退防，从而使自己处在防守的最佳位置，由被动变为主动。

图 17-2-4 后跃步

5. 跳换步（图 17-2-6）

动作方法：左架站立，两脚原地前后交换，换成右架站立。

动作要点：换步灵活，弹跳不易太高。

动作特点：主要用调整实战姿势，使自己处于有利的进攻位置。

扫一扫，查看跆拳道步法

图 17-2-5 后撤步

图 17-2-6 跳换步

（三）腿法

跆拳道以其灵活多变的腿法著称，仅腿法就有上千种之多，被世人称为踢的艺术。在这些腿法中，有很多是由一些基本的腿法组合而成的。在这里，仅介绍几种基本的腿法。

1. 前踢（图 17-2-7）

动作方法：

（1）右架站立，重心移至左脚。

（2）提膝时，膝盖朝前，脚面绷直，双手握拳自然垂放在身体两侧。

（3）髋关节前送，右大腿向前抬起，当大腿抬至水平或稍高时，向前弹出小腿，用脚面击打目标，脚面绷直。在小腿弹出的一瞬间，要有一个制动的过程，使小腿产生鞭打的效果。

（4）向右转髋，使右小腿折叠快速收回原位，然后后撤，右腿还原。

动作要求：出腿要快速有力，直线攻击对手，攻击中段主要使用脚前掌，攻击上段主要使用脚尖。

图 17-2-7 前踢

2. 横踢（图 17−2−8）

横踢是跆拳道比赛中运用率最高的腿法，横踢技术动作简单实用，是跆拳道技术的重点之一。

动作方法：

（1）右架站立，抬起右腿时，大小腿夹紧，从前方迅速提至腰部。

（2）提起右腿后，髋部略左转。为保持重心，躯干稍向左后倾，以配合快速转髋。通过腰、腿的力量，将小腿用力由外向内横踢出去。击打时，脚面稍绷直，但踝关节要放松。小腿弹出后，在弹直的一瞬间，要有一个制动的过程，使脚面产生鞭打的效果。

（3）提膝应尽量随着转髋同时进行，不能在完全转髋后再提膝，这样会造成膝盖过早偏向外侧。

（4）左脚应积极配合髋部的转动，转动时可稍有一点踮起。

动作要求：出腿要快速有力，受力点为脚背或脚前掌。攻击中注意不要踢到对方的手、肘等部位，以防止因踢到对方的手而使脚部受伤。

图 17−2−8　横踢

3. 后踢（图 17−2−9）

动作方法：

（1）右架站立，重心移至左腿。

（2）以左脚尖为轴，左脚跟外旋，身体向右后方转动，同时提起右腿，大小腿折叠。

（3）右腿向后平伸蹬出，在蹬直前膝盖稍外翻。

（4）用脚跟击打对方胸部和腹部。

（5）击打后右脚自然落下。

动作要求：身体的转体动作和后踢技术要连贯完成，受力点在脚后跟。

图 17−2−9　后踢

4. 劈腿（图 17–2–10）

劈腿是跆拳道技术中杀伤力较大的腿法之一，常作为跆拳道招牌性腿法动作。

动作方法：

（1）左架站立，重心移至右腿。

（2）提起左大腿，同时向右转髋，使左腿膝盖尽量与胸部贴近，身体重心向上。

（3）左脚高举过头，左腿伸直贴紧躯干，身体保持正直或稍前俯。

（4）左脚脚面稍绷直，左腿快速下压，用脚掌或脚后跟下砸对方的头部，身体重心前移至左腿上，身体稍后仰以控制重心。

（5）击打后，左脚自然落下。

动作要求：腾空转体和劈腿动作要连续完成，受力点在脚后跟或脚前掌。

图 17–2–10 劈腿

5. 后旋踢（图 17–2–11）

动作方法：

（1）右架站立，以左脚尖为轴，左脚跟外旋。

（2）身体向右后方转，同时提右腿，向斜后方蹬伸，头部向右后方转动。

（3）身体继续旋转，右腿向后划一个水平弧线，快速屈膝用脚掌击打对方头部。

（4）右脚自然落下，还原为右架站立。

动作要求：目视对方，劈腿动作要连续完成，受力点在脚后跟或脚前掌。

图 17–2–11 后旋踢

6. 侧踢（图 17–2–12）

动作方法：

（1）右架站立，将重心移至左脚，同时左脚内旋。

（2）提右腿，大小腿折叠，同时左转髋，身体右侧侧对对方。

（3）勾脚面，右腿平蹬出去，用脚掌外侧攻击对方。

（4）右腿自然下落，并撤回原位。

动作要求：使用侧踢动作时，动作要快速有力，如双方相距较远，可用垫步移动接近对方。受力点在脚掌。

图 17–2–12　侧踢

7. 双飞踢（图 17–2–13）

动作方法：

（1）左架站立，重心移至右脚，提起左腿使用横踢。

（2）在左脚未落地时立即用右腿横踢，也就是使用两个连续横踢。击打后，两脚自然落下。两腿交换之间，髋部要快速扭转。小腿弹出后，在弹直的一刹那，要有一个制动的过程，使脚产生鞭打的效果。

动作要求：双飞踢技术是跆拳道技术中最常用的一种连续攻击技术，两腿在攻击的瞬间要快速连贯完成，身体要在悬空状态下完成该技术，两腿的连续性和速度尤为重要。受力点在脚背和脚前掌。一般来说，在中远距离时是使用双飞踢的较好时机，双飞踢中的第一个横踢常常是为了找到合适的距离或破坏对方的进攻，以利于第二个横踢。双飞踢主要用于攻击对方的胸腹、两肋和面部。

图 17–2–13　双飞踢

8. 前横踢（图 17–2–14）

前横踢是跆拳道比赛中较为常用的动作之一，也是运动员得分的主要技术。

动作方法：

（1）左架站立，左脚向前垫步，将身体重心移至左腿。

（2）提起右脚，向前送髋，大小腿稍折叠。

（3）绷紧脚面，右膝向内，快速弹出小腿。

（4）右腿自然落下，两腿同时后撤一步，还原成左架准备姿势。

动作要求：打击要坚决果断，后脚一定要配合积极向前移动。右腿的小腿要快速弹出，尽量增加鞭打力量。

扫一扫，查看跆拳道腿法

图 17-2-14 前横踢

（四）防守动作

在跆拳道比赛中，不允许使用抓、推、抢、拌、夹等方法防守，但可以用手臂或手刀去格挡。格挡技术按照防守方向来划分，可分为向上格挡、向（左右）斜下格挡和向（左右）斜上格挡三种。

1. 向上格挡（图 17-2-15）

利用手臂或手刀自下向上的格挡动作称为向上格挡。

动作方法：右架实战姿势站立。左（右）手握拳，手臂沿身体正中线向上迅速上格。格挡时，前臂与地面平行，格挡的位置应在头部正上方，前臂内旋，以尺骨外侧接触对手的攻击腿。

动作要点：判断对手进攻要准确，上格要迅速有力。

2. 向（左右）斜下格挡（图 17-2-16）

动作方法：右架实战姿势站立。左手握拳由上至下，用左前臂向左斜下方格挡，或是右手握拳，用右前臂向右斜下方格挡。

动作要点：应以前臂尺骨外侧接触对方的攻击腿。

图 17-2-15 向上格挡

图 17-2-16 向（左右）斜下格挡

3. 向（左右）斜上格挡（图 17-2-17）

动作方法：右架实战姿势站立。左手握拳由下至上，用左前臂向左斜上方格挡，或是右手握拳，用右前臂向右斜上方格挡。

动作要点：动作迅速，以前臂尺骨或桡骨外侧格挡对方的攻击腿。

图 17-2-17　向（左右）斜上格挡

第三节　跆拳道比赛规则简介

一、比赛场地

跆拳道的比赛区应为 8 米×8 米、水平、无障碍物、正方形、有弹性且不易打滑的垫子，或由中国跆拳道协会批准使用的其他规格的比赛场地。比赛区标记为蓝色，比赛区的外缘线称为边界线；比赛记录台和临场医务台面对比赛区的边缘线为第一边界线，顺时针旋转依次为第二、第三、第四边界线；边界线以外需铺设比赛垫，保护运动员的安全；尺寸大小可根据比赛的实际情况确定，宽度为 1~2 米，标记为红色或黄色。

比赛区应铺设经中国跆拳道协会监制或指定的专用比赛垫。必要时，比赛区可根据实际需要置于一定高度的平台上。为保证运动员的安全，比赛场地边界线外应有与地面夹角小于 30° 的斜坡。

二、跆拳道服装

跆拳道的服装称作道服，其款式、颜色都是特定的。系扎道服用的腰带颜色各异，以其颜色可以区分运动员的段位级别。黑带是跆拳道高手的象征，是实力的体现，更是一种荣誉和责任。

三、比赛的种类和方法

（一）比赛种类

1. 个人赛

个人赛一般在相同体重级别的运动员之间进行；运动员在一次赛事中只允许参加一个级别的比赛。

2. 团体赛

（1）按体重级别进行 5 人制团体赛，级别如下：

男子	女子
54 公斤以下	47 公斤以下
54~63 公斤	47~54 公斤
63~72 公斤	54~61 公斤
72~82 公斤	61~68 公斤
82 公斤以上	68 公斤以上

（2）按体重级别进行 8 人制团体赛。

（3）按体重级别进行 4 人制团体赛（将 8 个体重级别中相邻 2 个级别合并成为 4 个级别）。

（二）比赛方式

1. 单败淘汰赛

2. 复活赛

3. 循环赛或其他赛制

包括全运会在内的综合性运动会的跆拳道比赛一般采用个人赛制。

国内举行的所有跆拳道比赛，参赛运动队不能少于 4 支队伍，每个级别的参赛运动员没能少于 4 人，少于 4 人的参赛级别比赛成绩无效。

四、比赛时间

正式跆拳道每场比赛为 3 局，每局比赛 2 分钟，局间休息 1 分钟。比赛时间和比赛局数也可根据实际情况做相应调整，由比赛技术代表决定调整为每局比赛 1 分钟或 1 分半钟，或调整为每场比赛设 2 局。

五、允许使用的技术、允许攻击的部位

（一）允许使用的技术

1. 拳的技术：紧握拳并使用直拳技术攻击。

2. 脚的技术：使用踝关节以下脚的部位攻击。

（二）允许攻击的部位

1. 躯干：允许使用拳和脚的技术攻击躯干被护具包裹的部位，但禁止攻击后背脊柱。

2. 头部：允许使用脚的技术攻击锁骨以上的部位。

六、得分

1. 使用允许的技术，准确、有力地击中得分部位时得分。

2. 得分部位

（1）躯干：被护具爆果的躯干部位。

（2）头部：锁骨以上的头颈部位（包括颈部、双耳和后脑在内的整个头部）。

3. 分值

（1）使用有效拳的技术击打躯干部位得1分；

（2）使用有效踢击技术击打躯干部位得2分；

（3）使用有效旋转踢技术击打躯干部位得3分；

（4）使用有效踢击技术击打头部得3分；

（5）使用有效旋转踢技术击打头部得4分；

（6）被判罚1个“扣分”则给对方加1分。

4. 比分为3局比赛得分的总和。

5. 得分无效：运动员使用禁止的动作或在攻击前有犯规行为，得分无效。

七、犯规行为

1. 比赛过程中所出现的犯规行为，由场上的主裁判员执行判罚。

2. 下列犯规行为判罚“扣分”：

① 越出边界线；② 倒地；③ 回避或拖延比赛；④ 抓或推对方运动员；⑤ 为阻碍对方运动员进攻而提膝阻挡或踢对方运动员腿部，或提膝控腿超过3秒并无任何攻击技术以阻碍对方运动员的进攻，或有意图踢击对方腰部以下部位的行为；⑥ 踢击对方腰部以下部位；⑦“分开”口令后攻击对方运动员；⑧ 用手攻击对方运动员头部；⑨ 用膝部顶撞或攻击对方运动员；⑩ 攻击倒地的运动员；⑪ 运动员或教练员的不良言行，如：不服从主裁判员判罚；对技术官员的判罚进行不恰当的抗议行为；对比赛结果有不恰当的干扰、影响行为；挑衅或侮辱对方运动员或教练员；非注册队医或其他运动队官员坐在医生席位；运动员或教练员有其他严重的不良行为或违反体育道德的行为。

3. 犯规败

当一名运动员被判罚10个“扣分”时，主裁判员判其“犯规败”。同样，当一名运动员操纵计分系统或拒绝服从主裁判员口令时，主裁判员判其“犯规败”。

八、加时赛和优势判定、分差胜

（一）加时赛和优势判定

3局比赛结束后比分相同，进行第4局加时赛，时间为1分钟。先得分一方运动员或对方被判罚2个“扣分”时，得分一方获胜。加时赛结束时双方均未得分，按照下列顺序判定获胜方：第4局加时赛中电子护具感应击打次数多的一方获胜；如果击打次数相同，则前3局比赛中获胜局数多的一方获胜；上述条件仍相同时，整场4局比赛中被判罚“扣分”少的一方获胜；上述条件仍相同时，由临场裁判员进行优势判定。

（二）分差胜

分差胜的分差值为20分。成年组锦标赛的半决赛和决赛中不使用分差胜。

九、获胜方式

主裁判员依据本规则对比赛胜负进行宣判。获胜方式包括以下8种：

（1）击倒胜（KO 胜）。
（2）主裁判员终止比赛胜（RSC 胜）。
（3）比分胜（PTF 胜）。
（4）分差胜（PTG 胜）。
（5）优势判定胜（SUP 胜）。
（6）弃权胜（WDR 胜）。
（7）失去资格胜（DSQ 胜）。
（8）主裁判员判罚犯规胜（PUN 胜）。

案例分析

大一女生王丽选修了跆拳道课，通过一个学期的刻苦学习，她自我感觉良好，回到家后，同高三的表弟 PK，发现还是打不过表弟，为什么？

思考题

1. 你参与了跆拳道之后得到了哪些乐趣和收获？
2. 跆拳道的学习是否对你今后的学习、生活有所帮助？
3. 你认为大学生开展跆拳道的学习有无积极的现实意义？
4. 如何理解跆拳道的精神？
5. 跆拳道比赛获胜方式有哪些？
6. 跆拳道比赛中允许攻击的部位有哪些？

第十八章 棒、垒球运动

学习目标

1. 了解棒、垒球运动的特点与锻炼价值。
2. 掌握棒、垒球运动的基本技术和战术的练习方法。
3. 懂得欣赏棒、垒球比赛，积极参与棒、垒球运动。

第一节 棒、垒球运动概述

棒、垒球是高智商的体育运动，集智慧、灵敏、力量、协作于一体。其场地特别，竞赛形式独到，技术要求全面，服装别具一格。

一、棒球运动的起源与发展

棒球运动源于英国的板球（cricket，也称作圆场球 rounder）。1839 年，美国人窦布戴伊（Doubleday）组织了第一场与现代棒球运动十分相似的比赛。1845 年，美国人亚历山大·乔伊·卡特赖德（Alexander Joy Cartwright）为统一名称和打法，制定了史上第一部棒球竞赛规则，并正式采用了“棒球”（baseball）这一名称。其中规定的场地图形和尺寸以及多数规则条文迄今仍继续使用，“棒球”这一名称也一直沿用至今。

1860 年，美国开始出现了职业棒球运动员。1871 年，美国成立了“全国职业棒球运动员组织”。1876 年，该组织改名为“全国棒球联合会”。1881 年，美国另一个全国性的职业棒球组织成立，即后来的“全美职业棒球联合会”。1884 年，首次举行了这两个组织间的冠军赛，即“世界棒球冠军赛”。1910 年，时任美国总统威廉·霍华德·塔夫脱（William Howard Taft）正式批准棒球运动为美国的“国球”。

二、垒球运动的起源与发展

垒球运动起源于美国，由棒球运动演变而来。由于棒球运动需要的场地太大，雨雪天气时无法在室外活动，1887 年在美国芝加哥，人们将棒球场缩小并移至室内进行，时称“室内棒球”，数年后又改在室外进行。为了有别于棒球，1933 年，这项运动正式取名为“垒球”（softball）。

第二次世界大战后，垒球运动在全世界有了迅速发展，垒球项目也从大众游戏转变成为竞技体育项目。垒球比赛分“快投”与“慢投”两种。1947 年，澳大利亚举办了第一届全国女子垒球锦标赛。1952 年，国际垒球联合会成立。1965 年，在澳大利亚的墨尔本举行了第一届女子垒球世界锦标赛，澳大利亚队夺得冠军。1996 年，女子垒球项目成为奥运会正式比赛项目。2008 年北京奥运会后棒垒球运动被从奥运比赛项目中去除，但又在 2020 年东京奥运会恢复为奥运项目。

三、棒、垒球运动在我国的发展

棒球运动于 1840 年前后传入我国，而垒球运动大约在 1913 年才传入我国。最初在一些大城市和学校进行该项运动，但并没有得到普及。中华人民共和国成立后，由于党和人民政府对体育事业的关怀，使得该项运动得到了很大的发展和普及。女子垒球在国际赛场相继取得了一系列优异成绩，并在第 26 届夏季奥运会上获得亚军。20 世纪 90 年代，棒球运动在我国一些大学得到了迅速的发展。目前，全国已有好几所大学相继建立了自己的棒、垒球网站。

四、棒、垒球运动的特点

1. 有较高的思维及反应能力

由于该项运动竞赛规则十分复杂，局面多变，每一个配合都因局面不同而发生变化，这就需要参加者随时开动脑筋，既要把眼前场上的形势弄得一清二楚；还要预先考虑可能出现的各种情况。只有这样，才能迅速做出正确的反应。

2. 具有很强的集体性

上场的 9 名队员（慢垒 10 人）各有自己不同的防守区域和职责，但都必须经过投球、击球、接球和传球这几个环节配合起来才能进行。进攻一方有时候为了护送队友得分，还得有自我牺牲的精神。因而，棒、垒球运动对培养青少年尤其是即将进入社会的大学生与他人友好相处、合作具有积极的作用。

3. 具有高度的技巧性

棒、垒球运动之所以受人喜爱，是因为在每一次防守与进攻当中都让人体会到一种速度与节奏、传球与接球、投球与击球的完美结合。这些都必须建立在具有一定的基本技能、身体素质和基本技、战术的配合上。

五、棒、垒球运动的场地、区别及比赛方法

（一）场地

1. 棒、垒球运动的场地

棒、垒球运动的场地呈直角扇形区域，它由内场和外场两部分组成。内场呈正方形，四角各设一个垒位，在同一水平面上在尖角上的垒位是本垒，按逆时针方向在正方形的其他四个角上，分别设一个四方形的白色帆布垒包（为保护参与者，慢垒的一垒为一块长方形的双色垒包），称“一垒”、“二垒”和“三垒”。内场以外的地区称外场（图 18-1-1）。

2. 棒、垒球的主要区别

棒、垒球在场地、器材及规则上的主要区别见下表：

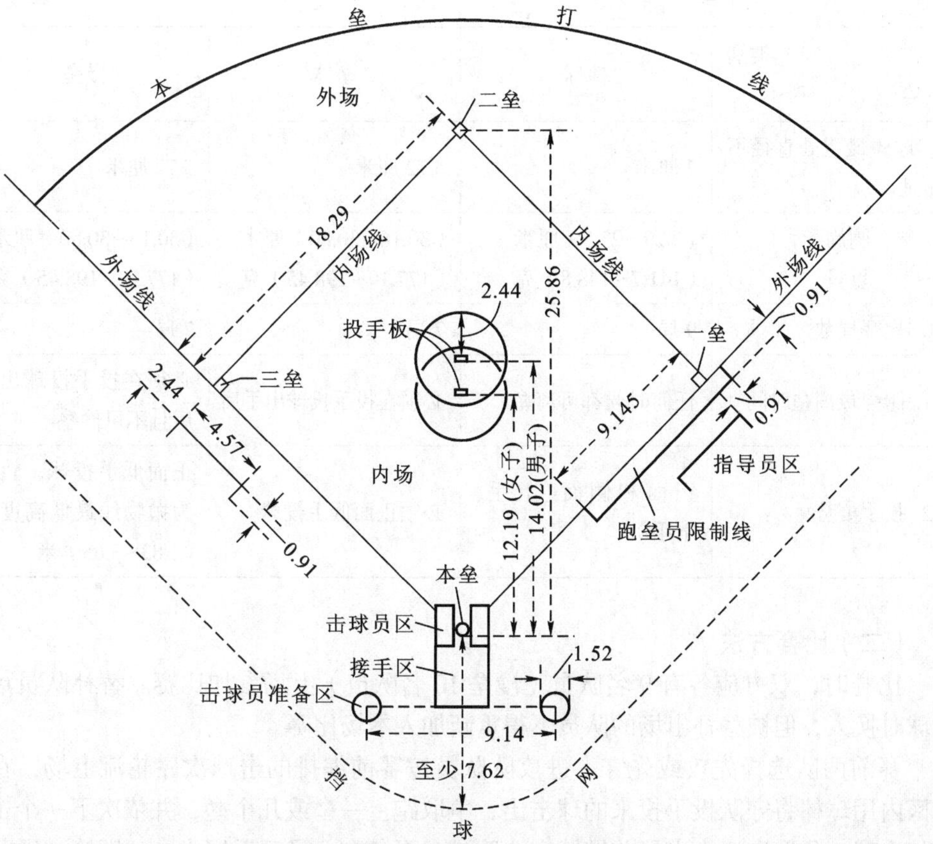

图 18-1-1　垒球比赛场地图

内容 \ 类别	棒球	垒球	慢垒
1. 垒间距离	27.43 米	18.29 米	19.81 米
2. 投球距离	18.44 米	12.19 米（女子）	15.24 米（成年男子） 其余 14.02 米
3. 本垒打线最短距离	79.20 米	60.96 米（女子）	67.06 米
4. 击球员区	长 1.82 米　宽 1.22 米	长 2.13 米　宽 1.22 米	长 2.13 米　宽 0.91 米
5. 投球板的高度	高出地面 0.38 米，向 4 个垒位逐渐向下斜成坡形	与地面齐平	与地面齐平
6. 挡网离本垒尖角距离	18.29 米	7.62 米	18.44 米
7. 球棒长不得超过	100.07 厘米	86.36 厘米	86.36 厘米

续表

内容 \ 类别	棒球	垒球	慢垒
8. 球棒最粗处直径不超过	7 厘米	5.72 厘米	5.72 厘米
9. 球：圆周 重量	（22.9~23.5）厘米 （141.7~148.8）克	（30.16~30.80）厘米 （177.19~198.45）克	（30.16~30.80）厘米 （177.19~198.45）克
10. 比赛局数	9 局	7 局	7 局
11. 跑垒员离垒时间	任何时候都可离垒	必须在投手投球出手后	必须在投手投球出手后且不可偷垒
12. 投手姿势	正面和侧面（上手、下手）	必须正面低手投球	正面低手投球，轨迹为抛物线最低高度在（1.83~3.65）米

（二）比赛方法

比赛时，双方应各有 9 名队员（慢垒 10 名队员）上场参加比赛。替补队员可在死球时换人，但被替补出场的队员不得重新加入本场比赛。

赛前两队选择先攻或先守。进攻队队员按赛前编排的击球次序轮流上场，在击球区内用球棒将守队投手投来的球击出，争取跑上一垒或几个垒，并依次下一个击球员的击球，争取在三人出局前继续安全跑过余下各垒，最后返回本垒，即算“得分”。一人返回本垒计一分。

防守队队员按防守位置及职责称为：投手、接手、一垒手、二垒手、三垒手、游击手、左外场手、中外场手、右外场手。比赛时 9 人分布在场内（慢垒有 10 号位）（图 18-1-2）。

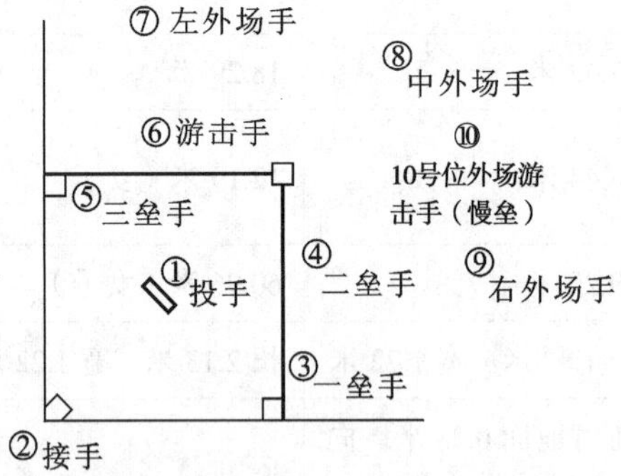

图 18-1-2 防守队员职位名称图

比赛开始时，先有守队投手持球站在投手板上，向在击球区内的攻队击球员投球。投手要设法使击球员三次击球不中而出局（攻队击球员击球失败称“出局”，跑垒员跑垒失败亦称“出局”，反之称“安全”）。如击球员将球击出，守队队员即应设法直接接获所击出的球，或运用接球和传球的配合，持球触踏垒包或持球触及跑垒员的身体，使进攻队队员在返回本垒前出局。

攻队有三人出局时，双方即互换攻守。双方攻守各轮一次称为一局。垒球每场比赛进行 7 局，棒球进行 9 局。以累计得分多者为胜。

第二节　棒、垒球基本技术的学习与运用

棒、垒球的基本技术可分为进攻技术和防守技术。

一、进攻技术

进攻技术主要有击球技术、跑垒与滑垒技术。

（一）击球技术

击球是主要进攻技术之一，也是进攻的开始与关键技术。

1. 挥棒击球

击球中最主要的一种击球方法，它是利用有力的挥棒动作，猛力地击出又急又远的球。

（1）站位与握棒方法（以右打者为例）：右手较有力的击球员一般站在本垒左侧的击球区内，称为右打者；左手较有力的击球员一般站在本垒右侧的击球区内，称为左打者。较为适当的站立位置是两脚平行（略宽于肩）站在击球区的中间，右脚的脚尖正对本垒的尖角（以右打者为例），以双手握棒伸臂使棒头触到本垒板约 3/4 处为宜。两手离开棒端 5~10 厘米左右，左手在下，右手在上，两手靠拢，左手的第二指关节和右手的第二指关节在一直线上，形成一个平面。

（2）击球准备姿势：击球员进入击球区，站好位置后，双手握棒，两手靠近右肩前，棒头朝上或稍向后倾斜，左臂弯曲稍大于 90°，前臂与地面平行，右臂屈肘向后，左肩正对投手，两肩与地面平行。上体稍前倾，两膝微屈，身体重心落在两脚上，两眼注视投手，做好挥棒击球的准备（图 18–2–1）。

图 18–2–1　击球准备姿势

（3）伸踏：当投手投球出手瞬间后，右脚踏地，左脚沿着地面向来球方向迈出一小步，以脚掌内侧轻轻触地，而身体重心不前移，仍保持在右脚上。左脚向前伸踏的同时向后引棒，手臂和全身自然放松。

（4）挥棒与击球：当投手开始向后摆臂时，击球员即双手握棒后引，同时左脚向前伸踏一小步，脚尖内扣，重心在右脚上，双膝微屈，右脚以前脚掌为轴，向内转动，髋关节积极左转前移，带动腰转动向前，握棒双手以腕领先，棒走的路线近于直线，斜挥过去到击球点，然后做平挥。击中球后双手滚腕，棒要继续随挥并屈肘，双手贴近左肩，身体重心前移。放棒，右脚启动向一垒方向迈进。

完整的击球方法如图 18-2-2 所示。

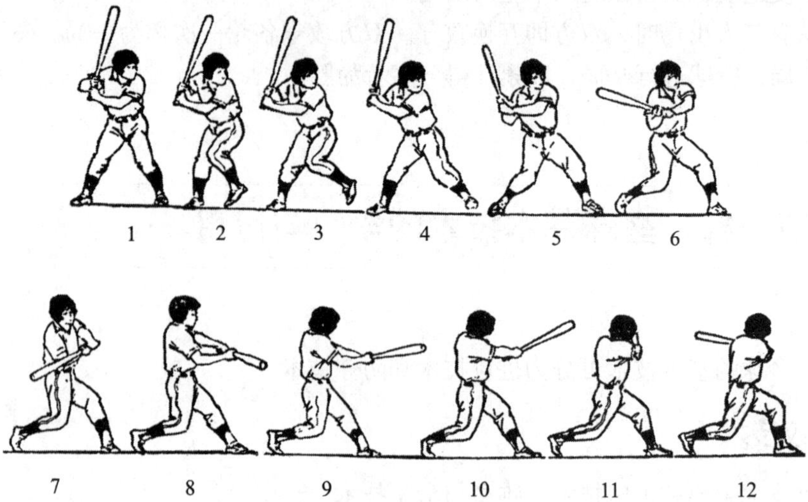

图 18-2-2 完整击球技术

打击时，最重要的是看准球以后再出棒。而看准球的方法是：打击者的脸尽可能正面朝向投手，双眼正视投手投球，脖子不用刻意扭转，只需轻松地把下巴放在左肩上即可，避免偏斜，目光也不要由下往上看，头要正，下巴微收，打击者保持俯瞰投手的视线较佳。而特别应注意的是，打击者为了让脸能正面朝向投手，往往会不经意地把左肩向外张，其实肩膀要和打击区线保持平行。

（5）练习方法：

• 双手在背后屈肘夹棒作伸踏转髋练习。

• 挥空棒练习。

• 挥棒击固定球练习。

• 挥棒击轻抛球练习。

2. 触击

触击就是击球时并不挥动球棒（慢投垒球不可触击），而是用棒轻触击来球让球碰棒，把球击成界内地滚球。触击可分为牺牲触及和上垒触及两种。

（1）触击球的技术动作：击球员以挥击球的准备姿势站立于击球区内，当投手即将投出球时，击球员以左脚跟，右脚掌为轴迅速向左转成面向投手，双膝弯曲，重心降低移至偏前脚，上体前倾，左手握棒细端，右手在转体的同时迅速滑至棒中部，拇指在后上，四指弯曲卡住棒，两肘靠近身体，右手高于左手，使棒与地面形成一定的角度，置棒于脸右前，两臂的弯曲是调整击高低球的位置，右手控制力量，左手控制角度和方向，用小臂和手腕的轻轻推压动作，击球的中部或中上部，是球反弹在本垒附近，或一、三垒方向。

（2）练习方法：

• 学习转体、滑棒、推棒动作。

• 以触击动作触固定物练习。

• 两人一组，一人轻投球，另一人练习触击。

（二）跑垒

跑垒是进攻技术的重要组成部分，也是在教练指挥下发挥队员能动性的一种技术。

1. 击球后跑垒

进攻队员在击球时称击球员，击出球后开始跑向一垒时即为击跑员。当击跑员上一垒后，才可称为跑垒员。击球员将球击出后，应立即起跑，并全速冲向一垒，力争在球未被守队传至一垒前触踏一垒垒包。起跑快、冲刺猛、踏垒准，是对击跑员的基本要求。

2. 连续跑垒

击跑员在到达一垒后因根据防守、场上跑垒员情况及跑垒指导员的指导来确定是否继续跑垒。跑垒员在上一垒或跑回本垒时，应争取跑直线。当连续跑几个垒时，则应跑弧线。跑动中，上体要向内倾斜，重心落在左脚上，右脚以前掌内侧着地，左脚以前掌外侧着地，右肩稍高于左肩，右臂摆动幅度要大于左臂。

二、防守技术

防守技术包括传接球技术和各位置的防守技术。

（一）接球技术

接球主要有接平直球、地滚球、高飞球和反弹球等技术。这里主要介绍接平直球技术。

（1）手套的正确使用：戴手套时，五指应自然分开，分别插进手套的指鞘内，手指不能插得太深，也不能太浅。过深则使用不灵活，太浅则容易被来球打落。不论接何种传球，都要用手套的掌心对着接球。手套的接球位置在虎口与掌心之间。

（2）准备姿势（以右手传球为例）：两脚平行开立，约与肩同宽，两膝微屈，上体稍前倾，重心落在两脚上，两臂屈肘自然放在胸前，两眼注视来球。

（3）接球技术：接腰部以上传球时，传球手的拇指、食指和中指放在手套的拇指后面，无名指和小拇指放在手套边。球一进手套，双手合拢，传球手手指把手套开口封住，并伸入手套内把球抓住。接腰部以下传球时，手套手指朝下，传球手的小拇指、无名指和中指放在手套小指后面，拇指和食指放在手套外，球一进手套，双手合拢，传球手手指把手套开口封住，并伸入手套内把球抓住。

（二）传球技术

传球主要有肩上传球、体侧传球、低手传球和下手抛球等技术。这里主要介绍肩上传球技术。

（1）握球方法（以右手传球为例）：根据手指长短，可采用三指握法和四指握法。三指握法是食指和中指自然分开紧贴球的上部，大拇指第一指关节扶球的左下侧，无名指微屈以指侧托球的右下侧（图 18–2–3）。四指握法是食指、中指、无名指自然分开紧贴球的上面，大拇指在左，小指在右托球（图 18–2–4）。

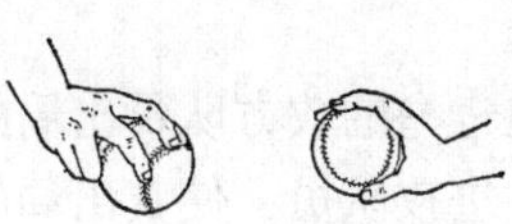

图 18–2–3 三指握法

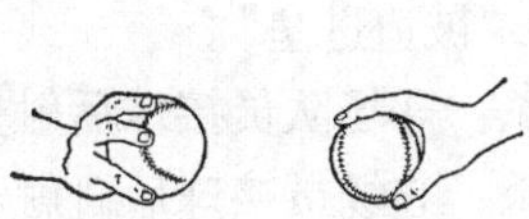

图 18–2–4 四指握法

（2）传球动作：传球时，两眼始终注视传球目标，左脚向传球方向伸踏，以脚掌内侧落地，足尖稍内扣，同时上体向右转动，右手握球，以肩为轴，屈肘向后摆至肩上方，肘关节不要低于肩，大、小臂形成的角度为90°左右，手腕微前屈，左肩对准传球方向，左臂置于体前，重心落在右脚上，左脚落地后利用右腿蹬地转腰收腹的力量带动上体，身体重心前移，转肩面对目标，右臂以肘内侧领先向前移动，手腕后倒，当肘摆过肩时，小臂急速向传球方向甩出，抖腕拨指形成鞭打动作，球向对方胸前传出。出球后，重心完全落在左脚上，右臂顺势向前放松摆动，上体稍前压，右脚自然跟上恢复接球动作。

（三）传接球练习方法

（1）自抛自接球练习。

（2）两人传接球练习，距离由近到远。

（3）三角传接球、四角传接球、对角传接球练习。

（4）捡球传球练习。

（5）跑动中传接球练习。

第三节 棒、垒球比赛规则简介

一、基本术语

（1）一局：比赛双方攻、守各一次为一局。

（2）安全：进攻队员合法进入欲占的垒位叫“安全”。

（3）出局：攻队队员被取消击球和跑垒得分的权利叫“出局”。

（4）得分：进攻队员以合法的进攻行动依次安全地通过一、二、三垒，并在三人出局前安全返回本垒，即得1分。

（5）击：击球员好球未击，击球未中或击成界外球叫“击”。

（6）球：击球员坏球未击，或投手不合法投球为一球。

（7）擦棒球：击球员合法击球，球触棒后迅速飞向本垒后方，球的高度低于击球员的头顶而被接手接住时，叫“擦棒球”。

（8）内场腾空球：两人出局前，一、二垒或一、二、三垒都有跑垒员，击球员合法击出的腾空球在内场或内场附近被守场员接住时，即为“内场腾空球”，判击球员出局，继续比赛。

（9）离垒过早：跑垒员在投手投球出手前离垒，为“离垒过早”。

（10）被迫进垒：跑垒员由于击跑员上垒被迫放弃原占的垒位而向下一垒位前进，这种情况称为“被迫进垒”。

（11）封杀：守场队员接球后触垒包，使被迫进垒的攻方队员出局的防守行为。

（12）触杀：守场员接球后碰触未到达垒位的进攻队员，使其出局的防守行为。

（13）夹杀：守场员对跑在两垒之间的跑垒员进行传杀的防守行为。

二、投球规则

（1）投手投出的球在落地前进入好球区即为好球：① 好球的高度应以击球员击球时自然站立的姿势为标准。整个球体要低于击球员的腋部，高于击球员的膝部上沿（慢垒投球轨迹为抛物线，顶点高度在 1.83~3.65 米之间）。② 所谓进入好球区是指球体的全部或一部分进入本垒板上空的任何一部分（慢垒的好球板是一个呈“凸”字形的八边形，球下落击中好球板为好球）。

（2）投手投出的球没有进入好球区，或者落地后进入好球区时，为“坏球”。

（3）暴投：应投球太偏，接手失接，使跑垒员多进一垒。

（4）接手失接本来可以接住的投球致使跑垒员多进一垒的失误行为。

三、界内球与界外球

（1）合法击出的球如遇下列情况时为界内球：

① 停止在本垒和一垒间，或本垒和三垒间的界内场区，或在该区被触及时。

② 强跳越过界内一、三垒上空至外场时。

③ 触击一垒、二垒和三垒时。

④ 在界内场区或其上空触及裁判员、队员的身体或衣服时。

⑤ 先落在一、三垒后外场界内时。

⑥ 在界内地区越过外场本垒打线。

⑦ 腾空球击中本垒打线的标杆判本垒打。

注：界内球应按守场员接触球时和垒线的相应位置，而不应以守场员站在界内和界外来判定。

（2）合法击出的球，如遇下列情况时为界外球：

① 停止在本垒和一垒间，或本垒和三垒间的界外场区时。

② 从内场经一、三垒前弹出或滚出界外时。

③ 先触击一垒或三垒后的界外场区时。

④ 在界外场区或其上空触及裁判员、队员的身体或衣服或球被阻挡时。

⑤ 触击在击球区的击球员或手持的球棒。

四、观赏棒、垒球比赛的基本常识

1. 封杀局面与触杀局面

（1）规则规定，两名进攻队员不能同时占有一个垒位。当跑垒员因击球员击出球后被迫放弃原占的垒位，向下一个垒位跑进时，被称作封杀局面。此时，防守队员将球先于跑垒员传到垒位，跑垒员将被判出局。

（2）对任何垒位上的跑垒员来说，在攻守行为发生时可向下一个垒位跑进，也可返回原占垒位的局面，称触杀局面。这时防守队员必须用球碰触离开垒位的跑垒员，才能使其出局。

2. 进垒与返垒

（1）击出的球，防守队员通过一般努力不能接获的球称为安打球。安打上一垒的为一垒安打、安打上二垒的为二垒安打、安打上三垒的为三垒安打、安打回本垒得分的为本垒打。

（2）击球员累计获得 4 个坏球，或投球中身可安全送上一垒，同时垒上跑垒员为被迫进垒的都送一个垒位。

（3）在传杀中，防守员将球传入比赛无效区时，垒上跑垒员由裁判按规则规定送至前方的垒位。

（4）击出界外球时：击出高飞球被防守员接获时以及死球局面时，跑垒员必须返回原占的垒位。

3. 得分无效

第三人出局时遇下列情况时得分无效：

（1）跑垒员未安全到达一垒被判出局；

（2）任何跑垒员被封杀出局；

（3）跑垒员在投手投球前因离垒过早被判出局；

（4）前位跑垒员为第三人出局，后位跑垒员得分无效。

案例分析

规则规定，两名进攻队员不能同时占有一个垒位。在比赛中出现两人同占一个垒位的情况，该如何判罚？

思考题

1. 在参与了棒、垒球活动后，你得到了哪些乐趣和收获？
2. 大学生开展棒、垒球的学习，你觉得有无积极的现实意义？
3. 什么是封杀和触杀？两者的区别是什么？封杀和触杀之间存在什么关系？

第十九章 休闲体育

学习目标

1. 了解休闲体育的概念与内涵。
2. 通过学习和锻炼，养成良好的生活习惯。
3. 懂得欣赏和参与不同的休闲体育项目。

第一节　休闲体育概述

随着社会的进步与发展，人们的生活水平与生活质量正在不断地得到改进和提高，人们也有了更多的余暇时间。在这样的背景下，人们越来越多地关注自身的发展，关注生活内容的丰富和生活质量的提高。体育作为一种社会文化现象，其价值、功能和作用正在被越来越多的人所认识。将体育作为一种休闲娱乐的手段，已成为现代文明生活方式的一种时尚与标志，并将在人类社会文化生活中发挥越来越大的作用。

一、休闲体育的概念

休闲体育的概念可以从狭义和广义两个方面去理解：

1. 狭义概念

休闲体育的狭义概念是指人们在闲暇时间以增进身心健康、丰富和创造生活情趣、完善自我为目的的身体锻炼活动，具有自由性、文化性、非功利性和主动性等特点。休闲体育对增进健康、强健体魄、预防疾病与康复、提高文化素养和进行精神文明建设、丰富生活内容与加强人际关系以及促进人的社会化与个性形成等都有重要意义和作用。

2. 广义理解

对休闲体育广义的理解是用于娱乐和休闲的各种体育活动，它与体育运动的其他领域有着对立统一的关系。竞技体育的目标是最大限度地发展人的运动能力，不断向人类的运动极限挑战。休闲体育与体育运动的其他领域有着外延的联系，当某种体育活动用于竞技时，可看做是竞技体育；当用于娱乐休闲时，则可看做是休闲体育。各种体育活动的类别属性，视其目标和作用而定。

二、休闲体育的起源与发展

随着大工业时代的到来，社会分工日趋细化，工业生产的机械化程度越来越高，人们的工作方式发生了改变，多为机械而单调的高强度劳动。体力劳动的一部分被机器所替代，而另一部分却是超负荷的工作，身体发展很不平衡。与此同时，脑力劳动者终日伏案工作，体力活动减少，精神压力增加，导致身心发展不平衡。这些不平衡，促使人们在余暇时间主动地寻找能让身心全面发展、调节心理压力的休闲方式，这成为休闲体育产生与发展的原始动因。休闲体育的发展趋势势必更加休闲化和娱乐化，同时又能更好地融入人们的日常生活当中。

随着经济的发展、人们生活条件和经济状况的改观，人们对体育运动的渴望日趋加大。体育运动对人们生活的积极调节作用也进一步表现出来。而休闲运动正符合了人们的这一体育生活化的要求，其发展方向必然是更加大众化和生活化。休闲体育的发达是其发展的必然方向，国家政策对体育事业的进一步倡导和支持，将更有利于休闲体育的推广和开展。而体育组织包括各级民间体育组织的兴起，也给体育参与者提供了活动的空间。

追求健康是人类自身发展的最基本的要求。科学的进步揭示了生命现象的机理和规律，人们通过研究、学习，更为深刻地认识到了运动与健康的关系。在体育运动实践中，人们逐渐认识和体验到了体育运动对增强体质、舒缓心理压力、加强人际交往的积极作用。基于对体育功能与作用的认识和体验，体育运动逐渐进入人们的休闲生活。

三、休闲体育的活动分类

休闲体育不是一类具体的项目，而是体育的一种社会存在形态。因此，它包括各种各样的体育项目和活动。按照人们参与休闲体育活动的动机和目的，可将众多的休闲体育活动划分为以下几类：健身（塑形）活动、娱乐活动、竞赛活动、消遣（放松）活动、交际活动、探新求异活动和寻求刺激活动等。

（一）健身（塑形）活动

健身活动是个人为了保持自身机体机能的良好状态，促进身体健康地生长发育，使体质水平得以增强和发展的活动。人们可以在风景如画的环境中健身，也可以在动听醉人的音乐中跳舞、健美等，从而达到生理、心理的双丰收。过去，人们参加健身活动的目的是为了活得更加健康、更加长寿。现在，人们热衷于塑造身体形态的运动显然受到一种更高层次的需求所驱使，即追求身体外部形态和身体姿态的完美。瑜伽和健美操是这类活动的代表。

（二）娱乐活动

人类社会存在的娱乐行为有多种形式。通常把具有一定程度的身体练习，又能在活动过程中使人获得愉悦情感的娱乐形式称之为体育娱乐。追求欢愉的行为是哺乳动物的本能行为之一，因此，在对娱乐活动的冲动和爱好上，人类也仍然会表现出其作为自然生物的原始的需求倾向。但人类的娱乐毕竟与人类本身的灵性及人类特殊的社会文化密切相关，而体现这种灵性和文化的载体便是娱乐形式，体育娱乐是其中最为重要的一类。体育娱乐活动的基本构成素材之一是人类特有的游戏活动。游戏是人的想象力和创造性的体现，它不再具有实用的目的，而是已经升华到了娱乐的境界。体育娱乐活动是一种体验性的休闲活动，其形式多种多样，主要目的在于愉悦身心，强调心理的愉悦，如打陀螺、荡秋千和舞狮等都是这类活动的代表。

（三）竞赛活动

休闲体育活动中的竞赛活动与竞技体育的比赛有极大的差别，它只强调活动的过程和形式，对于活动的结果并不在意。

每一个人都有展示和表现自我的需要，也有了解他人的愿望。竞赛活动一方面可以在他人面前展示和表现自己，也可以通过他人的表现去了解和认识他人。竞赛也是一种十分具有吸引力的活动方式，能够满足人的多种需求。在竞赛中常常会给人带来一种紧张的心情，而正是这种紧张的心情，会给人带来欢乐。而人们一次次地去从事自己感兴趣的竞赛活动，是为了在竞争中体验败了不服气，想转败为胜，胜了还想取得更大的胜利的心理感受。拔河、赛龙舟等都是这类活动的代表。

（四）消遣（放松）活动

消遣（放松）就是对生理和精神疲劳的休息和解放。人们利用体育活动进行消遣放松，往往会因专注活动中而忘却生理和精神的疲劳、烦恼、忧郁等不良情绪。由于这类活动往往不需要花费太大的体力，而且方便快捷，具有时尚性和较高的品位感，所以较容易成为人们所选择的休闲体育项目。飞镖、射击、垂钓和拳击沙袋等就是这类体育活动的代表。

（五）交际活动

在工作条件下，人们交流缺乏一定的自由度和灵活性。只有在休闲的条件下，人们的自由感才能够得到充分发挥和拓展。

在各种休闲活动中，体育休闲活动似乎给了人一个更大的想象空间和自由空间。在共同的活动过程中，没有高低贵贱之分，没有职业的差异，平等使人们很容易消除彼此之间的隔阂，在共同接受的游戏规则范围内自由地、轻松地活动，使彼此之间的交流也没有了障碍。

即使商业谈判或者其他的会谈，采用休闲体育的方式也更加便于交流。在高尔夫球场上与人进行商业谈判就比在茶楼或者其他休闲活动场所的交流更有效，因为在一杆击球后，留下了足够的时间让双方去思考，不会像在其他地方那样，因为思考而显得冷场。

（六）探新求异活动

探新求异是一种人们普遍存在的心理倾向。当今社会，工作方式发生了很大的变化，对于大多数人来讲，工作与日常的生活总是那么按部就班，没有新意。在休闲活动中，具有探新求异性质的活动很多，其中属于运动型方式的活动通常被应用于对自然界的探寻，如洞穴探险、背包旅游、野营等活动。一方面，这些活动远离工作和日常生活那些熟悉而枯燥的环境，能够使活动参加者在新异环境中心旷神怡；另一方面新异的活动方式、新的情境、新的物体等无疑都会给活动者极大的新颖感，也极大地满足了活动者探新求异的需要。

（七）寻求刺激活动

对于大多数人来讲，生活总是平平淡淡。工作在生产线上或写字楼里，周而复始的生产动作、单调乏味的数字报表和繁杂枯燥的琐碎事务令许多人厌倦。寻求适宜的方式刺激一下几乎成为许多人潜在的欲望和需求。

休闲体育领域中有许多活动具有刺激性，如激流冲浪、攀岩等。这类活动有一定的难度，对活动者的能力和胆量具有挑战性。这类活动能够使活动者产生兴奋、紧张、激动等情绪，而活动者在这样的情绪状态中对活动也更加倾心尽力、更加着迷，因而也更加热衷于这类活动。

四、休闲体育的锻炼价值

（一）休闲体育的健身价值

1. 减少疾病的产生

长期坚持适宜的休闲体育活动，可以增加血液中高密度脂蛋白胆固醇（简称HDL- 胆固醇）的含量。HDL- 胆固醇能把聚集在动脉壁上的胆固醇运送到肝脏进行代谢，从而减慢主动脉粥样硬化斑块的形成与发展，防止心血管疾病的发生，同时，还可以增强机体对各种复杂多变环境的适应能力和抵抗力，消除现代“文明病”对机体的侵蚀。

2. 增强大脑的功能

长期参加休闲体育锻炼，可以对机体的相关系统和器官起到良好的刺激和按摩作用，有助于改善神经系统，促进血液循环，改善大脑的营养状况，促进脑细胞的代谢，使大脑功能得以充分发挥。

3. 延缓衰老

参加适宜的休闲体育活动是保持健康、延缓衰老的有效措施之一。随着年龄的增长，人体会逐渐出现各种老化现象，特别是40岁以后各种疾病极易发生。研究发现，动脉硬化在脑力劳动者中发生率为14.5%，而在体力劳动者中仅为1.3%。有学者对长期参加休闲性跑步的40名中老年人研究发现，他们的发病率很低，心肺退行性变化推迟10~20年。坚持适宜的长跑，有助于改善心肺功能，增强肌肉组织力量，促进骨质钙化，加强关节韧性。

4. 提高机体免疫功能

人体的免疫功能分为非特异性免疫和特异性免疫两大类。它在人体中起着三大作用，分别是生理防御、自身稳定、免疫监视。

生理防御：指人体对外来的病毒、细菌、真菌等生物致病因素及其他有害物质的识别、抵抗直到消灭的功能。

自身稳定：指维持机体内环境的稳定和个体特异性。如对自身组织的调节和衰老细胞的清扫，对异体组织的排斥。

免疫监视：指消灭自身体内的突变细胞，如恶性肿瘤细胞等。

长期参加适宜的休闲体育活动，不仅可以使人在活动中得到愉悦，而且可以增强机体的免疫功能。

5. 锻炼身体，塑造体形

利用休闲时间参加锻炼，可以使自己的机体更加强壮健康、精力更加旺盛、体形体态更加协调动人。长期坚持不懈地参加休闲体育锻炼，可使健身和塑身活动逐渐成为一种习惯，成为个人生活中不可或缺的组成部分。

（二）休闲体育的社会心理价值

休闲体育的社会心理价值是指休闲体育在满足人们身心需要的过程中，所承载和传递的对影响人的社会心理的作用。现代工业文明在给人类带来巨大财富的同时，也给人类带来了许多心理压力和负担，使人们在心理上面临严峻的挑战。而休闲体育活动在提高人类对现代社会的心理适应能力方面具有积极作用，长期参加休闲体育活动，能增强个体的心理承受能力，消除工作和生活中的烦恼，使人在错综复杂的社会交往活动中，将心理调节到适应社会生活的最佳状态。

休闲体育的社会心理价值主要表现在以下几个方面：

（1）形成积极良好的社会态度：参与休闲体育锻炼，既可以提高人的认知能力，又可以提高人的情绪智力。认知活动主要是依靠大脑高级神经中枢进行的。积极参加体育休闲活动，不仅可以使疲劳的神经细胞得到休息，消除大脑的紧张状态，而且还能促进神经系统的新陈代谢，提高神经系统的活动能力，使大脑更加健康和灵活。人的情绪能力主要包括认识自己情绪的能力、妥善管理自己情绪的能力、自我激励的能力、认知他人情绪的能力、人际关系的管理能力五个方面。

在参加休闲体育活动的过程中，人们不仅可以丰富自己的情绪，获得情感的体验，而且能提高自己对情绪和情感的控制能力，还能充分认知他人的情绪和情感表现，建立和保持与他人的良好人际关系。同时，可以促进个体积极良好社会态度的形成。

（2）构建积极良好的人际交往：在参加休闲体育活动的过程中，可以增加人与人直接接触的机会，扩大人际交往的范围。在锻炼过程中，相互间的某些相似特征、互补作用、能力体现、空间上的邻近和熟悉等，均可促进人与人之间的相互吸引。在现实生活中，人与人之间需要进行传递信息、沟通思想、交流情感，但某些因素会造成人际沟通上的障碍，如地位、组织结构、文化障碍等。参加休闲体育活动，可以使参加者相互之间不再有地位、职业、年龄、文化背景等的差别，消除各种沟通障碍，有利于人与人之间感情的联系。在体育休闲活动中，人们进行着信息、感情、思想的交流和沟通，同时也得到他人的协作、支持和帮助，进而引起自己思想、情绪和行为的积极变化，促进人们产生协作、利他行为，也能抑制人的侵犯行为。

（3）增强团队意识，推动社会文明进步：群体是指成员间相互依赖、彼此存在互动的集合体。在休闲体育活动中，人们因为共同的需要、兴趣和爱好而组合在一起，形成相互依赖、彼此互动的正式群体或非正式群体。在活动过程中，会自然地形成共同遵循的行为规范或准则，这种行为规范或准则对成员有行为的约束力，能产生压力，促使成员的行为符合规范，产生良好的自律效果，从而提高个人和群体的道德水平、纪律观念，增强团队意识。在现实生活中，人们有关爱和归属的需要，他们希望成为某一群体的一员，归属于某一群体。在休闲体育活动中形成的群体既能满足个体的归属需要，又能引导个体提高道德品质。在休闲体育活动中，个体感受到的是民主、公平，个体间能够产生信任、依存和关爱，形成良好的社会心理氛围，积极推动社会文明进步。

（4）放松身心：现代社会的工作时间在不断缩短，快节奏、高效率的工作方式易使人们产生紧张和疲劳，放松身心成为大多数工作者在自由时间内十分向往的一种享受。

第二节 体育舞蹈

一、体育舞蹈概述

（一）体育舞蹈的起源与发展

体育舞蹈起源于欧洲、拉丁美洲，原名称作“社交舞”，英文为“Ballroom Dancing”，为欧洲贵族在宫廷举行的交谊舞会。社交舞早在14—15世纪已在意大利出现，16世纪传入法国，并在1768年在巴黎开办了第一家交际舞厅。法国革命后，社交舞流传民间至今。第二次世界大战后，美国人将该舞蹈散播到全球各地，并形成一股跳舞热潮，至今不衰。

1924年，由英国发起的欧美舞蹈界人士在广泛研究传统宫廷舞、交谊舞及拉美国家的各式土风舞的基础上，对此进行了规范和美化，于1925年正式颁布了华尔兹、探戈、狐步、快步4种舞的步伐，总称摩登舞。并将此种舞蹈首先在欧洲推广并进行比赛，继而又推广到世界各国，受到了许多国家的欢迎和喜爱。

1950年，由英国ICBD（世界舞蹈组织）主办了首届世界性的大赛“Blackpool Dance Festival 1950”（黑池舞蹈节），并把规范后的舞蹈命名为国际标准交谊舞。以后每年的5月底，都会在英国的“黑池”举办一届世界性的大赛。随后，摩登舞中又增加了维也纳华尔兹。

1960年，非洲和拉美一些国家的民间舞经过规范加工后又增加了拉丁舞的比赛。

经过不断发展，“社交舞”逐渐从“社交”发展为“竞技”，将单一的舞种发展为摩登舞、拉丁舞两大系列10个舞种，并在1904年成立了“英国皇家舞蹈教师协会”。这个组织将当时欧美流行的舞姿、舞步、方向等整理成统一标准，并制定了有关舞蹈理论、技巧、音乐、服装等竞技的标准，公布为“国际标准交谊舞舞厅舞”，为世界各国所遵循，英国的黑池甚至成了“国际标准舞”的圣地。

目前，国际上有两个国际体育舞蹈组织：世界舞蹈及体育舞蹈理事会和国际体育舞蹈联合会。

世界舞蹈及体育舞蹈理事会，简称WDDSC（World Dance and Dancesport Council），1950年9月22日在英国苏格兰的爱丁堡成立，现有52个会员协会，注册地为英国伦敦。

国际体育舞蹈联合会，简称IDSF（International Dance Sport Federation），1935年成立于布拉格，现有84个会员协会，注册地为瑞士洛桑，1997年获得国际奥委会的正式承认。

国际标准交谊舞于20世纪30年代传入中国。我国自1986年正式引进后，发展迅速。1991年5月，中国体育舞蹈运动协会成立。中国现在是世界舞蹈及体育舞蹈理事会（WDDSC）的准会员，国际体育舞蹈联合会（IDSF）的正式会员。

目前，世界各国将国际标准舞易名为“体育舞蹈”，成为体育运动项目。拥有84个会员国的“国际体育舞蹈联合会”（International Dance Sport Federation）于1997年

9 月 4 日正式成为国际奥林匹克委员会会员，2000 年成为悉尼奥运会表演项目。

（二）体育舞蹈的内容、分类和特点

体育舞蹈分为两大类：普通体育舞蹈和国际体育舞蹈。

1. 普通体育舞蹈

特点在于普及性、流行性、实用性和自娱性。内容单纯，动作简单，人数不限，形式不拘一格。尤其紧跟时尚，能迅速、敏感地反映大众精神面貌的更新变异。它包括体育教学舞蹈、应用性舞蹈和社交性舞蹈。

（1）体育教学舞蹈：被列入教学大纲、为完成教学任务服务的一类舞蹈，它在教学中占有一定的比例。其内容是教学大纲所规定的，多以基本步伐和基本动作为主，以培养学生的节奏感和协调性。

（2）实用性体育舞蹈：根据练习者不同的需求有针对性地选择内容，如健身舞、减肥舞、庆典舞等。

（3）社交性体育舞蹈：是群众文化生活中最广泛、最具有普及性的舞蹈。其主要目的是进行交往、增进友谊、联络情感，如交谊舞、集体舞等。

2. 国际体育舞蹈

又称国际标准交谊舞，是一项带有竞技性的艺术型体育项目。20 世纪 20 年代，英国率先将其进行了规范化，形成了现代舞 5 项（华尔兹、探戈、狐步舞、快步舞、维也纳华尔兹）和拉丁舞 5 项（伦巴、恰恰恰、桑巴、牛仔、斗牛）。国际体育舞蹈具有内容美、形式美、技艺美等特点。它以生活中美的典型、美的传说为题材，通过人体运动时的艺术、感情的动态性的操作过程表现人的本质，塑造各种难度造型，成为风靡世界的体育艺术表演项目。

二、国际体育舞蹈的风格、特点

（一）华尔兹舞

华尔兹原为德国和奥地利的一种农民舞蹈，16 世纪传入法国，成为一种宫廷舞蹈。18 世纪末在英国舞厅出现，19 世纪末 20 世纪初流传于美国波士顿，故又称为波士顿华尔兹。后又传到欧洲大陆，并在英国得到了很好的发展和创新，所以又称“英国华尔兹”，即当代标准华尔兹。

扫一扫，查看华尔兹舞欣赏

华尔兹的风格特点：舞态雍容华贵，舞步婉转流畅，旋转起伏似行云流水，富于抒情浪漫情调，被称为“舞中之后”。它的音乐是 3/4 拍，每分钟 29 小节，华尔兹没有快慢步之分，一般每小节三步，第一拍是重音，第二拍弱音，第三拍最弱音。

（二）探戈舞

扫一扫，查看探戈舞欣赏

探戈舞起源于阿根廷，后流传于欧美各国。探戈舞不同于其他现代舞，有其独特的风格。探戈舞刚劲顿挫，潇洒奔放，动静交织，有一种阳刚之美，被称为“舞中之王”。它的音乐是 2/4 拍，每分钟约 33 小节，基本节奏为慢、慢、快、快、慢。每个慢步只占音乐的 1 拍，而快步只占 1/2 拍。

（三）狐步舞

扫一扫，查看狐步舞欣赏

狐步舞起源于英国，是一种模仿狐狸行走姿态的舞蹈。舞步平缓舒展，平稳大方，动作严谨，轻松悠闲，舞态洒脱，如行云流水，有一种安详的流动感。它的音乐为 4/4 拍，每小节 4 拍，每分钟 30 小节。基本节奏为慢、慢、快、快、慢。每个慢步用2拍，快步用1拍。音乐的第1、3拍为重音，2、4拍为弱音。

扫一扫，查看快步舞欣赏

（四）快步舞

快步舞起源于英国，特点是音乐明亮欢快，动作轻松活泼，跳跃转动洋溢着青春活力，被称为“快乐舞蹈”。由于快步舞的音乐速度快，动作轻盈、飘逸、快速、平稳，因而要求舞者具备良好的基本功和身体素质。它的音乐为4/4拍，每分钟50节左右，基本节奏为慢、慢、快、快、慢，每个慢步用2拍，快步用1拍。音乐的第1、3拍为重音，2、4拍为弱音。

扫一扫，查看维也纳华尔兹舞欣赏

（五）维也纳华尔兹

维也纳华尔兹最早起源于奥地利，由阿尔卑斯地区的农民舞蹈演变而成，19世纪传到欧洲宫廷，并流行于欧美各大城市，历经百年不衰。维也纳华尔兹舞曲轻快明朗、优美动人、动作流畅、典雅大方、热烈活泼、旋转性强，被称为快的华尔兹。它的音乐为3/4拍，每小节3拍，每分钟约56小节，基本节奏同华尔兹。

扫一扫，查看伦巴舞欣赏

（六）伦巴舞

伦巴舞起源于古巴的民间舞，是一种具有独特魅力的舞蹈。它的音乐缠绵，舞蹈风格柔媚而抒情，舞态婀娜多姿，以表达情侣之间的爱情为主题，被称为“拉丁舞之魂”。它的音乐为4/4拍，每分钟29小节左右，基本节奏为快、快、慢，每个快步占1拍，慢步占2拍。而舞者的前进步和后退步都踩在每小节的第二拍（弱拍上）。

扫一扫，查看恰恰恰舞欣赏

（七）恰恰恰舞

恰恰恰舞起源于古巴，是在伦巴舞的基础上发展变化，具有独特风趣的一种快乐舞蹈，其动作是模仿一对企鹅在生活中的各种姿态而创造出来的。恰恰恰舞活泼欢快，热情奔放，舞态花哨利落。它的音乐为4/4拍，每小节4拍，每分钟33小节，基本节奏为慢、慢、快、快、慢。2个慢步占2拍，3个快步占2拍。

扫一扫，查看桑巴舞欣赏

（八）桑巴舞

桑巴舞起源于巴西。其风格是活泼自由，动作摇曳好似风吹杨柳、随风摆荡。特点是髋的韵律摆动和膝、踝关节的弹性摆动比较突出。它的音乐为2/4拍或4/4拍，每小节2拍，每分钟48~56小节，基本节奏是二快一慢，两个快步占1拍，一个慢步占1拍。

扫一扫，查看斗牛舞欣赏

（九）斗牛舞

斗牛舞亦称帕索多伯勒，起源于西班牙，是模仿斗牛士的舞蹈。男士好似斗牛士，具有傲岸神气、不可一世、勇猛顽强的英勇气概，女士好似斗牛士手中的红抖篷，舞蹈动作刚劲有力、威武雄壮，配上激昂有力的音乐，使人精神振奋、斗志昂扬。斗牛舞的音乐为2/4拍，有时也可以是3/4拍和6/8拍，每分钟60~62小节，步法是一步一拍，节奏匀速。

扫一扫，查看牛仔舞欣赏

（十）牛仔舞

牛仔舞也称捷舞，源于美国西南部。其特点是步幅较小，频率较快，风格活泼、欢快，舞步多变，有跳跃感，要求腰髋部自然扭摆。音乐为4/4拍，每分钟40~46小节，基本节奏为慢、慢、快、快、慢，一个慢步占1拍，两个快步占1拍。

三、体育舞蹈的锻炼价值

体育舞蹈作为一项新兴的体育项目，对人体的身心健康起着积极的促进作用。体育舞蹈是在音乐的伴奏下，人体通过各个关节、各部位肌肉群的协调活动，创造出千变万化的舞步和姿态，同时通过身体的各种形态动作，表达人内心世界的向往，使人陶醉在高尚的精神境界中，获得美的享受。

参加体育舞蹈锻炼时，优美动听的音乐，活泼欢快的气氛，美妙动人的舞姿，会感染每一个人，使人忘掉生活中的忧愁、工作中的烦恼和学习中的困难，诱使人们随着欢快的音乐节奏翩翩起舞，使人们的身心在娱乐和愉悦中得到放松。

体育舞蹈的内容美、形式美、技艺美和精神美，使得体育舞蹈具有极强的感召力，同时在一定程度上满足了人们审美需要。

四、体育舞蹈基础知识

（一）舞程线、方位、赛场

1. 舞程线

指跳舞者的进行路线，是舞场中的“交通规则”。体育舞蹈规定，舞者必须沿着逆时针方向行进，这个路线叫做舞程线（图 19-2-1）。

2. 方位与角度

跳舞时，在每个舞步开始到结束，所站立的方位、角度都有严格的规定。

（1）方位：跳舞时，为了便于在舞蹈进行中正确辨别方位和检查旋转的角度，根据国际上记录各种舞蹈的惯例，在舞场上要规定一定的方位。在一般情况下，多以乐队演奏台的一面为规定方位的基点，它为“1”点，每向顺时针方向移动 45° 则变动一个方位，依次类推，共有 8 个点。因此，一个场地的 4 个面为 1、3、5、7 点，而 4 个角为 2、4、6、8 点（图 19-2-2）。

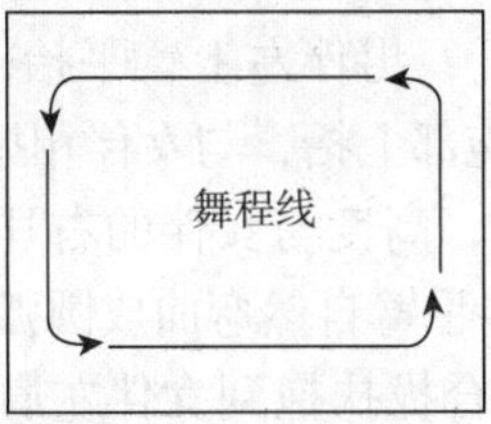

图 19-2-1　舞程线

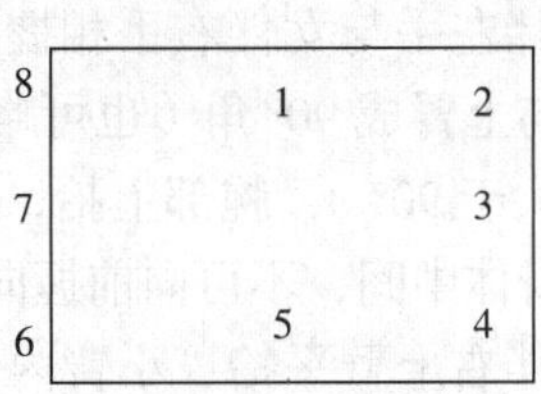

图 19-2-2　方位

（2）角度：旋转时，以每转 360° 为一周，旋转 45° 为 1/8 周，旋转 90° 为 1/4 周，旋转 135° 为 3/8，旋转 180° 为 1/2 周，旋转 225° 为 5/8 周，旋转 270° 为 3/4 周，旋转 315° 为 7/8 周。

在体育舞蹈中，共规定有 8 条线，以舞者面对的舞程线行进而言，正面是舞程线，右肩旁称壁线，左肩旁称中央线，右斜角称壁斜线，左斜角称中央斜线，右斜后角称逆壁斜线，左斜后角称逆中央斜线。只要沿着舞程线的圆周在行进，则无论行进到哪一点，上述规律都是适用的。

（3）赛场：体育舞蹈比赛的赛场应平整光滑，面积为 15 米×23 米，赛场两条长边线为 A 线和 C 线，两端为 B 线和 D 线。比赛选手所编套路，应按两条线的长短不同，编排合适的动作，不断沿两条线按舞程线方向循环而进。比赛时，选手如有较长时间的原地动作或造型，应安排在舞池较中心的地方，不可以长时滞留而影响其他选手的行进（图 19-2-3）。

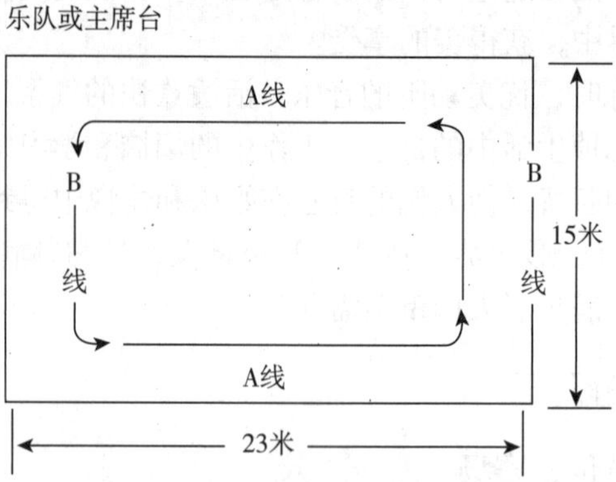

图 19-2-3 体育舞蹈比赛场地

（二）摩登舞的舞姿及持握姿态

持握姿态是舞者起舞前所组合成的站立姿势、握抱方式和身体姿态。体育舞蹈中，现代舞（除探戈舞）的握持姿势基本相同。

1. 标准姿态

男女舞伴双足并合，脚尖正对前方，相对平行而立，互相将自己的右脚尖对准对方的双脚中线，间距为 2~3 寸，女伴偏向男伴左旁约 1/3，男女舞伴的头均向左转，女 45° 并稍向左后倾斜，男 25°，越过对方右肩上方向前平看。肩平、背直、腰挺、膝松弛，女伴胸腰微向后倾约 25°，右腰以上稍左倾成一弧线。

2. 舞伴间的握持

（1）男伴左手与女伴右手相握（第一接触点），男伴左上臂平抬，肘略低于肩，小臂内弯，与上臂成 90° 角（也可略大于 90°），腕部上抬，与女伴相握的手臂成 90° 角（也可略大于 90°），腕部上抬，与女伴手相握，高度与女伴的右耳峰齐，相握的手置于两人身体中间，不可向前握向后拉，使女伴手臂自然弯曲成圆弧状。

（2）男伴右上臂平抬、小臂内弯，右手五指合拢扶抱到女伴左肩胛骨外侧，用掌部轻托女伴。

（3）女伴左手虎口张开，放在男伴上臂三角肌的部位，拇指在其内侧，其他四指在外侧，腕部和小臂放平，腕骨不要突起。

（4）男伴的右小臂与女伴左上臂相接触，整个右臂将女伴左臂自然地架起。

（5）男女伴的右髋部互相轻贴，这是体育舞蹈中引导女伴的重要部分。

通过以上 5 个接触点，男女伴形成了挺拔自然的握持姿势。男女伴身体组合成一个框架结构，互相引导，互相制约。这是体育舞蹈的一个基本姿势，在舞步的运行中应保持稳定的舞姿。

（三）摩登舞基本技巧

1. 反身动作

左脚前进时，右肩和右胯前送；右脚前进时，左肩和左胯前送。这样使运步的方向和身体成一种交叉状态，这就叫反身动作。

反身动作可以使男女舞伴始终保持最佳的持握姿势，同时可以加大动作的幅度，因此非常重要。

2. 升降动作

各种舞步都有身体上升或下降的变化，只是升降程度和要求不一。

升降动作是指踝关节的屈伸，膝关节应保持松弛，不做升降，身体应保持垂直，鼻、胸、髋、膝和脚尖 5 点成一线。

3. 摆荡动作

摆荡动作是指舞者在运步过程中，伴随动作的升降和音乐的节奏，使身体的一侧肌肉拉长，好像荡秋千一样摆起，从而加大动作的幅度。摆荡动作是指躯干的摆荡应借助于反身动作和升降动作完成。

4. 倾斜动作

倾斜动作是指舞者在左右横步和转身动作的第一步中的身体倾斜状态。舞者大步横移时总是腰胯连同脚步横移，然后腰胯以上部分为保持重心平稳而逐渐跟随，这样就形成了一个符合物理规律的自然倾斜动作。

（四）拉丁舞基本知识

1. 拉丁舞舞程向与舞程线

伦巴舞、恰恰恰舞、捷舞在起舞时，可沿逆时针方向行进，也可以从场地中央开始向场地四个角的方向行进。桑巴舞和斗牛舞在表演和比赛时以面对观众或评委起舞为最佳。拉丁舞在表演或自娱时，起舞的方向和路线可根据舞蹈编排的需要或舞厅场地条件灵活变化。

2. 拉丁舞髋的韵律摆动

拉丁舞在整个舞蹈过程中突出表现了男女双方髋的韵律摆动。髋部动作是以腰部摆动带动髋的韵律性摆动。髋部摆动时，腰部要放松，上体保持正直，两臂在体侧自然摆动。在髋部向侧顶送时，要防止上体向异侧倾斜。如伦巴舞髋的摆动要平稳，没有上下起伏的动作，腰部带动髋而摆动；恰恰恰舞的腰部摆动的感觉和伦巴舞相似，只是节奏较快；桑巴舞的髋部摆动与其他舞区别较大，髋的摆动是绕横轴环形摆动，整个身体的韵律动作也从髋和腹的环形前后绕动而摆动，胸和头自然前后摆动。动作中腰部要特别放松，膝、踝关节保持弹性以增强身体的协调性；牛仔舞在顶髋时，上体与髋同时摆动；斗牛舞的髋韵律摆比其他舞种摆动幅度小，随着舞步的移动，髋与上体同时自然摆动。

3. 拉丁舞的步伐

拉丁舞的步伐多为擦地滑行，运步中开胯，腿部微屈，膝、踝关节的弹性表现突出，脚尖着地增强了舞蹈的快速节奏，充实了舞蹈本身的欢快特点。

五、华尔兹

华尔兹舞（waltz），也称“慢三步”，是摩登舞项目之一。19 世纪中叶，维也纳华尔兹传入美国，当时美国崇尚舒缓、优美的舞蹈和音乐，于是将快节奏的维也纳华尔兹逐渐改变成悠扬而舒缓、有抒发性旋律的慢华尔兹舞曲，舞蹈也改变成连贯滑动的慢速步型的华尔兹舞。华尔兹舞曲旋律优美抒情，节奏为 3/4 的中慢板，每分钟 28~30 小节，每小节三拍为一组舞步，每拍一步，第一拍为重拍，三步一起伏。跳舞时，通过膝、踝、足底、跟掌趾的动作，结合身体的升降、倾斜、摆荡，带动舞步移动，使舞步起伏连绵，舞姿华丽典雅。

华尔兹的基本步法

1. 左脚并换步（图 19-2-4 至图 19-2-8）

开始姿势采用闭式舞姿，结束姿势也采用闭式舞姿。

男子舞步：

内容	说明		
步数	1	2	3
拍数	1	2	3
要领	左脚前进	右脚经左脚横步	左脚并于右脚
脚法	跟掌	掌	掌跟
方位	面向舞程线	面向舞程线	面向舞程线
升降	结尾开始上升	继续上升	继续上升，结尾下降
倾斜		左	左

注：表格中的方位是指在一个舞步结束时，双脚（并非身体）在舞池中指示的方向。身体的位置有时也概括在方位中，因为在散式舞姿位时身体和脚的转度不同，所以要分别叙述（下同）。

女子舞步：

内容	说明		
步数	1	2	3
拍数	1	2	3
要领	右脚后退	左脚经右脚横步	右脚并于左脚
脚法	掌跟	掌	掌跟
方位	背向舞程线	背向舞程线	背向舞程线
升降	结尾开始上升	继续上升	继续上升，结尾下降
倾斜		右	右

图 19-2-4

图 19-2-5

图 19-2-6

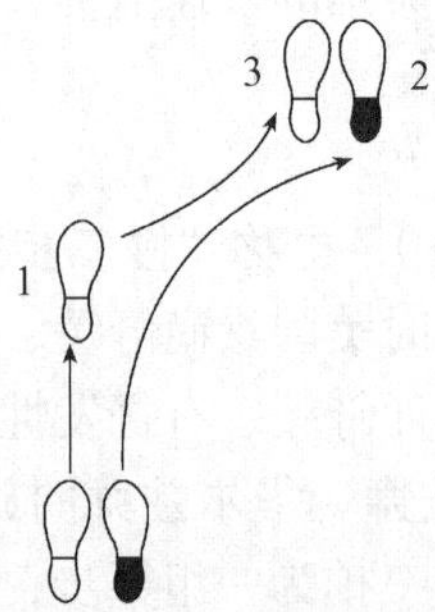

图 19-2-7（男）

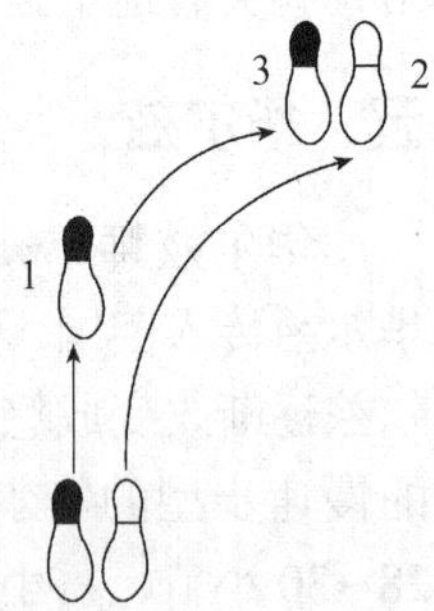

图 19-2-8（女）

动作要点：在这个动作的配合中，处于后退的一方一定要给前进的一方让开位置，第一步身体没有任何变化，在跳第二步时，男、女舞伴的身体要向侧做倾斜，升到最高点时，重心落下后才能走下一个步法。

2. 右转步（图 19-2-9 至图 19-2-16）

开始姿势采用闭式舞姿，结束姿势也采用闭式舞姿。

男子舞步：

内容	说明					
步数	1	2	3	4	5	6
拍数	1	2	3	1	2	3
要领	右脚前进	左脚经右脚横步	右脚并于左脚	左脚后退	右脚经左脚横步	左脚并于右脚
脚法	跟掌	掌	掌跟	掌跟	掌	掌跟
方位	面向斜墙壁	背向斜中央	背向舞程线	背向舞程线	背向斜中央	面向斜中央
升降	结尾开始上升	继续上升	继续上升，结尾下降	结尾开始上升	继续上升	继续上升，结尾下降
转度	开始右转	1~2 转 1/4	2~3 转 1/8	4~5 转 3/8	身体稍转	
反身		稍微	稍微		稍微	稍微
倾斜		右	右		左	左

女子舞步：

内容	说明					
步数	1	2	3	4	5	6
拍数	1	2	3	1	2	3
要领	左脚后退	右脚经左脚横步	左脚并于右脚	右脚前进	左脚经右脚横步	右脚并于左脚
脚法	掌跟	掌	掌跟	跟掌	掌	掌跟
方位	背向斜墙壁	面向斜中央	面向舞程线	面向舞程线	背向中央	背向斜中央
升降	结尾开始上升	继续上升	继续上升，结尾下降	结尾开始上升	继续上升	继续上升，结尾下降
转度	开始右转	1~2 转 1/4	身体稍转	继续右转	4~5 转 1/4	5~6 转 1/8
反身		稍微	稍微		稍微	稍微
倾斜		左	左		右	右

图 19-2-9

图 19-2-10

图 19-2-11

图 19-2-12

图 19-2-13

图 19-2-14

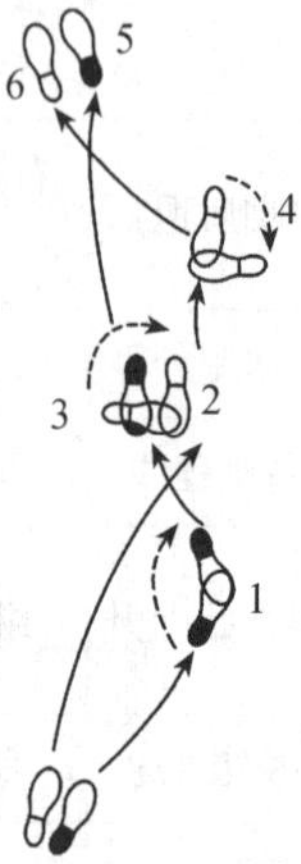

图 19-2-15（男）

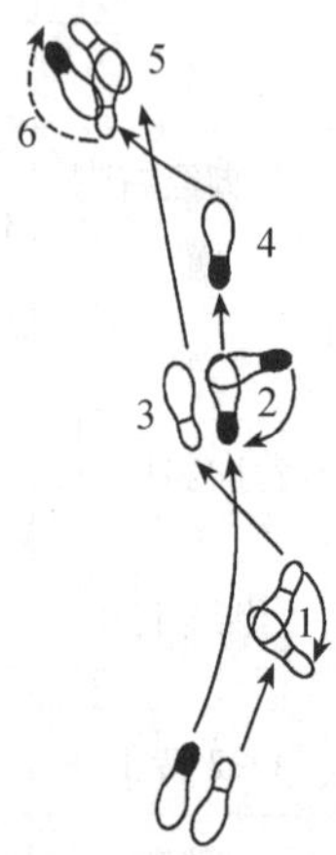

图 19-2-16（女）

3. 右脚并换步（图 19-2-17 至图 19-2-21）

开始姿势采用闭式舞姿，结束姿势也采用闭式舞姿。

男子舞步：

内容	说明		
步数	1	2	3
拍数	1	2	3
要领	右脚前进	左脚经右脚横步	右脚并于左脚
脚法	跟掌	掌	掌跟
方位	面向舞程线	面向舞程线	面向舞程线
升降	结尾开始上升	继续上升	继续上升，结尾下降
倾斜		右	右

女子舞步：

内容	说明		
步数	1	2	3
拍数	1	2	3
要领	左脚后退	右脚经左脚横步	左脚并于右脚
脚法	掌跟	掌	掌跟
方位	背向舞程线	背向舞程线	背向舞程线
升降	结尾开始上升	继续上升	继续上升，结尾下降
倾斜		左	左

动作要点：在这个动作的配合中，处于后退的一方也一定要给前进的一方让开位置。第一步中身体没有任何变化，在跳第二步时，男、女舞伴的身体要向侧做倾斜，升到最高点时，重心落下后才能走下一个步法。

图 19-2-17

图 19-2-18

图 19-2-19

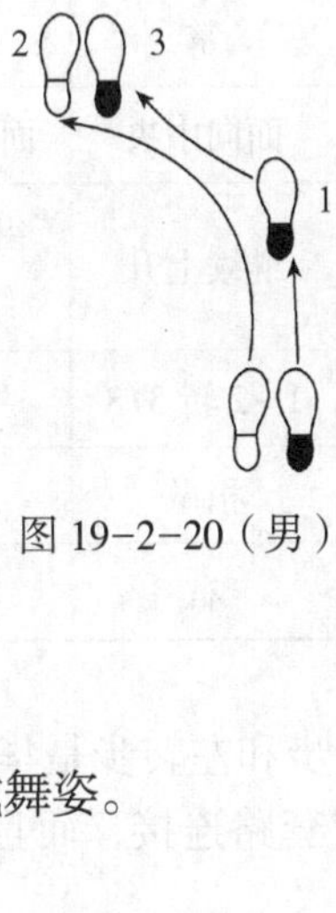

图 19-2-20（男）

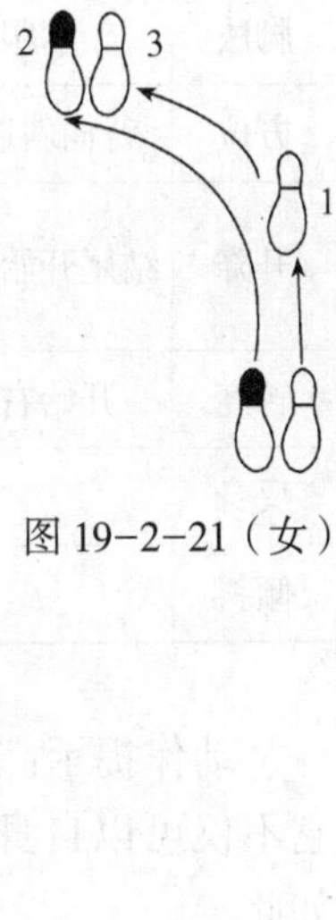

图 19-2-21（女）

4. 左转步（图 19-2-22 至图 19-2-29）

开始姿势采用闭式舞姿，结束姿势采用闭式舞姿。

男子舞步：

内容	说明					
步数	1	2	3	4	5	6
拍数	1	2	3	1	2	3
要领	左脚前进	右脚经左脚横步	左脚并于右脚	右脚后退	左脚经右脚横步	右脚并于左脚
脚法	跟掌	掌	掌跟	掌跟	掌	掌跟
方位	面向斜中央	背向斜墙壁	背向舞程线	背向舞程线	背向斜中央	面向斜墙壁

续表

内容	说明					
升降	结尾开始上升	继续上升	继续上升，结尾下降	结尾开始上升	继续上升	继续上升，结尾下降
转度	开始右转	1~2 转 1/4	2~3 转 1/8	4~5 转 3/8	身体稍转	
反身		稍微	稍微		稍微	稍微
倾斜		左	左		右	右

女子舞步：

内容	说明					
步数	1	2	3	4	5	6
拍数	1	2	3	1	2	3
要领	右脚后退	左脚经右脚横步	右脚并于左脚	左脚前进	右脚经左脚横步	左脚并于右脚
脚法	掌跟	掌	掌跟	跟掌	掌	掌跟
方位	背向斜墙壁	面向中央	面向舞程线	面向舞程线	背向斜墙壁	背向斜墙壁
升降	结尾开始上升	继续上升	继续上升，结尾下降	结尾开始上升	继续上升	继续上升，结尾下降
转度	开始右转	1~2 转 3/8	身体稍展	继续左转	4~5 转 1/4	5~6 转 1/8
反身		稍微	稍微		稍微	稍微
倾斜		右	右		左	左

动作提示：右转步和左转步是华尔兹舞的基础舞步，也是华尔兹舞的经典舞步。它不仅可以自身形成套路连接，而且还是多种舞步的连接方式，尤其是右转步更是如此。

图 19–2–22

图 19–2–23

图 19–2–24

图 19–2–25

图 19–2–26

图 19–2–27

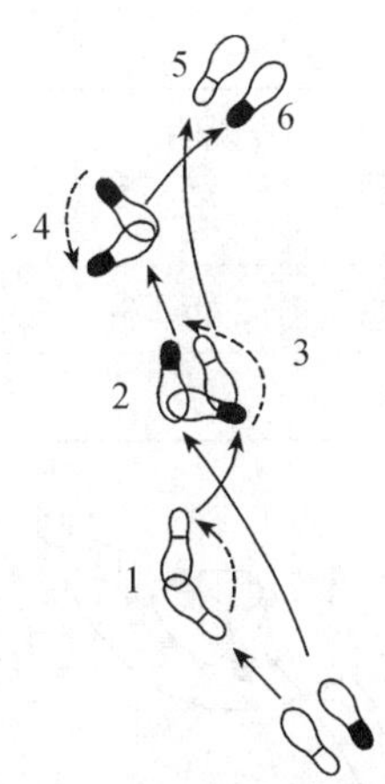

图 19-2-28（男）

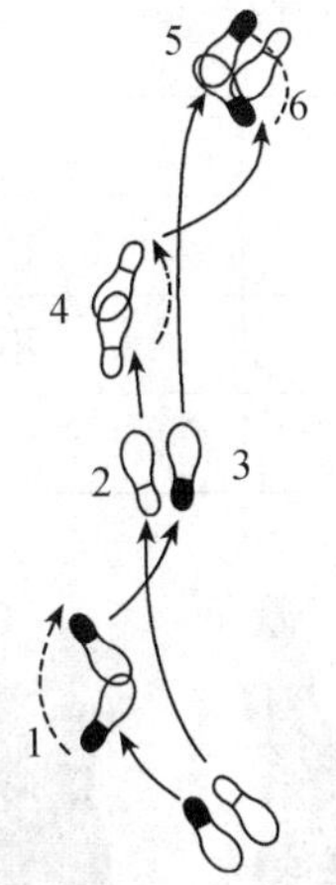

图 19-2-29（女）

5. 叉形步（图 19-2-30 至图 19-2-34）

开始姿势采用闭式舞姿，结束姿势也采用散式舞姿。

男子舞步：

内容	说明		
步数	1	2	3
拍数	1	2	3
要领	左脚前进	右脚横步稍前	左脚在右脚后交叉
脚法	跟掌	掌	掌跟
方位	面向斜墙壁	面向斜墙壁	面向斜墙壁
升降	结尾开始上升	继续上升	继续上升，结尾下降
转度	不转		
反身			稍微
倾斜		左	左

女子舞步：

内容	说明		
步数	1	2	3
拍数	1	2	3
要领	右脚后退	左脚斜后退	右脚在左脚后交叉
脚法	掌跟	掌	掌跟
方位	面向斜墙壁	面向中央	面向斜中央
升降	结尾开始上升	继续上升	继续上升，结尾下降

续表

内容	说明		
转度			稍微
反身	不转	1~2 转 1/4	身体完成转动
倾斜		右	右

图 19-2-30

图 19-2-31

图 19-2-32

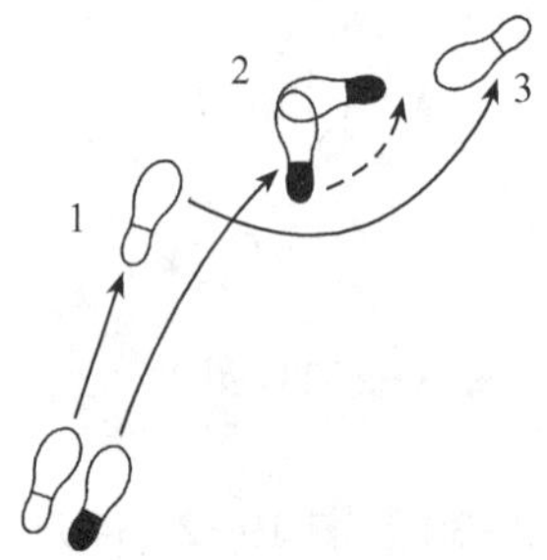

图 19-2-33（男）

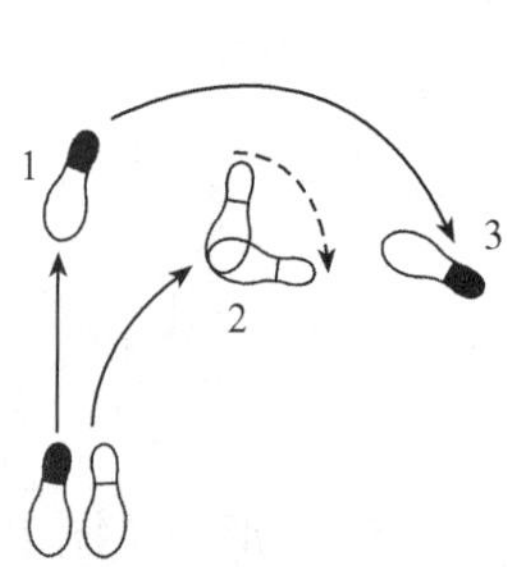

图 19-2-34（女）

6. 侧行追步（图 19-2-35 至图 19-2-40）

开始姿势采用散式舞姿，结束姿势也采用闭式舞姿。

男子舞步：

内容	说明			
步数	1	2	3	4
拍数	1	2（1/2）	&（1/2）	3
要领	右脚前进并交叉于反身动作位置	左脚横步稍前	右脚并于左脚	左脚横步稍前
脚法	跟掌	掌	掌	掌跟（后脚掌）
方位	面向斜墙壁	面向斜墙壁	面向斜墙壁	面向斜墙壁
升降	结尾开始上升	继续上升	保持上升	结尾下降
转度				

女子舞步：

内容	说明			
步数	1	2	3	4
拍数	1	2（1/2）	&（1/2）	3
要领	左脚前进并交叉于反身动作位置	右脚横步	左脚并于右脚	右脚横步稍前
脚法	跟掌	掌	掌	掌跟

续表

内容	说明			
方位	面向斜中央	背向斜墙壁	背向斜墙壁	背向斜墙壁
升降	结尾开始上升	继续上升	保持上升	结尾下降
转度	稍左转	1~2 转 1/8	2~3 转 1/8	身体完成转动

动作提示：在练习这个动作时，要注意节奏与旋律的关系，若按照节奏跳的话，表达不出动作的韵味，但若按照旋律来跳的话，就可使动作和谐、流畅、从容不迫、韵味十足。

图 19–2–35

图 19–2–36

图 19–2–37

图 19–2–38

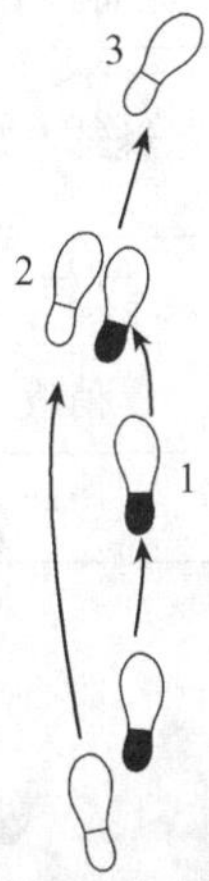

图 19–2–39（男）

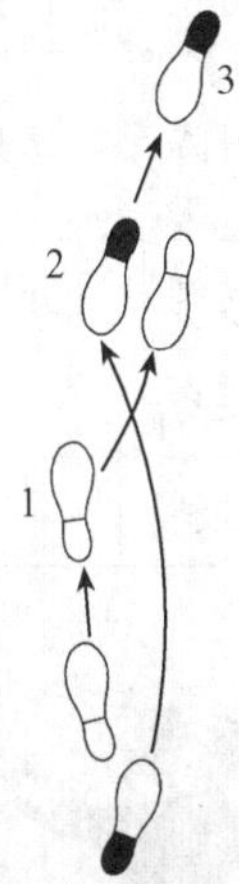

图 19–2–40（女）

7. 纺织步（图 19–2–41 至图 19–2–48）

开始姿势采用闭式舞姿，结束姿势采用闭式舞姿。

男子舞步：

内容	说明					
步数	1	2	3	4	5	6
拍数	1	2	3	1	2	3
要领	右脚前进	左脚前进	右脚经左脚横步	左脚后退	右脚后退	左脚经右脚向前
脚法	跟掌	掌	掌跟	掌跟	掌	掌跟
方位	面向斜中央	背向舞程线	背向墙壁	背向斜中央	背向斜中央	面向斜墙壁
升降	结尾开始上升	继续上升	继续上升，结尾下降	结尾开始上升	继续上升	继续上升，结尾下降
转度	开始左转	1~2 转 1/8	2~3 转 1/4	2~4 转 1/8	身体稍转	5~6 转 1/4
反身		稍微	稍微		稍微	稍微
倾斜		右	右		左	左

女子舞步：

内容	说明					
步数	1	2	3	4	5	6
拍数	1	2	3	1	2	3
要领	左脚与男伴并进	右脚前进	左脚经右脚横步	右脚后退	左脚前进	右脚经左脚后退
脚法	跟掌	掌	掌跟	跟掌	掌	掌跟
方位	背向斜墙壁	背向斜中央	面向斜中央	面向斜中央	面向斜中央	背向斜墙壁
升降	结尾开始上升	继续上升	继续上升，结尾下降	结尾开始上升	继续上升	继续上升，结尾下降
转度	开始左转	1~2 转 1/4	2~3 转 1/2			5~6 转 1/4
反身		稍微	稍微		稍微	稍微
倾斜		左	左		右	右

图 19-2-41

图 19-2-42

图 19-2-43

图 19-2-44

图 19-2-45

图 19-2-46

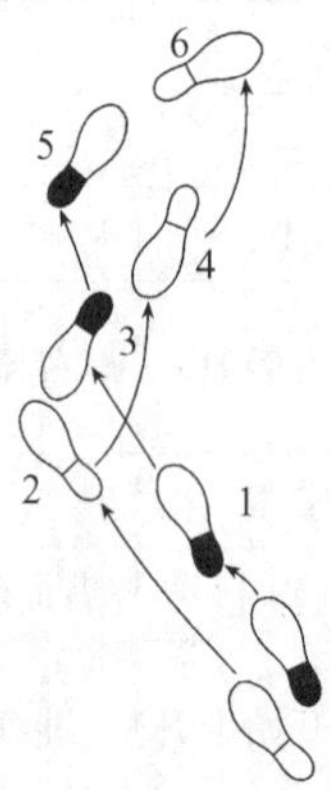
图 19-2-47（男）

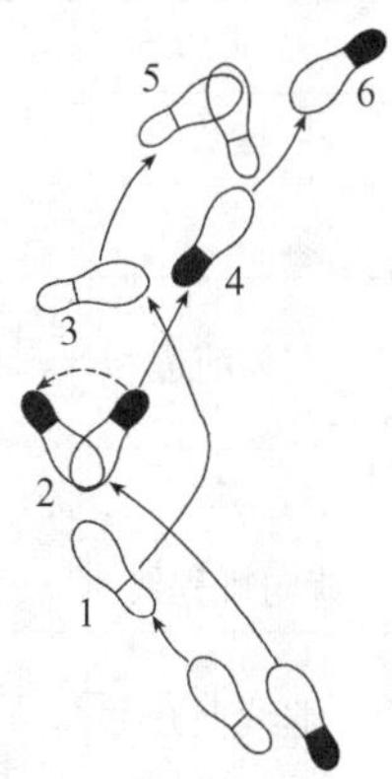
图 19-2-48（女）

8. 右旋转步（图 19-2-49 至图 19-2-53）

开始姿势采用闭式舞姿，结束姿势也采用闭式舞姿。

男子舞步（1、2、3 与右转步相同）：

内容	说明		
步数	（1、2、3）4	5	6
拍数	（1、2、3）1	2	3
要领	左脚后退	右脚前进	左脚横步稍后
脚法	掌跟	跟掌	掌跟
方位	背向舞程线	面向舞程线	背向斜中央
升降		结尾上升	保持上升，结尾下降
转度	右转 1/2		5~6 转 3/8
反身	强	反身	
倾斜			

女子舞步（1、2、3 与右转步相同）：

内容	说明		
步数	（1、2、3）4	5	6
拍数	（1、2、3）1	2	3
要领	右脚前进	左脚后退稍左	右脚经左脚斜进
脚法	跟掌	掌	掌跟
方位	面向舞程线	背向舞程线	面向斜中央
升降		结尾上升	保持上升，结尾下降
转度	右转 1/2		5~6 转 3/8 到位
反身	强	反身	
倾斜			

图 19-2-49

图 19-2-50

图 19-2-51

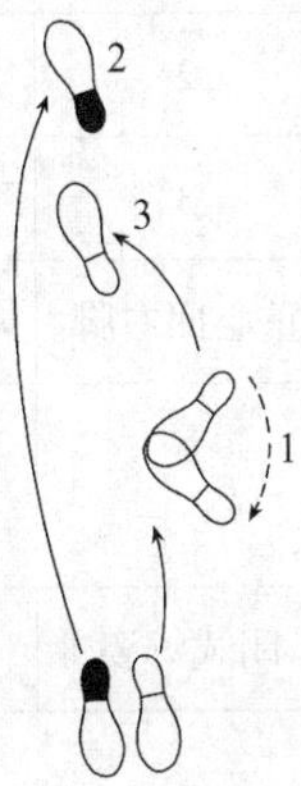

图 19-2-52（男）

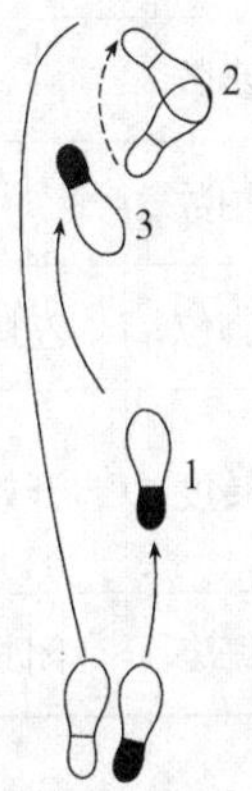

图 19-2-53（女）

六、恰恰恰舞

恰恰恰舞（cha-cha-cha），用C表示，是拉丁舞项目之一。节奏为4/4拍，每分钟28~32小节，每小节四拍，强拍落在第一拍，四拍走五步，包括两个慢步和三个快步。第一步踏在第二拍，时间值占一拍；第二步占一拍；第三、四两步各占半拍；第五步占一拍，踏在舞曲的第一拍上。胯部每小节向两侧摆动6次。恰恰恰舞是模仿企鹅的姿态创编的舞蹈，最早由非洲传入拉美，在古巴得到了很大的发展。在动作的形式上，恰恰恰舞一反男子领舞的习惯，男女动作不求统一整齐，且多半是男子随后。其舞曲热情奔放，舞步花哨利落，步频较快，诙谐风趣，所以备受欢迎，是最为流行的拉丁舞蹈。

恰恰恰舞的风格特点、音乐节奏、基本步法如表19-2-1所示。

表19-2-1 恰恰恰舞的基本知识

风格特点	舞动中强调重心向下踩，胯部动作与伦巴舞相同，但要有力度，运步的规律是以胯部来带动脚步
音乐节奏	舞曲节奏为4/4拍，音乐速度为每分钟28~32小节，基本节奏为2、3、4&1。2、3拍为单步即一拍走一步，4、1拍为恰恰步，即两拍走三步，其节奏为慢（S）、慢（S）、快（Q）、快（Q）、慢（S）
基本步法	左右追步、前后锁步、原地步、基本舞步、纽约步、定点转、开式扭臀步、扇形步、曲棍步、右陀螺转、闭式扭臀步、阿里曼娜、手接手

恰恰恰舞的基本步法：

（一）基本舞步

开始姿势：闭式舞姿，开立，男伴重心在右脚，女伴重心在左脚。

结束姿势：闭式舞姿。

男子舞步：

内容	说明					
步数	1	2	3至5	6	7	8至10
拍数	2	3	4&1	2	3	4&1
脚位	左脚向前	重心回右脚	向左追步	右脚向后	重心回左脚	向右追步
转度	开始左转		1至5完成左转1/8			6至10完成左转1/8
舞姿	闭式舞姿	闭式舞姿	闭式舞姿	闭式舞姿	闭式舞姿	闭式舞姿

女子舞步：

内容	说明					
步数	1	2	3 至 5	6	7	8 至 10
拍数	2	3	4&1	2	3	4&1
脚位	右脚向后	重心回左脚	向右追步	左脚向前	重心回右脚	向左追步
转度			6 至 10 完成左转 1/8	开始左转		1 至 5 完成左转 1/8
舞姿	闭式舞姿	闭式舞姿	闭式舞姿	闭式舞姿	闭式舞姿	闭式舞姿

基本舞步动作如图 19-2-54 至图 19-2-59 所示。

图 19-2-54

图 19-2-55

图 19-2-56

图 19-2-57

图 19-2-58

图 19-2-59

（二）左右追步

开始姿势：并肩舞姿，开立，男、女伴重心都在右脚。

结束姿势：并肩舞姿。

男女舞步：

内容	说明					
步数	左 1	2	3	右 4	5	6
拍数	4	&	1	4	&	1
脚位	左脚向左	右脚并向左脚	右脚伸膝发力推出左脚向侧	右脚向右	左脚并向右脚	左脚伸膝发力推出右脚向侧
脚法	脚掌平面，膝部略屈	双膝微屈，脚跟略提	两膝伸直，右脚旁点，脚跟提起	脚掌平面，膝部略屈	双膝微屈，脚跟略提	两膝伸直，左脚旁点，脚跟提起

左右追步舞步动作如图 19−2−60 至图 19−2−65 所示。

图 19−2−60

图 19−2−61

图 19−2−62

图 19−2−63

图 19−2−64

图 19−2−65

（三）前后锁步

开始姿势：并肩舞姿，开立，男、女伴重心都在右脚。

结束姿势：并肩舞姿。

男女舞步：

内容	说明					
步数	后 1	2	3	前 4	5	6
拍数	4	&	1	4	&	1
脚位	左脚后退落在右脚正后方	右脚后移锁步在左脚前外侧	右脚伸膝发力推出左脚向后	右脚向前落在左脚正前方	左脚跟进锁步在右脚后外侧	左脚伸膝发力推出右脚向前

续表

内容	说明					
脚法	脚掌着地，膝部伸直	双膝微屈，全脚着地	两膝伸直，左脚跟着地偏左侧	脚掌平面，膝部略屈	双膝微屈，脚跟略提	两膝伸直右脚跟着地偏右侧

前后锁步舞步动作如图 19–2–66 至图 19–2–71 所示。

图 19–2–66

图 19–2–67

图 19–2–68

图 19–2–69

图 19–2–70

图 19–2–71

（四）原地步

开始姿势：并肩舞姿，开立，男、女伴重心都在右脚。

结束姿势：并肩舞姿。

男女舞步：

内容	说明					
步数	左 1	2	3	右 4	5	6
拍数	4	&	1	4	&	1
脚位	左脚向左后	右脚原地踏步	左脚并向右脚	右脚向左前	左脚原地踏步	右脚并向左脚
脚法	脚趾着地，膝伸直	膝微屈，全脚着地	膝部伸直全脚着地	脚趾着地，膝伸直	膝微屈，全脚着地	膝部伸直，全脚着地

原地步舞步动作如图 19–2–72 至图 19–2–77 所示。

图 19–2–72

图 19–2–73

图 19–2–74

图 19–2–75

图 19–2–76

图 19–2–77

（五）纽约步

开始姿势：闭式舞姿，开立，男伴重心在右脚，女伴重心在左脚。

中间姿势：并肩舞姿。

结束姿势：开式舞姿。

男子舞步：

内容	说明					
步数	1	2	3 至 5	6	7	8 至 10
拍数	2	3	4&1	2	3	4&1
脚位	左脚向右前	重心回到右脚	向左追步	右脚向左前	重心回到左脚	向右追步
转度	右转 1/4	开始左转	2 至 5 完成左转 1/4	左转 1/4	开始右转	7 至 10 完成右转 1/4
舞姿	并肩舞姿	并肩舞姿	闭式舞姿	并肩舞姿	并肩舞姿	闭式舞姿

女子舞步：

内容	说明					
步数	1	2	3 至 5	6	7	8 至 10
拍数	2	3	4&1	2	3	4&1
脚位	右脚向左前	重心回到左脚	向右追步	左脚向右前	重心回到右脚	向左追步
转度	左转 1/4	开始右转	7 至 10 完成右转 1/4	右转 1/4	开始左转	2 至 5 完成左转 1/4
舞姿	并肩舞姿	并肩舞姿	闭式舞姿	并肩舞姿	并肩舞姿	闭式舞姿

动作要点：纽约步的第 11 至 15 步重复 1 至 5 步动作。在舞步过程中，男女舞伴单手相握，在 6、11 步上换手。

纽约步舞步动作如图 19-2-78 至图 19-2-83 所示。

图 19-2-78

图 19-2-79

图 19-2-80

图 19-2-81

图 19-2-82

图 19-2-83

（六）开式扭臀步

开始姿势：开式舞姿，开立，男伴重心在右脚，女伴重心在左脚。

结束姿势：开式舞姿靠近男伴。

开式扭臀步一般下接扇形步。

男子舞步：

内容	说明		
步数	1	2	3至5
拍数	2	3	4&1
脚位	左脚前进	重心回到右脚	原地步
转度			
舞姿	开式舞姿	开式舞姿	面对女伴靠近

女子舞步：

内容	说明		
步数	1	2	3至5
拍数	2	3	4&1
脚位	右脚后退	重心回左脚	右脚上步前锁步
转度			
舞姿	开式舞姿	开式舞姿	正对男伴靠近

动作要点：做该舞步时，男伴左手与女伴右手相握。

开式扭臀步舞步动作如图 19-2-84 至图 19-2-86 所示。

图 19-2-84

图 19-2-85

图 19-2-86

（七）扇形步

开始姿势：开式舞姿，并立，男伴重心在左脚，女伴重心在右脚。

结束姿势：扇形位。

以开式扭臀步结束姿势开始为例。

男子舞步：

内容	说明		
步数	1	2	3 至 5
拍数	2	3	4&1
脚位	右脚后退	左脚向左前迈步	右追步
转度			左转 1/8
舞姿	面向女伴左肩，成 90° 夹角		扇形舞姿

女子舞步：

内容	说明		
步数	1	2	3 至 5
拍数	2	3	4&1
脚位	右转左脚前进	右脚前进同时以脚掌为轴左转	左脚后退后锁步
转度	右转 1/4	开始左转	2 至 3 左转 1/2
舞姿	左肩正对男伴正面，成 90° 夹角		扇形舞姿

动作要求：做该舞步时，男伴左手与女伴右手始终相握。

扇形步舞步动作如图 19-2-87 至图 19-2-89 所示。

图 19-2-87

图 19-2-88

图 19-2-89

（八）曲棍步

开始姿势：扇形舞姿，开立，男伴重心在右脚，女伴重心在左脚。

结束姿势：开式舞姿。

男子舞步：

内容	说明					
步数	1	2	3 至 5	6	7	8 至 10
拍数	2	3	4&1	2	3	4&1
脚位	左脚向前	重心回到右脚	原地步	右脚向后	左脚右前上步	右脚向前锁步
转度				开始右转	6 至 7 右转 1/8	
舞姿	扇形舞姿	扇形舞姿	正对女伴右肩	保持正对女伴右肩		开式舞姿

女子舞步：

内容	说明					
步数	1	2	3 至 5	6	7	8 至 10
拍数	2	3	4&1	2	3	4&1
脚位	右脚向后靠近左脚	左脚向前	右脚向前锁步	左脚向前以掌为轴	右脚向后稍侧	左脚后退锁步
转度				开始左转	6 至 7 左转 5/8	左转完成
舞姿	扇形舞姿	扇形舞姿	右肩对正男伴正面			开式舞姿

动作要点：在整个舞步过程中，男伴左手始终与女伴右手相握，在 3 至 5 步时，男伴左手上举、肘上抬，女伴肘前顶、右手上举，形成一个方形窗口。在女伴左转身时，男伴左手在上向左推动帮助女伴转动。

曲棍步舞步动作如图 19-2-90 至图 19-2-95 所示。

图 19-2-90

图 19-2-91

图 19-2-92

图 19-2-93

图 19-2-94

图 19-2-95

（九）右陀螺转

开始姿势：闭式舞姿，开立，男伴重心在左脚，女伴重心在右脚。

结束姿势：闭式舞姿。

男子舞步：

内容	说明					
步数	1	2	3 至 12	13	14	15
拍数	2	3	4&1、2、3 4&1、2、3	4	&	1
脚位	右脚交叉在左脚后	左脚向侧	3 至 12 重复 1 至 2 五次	右脚靠近左脚	重心移至左脚	右脚向侧为重心
转度		开始右转	1 至 15 右转两周半			
舞姿	闭式舞姿	闭式舞姿	闭式舞姿	闭式舞姿	闭式舞姿	闭式舞姿

女子舞步：

内容	说明					
步数	1	2	3 至 12	13	14	15
拍数	2	3	4&1、2、3 4&1、2、3	4	&	1
脚位	左脚向侧	右脚交叉在左脚前	3 至 14 重复 1 至 2 六次	左脚向侧		
转度		开始右转	1 至 15 右转两周半			
舞姿	闭式舞姿	闭式舞姿	闭式舞姿	闭式舞姿	闭式舞姿	闭式舞姿

动作要点：做该舞步过程中，没有臀部动作，转动应连续，在 2、4、6、8、10、12、14 时，女伴右脚应进到男伴两脚中间。

右陀螺转舞步动作如图 19-2-96 至图 19-2-98 所示。

图 19-2-96

图 19-2-97

图 19-2-98

第三节 瑜 伽

一、瑜伽的起源与发展

瑜伽（yoga）是人类智慧的结晶，产生于公元前，是东方最古老的强身术之一。瑜伽一词源于梵文的音译，意思是结合、联合，这也是瑜伽的宗旨和目的。它起源于印度，是一种非常古老的能量知识修炼方法，集哲学、科学和艺术于一身。瑜伽的基础建筑在古印度哲学上。古代的瑜伽信徒发展了瑜伽体系，因为他们深信通过运动身体和调控呼吸，可以完全控制心智和情感，保持永远健康的身体。瑜伽修持者开始只有少数人，一般在寺院、乡间小舍、喜马拉雅山洞穴和茂密森林中心地带修持，由瑜伽师讲授给那些愿意接受的门徒。后来，瑜伽逐步在印度普通人中间流传开来。而今的瑜伽，已经是印度人民几千年来从实践中总结出的人体科学的修炼法，再也不是只限于少数隐居人仅有的秘密。在印度，现在很难区分瑜伽与印度教的关系，在寺庙中、在生活中、在许多领域，两者的关系都彼此融合。因为心理、生理和精神上的戒律已经使瑜伽成为印度文化中的一个重要组成部分。

瑜伽有一套从肉体到精神极其完备的修持方法。目前，瑜伽已在全世界广泛传播。当今的瑜伽不仅只属于哲学和宗教的范畴，它有着更广泛的含义，千年不衰，有着强大的生命力。

从广义上讲，瑜伽是哲学。从狭义上讲，瑜伽是一种精神和肉体结合的运动。瑜伽作为修行和练功方法，分为不同的体系，如哈他瑜伽、语音冥想瑜伽、八分支法瑜伽等。其中有些着重于身体，有些着重于心智和精神等。像各种叫“阿萨那答”的姿势练习，在心灵上和身体上同时有深切而积极的效益。而所谓心智的或者精神的瑜伽冥想功法，不仅仅有身体上的效益，在心智和精神上也有积极的效益。身体、心智和精神这三方面是互相联系、互相影响的。比如，当人的身体有病或者精神萎靡，那么他冥想起来就比较困难。另一方面，如果一个人充满焦虑的心情，或者心里很苦闷，忧心忡忡或怨恨满腔，那就会给他的身体健康带来问题。人的思想意识和健康之间是有联系的。在健身界最受关注的是哈他瑜伽，它注重身体健康和力量，通过集中意念、调整呼吸并配合不同身体姿势的练习，来加强与改善人体的各个部位，达到联合整体、增进人们的身体、心智和精神的健康的目的。

二、瑜伽的功效

瑜伽讲究自然、平衡与协调，动作柔和缓慢，是一种安全、有效的塑身练习。瑜伽姿势包含伸展、力量、耐力和强化心肺功能的练习，能够伸展肌肉，灵活关节，增强身体的柔韧性，提高身体的平衡感，消除身体的多余脂肪，塑造优美的形体。通过练习瑜伽呼吸法，能够改善呼吸系统、神经系统、内分泌系统的功能，增强人的身体素质和免疫力，消除疲劳，安定神经，减轻压力。

瑜伽对神经系统，包括自主神经系统能产生非常有益的影响。通过练习瑜伽，不仅能保持神经系统的健康，而且还能使功能不正常的神经系统恢复正常。此外，还能使交感神经系统和副交感神经系统保持平衡。瑜伽练习对内分泌腺体也十分有益，能使各种内分泌腺体得到按摩，刺激心脏，从而保持健康状态。

瑜伽姿势、呼吸练习和瑜伽冥想功对于呼吸系统也有非常好的影响。人的呼吸系统越是健康，就越能预防像肺结核、支气管炎和肺气肿等各类呼吸系统疾病。瑜伽功法对于血液循环系统、消化系统和皮肤也很有益处。

三、瑜伽与呼吸

呼吸是人最重要的机能，但是人们对呼吸的了解却很少，经常以不正确的方法进行呼吸。在日常的生活中，我们的呼吸一般是随意和不规律的，大多数人呼吸浅短、缺乏规律。研究表明，人的身体状况在很大程度上依赖于呼吸的规律性，甚至呼吸方式可以高度地反映出一个人的情绪情感。当人们在心烦意乱的时候，如沮丧、悲痛或抑郁时，呼吸就会变得很慢和没有规律；而在狂怒、焦虑和紧张不安时，呼吸则会变得迅速、表浅和混乱。呼吸随年龄增长会产生变化，年龄越大，呼吸越浅弱。正确地呼吸可使人头脑灵活，体力充沛，感觉越活越年轻。普通人每分钟呼吸 15~16 次，坐禅时呼吸只有 5~6 次，修持得法者每分钟呼吸只有 1~2 次，甚至可达到像龟蛇一样微呼微吸，不消耗能量。瑜伽理论认为，人一生的呼吸量是有一定限度的，呼吸又快又匆忙的人，一定早逝。相反，呼吸缓慢、犹如在品尝空气的人，可获得长寿。调整呼吸是生存的基本因素，也是健康的必要基础。瑜伽练习强调用鼻子呼吸，平和缓慢的深呼吸可以让紧张的身心松弛下来。不同的瑜伽体位练习有其相应的呼吸方式，有时要求保持某种姿势时需要自然的呼吸，有时则要配合动作屏息数秒钟。

（一）呼吸法

1. 基本呼吸方式

人们日常的呼吸方式通常有三种：胸式呼吸、腹式呼吸和混合呼吸。

（1）胸式呼吸：胸式呼吸时，横膈膜静止，肋间肌扩张一部分肺，呼吸完全是通过附着在肋骨上的肋间肌的运动进行的，呼吸量不大，即腹部不动，胸部动。

（2）腹式呼吸：是横膈膜收缩和向下降产生腹壁向外扩张的运动，因此，呼吸的量较大，即胸部不动，腹部动。

（3）混合呼吸：指胸式呼吸加上腹式呼吸，因此呼吸量更大。

2. 瑜伽完全呼吸法

也叫横膈膜呼吸法。练习时，可采取感觉最舒适的姿势，仰卧、静坐、站立均可。卧或站时，双脚适度分开，双眼轻闭，一手置于胸部，另一手置于腹部上方，以便感觉横膈膜以及腹肌的活动。先以鼻腔缓慢、细长地吸气和呼气，不可出声振动或停息，然后加大正常呼吸的过程。当吸气时，横膈膜下移，腹部像气球一样慢慢鼓起，接着空气继续进入，胸部也慢慢鼓起。然后呼气，横膈膜上推，尽量把气吐尽，排出肺部，分多次吐，胸部下降，腹部下降，接着有意识地收缩腹部，使腹肌向内瘪。这种呼吸是借助横膈膜的收缩和下压形成吸气动作的，吸气时，会发觉腹壁和肋骨下部向外推出，胸部只有轻微移动。

横膈膜呼吸法对身体有三大功效：

（1）横膈膜呼吸不同于浅短的呼吸，能使能量充满整个肺部，供应身体充足的氧气，并将体内的废气、浊气和二氧化碳呼出体外。

（2）横膈膜上下移动，犹如温和的按摩，能促进脏腑的血液循环，增强其机能。

（3）横膈膜呼吸法能以最少的力得到大量的新鲜空气，是极其有效的呼吸方法。

（二）调息法

1. 单鼻孔呼吸法

按简易坐或莲花坐的坐姿坐好，右手轻轻握拳，伸出拇指、食指和中指，将食指和中指并拢放于眉心，先用大拇指按住右侧鼻孔，用左鼻孔吸气，然后慢慢呼气，使气完全呼出。松开大拇指，用无名指按住左鼻孔。然后再用以上方法让右鼻孔呼吸。重复练习。

2. 左右鼻孔交替呼吸法

按简易坐或莲花坐的坐姿坐好，右手轻轻握拳，伸出拇指、食指和中指，将食指和中指并拢放于眉心，先用大拇指按住右鼻孔，通过左鼻孔吸气，然后用无名指按住左鼻孔并屏息数十秒钟，松开大拇指，用右鼻孔慢慢呼气，使气完全呼出，再从右鼻孔吸气，左鼻孔呼气。重复练习。

3. Kapalabhati 呼吸法

Kapalabhati 是“闪光的头顶”的意思，意指能给面容增色增光。按简易坐或莲花坐的坐姿坐好，做几次深呼吸使身体放松。先深呼气，面部放松，嘴并拢，躯干挺直不要前倾，尽力用腹肌呼气，就像有人拳击腹部，横膈膜快速上升，把气推向肺部；吸气，腹肌放松，横膈膜下沉还原。反复做这个练习，每组至少做 25 次快速呼吸，组与组之间做几次深呼吸放松。

四、瑜伽体位练习

瑜伽的“体位”在梵文中叫“阿萨那”，中文也有译为“体式”的。体位练习一般分为单人体位练习和双人体位练习两类。无论是哪一类，一定要严格遵照体位的要求来循序渐进地练习。这里针对初学瑜伽者编了一组初级瑜伽动作，分别介绍动作的预备姿势、练习步骤、练习效果和注意事项。

（一）放松姿势

1. 仰卧放松功

俗称“尸体式”，即在练习这个姿势时，整个身体应做到像尸体一样虚静无为。

预备姿势：背部贴地仰卧，两手放在身体两侧，手心向上，两脚舒适地分开。

练习步骤：闭上双眼，全身放松，自然而规律地呼吸，让意识集中在呼吸上，计呼吸数，在心里默念“一呼”“二吸”“二呼”……保持这一姿势 5 分钟或者更长（图 19-3-1）。

图 19-3-1

扫一扫，查看仰卧放松功

练习效果：可以消除全身的疲劳和紧张，有助于使交感神经和副交感神经保持平衡，为身体带来新的活力。仰卧放松功也是一个很好的睡眠姿势，对缓解消化不良、失眠等症都有好处。

2. 俯卧放松功

预备姿势：俯卧地上，额头贴地，两臂放于体侧，手心向上（下颌可用干净毛巾垫着）。

练习步骤：

（1）两手臂从体侧尽量向前伸展，置于头顶前方的地板上，手心朝下。

（2）闭上双眼，全身放松，让呼吸变得自然而有节奏。

（3）意识集中在呼吸上，计呼吸数，在心里默念“一吸”“一呼”“二吸”“二呼”……保持这一姿势 5 分钟或者更长（图 19-3-2）。

图 19-3-2

练习效果：可以伸展和放松背部、双肩和双臂，对腰椎间盘突出、颈项强直、驼背、圆肩者尤其有益。它和仰卧放松功一样，可以使整个身心都得到放松，是一个极佳的放松姿势。

（二）站立进行的姿势

1. 擎天式

预备姿势：挺直身躯站立，两臂下垂，放于身体两侧，两脚稍微分开。

练习步骤：

（1）两手十指交叉，翻腕向上，高举过头顶，目视交叉的两手。

（2）缓缓吸气，两脚跟同时提起，用脚尖挺立，好像自己正被往上拉，完全伸展整个身体，屏住呼吸，保持这个姿势几秒钟。

（3）呼气，两脚跟慢慢着地，双臂收回，重复练习 4~6 次。

变式：

（1）按“擎天式”站好，双臂举过头顶。

（2）当两脚挺立、较好保持平衡时，可抬起一条腿向前或向后伸，使之与地面平行，保持这一姿势数秒，然后换另一条腿重复做动作（图 19-3-3）。

图 19-3-3

扫一扫，查看俯卧放松功、擎天式、转腰式

练习效果：擎天式及其变式能发展腹直肌群按摩肠胃部，对消除便秘症状有一定效果。可以促进脊骨的成长，预防脊椎变形。此外，还可以美化身体线条，改变身材比例，给人以身材修长的感觉。

2. 转腰式

预备姿势：按基本的站立姿势站好，全身放松。

练习步骤：

（1）两脚分开，略比肩宽，十指在脐前交叉，吸气，两臂高举过头，旋转手腕，使两手掌心向上。

（2）呼气，向前俯身，直到两腿和背部垂直为止，目视双手。

（3）吸气，将上身躯干尽量转向左侧（图 19-3-4），然后呼气，将上身躯干尽量转向右侧。重复做 4 次。

图 19-3-4

（4）吸气，把上体收回正中位置，然后回复直立姿势，垂下双臂，放开两手，休息片刻后，重复练习 3~5 次。

练习效果：可以加强双肩、肘、腰、背和髋等关节，矫正脊柱强直，此外，还可以轻柔地按摩腹部器官，有助于减少腰围的脂肪。

3. 三角侧屈式

预备姿势：基本站立姿势，调整呼吸。

练习步骤：

（1）挺直身躯站立，两脚尽量舒适地分开，脚尖略朝向外。两臂向两侧平伸，成一条直线，手心向下，这就是“基本三角式”（图 19-3-5）。

（2）呼气，慢慢向右侧屈体，右手贴着右小腿向下滑动，尽量扶住右脚踝或右脚，此时左手臂指向上方，两臂成一直线，保持这一姿势 10 秒，保持自然呼吸。

图 19-3-5

（3）吸气，两臂转动，慢慢回复到基本三角式，然后向左边做同样的练习。左右两边各做 5 次。

练习效果：三角侧屈式是一个提高身体柔韧性的极佳姿势，它可以伸展并收紧侧腰部，加强腿部力量，刺激并按摩腹部器脏，有助于消化，同时还能强化颈部、脊椎、髋关节、肩关节等多个部位。

4. 战士第一式

预备姿势：保持基本的站立姿势，两脚并拢，两臂放于体侧，自然呼吸。

练习步骤：

（1）双掌在胸前合十，举过头顶并尽量向上伸展，然后缓缓吸气，两腿分开，比肩稍宽。

（2）呼气，将右脚和上身躯体向右侧转 90°，左脚略转向右方。接着右膝弯曲，直到大腿与地面平行，而小腿则与地面垂直。

（3）左腿尽力向后伸，膝部挺直。头向上方仰起，目视合十的双掌，自然呼吸，保持这个姿势 15~20 秒（图 19-3-6）。

图 19-3-6

（4）左脚上前一步，与右脚并拢，两臂收回体侧，然后回复到预备姿势，稍休息，在另一方向重复这一练习。

练习效果：该式可以扩展胸膛，使呼吸变得均匀而绵长，对肺部颇有益处。它能按摩腹部器官，增强人的平衡力和注意力，并且对脊柱、踝、膝、髋和肩等部位都有很好的锻炼效果。

5. 战士第二式

预备姿势：挺直身躯站立，两脚并拢，自然呼吸。

练习步骤：

（1）深吸一口气，两脚尽力分开，两臂向两侧平举，与地面平行，成为“三角式”（图 19-3-7）。

（2）左膝挺直，右脚向右转 90°，左侧肢体略向右转。

（3）右膝屈曲，直至大腿与地面平行，小腿垂直于地面。然后将两手向身体两侧尽量伸展，头转向右方，目视右手手指尖，深吸气，保持这一姿势 10~20 秒。

图 19-3-7

（4）吸气，躯干和重心向中央移动，回复到“三角式”，然后转向左方，换另一方向重复这一练习。

练习效果：该式能有效地锻炼双腿、背部与腹部，增强大小腿肌肉的力量，并且可以活动肩关节，增强了各关节的柔韧性。

6. 幻椅式

预备姿势：保持基本站立姿势，身体挺直，目视前方，全身放松。

练习步骤：

（1）吸气，两掌在胸前合十，高举于头顶。

（2）呼气，双膝屈曲，放低躯干，想象正准备坐在一张椅子上，自然呼吸，保持这一姿势 10~20 秒（图 19-3-8）。

（3）缓缓吸气，膝盖伸直，两臂自然下垂返回到预备姿势。

练习效果：可强化脊柱活力，强健两腿和背部的肌肉群，增进体态的平衡和稳定，矫正不良姿势。该姿势也可以扩展胸部，增强双踝，强壮腹部器官，同时还能消除肩部的酸痛和僵硬，给予心脏柔和的按摩。

图 19-3-8

扫一扫，查看战士第一式、战士第二式

（三）坐（跪）地进行的姿势

1. 猫伸展式

预备姿势：跪坐在地面上，双手放在大腿上，自然呼吸。

练习步骤：

（1）抬臀部，两手掌于膝盖前方着地，双膝和小腿着地，成动物爬行的姿态。

（2）吸气，抬头，臀部上拱，双手直撑于地，收缩背部肌肉，保持这一姿势 5 秒（图 19-3-9）。

（3）呼气，小腹后缩，垂下头，背部拱成圆形，再保持这一姿势 5 秒（图 19-3-10）。

（4）两臂伸直，垂直于地面，恢复到先前动物爬行的姿态。重复做这个练习 4~8 次。

图 19-3-9

图 19-3-10

练习效果：该式可以活化整个脊柱，放松肩部和颈部，收紧腹肌，减缓痛经，改善月经不调和子宫下垂。它还有助于消除腰、腹部四周多余的脂肪，使身材更苗条。

2. 虎式

预备姿势：跪坐于地，臀部落于两脚跟上，上身挺直。

练习步骤：

（1）上身躯干前倾，双手撑住地板，臀部抬高，像爬行动物一样四肢着地。

（2）目视前方，缓缓吸气，左小腿贴地不动，把右腿笔直地向后上方伸展（图 19-3-11）。

扫一扫，查看幻椅式、猫伸展式、虎式

（3）吸气结束后闭气，右膝弯曲，膝盖向下方收回，但不着地。抬头，目视上方，保持这一姿势 5 秒。

（4）呼气，把屈膝的右腿向上挨近胸部，同时头部低下，目视下方，鼻尽量靠右膝，背部向上挺成拱形。

（5）把右腿伸向后上方，重复整个动作。每条腿各做 3~5 次。

图 19-3-11

练习效果：该式可以锻炼大腿后侧及臀部肌肉，使脊柱得到充分的伸展，同时可以放松坐骨神经。还可以减少腰部、髋部、大腿区域的脂肪，尤其适合女性练习。

3. 推磨式

预备姿势：坐于地上，两腿向前伸展，两手放于大腿上，自然呼吸。

练习步骤：

（1）上身自腰部向前屈体，手指交叉，手臂伸直，两臂作顺时针方向做圆周水平运动，想象自己正在推动石磨（图 19-3-12）。

（2）做完 10 圈顺时针方向的推磨动作后，停下，再继续做 10 圈逆时针方向的推磨动作（图 19-3-13）。

（3）身体回到中央位置，挺直上身，回复预备姿势，休息。

练习效果：该式可以伸展和放松肩部和腹部的肌肉，按摩腹部的脏器，促进消化。此外，这一姿势还能按摩子宫，对孕妇来说，也是一个很好的练习。

4. 顶峰式

预备姿势：跪坐于地，臀部落于两脚跟上，两手放在大腿上，自然呼吸，放松全身。

练习步骤：

（1）上身躯干前俯，两手掌心在膝盖前方撑地。

（2）保持手臂姿势不动，抬高臀部，两膝着地，跪在地板上。

（3）吸气，两腿伸直，将臀部向上顶。

（4）颈项伸直，低头处于两臂之间，整个身体成三角形。脚后跟落在地上，自然呼吸，保持这一姿势约 1 分钟（图 19-3-14）。

图 19-3-12

图 19-3-13

图 19-3-14

练习效果：该式有助于祛除臀部及大腿的皮下脂肪，使肌肉更结实，还能强壮坐骨神经，消除肩周炎，此外，还能促进头部血液循环，消除疲劳，使人精力旺盛。

5. 山式

预备姿势：莲花坐姿势。

练习步骤：

（1）十指在胸前自然交叉，手背向外。

（2）手臂伸直，向上伸展，高过头顶。

扫一扫，查看推磨式、顶峰式、山式

（3）头向下低，下巴紧靠胸骨，掌心转向上方，背部挺直，两臂尽量向上伸展。自然呼吸，保持这一姿势 1 分钟（图 19–3–15）。

（4）放下双手，回到预备姿势。改变两腿的位置，更换莲花坐姿，重复这一练习。

图 19–3–15

练习效果：该姿势可以扩展胸部，使肩部得到舒展，有助于消除肩背部的酸痛。并以一种轻柔的方式按摩腹部器官，有助于消化。此外，山式采用的莲花坐姿有助于保持心平气和。

（四）卧地进行的姿势

1. 船式

预备姿势：仰卧在地面上，两脚并拢，两手置于身体两侧，手心向里，自然呼吸。

练习步骤：

（1）吸气，双手、双脚和上身躯干同时上提，离地约 0.5 米，双臂向前伸直，并平行于地面，双腿用力伸直。

（2）闭气，全身绷紧，两眼注视脚尖，保持这一姿势 20~30 秒（图 19–3–16）。

（3）双腿、躯干还原，缓缓呼气，全身放松，回到预备姿势，重复做这个练习 3~5 次，然后再做“瑜伽休息术”，以增强其效果。

图 19–3–16

变式

当身体从地面抬高时，可握紧双拳，使全身肌肉处于一种紧张状态，然后再呼气，还原成预备姿势，再做一遍“仰卧放松功”。

练习效果：可以使全身的肌肉和关节都得到放松，缓解人的紧张情绪，增强背部力量，同时还可以促进肠胃蠕动，增强消化系统的功能。

2. 卧英雄式

预备姿势：“霹雳坐”姿势。

练习步骤：

（1）呼气，叉开两脚，臀部着地。

（2）吸气，上半身往后仰，先将右肘着地，继而左肘着地，指尖指向脚的方向。

（3）两肘逐渐向臀部方向移动，然后成仰卧姿势，两手置于体侧伸直，双膝并拢贴地。自然呼吸，保持这一姿势 5~10 秒（图 19–3–17）。

（4）双手抓住脚踝，肩肘靠着地面撑起，身体重量置于双肘上，抬头挺背，逐步恢复到预备姿势，稍休息，再重复做这一姿

图 19–3–17

势 3~5 次。

练习效果：通过身体后仰，可以刺激肾脏功能，使肾脏处于血液的滋养之中。此外，该姿势还可以滋补肠胃、肝脏、脾脏和腹部的其他器官，对于患消化不良、胃炎、便秘、痔疮等疾病的患者很有益处。同时，还可辅助治疗脊椎和关节疾病，并增强性功能。

3. 简弓式

扫一扫，查看船式、卧英雄式、简弓式

预备姿势：额头贴地俯卧，双臂在身侧伸直，手指指向脚部。两脚脚跟并拢，自然呼吸。

练习步骤：

（1）双腿弯曲，脚跟靠近臀部，两手分别向同侧脚踝靠拢。

（2）缓慢而均匀地吸气，然后屏住呼吸，头部向上抬伸。

（3）两小腿向头部方向用力，两手臂伸直握小腿，直至力所能及的最大限度，此时胸部和头部都将向上抬起。仰望天空，屏住呼吸，保持这一姿势 5~10 秒（图 19-3-18）。

图 19-3-18

（4）呼气，两手放开脚踝，头部和胸部，双腿慢慢还原，回到预备姿势。稍休息，再重复练习。

练习效果：该式能促进肾上腺、甲状腺、脑下垂体及性腺的细胞活动，使之正常分泌各自激素。它对关节、脊柱、肺部、胸部和腹部疾病也有一定缓解功效。此外，还可缓解女性月经失调症状。

4. 手枕式

预备姿势：背部贴地仰卧，双臂在身侧伸直，脚跟并拢，手掌贴于大腿外侧，自然呼吸。

练习步骤：

（1）身体左转呈左侧卧式，左侧大臂着地，抬头，弯曲左肘，用左掌托住脸的侧面。

（2）深吸一口气，右腿向上举起，右手抓住右脚大脚趾。

图 19-3-19

（3）呼气，伸直右臂和右腿，右膝绷直。自然呼吸，保持这一姿势 10~30 秒（图 19-3-19）。

（4）右膝弯曲，右腿和右臂放回原处，恢复成左侧卧式，然后放下左手，转身回到预备姿势。接下来做右侧卧式，重复这一练习。

练习效果：该式能促进腰部脂肪的消耗，减少腰部脂肪堆积。此外，它还可以拉伸腿后侧的韧带，对肩部、背部和骨盆区域都非常有益。

（五）平衡的姿势

1. 平衡式

预备姿势：基本站立姿势，全身放松，自然呼吸。

练习步骤：

（1）右腿直立，左腿自膝盖处弯曲，上抬左脚跟，脚尖朝上。左手抓住左脚，尽力使左脚跟紧贴臀部。

图 19-3-20

（2）右臂伸直，手指并拢，自下而上慢慢抬起，直至高举过头，手掌面向前方，自然呼吸，保持这一姿势 10~20 秒（图 19-3-20）。

（3）右臂慢慢放下，手掌始终保持绷紧，然后左手松开，左腿落地。休息 10 秒钟，换异侧练习。每边各做 3 次。

练习效果：该式能活动人体主要关节，消除关节的僵直和疼痛。它还能促进血液循环，强健肌肉，对膝盖、脚踝、肩关节、腕关节、手掌和手指各部位关节的病痛，均有良好的辅助治疗作用。

2. 树式

预备姿势：挺直身躯站立，两臂下垂于体侧，自然呼吸。

练习步骤：

扫一扫，查看手枕式、平衡式、树式

（1）左腿站立，右腿自膝关节处弯曲，把右腿抬至左侧大腿上，脚后跟和脚底的外侧搁置在左大腿上部。

（2）双手从身体两侧向头部抬起，当抬至头部上方时，双手合十放在头上，手腕贴着头顶。

（3）尽力将弯曲的臂肘向后伸展，使两臂肘处于同一直线上。目视前方，左腿绷紧，全身处于紧张状态，自然呼吸，想象自己如一棵顶天立地的大树，保持这一姿势 10 秒（图 19-3-21）。

图 19-3-21

（4）放开手掌，将两臂放回身体两侧，然后抓住右腿脚趾，把脚轻轻抬起放回地面，回到预备姿势，全身放松。

（5）休息数秒钟后，两腿交替，重复练习这一姿势 4~6 次。

练习效果：树式对于脚踝、脚趾、膝盖、髋关节、肩关节、肘关节和双手都有很好的锻炼效果，它使身体的大小关节均得到活动，促进了关节的血液循环，从而使人体的关节功能日渐强化。

五、瑜伽动作的创编

（一）瑜伽编排的原则

1. 系统性原则

瑜伽在编排上要求全面、合理、适用和易模仿。为达到编排的锻炼效果，使心、灵、气、关节、肌肉得到舒展和有机的配合，必须很好地遵循编排的系统性原则。

2. 针对性原则

在瑜伽课程的编排中，要特别关注针对性原则。针对性既指对性别、年龄等不同的群体的特定需求，对瑜伽具体内容、方法、难度进行编排，这样才能实现瑜伽的锻炼效果。

3. 平衡负荷原则

负荷是人体在生活、工作、学习、运动中所承受的负担。负荷又分为两大类，一类是心理负荷，另一类是生理负荷，生理负荷中包含运动负荷。在瑜伽练习中要充分考虑练习对象心理和生理的实际情况，有些侧重于心理负荷，有的侧重于生理负荷。因此在编排中要充分考虑到这些因素，因人施教，使瑜伽锻炼者能充分释放压力。

4. 渐进性原则

渐进性原则适用于一切体育运动项目。瑜伽运动锻炼时必须遵循要由弱至强、由简至繁、由易至难、由低至高的锻炼过程。例如，可采取逐步增加练习次数、练习时间和动作强度的方式。开始的静思盘坐、呼吸调整，由简至繁的体位练习，直至进入全部状态。

5. 超负荷原则

瑜伽健身针对的群体是多样的，初学者或体弱年迈者，宜采取平衡负荷和循序渐进的方法进行练习。但对于年富力强和有一定基础的瑜伽者练习来说，则需要采取超负荷原则。瑜伽练习的复杂度和强度（包括动作难度和功能难度），应逐渐增加使练习者的运动量略高于前一次练习的运动量。运动效果的提升在很大程度上取决于运动量的刺激程度，从而使身体机能、体质、身心锻炼达到更加理想的效果。当瑜伽练习到一定强度后，会形成一个适应周期，并达到相应的锻炼效果。当机体对原有的运动负荷反应减弱时，这就需要适当增加刺激强度，以适应新的身体需求。但运动负荷的增加不能过度，否则会造成运动性超负荷损伤，以至造成“欲速则不达”。

6. 个性化原则

个性化是对不同年龄、不同体质、不同健康状态从事瑜伽练习时所开展的因人而异的个性化施教原则。例如，根据具体个人情况实施特殊指导练习，以提高学习兴趣，对某些体位动作难度大的，可重点示范，以确保其动作的准确性。体质较弱的练习者，要事先掌握其身体情况，利用课前、课后时间个别交流。

7. 趣味性原则

瑜伽练习力求通俗易操作，充满生机和活力，难度适宜，把简单动作做美，难的动作做简单，深入浅出，从音乐配置、动作美感、连贯流畅、姿态体位做到恰到好处，从而最大限度调动练习者的积极性，因此趣味性原则十分重要。练习时可引入各种不同风格和流派的瑜伽，保持练习内容的新鲜感，减少过多的内容重复，背景音乐也应该在主题风格不变的前提下时常变换，指导者的妆容和服饰也应适当变换，以增加练习者的新鲜感和学习兴趣。

（二）瑜伽创编的特点

1. 连续

瑜伽要求学生在练习时，达到最大限度的拉伸，动作间的连接要流畅，精、气、神融为一体。

2. 脊椎主导

瑜伽主要由脊椎运动、伸展与自然运动组成。脊柱是身体最重要的支柱，连接四肢及头部，而且神经系统通过脊柱通向大脑，控制身体各个系统，如呼吸系统、循环系统、泌尿系统及生殖系统等，瑜伽是通过脊柱这一重要通路来达到调节身心的目的。因此在创编瑜伽课程时，动作设计要充分考虑脊柱主导性。

3. 动静相宜

在创编瑜伽课程时，应深刻理解瑜伽的内涵，瑜伽与其他运动最大的区别是净化心灵，使练习者真正达到身形合一。在瑜伽练习时不能只注意动作，更应该强调心境。练习时要缓慢、层次分明、呼吸有序、心态平和、动作缓慢、内外和谐。

4. 内外相济

瑜伽练习要充分考虑到瑜伽的内外柔韧相济的特点，从柔和呼吸、平和心态、韧性的动作等达到柔韧相济。瑜伽的姿势功法对柔韧均有一定要求，不同动作对柔韧的要求不同，不同的练习者其柔韧性也有较大差异，所以在创编瑜伽课程时应根据练习者的实际，选编合适的动作以免练习者受伤。

5. 自我调试

瑜伽练习对身体、精神和情感能产生积极影响。练习瑜伽的关键在于姿势，这些姿势用来按摩、刺激和调和身体所有部位，并达到强身健体的目的。

（三）瑜伽课程的编排方法

1. 瑜伽姿势法

这由许多传统的瑜伽姿势组成，也包括瑜伽姿势前所做的瑜伽热身运动和几项瑜伽身体洁净法。瑜伽课程在创编时要合理组合，动静相宜，内外协调。

2. 瑜伽呼吸法

瑜伽的呼吸法有胸式、腹式和横膈膜三种，呼吸法是瑜伽练习的重要内容和方法。胸式呼吸的主要作用是加强胸部的肌肉力量，增加上肺部肺活量。腹式呼吸的主要作用是给有机体供氧，按摩内脏，减少腹部脂肪，增加腰部力量。横膈膜呼吸的主要作用是有效吸入氧气，加强排泄，刺激新陈代谢，滋养皮肤，减缓心率，增加肺活量，消除紧张。因此，瑜伽课程的创编中，应把瑜伽呼吸法作为瑜伽练习入门的重要基本功来学习，并按照练习的深度和难度予以动作配合，以达到练习的最佳效果。

3. 瑜伽冥想法

主要由冥想、坐姿、呼吸及收束法、契约法组成，为瑜伽的较高阶段，此法可使内心和平宁静，达到身心合一的极佳境界。瑜伽冥想法可使整个神经系统得到有益影响，主要是通过控制交感神经与副交感神经保持平衡来实现的。因此，在适当的练习阶段对学生增加瑜伽冥想法的练习内容，以增加瑜伽练习的功效。

4. 瑜伽放松法

瑜伽放松法的内容主要有呼吸放松法、正确练习法、正确的放松法等。正确呼吸可增加氧气吸入量，并通过正确的呼吸为身体补充养分，并通过对呼吸的运作控制大脑和精神。正确练习法可以通过各种体式自然调节肌肉、关节和肢体的活动，促进血脉流通。正确的放松法有助于练习者将压力彻底释放出来，使学习者保存能量、消除疲劳、驱散忧虑，帮助练习者抛弃负面或悲观的想法，保持乐观积极的情绪。

5. 瑜伽治疗法

瑜伽的治疗功效被世界认同。其保健治疗范围广泛而效果明显。如对呼吸系统、循环系统、生殖系统、神经系统等方面具有明显的保健作用。还能减肥塑身、改善睡眠、解除病痛、低抗抑郁等。瑜伽练习时要根据练习对象的需要选择练习内容，要有针对性，从而达到瑜伽治疗的最大功效。

六、瑜伽练习评价

针对技术水平较低、又对瑜伽运动感兴趣的初学者，应通过学习了解瑜伽运动的基本理论，了解印度传统保健功法的特点和锻炼身体的价值。巩固所学的瑜伽姿势动作，强化体育保健意识，养成终身强身意识，达到强身健体、终身受益的目的。

瑜伽动作考核主要分为单人姿势评价、双人瑜伽辅助练习评价和小组编排动作评价三种，其技术标准如下：

及格（60~69）：独立完成整个或整套动作，没有明显的停顿、遗漏、路线的错误。

中等（70~79）：能独立完成整个或整套动作，方向基本正确，动作过程较清楚，意念、呼吸、姿势基本协调统一。

良好（80~90）：过程清楚，动作协调，意念、呼吸、姿势配合较好，整个或整套路编排合理。

优秀（90~100）：过程清晰，意念、呼吸、姿势配合较好，整个或整套路编排合理、新颖，能充分表现出瑜伽的神韵。

第四节 排 舞

一、排舞概述

排舞（全健排舞）作为一种国际性的健身舞蹈，兼具拉丁舞的热情奔放和国标舞的优雅舞姿，集舞蹈、体育、艺术于一体，具有广泛的健身性、娱乐性和大众性。近年来，排舞风靡世界，受到不同国籍、性别及年龄的人们的参与和喜爱，已成为一种“国际健身语言”。排舞，从字面上理解，就是一种排成一排排跳的舞蹈，它源于20世纪70年代的美国西部乡村舞曲，也叫牛仔舞。起先用吉他和拍手的方式起舞，随着时代的发展，后来融入了欧洲宫廷和拉丁式的舞步，舞步多元，风格创新，简单易学，是一种既可个人独享，又可与团体共乐的舞蹈。

排舞的舞步源自欧洲皇室的宫廷舞，当时的舞风绅士且拘谨，属于贵族间的舞蹈，后来流传至民间改造成轻松的舞步，并随着欧洲移民到了美国，成为美国20世纪初期流行的社交舞。由于社交舞蹈必须由男女结伴才能起舞，这极大地限制了喜欢跳舞却没有舞伴的人群。因此，当时美国的一些社交舞俱乐部就尝试着让大家站成一排排的队形跳舞，而不用按照方块或圆形的站位形式男女结伴跳舞。受此启发，美国的一些迪斯科俱乐部和西部乡村民间舞蹈俱乐部也纷纷效仿，派生出各种不同风格的排舞。其中，美国西部乡村民间舞的传播与发展，形成了现代排舞最为典型的一种风格形式，西部牛仔装扮至今仍被保留。近些年，在日本、新加坡和中国香港、中国台湾等地都掀起了一股排舞热潮，受到各个年龄层的欢迎。

2008年8月，排舞作为一项新型大众健身项目引入中国，立即风靡全国。目前，全国大部分省、市、自治区都开展了排舞的推广普及活动，全国已有近千万人参加排舞健身活动。

（一）排舞的概念

排舞是一项通过丰富的舞步变化和段落循环将舞蹈、音乐、体育、艺术有机结合，用以诠释风格各异的舞蹈形式和音乐元素，从而娱乐身心的健身运动。

（二）排舞的特点和特色

排舞具有老少皆宜、简单易学、无需基础、需舞伴、场地无限制等优势。

排舞的特点很多，它现在已经发展到了3 000多支舞曲，每一支舞曲都有自己的独一无二的舞码。新舞曲的编制，必须经过国际排舞协会的认证才能够在全球发行推广。所以，同一支舞曲，全世界的跳法都是统一的。在这个一致的舞蹈标准下，排舞的舞者可以在世界各地享受以舞会友的乐趣。每当有新的舞曲时，经过排舞协会认证的专业排舞教练可以根据新的舞码来传授给学员。排舞的特点和特色可以归纳如下：排舞具有流行性质，全世界最好听、最流行的歌曲几乎都被编成排舞；舞步有难有易，排舞的难度分为 beginner（初学）、intermediate（中级）、advanced（高级）等；舞曲风格各异，表现形式多样，自娱自乐、健身、表演、比赛均可。

（三）排舞的规律和内容

由于不断的有新的舞步和舞曲出现，跳排舞始终有新鲜感。排舞协会还会在全世界举行比赛，参加的人数经常会打破吉尼斯世界纪录。这也是排舞在全世界广泛传播的原因之一。

排舞的每一首舞曲，可由 32 拍、48 拍或 64 拍等不同的循环节奏组成。所以，每首曲子的舞步也随着特定的循环节奏而重复。另外，每首排舞的基本跳发规律还分为 2 个朝向和 4 个朝向交替旋转。

（四）排舞的分类

排舞按照音乐旋律和舞蹈段落可分为 4 种类型：表演型排舞、分段型排舞、常规型排舞和组合型排舞；按照排舞身体随舞曲段落改变方向划分，即在整支舞曲节奏当中根据舞蹈段落重复时身体方向的变化划分，排舞又可分为 3 种类型：没有方向变化的排舞、有 2 个方向变化的排舞和有 4 个方向的变化的排舞；按照排舞运动的风格特征，排舞又可分为两种类型：拉丁风格和非拉丁风格。

（五）排舞的作用和健身价值

作为一个新引进中国的舞蹈运动项目，学跳排舞不但可以从中学到优雅的姿势，还可以放松心情，舒缓紧张的情绪，并且可以轻松达到健身减肥的效果，让生活更加健康美好。

1. 排舞的作用

体现在：舒缓身心压力，增强心肺功能，塑造优美形体，增强身体协调，结交更多朋友，彰显团队精神。

2. 健身价值

（1）健体价值：排舞具有锻炼的价值排舞具有体育锻炼的价值，经常进行排舞练习，心血管和呼吸系统都能得到良好的锻炼，改善心肺功能，加速新陈代谢过程，促进消化，消除大脑疲劳和精神紧张，从而达到增强体质，增进健康，延缓衰退，提高人体的活动能力等良好的健身作用。

（2）健心价值：从心理学的角度来分析，在翩翩起舞的过程中，其注意力必然都集中在欣赏优雅的舞曲音乐，并沿着节奏将内心情感抒发在舞姿上，由于注意的转移，就能使身体其他部分的机能得到调整和休息，所以，参加排舞这项运动能消除紧张的情绪和缓解压力，练习者在优美动听的音乐、美妙的舞姿中，消除疲劳、陶冶心灵，感受愉快的情绪，从而达到最佳的心理状态。

（3）健脑价值：在排舞的练习过程中不仅要运用形象记忆、概念记忆，而且还要运用情绪记忆和运动记忆，而随着年龄的不断增长，记忆力会以很慢的速度减退，这是自然规律，也是正常现象。通过排舞练习以及对大脑神经的不断刺激，可以延缓记忆力减退，达到良好的健脑效果。

（4）健美价值：排舞的练习是在优美动听的音乐旋律中，用心灵共舞，把细腻的情感注入舞姿中，并以高超的舞蹈技艺、形神一致地表现出各种动与静的姿态，塑造出各种美妙的意境组合，体现出美的姿态、美的造型，创设出体育与艺术、健与力高度结合的意境，给人们艺术熏陶和美的享受。因此，排舞练习对形态、姿态、健康等方面都有较高的要求，经常参加排舞练习是很好的形体训练，提高人体的协调能力，强健身体的各个部位的肌肉群，以及增加骨骼的骨密度，具有十分积极的健美作用。

（5）排舞终身锻炼的价值：排舞适合各个年龄层次，学练的门槛较低，“凡是会走路的人都会跳排舞”这句话说明了即使没有舞蹈基础，也能进行排舞练习。对不同性别、年龄层次的人群都较为适合，青年人比较喜欢热情奔放、激情洋溢的舞曲和舞蹈类型，就可以选择拉丁舞、爵士舞、街舞、舞厅舞等舞蹈风格；中老年人则可以选择舒缓、柔情的华尔兹和恰恰恰等舞蹈风格。

排舞是将健身性、娱乐性、观赏性、趣味性和群众性等融为一体的运动形式，与现代生活方式密切相关。目前，这项运动在世界上已被列在几大最具健身性项目的首位。

二、排舞基本舞步和技术

（一）基本舞步

1. 基本步法和转体术语（Traveling Step）：

序号	中文	英文	序号	中文	英文
1	平衡步	Balance Step（Waltz）	12	夜总会二步	Night Club（Basic）
2	恰恰步	Cha Cha Cha（Shuffle Chasse）	13	摇椅步	Rocking Chair
3	查尔斯顿步	Charleston	14	水手步	Sailor Step
4	海岸步	Coaster Step	15	桑巴步	Samba Step
5	桃乐茜步	Dorothy	16	剪刀步	Scissors Step
6	藤步	Grapevine/Vine	17	趾踵步	Strut
7	爵士盒步	Jazze Box	18	糖果步	Sugar Step
8	踢换脚	Kick Ball Change	19	开关步	Switch
9	锁步	Lock	20	定轴转	Pivot Turn
10	曼波步	Mambo Step	21	蒙特利转	Monterey Turn
11	纺织步	Weave	22	三连步转	Triple

扫一扫查看基本步法和转体详解

扫一扫查看基本步法视频

2. 基本步法和转体详解

3. 基本步法视频教学

（注：更多舞步教学视频请下载“排舞中国”APP。）

（二）基本技术

基本技术是各类动作完成技术中共同的最主要而简单的技术要素，它寓于基本动作之中，如伦巴的基本技术是库克拉卡，即胯做横向八字运动，在胯做八字运动时，身体也是跟着运动，其内在特征是上压、下顶，形成胯的自然扭摆，同时身体拧紧，身体内部存在一股韧劲。掌握正确的运步方法是跳好拉丁舞的核心。拉丁舞的运步都伴随着身体和胯的运动，并且是由身体尤其是背部肌肉引领和发动的。

三、排舞推广曲目

扫一扫查看全国排舞推广曲目分享

1. 初级：《找到爱》《欢迎来到 60 年代》
2. 中级：《也许明天》《亲吻天空》
3. 高级：《自然节奏》《和你在一起》

注：更多排舞视频请下载“排舞中国”APP 软件

四、排舞比赛项目和裁判法

扫一扫查看排舞项目和裁判法

（一）排舞比赛项目

1. 单人
2. 双人
3. 小集体（6—12 人）
4. 大集体（12 人以上）
5. 排舞创编（不限人数，不限年龄）
6. 公开组排舞（注册会员项目，要求：3 人以上、不限年龄、不限国籍）

（二）裁判法

1. 评分办法
2. 曲目的评分因素与分值
3. 总裁判长加减分
4. 纪律与处罚
5. 特殊情况
6. 申诉

五、排舞自我锻炼

对于初学者，基本动作的训练应从舞姿、基本技术、运步和基本的音乐处理方面着手。当基本动作练习到一定阶段后，再进行速度训练和高级的音乐处理训练。在进行基本动作训练时，要及时发现错误并给予纠正，克服低头、含胸、收肩、耸肩、松腰、挺肚子和勾脚等错误动作。

（一）基本站位练习

（1）前脚站位：一脚站立，脚尖稍外展，另一脚在后侧，两腿夹紧，脚背垂直朝外，在拇指内侧轻点地，前脚跟与后脚尖成一直线与肩轴垂直，后背肌肉收紧并把后腿一侧的胯拉起，两腿伸直，尾椎略前顶，七位手，两眼平视前方，头上顶，下颌微内收。

（2）后脚位站位：一脚站立，脚尖稍外展，另一脚在前侧，两腿夹紧，脚背绷直朝外，脚外侧轻点地，前脚跟与后脚尖成一直线与肩轴垂直，胯朝后脚外侧稍打开，后背肌肉收紧，身体拧紧，两腿伸直，尾椎略前顶，七位手，两眼平视前方，头上顶，下颌微内收。

（3）侧脚位站位：一脚站立，脚尖约朝外，另一脚在前侧，两腿夹紧，脚背绷直朝外，脚尖轻点地，胯朝后脚外侧约微打开，后背肌肉收紧，身体拧紧，两腿伸直，尾椎略前顶，七位手，两眼平视前方，头上顶，下颌微内收。

（二）身体的灵活性练习

两脚分开约肩宽，臀部固定微向前顶，两臂放松，做身体的前、后、左、右绕环练习，头部要始终上顶。

（三）柔韧练习

每天在把杆上进行各种方位的腿部拉伸练习，头颈、肩部、腰部、背部屈伸练习，手臂的拉伸练习，身体的旋转练习等。

（四）专项舞步练习

对自己不熟练的舞步可以对着镜子进行分解练习，先进行慢动作练习，再进行连贯练习。对拿不准的动作，在自己进行练习时，可以邀请合作舞伴或老师单独辅导，并在老师或舞伴的带领下进行练习。

（五）乐感练习

（1）反复听音乐，识别和熟悉音乐的旋律，跟随音乐口练音乐节奏。

（2）按音乐节奏练习动作，如在伦巴音乐里做行步练习，一拍一步，走在2、3拍上；一拍两步，分别走在4拍和1拍上。

（3）练习时可以改变音乐的速度，放慢练习节奏，再慢慢回到音乐原来的节奏进行练习。

（六）成套动作练习法

根据一套动作的难易、学习安排、技术水平及掌握动作熟练程度等情况，可选用下列练习方法：

（1）分节练习法：即每节动作分别练习。常在新学一套动作、成套动作不熟练及动作变化较复杂的情况下采用。

（2）分段练习法：将全套动作分成几段，每次专门练习一段的各节动作，最后将各段连接起来练习为成套动作。常为分段熟记和提高动作质量时采用。每段练习又可采用分节和连续练习方法。

（3）累积练习法：即从第一节开始，先单独练习一次，接着与前面的节数连起来练一次，依次练完全套动作。常为提高全套动作连接和熟记动作时采用。

（4）连续练习法：即全套动作从开始至最后一节不停地连续完成。常在动作较熟练和加大练习负荷时采用。

（5）断连练习法：即在全套动作连续完成过程中，其中某一、两节动作暂停采用分节练习。常在基本熟悉全套动作、但个别节的动作掌握不好时采用，以强化某节练习。

（6）重复练习法：即每节动作先练二八拍后进行纠正，接着再重复练习二八拍。常在学习新动作或较复杂动作时采用。

（7）对称练习法：即在一节动作中，按左右路或前后排，在动作方向、部位、方法等方面相对称地练习。常在动作熟练时，为提高练习难度、兴趣及配合能力而采用。对称方法可采用面对、侧对、背对、起伏、转动、移动等来做。

自我测试

根据实际情况进行以下选择：

	是	否
1. 我以前听说过排舞。	□	□
2. 我看过广场上许多人跳广场舞。	□	□
3. 我喜欢和好多人在一起跳集体舞或广场舞。	□	□
4. 排舞和广场舞没区别。	□	□
5. 我喜欢自己编自己跳。	□	□
6. 我喜欢看广场上许多人跳广场舞，自己不想跳。	□	□
7. 我喜欢听排舞的音乐，因为它们都是非常好听的流行歌和世界名曲。	□	□
8. 我对排舞并不了解，但是自从了解和学习了排舞后，我特别感兴趣。	□	□
9. 排舞练习可以提高我的协调性。	□	□
10. 自从跳了排舞后，我的性格变开朗了，朋友也多了。	□	□
11. 排舞练习不仅使我加强了乐感，而且还带给了我活力。	□	□
12. 排舞运动可以增强体质。	□	□
13. 排舞运动相对健美操更简单一些，所以我较喜欢跳排舞，它使我增强自信心。	□	□
14. 排舞运动让我结交了更多的朋友。	□	□
15. 排舞运动人多、场面大，音乐又好听，所以气氛好，也使人心情好起来。	□	□
16. 排舞运动的比赛难度不大，如果有比赛，我愿意尝试一下。	□	□

第五节 门 球

一、门球的起源与发展

门球是高尔夫球与撞球的混血儿，规则简单，轻松有趣，可以激发参与者的脑力、促进身心健康，是一项经济实惠、老少咸宜的新兴运动。

门球运动始于13世纪的法国，当时称为槌球（Croguet）。传到英国后，这项运动大为风行。1947年12月，门球传入日本北海道，经过铃木和伸的改良和精简（如每队由6至8人改为5人，球门也由6个精简为3个），成为正式的门球运动

（Gate Ball），并风靡世界。

门球运动已有700多年的历史，其发展经历了一个由兴转衰、由衰又逐渐转兴的过程，可以分为缓慢发展、逐渐复兴、迅速发展三个时期。

20世纪30—40年代，门球就已经跨越了欧美区域，传到了中国。当时的燕京大学（即今北京大学），曾把门球当做体育课在学校普及。

1983年5月，日本的第一个门球使节团来华访问。他们向中国友人传授了球艺，于是门球再度传入中国。门球运动便如星火燎原之势，席卷神州大地，各省市纷纷成立了门球协会，全国性的门球组织—中国门球协会也于1989年7月宣告成立。1989年8月，中国加入了世界门球联合会，同年10月28日，中国第一次参加了第四届世界门球锦标赛。

二、门球基本技术

门球技术动作具有简单、朴实、易于接受的特点，而同时它又具有科学性、高难性、艺术性。它易学难精、奥妙无穷。门球技术归纳起来可分为两大类，即击球和闪球。

（一）击球技术

击球姿势要优美、动作潇洒、舒展大方、准确性高、有益健康。下面简介三种基本姿势与打法：

1. 横向侧打

与高尔夫球的打法相似，人们大都采用这种击球姿势。横向侧打适宜天然草坪场地，姿势具有力度之美，但美中不足是横向瞄准难度大，中远距离撞击命中率不高。

2. 纵向正打

纵向正打是中国人独有的一种打法，技术动作构成包括站位、握杆、瞄准、度力和击球。

（1）站位：两脚左右分开，与肩宽或稍宽于肩，左右两脚尖和两脚后跟与自他球的延线距离相等，脚尖与自球约30厘米，两脚尖与自球成为一个小等腰三角形，与目标球成为一个大等腰三角形，身体重心在两脚之间，双膝微屈成马步。

（2）握杆：一般右手在下，左手在上，掌心向前，按握杆的部位分高、中、低三种，这种击球姿势，中握杆的占绝大多数。

（3）瞄准：一选点、二成线。选点就是选目标的瞄准点，成线是指四点成一线，即目标、自球、槌头前、后端中心点在一条直线上。在此基础上可采用延长距和缩距瞄准法，延长距指自球与目标这条线向两端延伸很长。在瞄准击球时看作是这条长线上的一部分，缩距是在自球与目标之间再找供瞄准用的参照物，由很远的目标点，缩成较近的目标点。

（4）度力：根据场地平整度、干湿、沙子粗细和多少来决定力度的大小，以控制球的落点。

（5）击球：动作构成，后拉、前摆、击球、顺势前送。后拉要慢，保持槌头在自他球的延线上，后拉距离要适当，一般在20厘米左右；前摆方向准确，力度适当；击球时眼盯自球击点；顺势前送要度力，不能左右摆动，如果完成击球动作后，槌头停在空中，应该不偏离自他球的延长线上。

这种击球姿势从技术动作构成看，姿势优美、动作协调、便于瞄准，是打沙土地、人造草坪场地首选的一种击球方法。但也存在不足：一是它发力主要集中在小臂并带动大臂，两手的用力大小和两手之间的距离都会对击球的稳定性产生影响。握棒偏下稳定性好，但视线不好。握棒偏上视线好又稳定性差。二是在击球的后拉、前送过程中，槌头很难保持在自球与目标的延长线上，也就是说很难打的准。

3. 槌头贴脚击球法

这种击球法是在纵向侧打、纵向正打的基础上，加以改进，并经过试验总结出来的。主要动作有站位、握杆、瞄准、击球 4 项。

（1）站位：先找目标与自球连线的延长线，然后左脚向前，右脚与左脚呈斜丁字步，身体重心在右脚。左脚尖与自球的距离要随目标远近而定，击近球以 10~15 厘米为宜。击远球适当加长。

（2）握杆：杆长一般在 95 厘米左右，右手在下、左手在上，右手心斜向左方，食指伸直，其余四指握杆，手心宜虚。左手自然握杆，手心斜向前方，虎口向下，两手距离随击球远近调整。

（3）瞄准：槌头贴在左脚内侧，槌头前端微翘起，适当超出脚尖。通过左脚做左右微摆，对构成击球方向线（即目标，自球中心及槌头前端，槌尾中心四点一线）的瞄准起微调作用。

（4）击球：击球前先试挥杆，即槌头贴脚做后拉前击动作。当确认槌头已沿击球方向线滑动无误后，将自球击出。击球的一瞬间，眼睛要紧紧盯住自球的击球点，使槌头端面中心击在该点上。用力不要太猛。击球时的发力，近距离用腕力；中远距离用手腕和小臂发力，切勿用大臂发力向前扬杆。

（二）闪击技术

闪击是指通过击打踩在脚下的自球的冲击力，使他球产生移动的击球，闪击技术是门球两大基本功之一，也是技术难度大，精度要求高，动作环节多的门球技术。

1. 闪击姿势和站位

闪击姿势可谓多种多样，但从形态、闪出方向、挥杆方式等方面略加概括，较多用的姿势和站位有低姿单臂式、高姿横打式和横向击打式。

闪击球的姿势，无论选取哪种，都要有利于瞄准和挥杆闪击，并保持身体重心平衡稳定，动作协调灵活，还要力求体态优美，挥洒自如。

闪击的站位服从于闪击姿势。横向打击，一般以左脚前伸踩球站位，右脚以不同步幅后撤。取低姿击打需以较大步幅后撤，取高姿击打时，后撤步幅宜小。纵向击打两脚前后拉开的幅度与横闪近似，只是左脚要以一定斜角踩球站位。

2. 闪击的基本动作

一拿、二指、三踩、四放、五瞄、六击，这是打好闪击球的 6 项要点。

（1）一拿：凡撞击他球后，待两球均停稳时，应迅速拿起被撞击他球，快步走向自球。

（2）二指：闪击他球出界击球员要明确指定方向。

（3）三踩：踩球是闪击技术必不可缺的重要环节，要利于瞄准和出杆闪击，它关系到闪击的成败。须注意：

一是踩球部位要适当，一般应把自他两球踩在前脚掌下，并适当靠向脚尖，使脚尖与球边持平或稍前出，不宜踩在脚心之下。这种踩法有利于测视扫描和调整瞄准方向线，减轻“前挤力”，利于冲震时控制闪出方向。

二是踩球角度取直角，踩球的脚在定位时，一般要求脚的中心线要与目标方向线垂直（图19−5−1）。

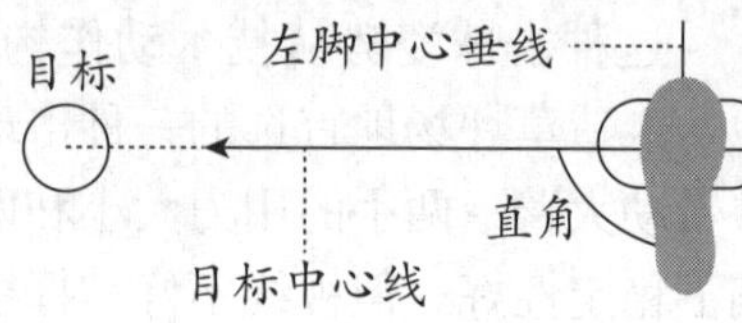

图 19−5−1 踩球角度

这种方式不仅有利于站位的稳定和顺畅出杆闪击，而且有助于进行瞄准，即可依据直角垂线调整他球中心点方位，构成瞄准线。纵向击打式则不能直角踩球，而是以一定斜角踩球。斜踩球如遇有障碍，也需根据障碍情况和可能，调整踩球角度。

（4）四放：将他球放置于脚下，并将两球靠紧。为保持踩球的稳固，必然要施加压力。一般要求自球重踩，他球轻踩。提倡以脚趾关节窝部控制两球向下扣压，尽可能减轻倾斜向前的挤压力。以防脚下球受到闪击冲震时向前移位或两球接触点错位，以致造成闪出方向偏差。

（5）五瞄：基本瞄准法是自球、目标、他球“三点成一线”。假如槌头参与瞄准，则要再加槌头前端和后端的两个中心点，变为“五点成一线”。

瞄准是在自球与目标之间已存在中心点连线的条件下，通过目测扫描把他球中心点调整到自球与目标的中心点连线上，由于踩球后，自他球中心点已被鞋遮盖，不易看准，可采用目测球体横轴线球边切点的方法，以两球边侧视并调整他球方位，使自球、他球、目标“三边成一线”最后构成瞄准线。调整他球位置，是一项精度要求极高的细活，允许偏差很小，因此提倡微调并反复校正。为提高瞄准精确度，还可选择一些辅助方法。例如，可在目标方向线上靠近自球处的地面上选择一个或多个小标示物（大沙粒、草屑、印痕等）作为校正瞄准线的参照点，则有助提高准确性，尤其是瞄远距离目标则更有效果。此法等于把目标从远变近。

（6）六击：发力挥杆闪击，是优质高效完成闪击任务最为关键也是闪击技术最核心的最后一个技术环节。根据闪击他球落位的远近距离，掌握击球力量，挥杆击打自球，注意槌头中心线要与击球方向线一致，槌头要沿击球方向线直线摆动，击打在自球后部中心点上，若击球方位不正，则易将球闪偏。

3. 闪击方式

（1）正放正打。

（2）正放斜打。

（3）斜踩正打。

（4）斜放正打。

闪击过程中的各项技术动作要正确定型，并力求准确合理，做到程序化和规范化，这是保证发力闪击获得成功的基础条件。闪击球的一整套程序动作，必须在10秒钟内完成。时间紧、动作环节多、难度大、精确度要求高。因此，特别强调闪击技术各项动作和方法要科学合理，熟练精湛，最后正确定型，做到技术动作规范化。

三、门球战术

（一）门球战术概述

什么是门球战术？简单地讲，就是在门球比赛中取胜的原则和方法。门球战术是依据门球规则和门球比赛的特性，统筹组合各种技术，巧妙布阵，制订攻防谋略，夺取胜利的一种方法。

门球战术要遵守门球规则，合理运用门球规则，如按①~⑩序号轮次击球的规定，就产生了先手球、后手球、连号球、隔号球；只有一个球号上场击球，其余九个球等待的规定，就产生了在杆球、待杆球；界外球只能进场不能撞球的规定，就产生了界外球、界内球；一、二、三门依顺序进门得分才有效的规定，就产生了门前门后，一、二、三门战术；一次过门并撞击他球有两次续击权的规定，就产生了双杆球；撞击成功后有闪击权的规定，就产生了闪带、闪顶、闪挤、闪送、闪柱等战术。

门球战术具有多样性与多变性。多种不同技术和战术的组合，组成了多种不同的新战术，这就构成了门球战术的多样性。比赛双方在不同阶段、不同地域、不同形势下，采用不同战术，就产生了对这些战术的各种应对措施；比赛双方多种不同战术的成功与失败，又导致双方不同战术的多变性；双方采用多种战术互相制约，将使场上形势多变，异彩纷呈，奥妙无穷，这正是门球运动的魅力所在。

门球战术具有攻防转化性。攻防是一对矛盾的两个方面，攻中有防，防中有攻，相互联系，相互制约，相互依存，双方攻防互相转换。双方攻防成功与失败，直接造成比赛场上优势与劣势，主动与被动，胜利与失败的不同结果。而且这种变化繁多，千变万化；变换速度快，瞬息万变。

门球战术具有针对性与对抗性。双方为了夺取胜利，都制订了多种最佳战术方案，而且针对性强，对抗性强，在双方的激烈竞争中，千方百计争夺场上主动权，或控制场上局势，或攻击对方有生力量，或占据要隘，或使己方多得分，对方少得分。双方短兵相接，奋力拼争，动用一切可能采用的技术手段和战术谋略，真是杆杆皆战斗，处处谋杀机。

（二）门球战术的原则

门球战术原则是指在制定和运用战术时所依据的法则或标准。

（1）实事求是的原则：一切从实际出发，求真务实，是制定和运用门球战术的基本出发点。即根据场上局势、双方技、战术水平的实际及场地的实际情况，因人、因地、因时制宜，才能制定和运用好战术。

（2）服从全局的原则：制定门球战术，必须服务战略的需要，从全局出发，统筹组合运用各种技术，制订攻防谋略，绝不能因小失大。即便是突出重点战术，也要服从全局，服从整体。

（3）保存自己的原则：只有保存自己，才能攻击对方，才能战胜对方。只有场内球才有攻击力。自球都被打出界或自杀出界，就失去直接攻击对方的能力，皮之不存，毛将焉附。而凡是场内的球都不会绝对安全，只有相对安全。所以在技术组合、战术组合中首先要考虑的是保存自己，安全第一。

（4）密切配合的原则：门球比赛是一个群体对另一个群体的整体对抗，决定胜负要靠整体实力，只有密切配合，协同作战，才能赢得胜利。

（5）攻防兼顾的原则：门球的攻防战术是一对孪生兄弟，贯穿于比赛的全过程。正确处理攻防关系是门球战术的核心内容，也是比赛胜败的关键。要树立进攻第一的思想，只有以攻为主，才能打垮对手。以攻为主，攻中求势，攻以求生，攻以取胜；

以防为辅，只有防得住，才能攻得成。要积极进攻，攻防兼顾，攻中有防，防中有攻，以攻为守，防中待攻，这就是门球攻防的辩证法。

（6）机动灵活的原则：可以归纳为16个字：势变法变，以势定法，随机应变，变中取势。要做到前变后要变，你变我也变，有漏必拣，有空就钻，自误要补，转危为安。

四、门球规则

（一）门球场地

门球场地为长方形，分为比赛区（通称场内）和限制区，地面要求平整，无任何障碍物。

（1）比赛区长20米、宽15米，由带状比赛线的外沿圈定。

（2）限制区为比赛区外侧0.5~1米范围的区域，由带状限制线的外沿圈定。

（二）器材

1. 球槌

球槌由槌头和槌柄构成，呈“T”字形，重量及材质不限（图19-5-2）。

（1）槌头长18~24厘米，材质坚硬，其外形不限（一般为直柱体），直径为3.5~5厘米，槌头两端面为击球面。

（2）槌柄长度不小于50厘米，固定在槌头中间。为便于球员握槌，可用胶带或织物等包裹槌柄。

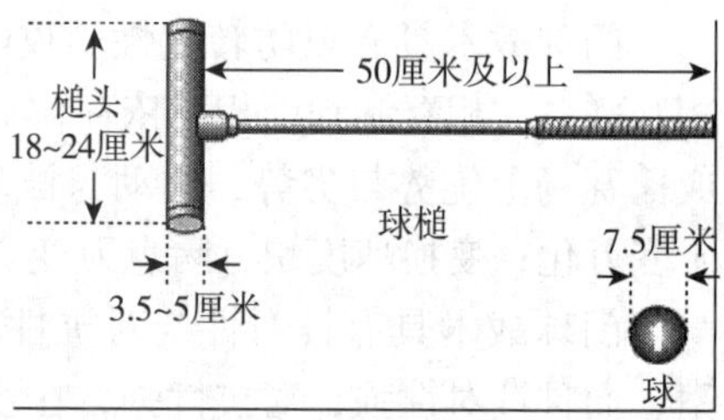

图19-5-2 球槌和球

2. 球

（1）比赛用球是由合成树脂材料制成的圆形球体，球体直径为7.5厘米（±0.7毫米），重230克（±10克）。

（2）球分红、白两色，各5个。红底白字球为奇数球，号码为1、3、5、7、9；白底红字球为偶数球，号码为2、4、6、8、10。号码字尺寸为5×5厘米，标示在球面对称的两侧。

3. 球队

每支球队由5~8名队员组成（5名上场队员和最多3名替补队员），设1名队长。球队可另设1名专职教练员（如教练员兼任运动员，应包含在队员名额内）。

4. 比赛形式

（1）比赛在两队之间进行，每队5人，每人1球，球号与队员号码、击球顺序一致。

（2）比赛由先攻方的1号队员开始击球，然后按1~10球号顺序依次交替击球，直到比赛结束。

（3）先攻方使用红球，后攻方使用白球。

（三）比赛时间

每场比赛时间为30分钟。

（四）比赛开始

（1）比赛开始前，上场队员按击球顺序，沿开球区至四角方向从1号到10号依次排列（图19-5-3）。

（2）比赛在总记录台或主裁判员宣布“比赛开始”后开始。

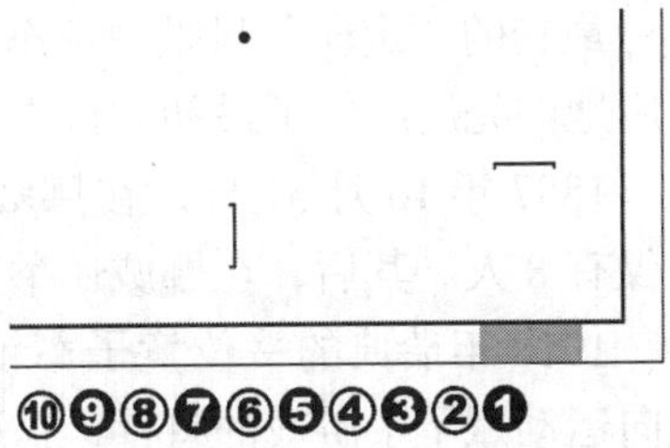

图19-5-3 上场队员按击球顺序排列

（五）比赛结束

当比赛时间终了时，应遵循以下方式结束比赛：

（1）如先攻方击球员正在击球，则在下一号后攻方队员完成击球后，比赛结束。

（2）如后攻方击球员正在击球，则在其完成击球后，比赛结束。

（六）胜负的判定

1. 得分及胜负

（1）有效移动球通过一门、二门、三门，各得1分，撞中柱，得2分，共计5分。

（2）有效撞击中柱后的球可重新进一门继续比赛，得分累计。

（3）比赛结束时，各队每名队员所得分值相加为该队总分，总分多者获胜。

2. 同分时胜负的判定

两队总分相等时，按以下顺序判定胜负：

（1）从结束球号的下一组开始，一对一分别通过一门、二门决定胜负，并依次类推。

（2）当仍不能决定胜负时，抽签决定胜负。

第六节 定向运动

一、什么是定向运动

定向运动是一项参赛者借助地图和指北针，依次到访地图上所指示的各个标点，以用时最短者为优胜的运动。

按照运动模式，在国际上将定向运动划分为徒步定向、滑雪定向、山地自行车定向和轮椅定向。其中，徒步定向也被称为定向越野，也是我们国家开展最为普及的定向项目。

定向（orienteering）一词最早出现在1886年的瑞典，意思是在地图和指北针的帮助下，穿越未知的地带。地处北欧斯堪的纳维亚半岛的瑞典的国土崎岖不平，森林纵多，并散布着无数的湖泊、城镇和村庄，人们主要利用隐现在林中湖畔的小径来往于各地。因而，人们必须学会并具备精确辨别方向的能力，否则会有迷失方向的危险。这样，地图和指北针就成为人们行走和生活的必需品。生活在半岛上的居民、军队，便成了定向运动的先驱者。

最初的“定向”只是一项军事活动的训练内容。后来，在瑞典和挪威的士兵利用军用地图先后组织了最初的该类体育竞赛。

1897 年 10 月 31 日，在挪威组织了第一次面向民众的定向比赛，当时参赛的人数仅有 8 人。其后，在挪威还举行了一些小规模的定向比赛。

1918 年瑞典的一位童子军领袖吉兰特组织了一次名为“寻宝游戏”的活动，给定向运动赋予了游戏的特性，这引起了人们的极大兴趣。从此，该项活动在北欧广泛开展起来。所以吉兰特也被人们视作“定向运动之父”。

定向运动传入中国较晚，但目前发展势头强劲，越来越多的高校都开设了定向运动专修课和普修课，而且形式多样。

从锻炼的价值来说定向运动是一项智力与体力相结合的运动。参加各种各样的定向运动，既可提高体适能水平，又可以增长知识和技能，改善心理素质，培养团队精神，特别是社会化水平、自立、自信和独立解决问题的能力。随着越来越多的人参与以回归自然为主题的户外运动，定向又成了一种必须掌握的生存技能。

二、定向运动基本知识

（一）定向运动的装备

定向运动的基本装备有定向地图、指北针、点标旗和点签计时系统等（图 19-6-1）。

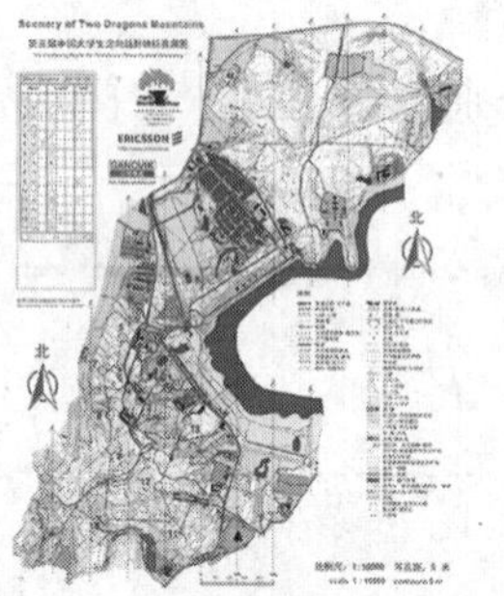

定向地图

指北针

点标旗

点签计时系统

图 19-6-1 定向运动基本装备

一条完整的定向运动路线包括一个起点（用三角形表示）、一个终点（用双圆圈表示）和若干个检查点（用单圆圈表示），这些检查点用数字标明了顺序（图 19-6-2）。

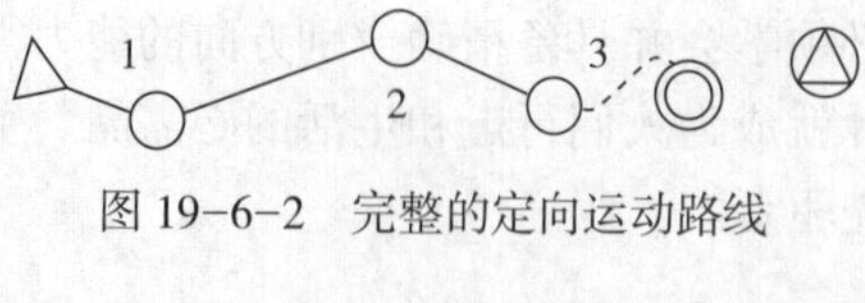

图 19-6-2 完整的定向运动路线

（二）定向地图的识别

地图所表现的是地球上的物体和现象在平面上的缩写。定向地图是为了开展定向运动专门制作的，它要求对读图和选择路线有影响的因素都要表示出来，如地貌、地表状况、可奔跑性、水系、建筑群与独立房屋、道路网、其他线状地物以及对判定方向与确定点位有用的地物等。

1. 比例尺

比例尺是地图上某线段的长度与相应实地水平距离之比。比例尺越大，图上量测的精度就越高；比例尺越小，图上量测的精度就越低。例如，比例尺为 1∶10 000 的地图是指地图上所标示的实地面积在地图上被缩小了 1 万倍，也说明地图上 1 毫米的距离在实地的距离为 1 万毫米（10 米）。在定向运动中，量算实地距离是比例尺的主要作用。

2. 定向地图上的地物符号

地面上的各种地物是用形状不同、大小不一、色彩有别的符号表示的。它们不仅具有确定客观事物的空间位置、分布特点以及数量、质量特征的基本功能，还具有相互联系和共同表达地理环境诸要素总体特征的特殊功能。

（1）符号的分类（按符号所代表的事物情况来分）：

① 面状符号：地面事物呈面状分布。当实际面积较大，按地图比例尺缩小后，仍能表示出其分布范围时，可用面状符号表示（图 19-6-3），如大的湖泊、大片森林、沼泽等。这种符号能表示事物的分布位置、形状和大小。一般又把这种符号称为依比例符号。

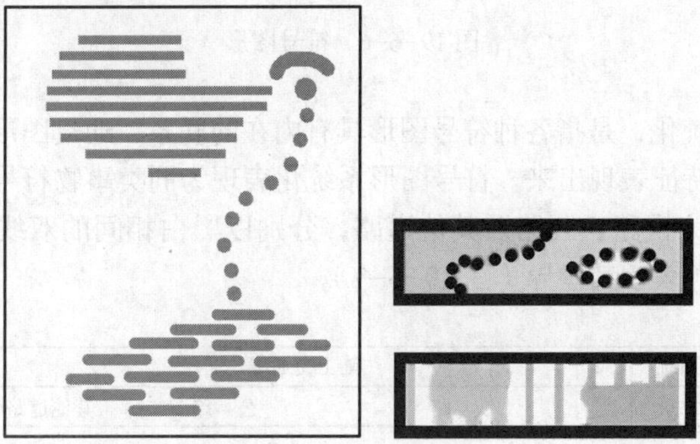

图 19-6-3　面状符号

② 线状符号：地面上呈带状或线状延伸的事物，按地图比例尺缩小后，长度可依比例表示。宽度不能依比例表示时，在图上用线状符号表示（图 19-6-4），如道路、输电线、河流等。由于这种符号仅能表示事物的分布位置、长度和形状，但不能表示其宽度，所以一般又把这种符号称为半依比例符号。

③ 点状符号：客观事物在地面上所占的面积较小，在图上不能按比例尺表示其分布范围时，则用点状符号表示（图 19-6-5），如表示居民点的房屋、小塔形建筑、石块、小树等。由于它只能表示分布位置，不能表示事物的形状和大小，所以一般又称这种符号为不依比例符号。

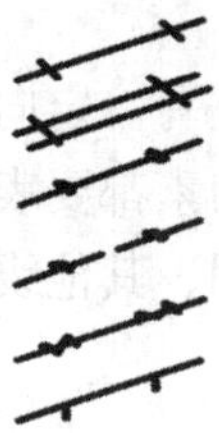

图 19-6-4 线状符号

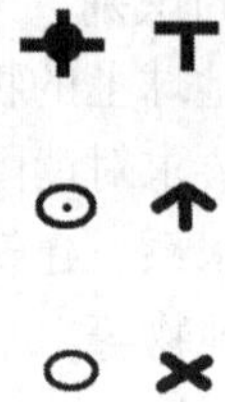

图 19-6-5 点状符号

（2）符号的构成要素：

① 符号的图形：主要用于表达地理事物性质上的差别。面状符号的图形与事物的实际形状相似；线状符号的图形为不同线型，如双线、单线、实线、虚线和点线等。个体符号的图形多为简单的几何图形或象形图形。

符号图形具有图案化和系统化的特点。所谓图案化，就是符号图形有些类似于事物本身的形状，如图 19-6-6 所示。图案化的图形既形象又简单、规则，因而便于根据符号图形联想实际事物的形状。

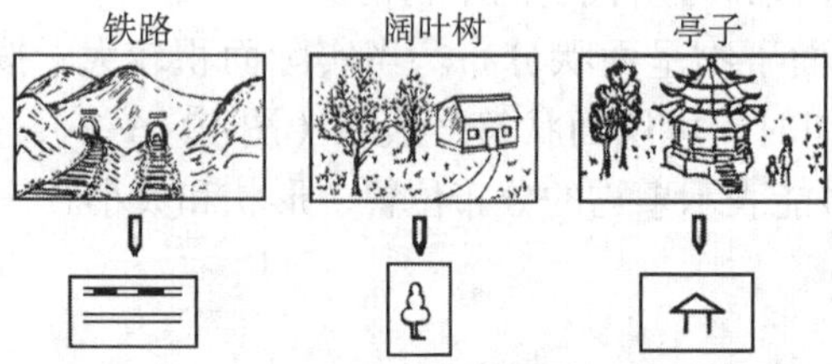

图 19-6-6 符号图形

符号图形系统化，是指各种符号图形具有内在的联系，通过图形的变化，可以把事物的量和质等特征表现出来。符号图形系统化表现为同类事物符号图形相类似。例如，道路一般分为铁路、公路及其他道路，分别以黑白相间的双线、普通双线及单线、虚线、点线等表示其差异（图 19-6-7）。

系统	陆上交通线			
亚统	铁路		公路	其他道路
按主次区分	常轨 窄轨	双线 单线	公路 简易公路	大车路 乡村路 小　路 时令路

图 19-6-7

② 符号的大小：主要反映事物的重要程度及数量差异。一般来说，表示重要的、数量多的事物的符号大些；反之，则符号小些。

为了完整而详细地表示出地形，同时又能保证定向地图清晰易读，国际定联规定了定向图符号的最小尺寸以及当它们相互靠近时的关系处理原则与最小间隔。符号的大小、线条的粗细、符号间最小距离的规定，都是以日光条件下的正常视力和当今的印刷技术水平为依据制定的。

③ 符号的颜色：主要表示事物的质量差异、数量差异和区分事物的重要程度。一般用不同颜色表示质量的差异，如用蓝色表示水系，用绿色表示植物；用同一（或相邻）颜色的深浅表示数量变化，如用深浅不同的绿色表示森林，颜色越深，则表示森林越密，越不易通过。

根据定向比赛的特殊需要，国际定向联合会将定向地图上颜色的使用规定如下：

- 黑色——代表任何人造物体、小路、岩石、悬崖峭壁和大石头等。
- 棕色——表示等高线和主干道及坚硬的路面。
- 蓝色——表示任何有水的地方。
- 白色——表示容易通过的林区。
- 绿色——表示浓密、不易通过的森林，绿色越深，越难通过。
- 黄绿色——表示禁入的民宅、私家花园或草坪。
- 黄色——表示开阔地，如田野、牧场或空旷区。
- 紫色——表示比赛线路，包括起点、检查点、终点。

3. 定向地图上的地貌符号

定向地图是利用等高线来表示山的形态及起伏状态的。利用等高线，不仅可以了解地面上各处的高差、地势起伏的特征，还可以根据地图上等高线的密度和图像分析地貌特征，如山脉的走向、斜坡的坡度和方向，了解哪里是山脊，哪里是谷坑和凹地等，而且还可以进行高程、面积、坡度等的计算。

能熟练地应用等高线图形理解地貌是从事定向运动的基础。在地物稀少的地方及森林中，地貌是主要的甚至是唯一的行进参照物。

（1）等高线显示地貌的原理：等高线是地面上高程相等的点所连成的闭合曲线。使用"平截法"，假设把一座山从底到顶，按相同的高度，用一层一层的水平面横截，则山的表面与水平面相交得到一组曲线，再将这些曲线垂直投影到地平面上，得到一圈一圈的曲线图形（图 19-6-8）。因为每条线上各点的高度恒等，所以把这些曲线叫做等高线。

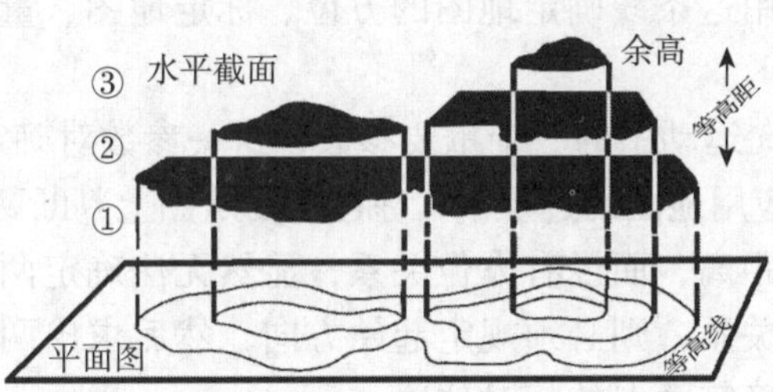

图 19-6-8　等高线

（2）等高线显示地貌的特点：

① 地图上的每条等高线都是实地等高线的水平投影，它既描绘出地貌的水平轮廓，也表示出地貌的起伏。

② 等高线是闭合的曲线，同条等高线上的任何点的高度都相等。

③ 在同一地图上，等高线多，山高；等高线少，山低；等高线稀，坡缓；等高线密，坡陡。

④ 在同一地图上，等高线间隔大，坡缓；等高线间隔小，坡陡。

⑤ 地图上等高线的弯曲形状与相应的实地地貌相似。

（3）示坡线：指顺着下坡方向绘制并与等高线垂直相交的小短线（图 19-6-9）。示坡线通常被绘在等高线特征最明显的弯曲处，如山顶、鞍部或凹地底部。示坡线可以帮助读图者了解山的起伏，即哪里是上坡，哪里是下坡。顺着示坡线的方向为下坡，逆着示坡线的方向为上坡。

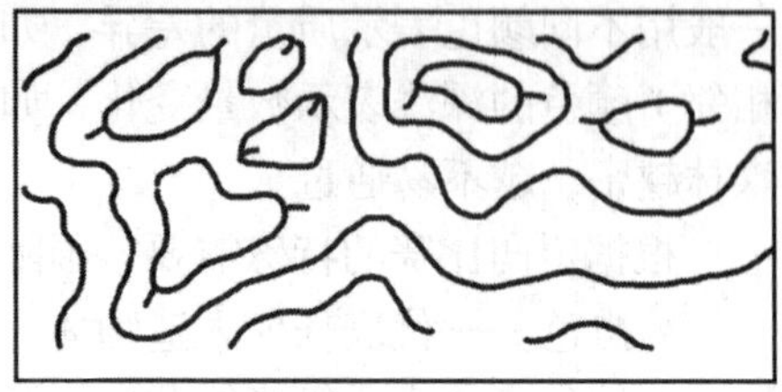

图 19-6-9 示坡线

（4）等高距：是各相邻等高线的高程差，常用“↑↓”表示，它的大小在很大程度上决定了地貌表示的详略（图 19-6-10）。同一地形，等高距越小，则等高线越密，地貌显示就越详尽；相反，等高距越大，则等高线越稀，地貌显示就越简略。国际定联规定，定向地图的标准比例尺为 1∶15 000，等高距为 5 米。在大面积的平缓地形，其他地物不多的情况下，也可以采用 25 米的等高距。

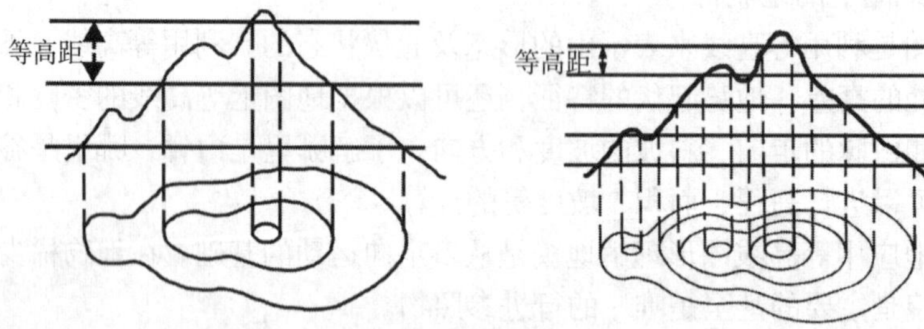

图 19-6-10 等高距

4. 定向地图的方位与磁方位角

定向地图的方位是上北下南、左西右东。图上绘有若干条相等距离的、平行的、北端带有箭头的红色线条，这就是磁北方向线（简称磁北线）。磁北线所指的方向即地图的北方。可以利用这条线确定地图的方位、标定地图、量测磁方位角、估算距离等。

磁方位角也是定向运动中的一个重要参数，这一参数对确定方位有很大的帮助。什么是磁方位角？在应用地图的过程中，往往需要从图上判断两点的相对位置。如果仅有两点之间的水平距离，而没有方位关系，显然无法确定两点的相对位置。而要确定两点之间的方位关系，则必须规定起始方向，然后求出两点间的连线与起始方向之间的夹角，以此确定两点的相对位置。这就需要用方位角来表示，它是指从起始方向北端算起，顺时针转至目标方向线间的水平角（图 19-6-11），角值变化范围为 0°～360°。起始方向为真子午线，其方位角称为真方位角；起始方向为磁子午线，则其方位角称为磁方位角。在定向地图中，都以磁北为起始方向，故所用的方位角均为

图 19-6-11 磁方位角

磁方位角。

5. 在定向地图上的图例注记

在定向地图上的图例注记，除了上面介绍过的比例尺注记、等高距注记，还有图例说明、检查点说明以及图名和出版单位说明等。

图例说明可以帮助理解地图所表示的事物。它采用的是国际语言符号，所有符号在全球通用。根据国际定向联合会《国际定向图制图规范》（ISOM 2000），定向地图上的语言符号分为地貌、岩石与石块、水系与淤泥地、植被、人工地物、技术符号、线路符号 7 个类别。

在定向地图的一侧，还可以看到一个以符号表的形式（有时也附有文字）出现的《检查点说明》（图 19-6-12）。它是根据国际定联颁发的一套“明确的指示检查点特征物、检查点点标与该特征物之间的相对位置关系”的符号和文字说明系统设计的，用以说明检查点点标在地貌、地物的具体位置。在比赛中，根据这一说明系统，结合地图，可以迅速地找到检查点。

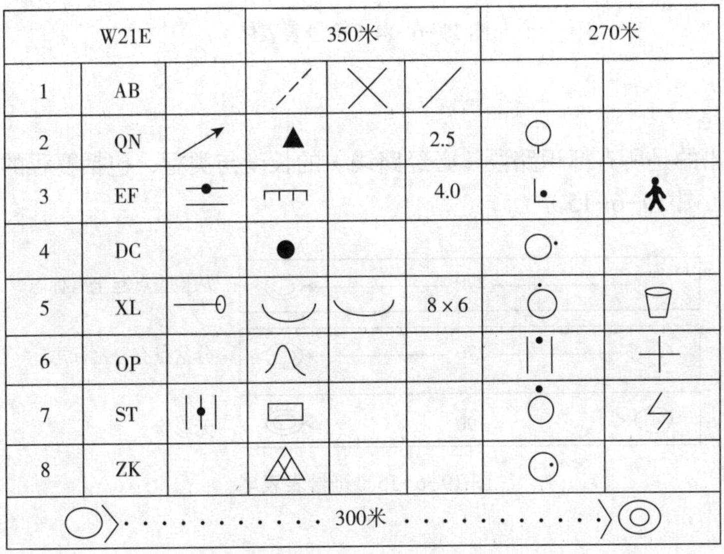

图 19-6-12 《检查点说明》

一条完整线路的检查点说明符号表由表头、表体和表尾三部分组成。

（1）表头（图 19-6-13）

图中甲表示组别（分组），乙表示路线长度（单位：米），丙表示总爬高量（单位：米）。

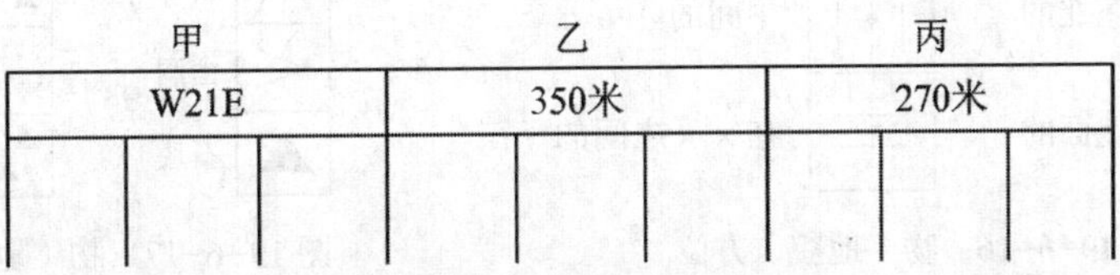

图 19-6-13　符号表表头

（2）表体（图 19-6-14）

A 栏：检查点序号（按比赛路线的顺序）。

B 栏：检查点点标代号。

C 栏：检查点所在地物（地貌）的方位。

D 栏：检查点所在地物（地貌）的名称。

E 栏：检查点所在地物（地貌）的外观特征。

F 栏：检查点所在地物（地貌）的大小。

G 栏：检查点标志与地物（地貌）的相对位置。

H 栏：其他情况。

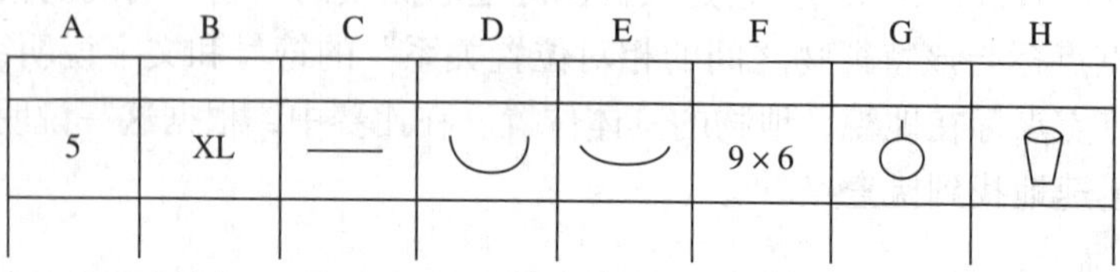

图 19-6-14 符号表表体

（3）表尾

表尾标出的是所有标识路段（必经路线）的长度与类型，包括赛程的、最后检查点至终点的（图 19-6-15）。

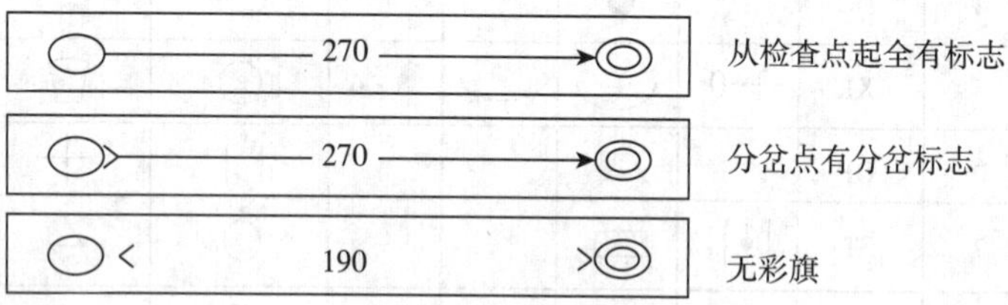

图 19-6-15 符号表表尾

（4）表体中 C 栏至 H 栏内容释义

C 栏：检查点所在地物（地貌）的方位（图 19-6-16）。

D 栏：检查点所在地物（地貌）的名称（图 19-6-17 至图 19-6-23）。

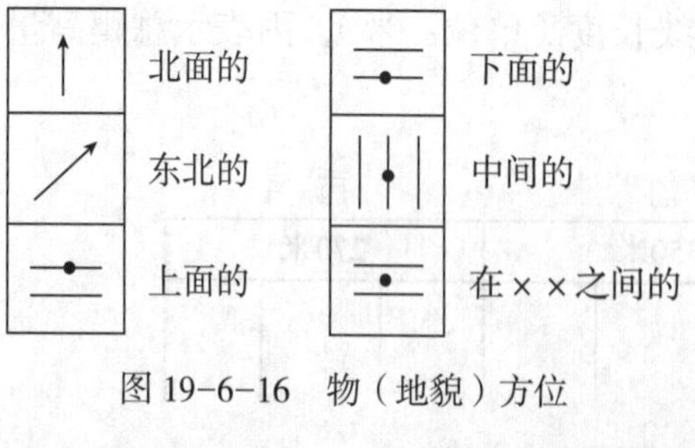

图 19-6-16 物（地貌）方位

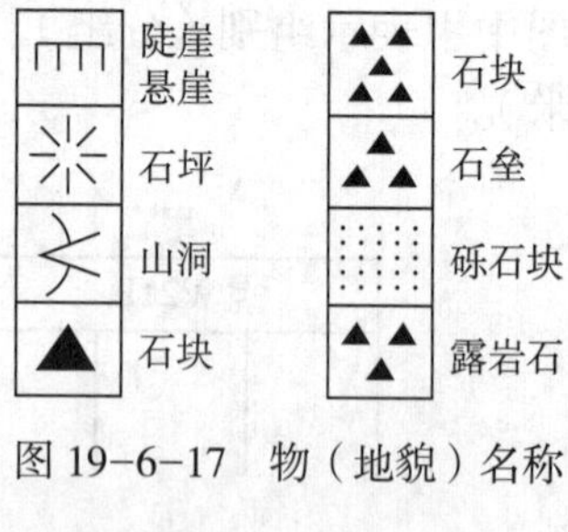

图 19-6-17 物（地貌）名称

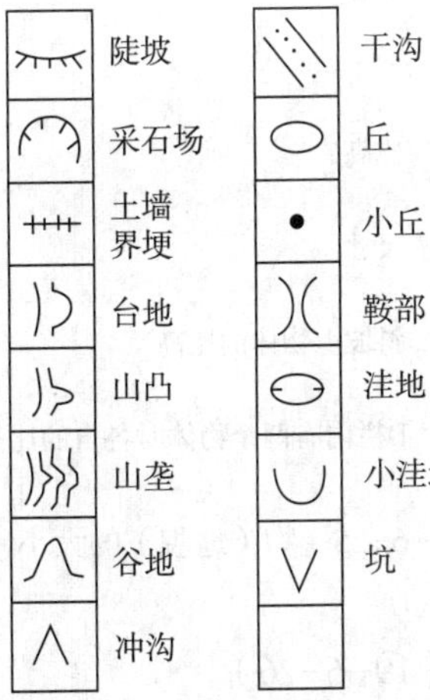

图 19-6-18

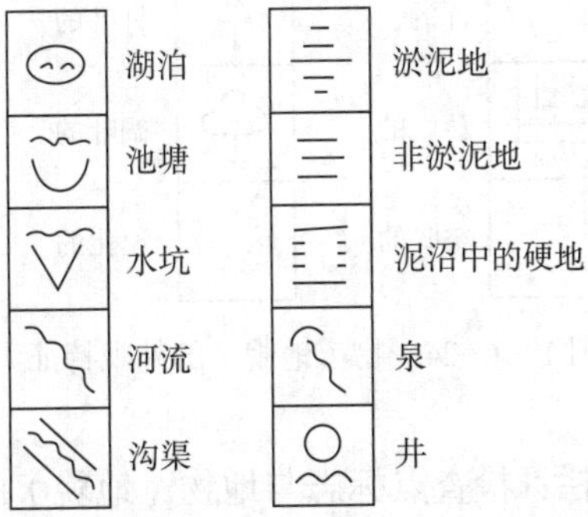

图 19-6-19

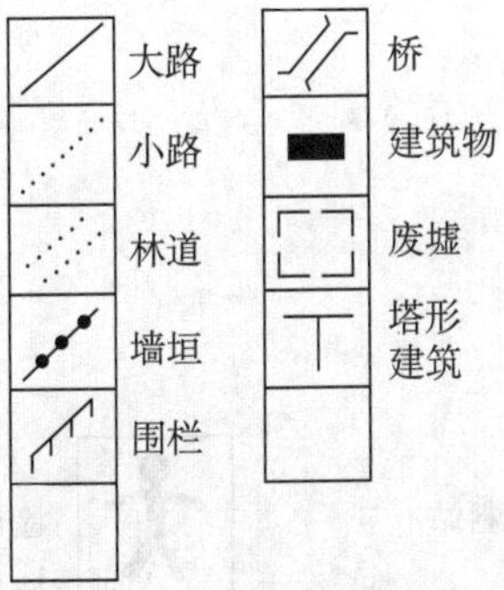

图 19-6-20

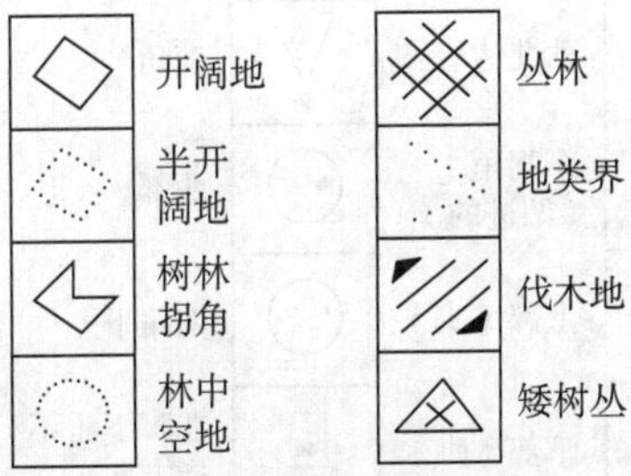

图 19-6-21

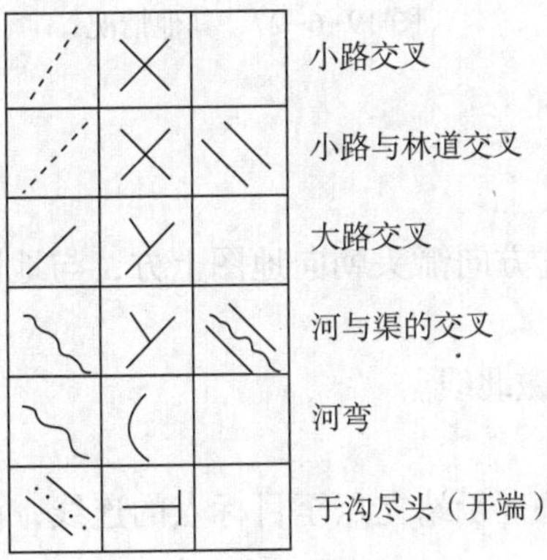

图 19-6-22

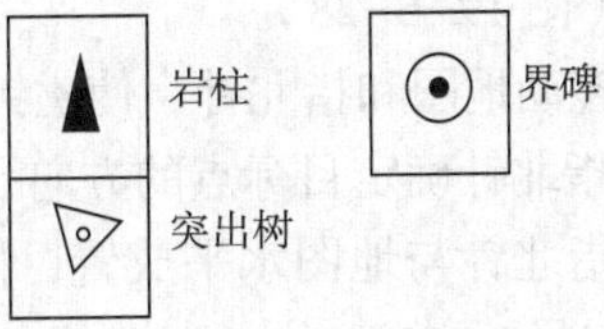

图 19-6-23

E 栏：检查点所在地物（地貌）的外观特征（图 19-6-24）。

F 栏：检查点所在地物（地貌）的大小（图 19-6-25）。

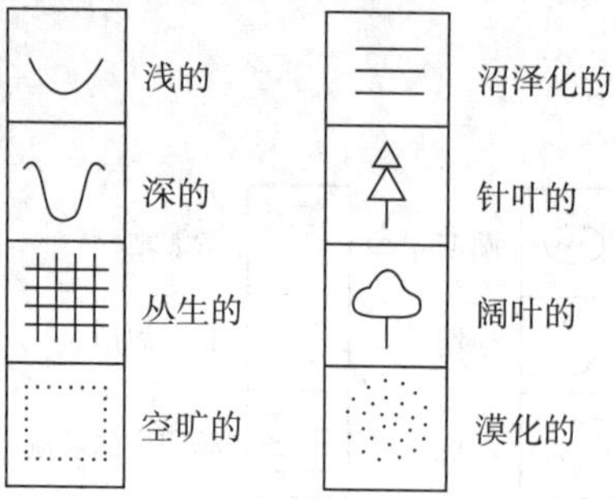

图 19-6-24 物（地貌）的外观特征

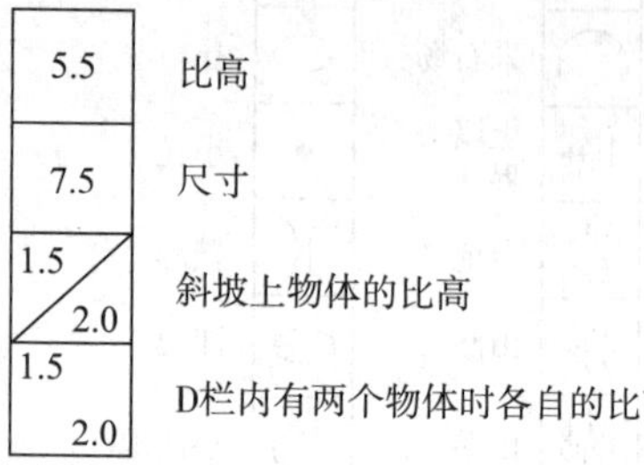

图 19-6-25 物（地貌）的大小

G 栏：检查点标志与地物（地貌）的相对位置（图 19-6-26）。

H 栏：其他情况（图 19-6-27）。

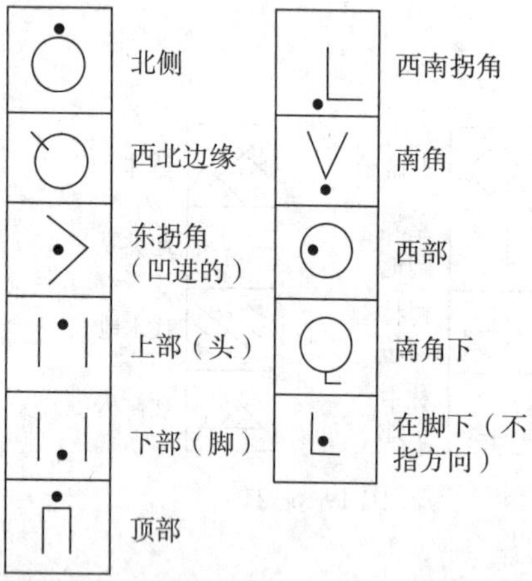

图 19-6-26 地物（地貌）的相互位置

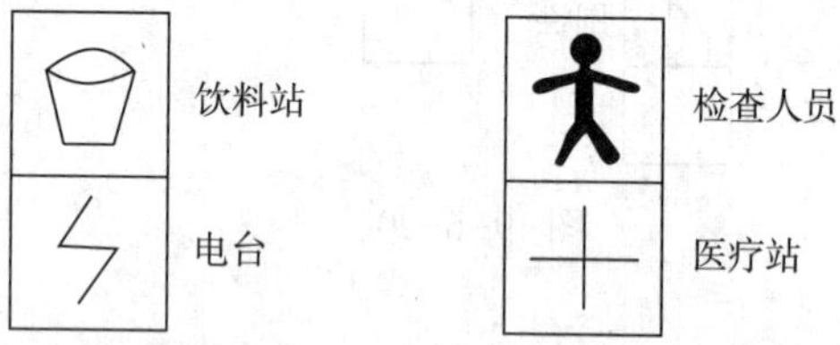

图 19-6-27 其他情况

（三）指北针的使用方法

1. 用指北针给地图定向（标定地图）

（1）将地图与指北针置于水平状态，前进方向箭头朝向地图上方，与地图上磁北线平行（图 19-6-28）。

（2）转动地图和指北针，使磁针北端对正磁北线。

2. 用指北针确定目标点的方向

（1）指北针与地图水平放置，使直尺边垂直于站立点至目标点的连线，前进方向箭头朝向目标方向（图 19-6-29）。

（2）水平转动指北针与地图，身体也随之转动，直至指北针上的红色指针与地图上表示南北方向的指北线都和北方平行。

（3）这时指北针上的方向箭头所指方向就是行进的正确方向。

3. 测定自己的位置

在比赛中，初学者容易忽略自己的位置。遇到这种情况时，应保持冷静，可利用地理环境及指北针找出自己在地图上的位置，再定出前往目标的路线。

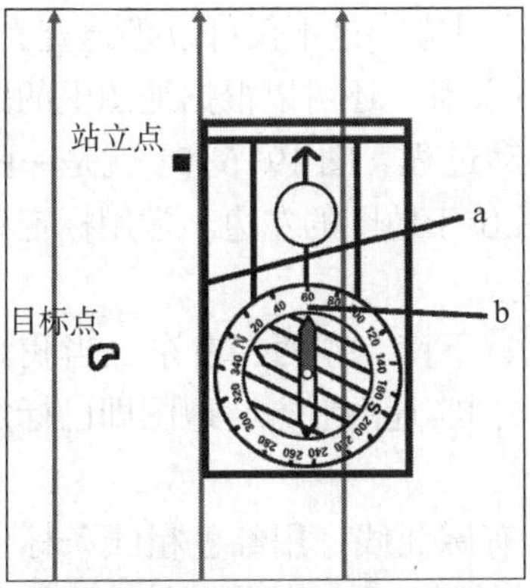

图 19-6-28 与磁北线平行

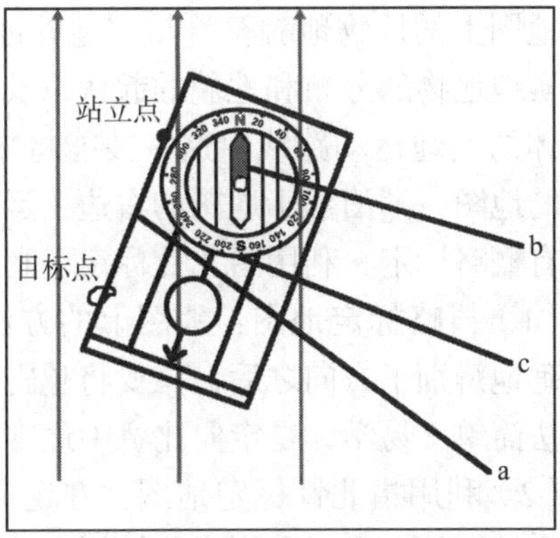

图 19-6-29 前进方向朝向目标方向

三、定向运动基本技能

定向运动的实质就是用最短的时间到达规定的目标点。要想尽快地到达目标点，首先要学会明辨方向、判定方位，即了解自己实地所在的位置，并能够在地图上找到站立点位置，在此基础上确定目标点的方向和位置，迅速找到目标点。

（一）实地判定方位

实地判定方位是指在实地辨明方向。了解实地的方位是使用地图的前提。在野外，可帮助我们明辨方向的工具很多，白天可利用太阳和手表来辨别方向，晚上可利用星体来辨别方向，还可以利用地物特征、建筑物、风向等来判定方位。

（1）利用指北针判定方位：将指北针放平，待磁针完全静止后，磁针的红色一端（即 N 端）代表北面，蓝色一端（即 S 端）代表南面。如果测定方位的人面向北，则他的左为西、右为东、背后为南。

如果想测某一点的方位，可将罗盘上的零刻度对准目标，待罗盘水平静止后，N 端所指的刻度便是测量点至目标的方位。如磁针 N 端指向 36°，则表示目标在测量位置的北偏东 36°。

（2）利用地物判定方位：在有地物和植物生长的野外，可以根据日常生活习惯和自然客观规律判定方位。如在北半球，我们居住的房屋或用于朝拜的庙宇大门通常都朝南开设；树木一般朝南的一侧枝叶茂盛，色泽鲜艳，树皮光泽；长在石头上的青苔喜阴湿，以北面为多旺；积雪多半是朝南的一面先融化。

（3）利用太阳和手表判定方位：在晴朗的日子，上午 9 时至下午 4 时之间，可用手表的时针对准太阳，此时手表上的时针与 12 时刻度夹角平分线所指向的方向为南方，相反为北方（图 19-6-30）。但应注意以下几点：一是要注意将手表平置；二是在南、北纬 20° 30′ 之间的地区，中午前后不宜使用；三是要把标准时间换算为当地时间。

图 19-6-30 利用太阳和手表判定方位

（二）标定地图

给地图定向就是标定地图，使地图的方位与实地的方位一致。通过标定地图，可以将地图上的地物地貌符号与实地的地物地貌一一对应，这不仅可以迅速查看地图，了解实地地物的分布和地貌的起伏以及它们之间的关系，还可以根据地图上的路线选择具体的实地运动路线。这一技能将贯穿整个运动过程。图 19-6-31 就是一张被定向了的地图，湖泊位于地图的右边，运动场和学校位于地图的左边。常用标定地图的方法有概略标定、利用指北针标定、利用地物标定。

（1）概略标定地图：地图上的方位是：上北、下南、左西、右东。当我们在实地正确地辨别了方向之后，只要将越野图的上方对向实地的北方，地图即已标定。这种方法简单、易学，是定向比赛中最常用的方法。

（2）利用指北针标定地图：在定向地图上标有磁北线，用红色粗线条标出，箭头指向地图的上方。利用指北针标定地图时，通过转动地图，使指北针上的红色指针与磁北线的方向吻合或平行。由于指北针上的指针和地图上的磁北线都是红色的，所以也称此方法为“红对红”或“北对北”（图 19-6-32）。

图 19-6-31 被定向的地图

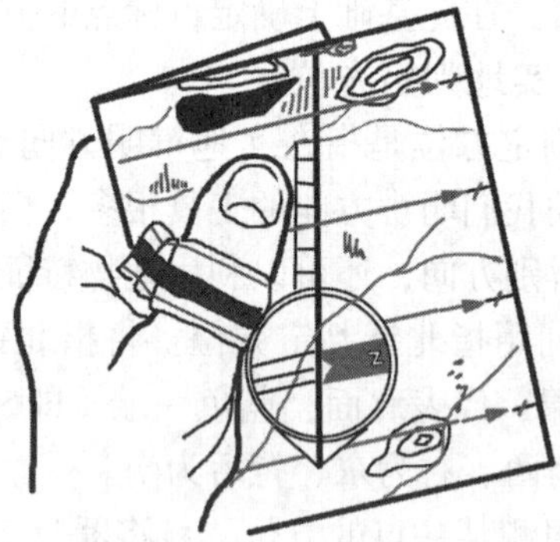

图 19-6-32 指北针标定地图

（3）利用地物标定地图：

① 利用直长地物标定地图：直长地物是指较长的线状地物，如铁路、公路、土垣、沟渠、高压线等。

方法：首先在图上找到这段直长地物；然后转动地图，使图上的直长地物与实地的直长地物方向一致；再对照两侧地形，使图与实地各地形点的关系位置相符。如图 19-6-33 所示，利用路边的沟渠来标定地图时，平移且转动地图，使图上的沟渠与实地的沟渠大致重合。

② 利用明显的地形点标定地图：在实地找出一个与地图上地物符号对应的明显地物，如小桥、亭子、独立的建筑等，然后转动地图，使图上的站立点至目标的连线与实地的站立点至目标的连线相重合。

方法：首先选择一个图上与实地都有的明显的地物，然后转动地图，使图上的站立点至目标的连线与实地的站立点至目标的连线相重合（图 19-6-34）。

图 19-6-33　利用直长地物标定地图

图 19-6-34　利用明显的地形点标定地图

（三）确定站立点在地图上的位置

确定站立点在地图上的位置是从事定向运动的一项基本技能。其主要方法是：通过标定地图，将地图与实地的地物、地貌逐一对照，来确定自己的方位。

（1）直接确定：当自己所处位置在明显地形点上时，只要从地图上找出该地形点，站立点即可确定。这是最常用的确定方位的方法。图 19-6-35 表示定向者可利用道路交会点来确定自己所在的位置。

（2）利用位置关系来确定：当站立点位于明显地形点附近时，可以利用相对位置关系来确定。利用位置关系法确定站立点主要依据两个要素：一是站立点至明显点的方向，二是站立点至明显点的距离。在地形起伏明显的地方，还可以结合高差情况予以判定。如图 19-6-36 所示，定向者站立于小河北岸、村舍正右方，左距北上偏定向运动公路 150 米远处。依照这样的方位关系，可在地形图上定出站立点的位置。

图 19-6-35　直接确定站立点

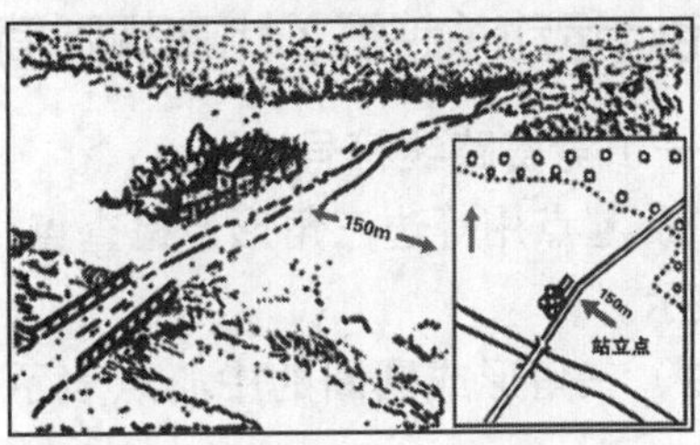

图 19-6-36　利用位置关系确定站立点

（3）利用"交会法"确定：当站立点附近无明显地形点时，可以利用"交会法"确定站立点位置。按不同情况，它又可以具体分为 90° 法、截线法、连线法、后方交会法和磁方位角交会法。这些方法的优点是不需要判断或测量距离也能确定出较为准确的站立点位置。这对于初学者学习、巩固使用定向图是很有意义的。下面介绍几种常用的方法：

① 90° 法：当待测点位于线状地形（包括道路、沟渠、山背线、谷底线、坡度变换线等）上时，如果在与运动方向相垂直的方向上能够找出一个明显地形点，那么线状地形符号与垂直方向线的交点即为站立点（图 19-6-37）。

② 连线法：当待测点位于线状地形上，同时待测的位置恰好是在某两个明显地形点的连线上，可以利用这种方法确定站立点（图 19-6-38）。

图 19-6-37 90° 法

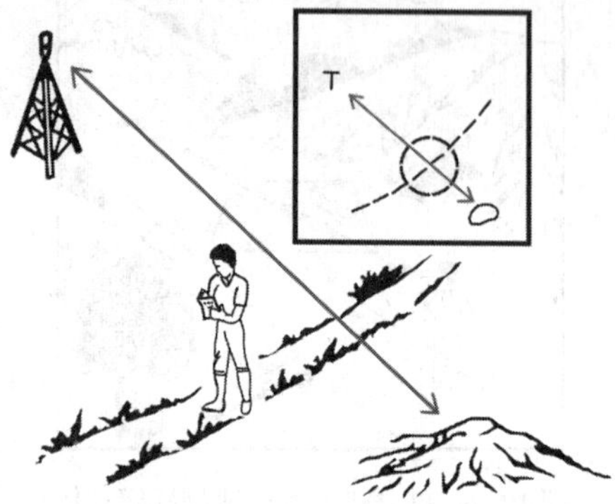

图 19-6-38 连线法

③ 后方交会法：在待测点上无线状地物可利用，地图与实地相应地都有两个以上的明显地形点，而且地形较开阔、视线良好的情况下，可以采用这种方法确定站立点（图 19-6-39）。

标定地图后：

（1）在地图上取一个山顶为标志，与实地相应山顶在地图上作一直线。

（2）地图上的树丛与实地相应的树丛在地图上作一连线。

（3）两条直线的交会点就是站立点。

图 19-6-39 后方交会法

四、定向运动（越野）比赛规则简介

（一）竞赛路线符号

（1）起点用等边三角形，检查点用圆圈，终点用两个同心圆。必经路线必须用虚线表示。

（2）三角形或圆圈的中心点表示起、终点及检查点的准确位置，但中心不必绘出。

（3）检查点按规定顺序注记编号，编号数字字头朝向磁北方向，编号数字应以不压盖图上重要目标为宜。

（4）除必经路线外，起点到检查点及检查点之间按编号顺序用直线连接；遇有重要目标又不能避开时，连线应断开或划得更细些。

（5）竞赛路线、起点、检查点、终点符号、检查点编号一律用红紫色套印或标绘。

（二）检查点标志

（1）检查点标志应悬挂在图上标明的地点，一般距地面 80~120 厘米，实际位置应与检查点说明一致。

（2）检查点标志应有代号，代号用英文字母和两位阿拉伯数字表示，数字从 31 开始选用，字母和数字为黑色字体，高 5~10 厘米，笔画粗 5~10 毫米。

（3）检查点标志的设置应使运动员在寻找时具有一定的难度，但无需隐藏。

（4）每个检查点应有电子打卡计时系统，基层竞赛如没有电子打卡计时系统可用打印器，但是打印器的图案不能重复。

（三）检查卡

（1）检查卡是运动员通过检查点的记录载体，是运动员完成竞赛的成绩证。

（2）电子打卡计时系统检查卡又称指卡，运动员使用指卡时必须是按顺序触及放置在检查点上的点标打卡器，当指卡插入点标打卡器中成绩就会自动记录。

（3）运动员打卡，下列情况不影响成绩：①在寻找过程中，打到非自己路线的检查点，但已按本组规定的路线和顺序完成竞赛；②如运动员打卡顺序错误，可以按顺序重新打卡一遍。

（4）运动员回到终点应将检查卡交给终点裁判员，读取竞赛成绩。

（5）基层竞赛中采用传统的检查卡，检查卡可用耐用的纸张制成，大小不得超过 10×21 厘米。运动员通过检查点时，在卡片的空格内打上清楚的标记，若标记打错位置，可在备用格中打上正确标记，但到终点交还时，需向终点裁判说明。

（四）抽签和出发表

（1）在竞赛中，运动员按相等的时间间隔依次出发。在接力赛中，同组第一棒的运动员可以同时出发。

（2）出发顺序可采用人工或计算机抽签排定，但必须是在总裁判长的监督下进行。采用何种抽签形式由竞赛委员会决定。

（3）抽签顺序结束应编印出发顺序表，并应在组委会召开的裁判长及教练联席会议前公布此表。

（4）所有报名参加竞赛的运动员和运动队都编排出发顺序。如有缺席，出发顺序不变。

（5）来自同一运动队的队员不能编排连续出发。

（五）警告

（1）代表队成员擅自出入预备区，但未造成后果。

（2）在出发区提前取图和抢先出发者。

（3）在比赛区域内蓄意帮助或获取他人帮助，但未造成后果。

（4）在比赛中妨碍裁判员正常工作。

（5）完成赛事者以任何形式向其他运动员传递赛场信息。

（6）出发后未到终点报到者。

（7）一次检录不到者。

（8）未按大会要求佩戴比赛标志者。

（六）成绩无效

（1）受到两次警告者。

（2）在比赛中丢失检查卡、地图或号码布者。

（3）因各种原因退出比赛者。

（4）竞赛中超过组委会规定的终点关闭时间。

（5）未按规定读取成绩者。

（6）未通过全部检查点，即检查卡片上打印器图案不全者。

（7）检查卡打印器图案模糊不清，无法辨认者。

（七）取消竞赛资格

（1）冒名顶替参加竞赛者。

（2）在定向越野竞赛中使用交通工具者。

（3）不符合分组年龄标准或谎报年龄、弄虚作假者。

（4）蓄意破坏点标、打卡器或其他竞赛设备者。

（5）有意妨碍他人竞赛者。

案例分析

案例一：在一次业余组体育舞蹈比赛中，孙亮和赵楠在摩登舞前两项比赛中发挥非常出色，在第三项狐步舞比赛中，两人更是配合默契，动作严谨，舞态洒脱，一会儿前进，一会儿后退，令观众频频喝彩。可是评委的评判却出人意料，他们只取得了该项小组的第七名，请分析原因。

分析：体育舞蹈的摩登舞是游走型的舞蹈。比赛时，每一对选手必须按照舞程线行进，即按逆时针方向行进。因此，舞程的编排是不允许折回来的，造型动作可安排在舞场的中央完成。孙亮和赵楠就是因为在动作中出现了后退，故评委在评判中给予扣分，所以成绩不佳。

案例二：有两位学生在学一套较难的排舞时，甲同学认为该套舞蹈套路比较难，所以在学习过程中，先跟着套路学下去，即使不会的动作也跟着混过去，结果她学会了80%的动作，还有20%的动作准备课后请教老师或其他学生。乙同学的学习方法是能学会的她就练习得很起劲，不会的动作她就停下来看其他同学练习，试图找到什么规律后再进行练习。结果她掌握了70%的动作，还有30%的动作她准备自己下工夫练习。

分析：如果是你，你将采用什么样的方法学习？以上两种学习方法有何差异？

思考题

1. 什么是休闲体育？其特征是什么？
2. 休闲体育的项目有哪些？你最喜欢哪种？为什么？
3. 你最喜欢哪种体育舞蹈？为什么？
4. 结合自己的参与体验，谈谈体育舞蹈的魅力。
5. 瑜伽的特点有哪些？
6. 说说瑜伽运动中各体位的名称及其练习效果。
7. 如何编排瑜伽动作和课程？
8. 什么是排舞？其特点是什么？有何锻炼价值？
9. 你在参与了门球的学习之后得到了哪些乐趣和收获？
10. 制定门球战术的原则有哪些？
11. 何为“扶手”法？并绘制简图说明。
12. 怎样利用磁方位角交会法来确定自己的位置？

第二十章
特殊群体的体育锻炼

学习目标

1. 使身体异常和病弱的学生掌握体育基础理论知识与保健知识。
2. 根据学生自身情况，掌握几种独立锻炼身体及康复的技能。
3. 培养学生养成自觉锻炼的良好习惯。
4. 通过学习和锻炼，促进机体康复，提高身体素质。

许多高校针对一些因身体先天不足或后天疾病、损伤等原因造成的不能参加正常体育课学习的学生都开设保健体育课。这类学生是一个特殊的体育教育群体，他们有着健全的大脑以及和正常人一样的思维，有着锻炼身体、愉悦身心的诉求，渴望像常人一样参加体育活动。根据这类学生的身心特点，选择适宜的教学内容，运用恰当的教学手段和方法，引导和帮助他们排除自卑、封闭等不良心理因素，锻炼坚强的意志品质，树立正确的体育观和人生观，具有重要的意义。

第一节　肥胖学生的体育锻炼

随着人们生活水平的不断提高，肥胖症已成为现代社会主要的“生活方式病”。肥胖是人体能量摄入与消耗失衡的结果，即能量摄入大于能量消耗，造成能量在体内以脂肪的形式储存下来，经过一段时间后体重明显增加，超过正常体重，形成肥胖。最新研究发现，肥胖不应被单纯地视为身体的脂肪过多，其实它是一种以身体脂肪含量过多为主要特征、多病因、能够合并多种疾患的慢性病。

一、肥胖的危害

肥胖对人的身体和心理都会产生不良影响。肥胖会造成代谢紊乱，使心血管负担加重，可诱发高血压、冠心病、动脉硬化、高血脂、糖尿病等疾病，对人体健康将产生严重的威胁。肥胖对工作、学习、生活也起到阻碍作用，过多的脂肪也容易导致各种损伤。流行病学研究发现，肥胖者上呼吸道感染概率、感染性疾病的发生率、外科手术后并发症以及某些癌症的发生率和死亡率均较非肥胖者高。肥胖对人的心理健康也会产生严重的不良影响。肥胖者由于自身的体型，做动作时不美观，会有怕出丑、怕别人讥笑的心理状态，导致不愿参加集体活动，容易产生孤僻心理。

二、肥胖的成因

肥胖是多因素作用引起的综合征。肥胖的成因有很多，其中大多数肥胖者属于单纯性肥胖，即无明显内分泌代谢疾病的肥胖，极少数属于特殊病理性肥胖。肥胖的原因主要有以下几个方面：

（一）遗传因素

遗传在肥胖发病中起着重要作用。研究表明，双亲中一方为肥胖者，其子女肥胖患病率约为50%；若双亲均为肥胖者，其子女肥胖患病率增至80%。可见，遗传因素在肥胖的发病中起了相当大的作用。

（二）营养因素

营养过剩是造成肥胖的主要因素。影响体重的两个基本要素是热能摄入量与消耗量。成年人能量摄入量与消耗量平衡时，体重基本不变；当热能消耗量大于摄入量时，体重会减轻；而消耗量小于摄入量时，体重会增加。肥胖者往往食欲很旺盛，且有偏食高脂高糖食品和零食的嗜好，他们的热能摄入量大大高于消耗量，多余的热能以脂肪形式沉积于体内，导致肥胖。

（三）运动因素

随着社会的发展，人们的生活水平有了很大的提高，饮食结构也有了较大的变化。而与此同时，人们的身体活动越来越少，锻炼严重不足，导致消耗热能少，摄取的食物热量过剩。这些剩余的热能都会转化为脂肪，导致肥胖。

（四）热量代谢异常

人体的脂肪组织有两种形式：一种是白色脂肪组织，主要分布于皮下及内脏周围；另一种是棕色脂肪组织，主要分布于肩胛间、颈背间、腋窝处、纵膈和肾脏周围，呈浅棕色，细胞体积相对较小。白色脂肪组织主要是体内过剩的能量，以中性脂肪组织的形式储存，作为一种储备，必要时分解供能；而棕色脂肪组织是一种专门产热的组织，机体摄食或受冷刺激时，脂肪分解放能，它决定了机体的代谢水平，其活动直接影响到体内能量代谢的平衡。最新研究表明，肥胖的发生可能与棕色脂肪组织功能低下有关，当其产热功能异常时，摄入的能量散发得少，能量在体内以脂肪的形式储存，造成肥胖。

此外，摄食中枢的功能异常及生活方式等因素与肥胖的形成也有一定关系。

三、体育锻炼对减肥的作用

体育锻炼通过一系列复杂的变化来影响人体的组成、新陈代谢和体重，对减肥的效应表现在长期的、有规律的体育锻炼中。体育锻炼能促进能量消耗，造成机体的热能负平衡，达到减轻体重的目的。体育锻炼对维持正常的血压、降低血清胆固醇水平、提高心肺功能有积极作用，可以防止肥胖并发症的发生。

四、肥胖者的运动处方

1. 锻炼目的

明确进行体育锻炼的目的，即减轻体重、防止肥胖；保持和增强体力，提高身体机能水平。

2. 锻炼项目

可根据自己的爱好，选择时间较长的有氧锻炼项目，如健身跑、自行车运动、游泳、有氧健身操及各种球类活动等。

3. 运动强度

从能量消耗的角度来看，中等强度的运动，可以持续较长的时间，总能量消耗较多。中等强度运动的供能除了糖以外，脂肪是其主要来源。进行时间长、中等强度的运动，减肥效果最好。减肥锻炼的运动强度控制在最大运动强度的 40%~60%，锻炼中，心率保持在 120~160 次/分，持续 5 分钟以上。

4. 运动时间和频率

每周 4~5 次，每次 60~90 分钟。

5. 锻炼程序和方法

（1）准备活动 15 分钟后，可做些热身活动，以活动关节和韧带。

（2）根据自己的爱好选择有氧锻炼项目，锻炼 40~50 分钟。

（3）进行 20 分钟的基本素质练习，如俯卧撑、仰卧起坐、立卧撑、半蹲跳或蛙跳等，强度为最大次数的 80%，重复 2~3 组。

（4）做 5 分钟的整理活动，整理活动可做些上下肢及腰背的放松活动。

五、肥胖者锻炼的注意事项

（1）有正确的目的：减肥的目的是为了健康。肥胖者首先要对运动有正确的认识，切实落实到生活中，有规律地实行，并与控制饮食和均衡营养相结合。

（2）身体检查：锻炼前，应对自己的身体健康状况有所了解，查明是否患有某种疾病，选择并制定运动的强度、项目和时间。

（3）正确对待减肥的速度：减肥并非越快越好，体重以每周减轻 0.5~1 千克为宜。迅速减肥，只是减少了体内的水分，但也会造成蛋白质的消耗，其结果会导致身体机能紊乱，严重者会造成厌食症，减肥的效果也不能维持。

（4）循序渐进：在机体可以承受的情况下，逐渐增加运动强度和锻炼时间，做到运动量从小到大，运动项目的技术难度由易到难。

（5）以有氧练习为主：在进行有氧练习时，以改善心血管系统和呼吸系统功能为中心，不要一味追求体型的改善和力量的提高。

（6）注意控制运动的强度和时间：锻炼时，把最高心率控制在 120~160 次/分，并保持这个心率 5~8 分钟，每次总的锻炼时间控制在 45~60 分钟。

（7）做好准备活动和整理活动：锻炼前要做好充分的准备活动，锻炼后要适当地做些整理活动。

（8）养成锻炼的习惯：减肥是一个长期的过程，贵在坚持，应持之以恒，养成经常锻炼的习惯。

第二节　消瘦学生的体育锻炼

肥胖对身体健康是不利的，如果体重低于标准体重的10%~20%，也是不健康的表现。

一、消瘦的危害

体弱消瘦者多表现为无力、不能胜任较重的体力劳动、心脏耐力差、兴趣低、工作和学习效率不高，常有力不从心之感。由于这类群体身体脂肪储存少、能量储存少、器官功能也受到影响，导致免疫能力差、耐寒抗病能力弱，易患肺结核、肝炎、肺炎等疾病。此外，体弱消瘦者在心理上也会由于单薄的体型而羞于参加锻炼，不愿与他人交往。

二、消瘦的成因

（1）遗传因素：虽然没有器质性疾患，但家族成员瘦的遗传基因会在他们身上得到体现。其特点是：身体消瘦，颈细长，垂肩，胸廓扁平，胸骨剑突下角小于90°，易患各种慢性病。

（2）疾病因素：由某些慢性病及器质性疾病所引起，如缺铁性贫血、结核、肿瘤、甲状腺功能亢进、消化道溃疡、寄生虫等，使营养吸收产生障碍。

（3）营养因素：由于饮食习惯而导致营养失衡、热量供给不足以及由蛋白质、维生素及矿物质摄取不足所致。

（4）情绪因素：由精神焦虑、生活不规律、睡眠不足、对体型美的错误观念以及由此而产生的消耗大于营养摄入等因素所造成。

（5）缺乏体育锻炼。

三、增加体重的注意事项

（1）树立正确的体型观：胖固然不美，同样，瘦弱也不是美的别名，更不代表健康。所以，体弱消瘦者首先要走出追求瘦即美的误区。

（2）生活规律化：克服不良的生活习惯和饮食习惯，如吃饭、睡觉、活动、休息都要有规律，并培养多种兴趣爱好，参加有益的文娱活动，保持心情舒畅。

（3）合理增加营养：首先要保证足够的蛋白质和热量供给，其次为了刺激食欲，烹调加工尽可能讲究方法，使菜肴美味可口。另外，要注意营养素的合理搭配。

（4）坚持锻炼，增强体能：长期坚持体育锻炼，可以促进肌肉发达健美。

四、体弱消瘦者的运动处方

（1）锻炼目的：改善和提高心肺功能和内脏器官功能，增长肌肉，强壮体格。

（2）项目选择：锻炼初期（1~3个月）：以改善心血管系统和呼吸系统功能、运动强度较小的有氧运动为主，如快走、健身跑、骑自行车、游泳、太极拳及强度较小的其他运动项目；锻炼中期（3~6个月）：在前面锻炼的基础上增加运动强度和锻炼时间，适当增加力量练习，如健身器械、强度较小的健身操及自己喜好的球类项目；锻炼后期（6个月以后）：在不引起过度疲劳及损伤的前提下，安排全面的身体锻炼，根据个人爱好，项目选择以发展心肺功能和肌肉力量为主。

（3）运动强度：锻炼初期，最高心率控制在110次/分以内，中期控制在120~140次/分，后期控制在120~160次/分。锻炼中的运动强度及运动量，以第二天不感到疲劳为度。

（4）锻炼时间：锻炼初期，一次锻炼时间控制在30~40分钟，中期一次锻炼时间控制在40~50分钟，后期控制在50~70分钟，都不包括热身活动和整理活动的时间。在各阶段锻炼中，达到目标心率的时间须在5分钟以上。

（5）锻炼频率：锻炼初期每周2次，中期每周隔日1次，后期每周5次。

第三节　神经衰弱学生的体育锻炼

神经衰弱是大学生中的常见多发病，在高校中占休学和退学总人数的30%~60%。在有些高校，神经衰弱者占休学人数的第一位。

一、神经衰弱的症状

神经衰弱的症状很多，主要有以下临床表现：

（1）精神疲劳：神经衰弱者常感到精神不足和容易疲倦；早晨起床后会觉得精神不佳；平时稍做点脑力或体力活动就会觉得疲惫不堪；自觉注意力不集中，记忆力减退。

（2）精神过敏：外界一点小刺激就会引起患者的烦躁和不安；怕吵、怕光、怕气味，情绪不稳，易发脾气，遇到小事容易兴奋激动，但很快就疲劳乏力。

（3）头部不适：头部不适是神经衰弱者最常见的症状之一，80%以上的病人有以上症状，自觉头脑昏涨、头重脚轻、头有压迫紧缩感等。头痛多在学习、阅读以及不愉快、遇到困难、紧张、心烦焦急时加剧，但尚能坚持必要的学习，也不会痛到不能忍受的程度。

（4）睡眠障碍：失眠较多见，致使患者为此而痛苦和焦虑。他们睡到床上就会恐惧紧张，生怕睡不好，结果越想睡越睡不着。入睡困难仅仅是失眠的一种表现形式，常见的还有多梦、易惊醒和早醒。

（5）自疑有病：神经衰弱的症状表现在患者的自我感觉方面，身体稍有不适，就怀疑自己得了病症，如觉得心慌、心跳过速，就认为是患了心脏病；脸色发红、发热感冒就认为是患了肺结核；胃部不适、不愿吃饭就认为是患了胃病或胃癌；小便次数增多、遗精次数增加、月经不调就怀疑自己的泌尿系统、生殖系统方面出了问题。

二、神经衰弱的成因

（1）社会家庭因素：当前，独生子女在大学生中的比例越来越高。随着社会的发展和人们生活水平的提高，很多家庭对子女都非常溺爱，从而造成了这类学生依赖性强，自理能力差，以自我为中心，意志薄弱，心理脆弱，对竞争、挫折、情感等方面的打击缺乏承受力。

（2）学习负担过重：学习过度疲劳和紧张、学习方法不当、不会合理用脑、生活缺乏规律、劳逸不均、休息不足等也会导致神经衰弱。

（3）对环境不适应：突出表现在学习上的不适应，从高中进入大学，学习环境、教学内容和方法都发生了一系列变化，对此，有相当一部分学生心理准备不足。此外，有的学生会因考试受挫而产生严重焦虑。

（4）人际关系障碍：大学阶段，由于生活空间的扩大，复杂的人际关系成为一个敏感问题。在这个年龄阶段，大学生普遍存在心理闭锁和渴望被人理解的特点，这使得他们常常处于矛盾状态，感到不自在、不顺心、不适应。加上缺乏社会经验，又有过多的人际关系错觉，往往会影响大学生与他人的和谐相处，逐渐产生多愁善感的性格。

（5）面对各种挫折导致情绪矛盾：专业不理想、学业的失败、就业的压力，恋爱的失意等造成的创伤，往往会使许多学生的理想和抱负脱离实际而使主客观发生矛盾，导致情绪上的变化。

（6）性格因素：从个性角度看，神经衰弱者通常是那些敏感、多疑、自卑、任性、好强、急躁或依赖性强的学生。

三、体育锻炼对神经衰弱者康复的积极作用

（1）调节情绪，振奋精神：神经衰弱者往往与长期情绪低落、烦躁、紧张等有关。体育锻炼可以调节人的情绪，改善心理的不良反应。神经心理实验研究表明，当人体进入运动状态时，大脑主管情绪的右半球会兴奋起来。在体育锻炼过程中，参加者会进入一种愉悦的氛围中，能体会到成功的快感，使精神振奋，这就使得原先负责学习的大脑相关区域在体育锻炼中得到积极性休息。坚持不懈的锻炼，可以改善大脑皮质“兴奋—抑制”过程的灵活性，提高神经系统的功能。

（2）培养良好的心理品质：体育锻炼是培养大学生心理品质的有效手段，能给人以良好的情绪体验，并与心理自我良好感觉呈正相关。在体育锻炼过程中，需要不断克服气候条件变化、动作难度或意外障碍等客观困难以及自身的胆怯和畏惧心理、疲劳和运动损伤等主观困难，这对培养良好心理品质具有很好的作用。这种良好的品质能够迁移到日常的学习、生活和工作中，从而提高对生活环境的适应能力。

（3）增强人际交往能力：学校体育锻炼以群体活动形式居多，是锻炼人际交往能力的极佳手段。游戏和比赛可以促进人心理健康，具有产生安全感和自发感、提高独立性、消除紧张和脑力疲劳、提高价值观、形成友谊和声望等价值。可见，体育锻炼在加强大学生人际交往、促进心理相容、培养心理适应能力等方面具有重要作用。

（4）改善情绪：体育锻炼能分散、转移神经衰弱者对疾病的忧虑和对工作、学习的焦虑的注意，缓解或消除患者的烦躁、忧郁等不良情绪，从而起到振奋精神、改

善情绪状态的作用。

四、神经衰弱者锻炼的注意事项

（1）选择感兴趣的项目锻炼：神经衰弱者应根据自己的爱好，选择感兴趣的项目进行锻炼，如健身跑、游泳、球类项目、太极拳、气功等。锻炼时，尽量选择环境优美的场所。

（2）用强度适中、速度和节奏稍缓的动作练习：神经衰弱者锻炼时心率可控制在 120~160 次/分，锻炼时间以 40~60 分钟为宜，初练者可适当缩短。

（3）循序渐进，持之以恒：在体育锻炼过程中，要克服急于求成的浮躁心理，循序渐进，长期坚持锻炼，才能取得良好效果。

（4）注意自我检测：注意自己的主观感受和身体状况，养成锻炼后自我把握恢复时间的习惯。如果心率恢复时间超过 10 分钟，说明锻炼的强度过大，下次锻炼时要适当降低强度。

（5）养成科学的生活方式：合理安排好自己的学习和休息时间，做到均衡营养与劳逸结合。

第四节　支气管哮喘学生的体育锻炼

在保健体育班的学生中，有近 1/3 的慢性病学生，如哮喘病患者、肝炎病患者、肾病患者、心脏病患者等，其中支气管哮喘的学生较多。

一、支气管哮喘的症状

支气管哮喘是一种病因复杂的慢性气道炎症性呼吸道疾病，其特征是气道高反应性和支气管痉挛，临床症状上表现为喘息、咳嗽、气短和胸闷等，往往有哮喘病多年反复发作的病史。

（一）喘息和呼吸困难

喘息和呼吸困难是支气管哮喘的典型临床表现。出现哮喘的先兆症状后，往往会出现胸闷、胸紧、气短和呼吸困难等症状，喘息往往发作较为突然。由于支气管哮喘是小气道痉挛，会出现呼气性呼吸困难症状，吸气时间短，呼气时间长，病人会感到呼气费力，也有的哮喘病人会感到吸气和呼气都费力。

（二）咳嗽、咳痰

咳嗽是支气管哮喘的常见症状，这是由于气道的炎症和支气管痉挛引起的。咳嗽是哮喘的前兆症状，一般为干咳，到哮喘发作期咳嗽和咳痰反而减轻，以喘息症状为主。在哮喘发作接近尾声时，支气管痉挛和气道狭窄减轻，大量的呼吸道分泌物需要排出，主要以夜间慢性咳嗽为主。

（三）胸闷和胸痛

哮喘发作时，病人会有胸闷和胸紧的感觉。如果哮喘发作较重，时间较长，病人会伴有胸痛症状，这可能与呼吸肌过度疲劳和拉伤有关。如果是突发的胸痛，则要考虑到自发性气胸的可能。

二、支气管哮喘的成因

支气管哮喘的病因很多，常见的病因有以下几种：

（1）环境污染：吸入排出的烟雾、工业废气以及强烈的气味等都会对呼吸道产生刺激作用，进而引发哮喘。

（2）气象条件：哮喘的发作与季节有关，这主要是某些气象条件会诱发或加重哮喘，如干冷的冬天是哮喘的多发季节。

（3）物质过敏：过敏性体质者在接触到某些致敏源后有可能引发哮喘。常见的引起过敏的因素主要有食物、药物、宠物等。

（4）情绪：不良的情绪会促使机体释放组胺、缓激肽和慢性反应物质，引起肺部血管扩张，毛细血管通透性增加和支气管平滑肌痉挛，从而引起哮喘。

三、体育锻炼对支气管哮喘者康复的积极作用

支气管哮喘患者的胸肌、膈肌等呼吸肌比较弱，肺活量较小，呼吸功能较差。又由于肺泡内积存的气体较多，日久后会形成肺气肿。体育锻炼能有效地改善肺通气量及血液与肺泡间的气体交换，有助于预防发生肺气肿，同时体育锻炼能减轻气管和支气管平滑肌痉挛，可以改善肺部血液循环，促进支气管内的黏液排出，减轻气喘症状。

此外，较长时间的体育康复锻炼，可以增强非特异性免疫功能，因为适度运动可使交感神经、β－肾上腺素受体兴奋，激活腺甙酸环化酶，使支气管平滑肌维持松弛状态，从而抑制支气管哮喘的发作。同时，体育锻炼可以加强身体对外界温度变化的适应性，增加抗病能力，保持并增强现有的体能状况，增强肌肉的力量，改善关节活动度，平衡心理，调节心理紧张度，调节身体的激素分泌情况，增强免疫机能等。

四、支气管哮喘者的运动处方

（1）锻炼目的：增强膈肌、肋间肌及胸肌的活动，增加肺通气量，提高肺活量，改善呼吸功能和体力状况。

（2）锻炼项目：可根据自己的爱好，选择有氧运动、柔韧性训练、协调性训练和放松练习，如有间歇性的运动游戏、乒乓球、羽毛球、篮球、游泳、散步、急行和慢跑等。

（3）运动强度：有氧运动的运动强度以中等运动量为宜，强度为最大摄氧量的50%左右。运动处方的强度应注重个体化，并在实施过程中随着患者运动能力的提高，及时调节强度。

（4）运动时间和频率：支气管哮喘学生以匀速、较长时间、低强度运动为宜，一次运动持续时间30~60分钟，每周3~5次。

五、支气管哮喘者锻炼的注意事项

（1）锻炼只适宜于在哮喘发作的间歇期进行，哮喘频繁发作时体力较弱，则不

宜进行锻炼。

（2）不宜一次做较长时间（5分钟以上）的剧烈运动，否则会引起气管变窄、增加气道阻力、加重气短和喘息等症状。而短时间（1~2分钟）的间歇剧烈运动，则能减轻气道阻塞。

（3）运动前，先清除鼻腔内的分泌物，使呼吸道畅通。如需做较长时间的健身运动，为预防运动引起气管痉挛，可在运动前5分钟吸入气管扩张剂。

（4）哮喘患者运动的强度最好为最大摄氧量的40%~60%。运动前，要做好准备活动，结束前也要做好相应的整理运动。每次时间一般在30~60分钟，每周3~5次，注意循序渐进。

（5）避免在空气污染和寒冷环境下运动。运动中如出现胸闷或气紧症状，可暂时休息片刻。

减肥测试

要想知道你的肥胖类型其实也很简单，只要做下的测试，看看你在哪一类问题中答“对”的次数多，那么，你就在那种类型对号入座，参考那种类型的减肥要点。如果你在两种类型答“对”的次数一样多，那你就是这两种类型的集合体，要同时参考这两种类型的减肥要点。

测试：

A类：	是	否
经常一边吃零食一边做事。	□	□
买食物时，只强调对胃口，不管它是否具有营养价值。	□	□
看到自己喜欢的食物常常不能控制。	□	□
喜欢多油、味重的食物和奶油制品。	□	□
经常到外边和朋友一起聚餐。	□	□
吃东西时常常把食物全部吃光。	□	□
从不在意自己吃了多少东西。	□	□
B类：		
经常不吃早餐，并且食无定时，进食速度很快。	□	□
节食时，喜欢走极端，严格控制饮食。	□	□
对自己偶尔一次过量而过分自责。	□	□
晚餐通常是最丰盛的。	□	□
常常为自己找“吃”的借口。	□	□
C类：		
常常为缓解焦急不安的心情而暴饮暴食。	□	□
常常像热锅上的蚂蚁一样找吃的东西。	□	□
只要吃东西就一发不可收拾。	□	□
独处时常会有一种失落、寂寞的情绪。	□	□
常常被人指责饮食过量。	□	□
日常生活中经常萎靡不振或焦虑不安。	□	□

D类：

能乘电梯就绝不爬楼梯。	□	□
能乘车就绝不步行或骑自行车。	□	□
从不愿参加任何体育活动，并且对其毫无兴趣。	□	□
宁可躺着也不愿坐着。	□	□
厌恶家务劳动。	□	□
即使走路，速度也慢于他人。	□	□

E类：

不管是在父亲还是在母亲身上，都能发现你胖的身影。	□	□
吃饭从小偏食并且一直如此。	□	□
青春期时突然发胖。	□	□
家庭中有肥胖史。	□	□
个性虽然开朗活泼，但却不喜欢运动。	□	□

F类：

即使感到很热的时候流汗也很少。	□	□
体质属于寒凉型。	□	□
患有荷尔蒙分泌失调或神经失调。	□	□
喜欢吃盐分比较重的食物。	□	□
喜欢咖啡、红茶或罐装饮料。	□	□
洗澡速度快，而且用的水偏热。	□	□

分析：

A型：进食过量型

要循序渐进，缩小食量，要知道没有哪一种减肥方法是可以不控制饮食的，但节食要避免走极端。饭前吃上一个水果或喝一大杯水，可有效地使你减少进食。学会计算食物所含的卡路里，并且充分认识到卡路里的积累对你的威胁。

B型：非科学进食型

科学进食对于减肥是非常重要的，它不会使你过分痛苦，并且会给你带来意想不到的效果。应重新安排自己的饮食计划，细嚼慢咽，减少肉食和脂肪的摄入量，多吃粗粮和素食。

C型：情绪致胖型

常常生活在不如意的心境下，却又不知道如何解脱自己，企图靠食物而获得安慰的结果往往会使人变得更胖。所以，要学会给自己晦暗的心情涂上色彩，多交友、郊游和读书，重新安排自己的生活，相信“天生我才必有用”。

D型：缺乏运动型

运动和饮食是减肥的两大要素。运动过少会导致脂肪积累，所以多进行跑步、跳绳、健美操等运动，不仅可以使你的身材匀称起来，而且还会使你充满活力。

E型：生理遗传型

肥胖有遗传性，这一点是大多数专家认同的。对于这种类型的肥胖，减肥更需要耐心和恒心。运动加节食，齐头并进，就一定会成功。

F型：代谢不足型

代谢不足型肥胖者要减肥，除尝试一些医疗方法外，还应加强锻炼，注意饮食，当然更重要的是要有恒心。

神经衰弱的自测

自测的意义与方法：

神经衰弱是一种较常见的功能性疾病。那么，怎样判断是否神经衰弱了呢？请你回答下列问题，并在备选的a、b两个答案中，对符合或接近你自己情况的选“a/是”，不符合的选“b/否”，并做上记号。

自测内容：	是	否
1. 你一方面容易兴奋，另一方面精神又容易疲劳吗？	□	□
2. 你常为小事而吵闹而导致情绪低落、心烦吗？	□	□
3. 你的自控能力下降，还常感到委屈吗？	□	□
4. 你是否会有以下情形：白天疲劳，夜间难以入睡；一做事就犯困，上床睡觉反而兴奋；睡着后又易被惊醒，醒后又感到疲乏不堪？	□	□
5. 你是否会为多梦而痛苦，又为睡不好而担心，并伴有头痛、腰酸，四肢痛等症状？	□	□
6. 你不论工作、学习、看电视或闲谈，都可以引起许多联想吗？	□	□
7. 你的言谈并不多，而大脑却高度兴奋吗？	□	□
8. 当你的浮想无法控制时，你感到很痛苦吗？	□	□
9. 你是否会出现思维能力下降、记忆力差、注意力难以集中？	□	□
10. 你是否会情绪紧张，“虚性”兴奋，很累，并且想活跃而活跃不起来？	□	□

评析与判定：

如果你选了1~3个“a”，说明你有轻度的神经衰弱；如果你选了4~6个“a”，表明你的神经衰弱症已较重了；如果你选的“a”超过6个，则请你引起警惕，及时到医院诊治。

案例分析

案例：刘英所在的班是单招班，进入大学后，刘英觉得学习压力很大。学期期末考试，刘英自己感觉考得不好，以致整个假期都惶惶不安，并出现失眠、记忆力下降、精力不集中等症状。新学期开始后，虽得知上学期功课都已经通过，但失眠、注意力不集中现象仍没有缓解，反而加重，以致无法集中精力上课而要求休学。

分析：请你结合所学知识为刘英制订一个运动处方。

思考题

1. 体育锻炼对神经衰弱者康复的意义是什么？
2. 根据自己的实际情况，制订一个适合自己体育锻炼的运动处方。
3. 请为肥胖患者制订一个运动处方。

附录：《国家学生体质健康标准》（2014年修订）

一、说明

1.《国家学生体质健康标准》（以下简称《标准》）是国家学校教育工作的基础性指导文件和教育质量基本标准，是评价学生综合素质、评估学校工作和衡量各地教育发展的重要依据，是《国家体育锻炼标准》在学校的具体实施，适用于全日制普通小学、初中、普通高中、中等职业学校、普通高等学校的学生。

2. 本标准的修订坚持健康第一，落实《国家中长期教育改革和发展规划纲要（2010—2020年）》、《国务院办公厅转发教育部等部门关于进一步加强学校体育工作若干意见的通知》（国办发〔2012〕53号）和《教育部关于印发〈学生体质健康监测评价办法〉等三个文件的通知》（教体艺〔2014〕3号）有关要求，着重提高《标准》应用的信度、效度和区分度，着重强化其教育激励、反馈调整和引导锻炼的功能，着重提高其教育监测和绩效评价的支撑能力。

3. 本标准从身体形态、身体机能和身体素质等方面综合评定学生的体质健康水平，是促进学生体质健康发展、激励学生积极进行身体锻炼的教育手段，是国家学生发展核心素养体系和学业质量标准的重要组成部分，是学生体质健康的个体评价标准。

4. 本标准将适用对象划分为以下组别：小学、初中、高中按每个年级为一组，其中小学为6组、初中为3组、高中为3组。大学一、二年级为一组，三、四年级为一组。

5. 小学、初中、高中、大学各组别的测试指标均为必测指标。其中，身体形态类中的身高、体重，身体机能类中的肺活量，以及身体素质类中的50米跑、坐位体前屈为各年级学生共性指标。

6. 本标准的学年总分由标准分与附加分之和构成，满分为120分。标准分由各单项指标得分与权重乘积之和组成，满分为100分。附加分根据实测成绩确定，即对成绩超过100分的加分指标进行加分，满分为20分；小学的加分指标为1分钟跳绳，加分幅度为20分；初中、高中和大学的加分指标为男生引体向上和1 000米跑，女生1分钟仰卧起坐和800米跑，各指标加分幅度均为10分。

7. 根据学生学年总分评定等级：90.0分及以上为优秀，80.0~89.9分为良好，60.0~79.9分为及格，59.9分及以下为不及格。

8. 每个学生每学年评定一次，记入《〈国家学生体质健康标准〉登记卡》（附表1~6）。特殊学制的学校，在填写登记卡时可以按规定和需求相应地增减栏目。学生毕业时的成绩和等级，按毕业当年学年总分的50%与其他学年总分平均得分的50%之和进行评定。

9. 学生测试成绩评定达到良好及以上者，方可参加评优与评奖；成绩达到优秀者，方可获体育奖学分。测试成绩评定不及格者，在本学年度准予补测一次，补测仍不及格，则学年成绩评定为不及格。普通高中、中等职业学校和普通高等学校学生毕业时，《标准》测试的成绩达不到 50 分者按结业或肄业处理。

10. 学生因病或残疾可向学校提交暂缓或免予执行《标准》的申请，经医疗单位证明，体育教学部门核准，可暂缓或免予执行《标准》，并填写《免予执行〈国家学生体质健康标准〉申请表》（附表 7），存入学生档案。确实丧失运动能力、被免予执行《标准》的残疾学生，仍可参加评优与评奖，毕业时《标准》成绩需注明免测。

11. 各学校每学年开展覆盖本校各年级学生的《标准》测试工作，《标准》测试数据经当地教育行政部门按要求审核后，通过“中国学生体质健康网”上传至“国家学生体质健康标准数据管理系统”。测试和数据上传时间由教育行政部门确定。

12. 本标准由教育部负责解释。

二、单项指标与权重

测试对象	单项指标	权重（%）
大学各年级学生	体重指数（BMI）	15
	肺活量	15
	50 米跑	20
	坐位体前屈	10
	立定跳远	10
	引体向上（男）/1 分钟仰卧起坐（女）	10
	1 000 米跑（男）/800 米跑（女）	20

注：体重指数（BMI）= 体重（千克）/ 身高 ^{2}（米 ^{2}）。

三、《国家学生体质健康标准》大学生体质测试评分表

（一）单项指标评分表

附表 1　体重指数（BMI）单项评分表　（单位：千克 / 米 ^{2}）

等级	单项得分	大学男生	大学女生
正常	100	17.9～23.9	17.2～23.9
低体重	80	≤17.8	≤17.1
超重		24.0～27.9	24.0～27.9
肥胖	60	≥28.0	≥28.0

附表 2 肺活量单项评分表 （单位：毫升）

等级	单项得分	男生		女生	
		大一、大二	大三、大四	大一、大二	大三、大四
优秀	100	5 040	5 140	3 400	3 450
	95	4 920	5 020	3 350	3 400
	90	4 800	4 900	3 300	3 350
良好	85	4 550	4 650	3 150	3 200
	80	4 300	4 400	3 000	3 050
及格	78	4 180	4 280	2 900	2 950
	76	4 060	4 160	2 800	2 850
	74	3 940	4 040	2 700	2 750
	72	3 820	3 920	2 600	2 650
	70	3 700	3 800	2 500	2 550
	68	3 580	3 680	2 400	2 450
	66	3460	3 560	2 300	2 350
	64	3 340	3 440	2 200	2 250
	62	3 220	3 320	2 100	2 150
	60	3 100	3 200	2 000	2 050
不及格	50	2 940	3 030	1 960	2 010
	40	2 780	2 860	1 920	1 970
	30	2 620	2 690	1 880	1 930
	20	2 460	2 520	1 840	1 890
	10	2 300	2 350	1 800	1 850

附表 3 50 米跑单项评分表 （单位：秒）

等级	单项得分	男生		女生	
		大一、大二	大三、大四	大一、大二	大三、大四
优秀	100	6.7	6.6	7.5	7.4
	95	6.8	6.7	7.6	7.5
	90	6.9	6.8	7.7	7.6
良好	85	7.0	6.9	8.0	7.9

续表

等级	单项得分	男生		女生	
		大一、大二	大三、大四	大一、大二	大三、大四
良好	80	7.1	7.0	8.3	8.2
及格	78	7.3	7.2	8.5	8.4
	76	7.5	7.4	8.7	8.6
	74	7.7	7.6	8.9	8.8
	72	7.9	7.8	9.1	9.0
	70	8.1	8.0	9.3	9.2
	68	8.3	8.2	9.5	9.4
	66	8.5	8.4	9.7	9.6
	64	8.7	8.6	9.9	9.8
	62	8.9	8.8	10.1	10.0
	60	9.1	9.0	10.3	10.2
不及格	50	9.3	9.2	10.5	10.4
	40	9.5	9.4	10.7	10.6
	30	9.7	9.6	10.9	10.8
	20	9.9	9.8	11.1	11.0
	10	10.1	10.0	11.3	11.2

附表 4 男生坐位体前屈单项评分表 (单位:厘米)

等级	单项得分	男生		女生	
		大一、大二	大三、大四	大一、大二	大三、大四
优秀	100	24.9	25.1	25.8	26.3
	95	23.1	23.3	24.0	24.4
	90	21.3	21.5	22.2	22.4
良好	85	19.5	19.9	20.6	21.0
	80	17.7	18.2	19.0	19.5
及格	78	16.3	16.8	17.7	18.2
	76	14.9	15.4	16.4	16.9
	74	13.5	14.0	15.1	15.6

续表

等级	单项得分	男生		女生	
		大一、大二	大三、大四	大一、大二	大三、大四
及格	72	12.1	12.6	13.8	14.3
	70	10.7	11.2	12.5	13.0
	68	9.3	9.8	11.2	11.7
	66	7.9	8.4	9.9	10.4
	64	6.5	7.0	8.6	9.1
	62	5.1	5.6	7.3	7.8
	60	3.7	4.2	6.0	6.5
不及格	50	2.7	3.2	5.2	5.7
	40	1.7	2.2	4.4	4.9
	30	0.7	1.2	3.6	4.1
	20	−0.3	0.2	2.8	3.3
	10	−1.3	−0.8	2.0	2.5

附表 5　男生立定跳远单项评分表（单位：厘米）

等级	单项得分	男生		女生	
		大一、大二	大三、大四	大一、大二	大三、大四
优秀	100	273	275	207	208
	95	268	270	201	202
	90	263	265	195	196
良好	85	256	258	188	189
	80	248	250	181	182
及格	78	244	246	178	179
	76	240	242	175	176
	74	236	238	172	173
	72	232	234	169	170
	70	228	230	166	167
	68	224	226	163	164
	66	220	222	160	161

续表

等级	单项得分	男生		女生	
		大一、大二	大三、大四	大一、大二	大三、大四
及格	64	216	218	157	158
	62	212	214	154	155
	60	208	210	151	152
不及格	50	203	205	146	147
	40	198	200	141	142
	30	193	195	136	137
	20	188	190	131	132
	10	183	185	126	127

附表 6 引体向上(男生)、一分钟仰卧起坐(女生)单项评分表 (单位:次)

等级	单项得分	男生		女生	
		大一、大二	大三、大四	大一、大二	大三、大四
优秀	100	19	20	56	57
	95	18	19	54	55
	90	17	18	52	53
良好	85	16	17	49	50
	80	15	16	46	47
及格	78			44	45
	76	14	15	42	43
	74			40	41
	72	13	14	38	39
	70			36	37
	68	12	13	34	35
	66			32	33
	64	11	12	30	31
	62			28	29
	60	10	11	26	27
不及格	50	9	10	24	25

续表

等级	单项得分	男生		女生	
		大一、大二	大三、大四	大一、大二	大三、大四
不及格	40	8	9	22	23
	30	7	8	20	21
	20	6	7	18	19
	10	5	6	16	17

注：男生：引体向上；女生：一分钟仰卧起坐。

附表 7　耐力跑单项评分表(单位：分・秒)

等级	单项得分	男生(1 000 米)		女生(800 米)	
		大一、大二	大三、大四	大一、大二	大三、大四
优秀	100	3'17"	3'15"	3'18"	3'16"
	95	3'22"	3'20"	3'24"	3'22"
	90	3'27"	3'25"	3'30"	3'28"
良好	85	3'34"	3'32"	3'37"	3'35"
	80	3'42"	3'40"	3'44"	3'42"
及格	78	3'47"	3'45"	3'49"	3'47"
	76	3'52"	3'50"	3'54"	3'52"
	74	3'57"	3'55"	3'59"	3'57"
	72	4'02"	4'00"	4'04"	4'02"
	70	4'07"	4'05"	4'09"	4'07"
	68	4'12"	4'10"	4'14"	4'12"
	66	4'17"	4'15"	4'19"	4'17"
	64	4'22"	4'20"	4'24"	4'22"
	62	4'27"	4'25"	4'29"	4'27"
	60	4'32"	4'30"	4'34"	4'32"
不及格	50	4'52"	4'50"	4'44"	4'42"
	40	5'12"	5'10"	4'54"	4'52"
	30	5'32"	5'30"	5'04"	5'02"
	20	5'52"	5'50"	5'14"	5'12"
	10	6'12"	6'10"	5'24"	5'22"

注：男生：1000 米跑；女生：800 米跑。

(二)加分指标评分表

附表 8　加分指标评分表(单位:次)

加分	男生(引体向上 / 次)		女生(一分钟仰卧起坐 / 次)		男生(1 000 米 / 分·秒)		女生(800 米 / 分·秒)	
	大一	大二	大一	大二	大一	大二	大一	大二
10	10	10	13	13	−35"	−35"	−50"	−50"
9	9	9	12	12	−32"	−32"	−45"	−45"
8	8	8	11	11	−29"	−29"	−40"	−40"
7	7	7	10	10	−26"	−26"	−35"	−35"
6	6	6	9	9	−23"	−23"	−30"	−30"
5	5	5	8	8	−20"	−20"	−25"	−25"
4	4	4	7	7	−16"	−16"	−20"	−20"
3	3	3	6	6	−12"	−12"	−15"	−15"
2	2	2	4	4	−8"	−8"	−10"	−10"
1	1	1	2	2	−4"	−4"	−5"	−5"

注:引体向上、一分钟仰卧起坐均为高优指标,学生成绩超过单项评分 100 分后,以超过的次数所对应的分数进行加分。1 000 米跑、800 米跑均为低优指标,学生成绩低于单项评分 100 分后,以减少的秒数所对应的分数进行加分。

参考文献

[1] 吴国清. 大学体育课程目标价值取向[J]. 江苏大学学报(高教研究版), 2006(2).

[2] 李金龙, 王晓刚. 对我国大学体育课程改革的审视[J]. 北京体育大学学报, 2010(11).

[3] 高健, 颜天民. 我国大学体育发展中若干问题的思考[J]. 沈阳体育学院学报, 2010(6).

[4] 李军, 欧阳轶, 李秀峰. 试论大学体育教学中的体育精神与人格教育[J]. 体育世界(学术版), 2009(2).

[5] 黄亚玲. 论中国体育社团——国家与社会关系转变下的体育社团改革[D]. 北京体育大学博士论文, 2003.

[6] 马鸿韬, 李敏. 体育表演艺术概念及分类的探讨[J]. 北京体育大学学报, 2006, 29(9).

[7] 李少丹, 惠民. 运动竞赛学[M]. 北京: 体育大学出版社, 2005.

[8] 孙麒麟, 顾圣益. 体育与健康教程(第四版)[M]. 大连: 大连理工大学出版社, 2008.

[9] 郑厚成. 现代体育与健康文化导论[M]. 北京: 高等教育出版社, 2007.

[10] 理应, 潘山鹰. 带你走出健康误区[M]. 上海: 三联书店, 2002.

[11] 周范林. 家庭实用保健方法手册[M]. 北京: 中国盲文出版社, 2000.

[12] 任弘, 李磊, 程红, 等. 国外家庭健康新视野[M]. 北京: 中国轻工业出版社, 1999.

[13] 林祥芸, 王虹. 大学体育运动教程[M]. 北京: 科学出版社, 2011.

[14] 钟海明, 张仕. 新编大学体育与健康[M]. 北京: 航空工业出版社, 2010.

[15] 谢道香, 刘贺余, 刘国荣. 大学体育教程(第四版)[M]. 上海: 立信会计出版社, 2011.

[16] 季浏. 体育心理学题解[M]. 北京: 高等教育出版社, 2006.

[17] 张力为, 任未多. 体育运动心理学研究进展[M]. 北京: 高等教育出版社, 2000.

[18] 李薇, 李进. 体育心理学[M]. 桂林: 广西师范大学出版社, 2003.

[19] 陈琪瑶. 体育与健康[M]. 北京: 化学工业出版社, 2001.

[20] 季浏. 体育与健康[M]. 上海: 华东师范大学出版社, 2000.

[21] 邹继豪. 面向21世纪中国学校体育[M]. 大连: 大连理工大学出版社, 2000.

[22] 胡俊峰, 侯培森. 当代健康教育与健康促进[M]. 北京: 人民卫生出版社, 2005.

[23] 杨忠伟. 体育运动与健康促进[M]. 北京: 高等教育出版社, 2004.

[24] 刘一平. 生活方式、体育运动与健康[M]. 福州: 福建人民出版社, 2007.

[25] 曲绵域，于长隆．实用运动医学［M］．北京：北京大学医学出版社，2003.

[26] 罗时铭，谭华．奥林匹克学（第二版）［M］．北京：高等教育出版社，2007.

[27] 熊晓正，李辉．图说奥林匹克运动［M］．北京：人民体育出版社，2002.

[28] 高等学校新世纪体育教材编写委员会．篮球［M］．北京：高等教育出版社，2006.

[29] 潘绍伟．大学体育与健康［M］．北京：人民教育出版社，2004.

[30]［德］彼德·克林斯曼，史蒂芬·克劳斯．篮球教学［M］．潘祥，韩冰，编译．北京：北京体育大学出版社，2005.

[31] 郭永波．篮球运动教程［M］．北京：北京体育大学出版社，2005.

[32] 吴中量，李安格．排球（第二版）［M］．北京：高等教育出版社，2012.

[33] 钟秉枢．跟专家练排球［M］．北京：北京体育大学出版社，1998.

[34] 中国排球协会审定．排球竞赛规则［M］．北京：人民体育出版社，2012.

[35] 陆卫平．排球竞赛与裁判方法［M］．北京：北京航空航天大学出版社，2009.

[36] 岳书蕊．排球运动教学与训练［M］．北京：人民体育出版社，2011.

[37] 王崇喜．球类运动——足球（第三版）［M］．北京：高等教育出版社，2014.

[38] 麻雪田，李仪．足球比赛理论与实践［M］．北京：北京体育大学出版社，2008.

[39] 刘丹，赵刚．青少年足球训练纲要与教法指导［M］．北京：人民体育出版社，2011.

[40] 曾雪麟，赵利基，裴志夺．足球基础与技战术必备宝典［M］．成都：成都时代出版社，2008.

[41] 王崇喜．足球教学设计［M］．北京：高等教育出版社，2009.

[42] 颜强．英国足球地理——你永远不会独行［M］．长沙：湖南文艺出版社，2004.

[43] 裴益民，岳骊．论体育运动的审美意识［J］．兰州大学学报：社会科学版，2001.

[44] 黄望清．试论乒乓球的竞赛规则与比赛可观赏性的关系［J］．合肥工业大学学报（社会科学版），2001（1）.

[45] 蔡健玲，吴修文等．跟专家练乒乓球［M］．北京：北京体育大学出版社，2002.

郑重声明